木造住宅の構造デザイン入門

佐藤高志（サトウ工務店）

木造でも「構造」を工夫すれば
「安全」で「カッコイイ」家はつくれる！

X-Knowledge

本書は「建築知識ビルダーズ」No.46～59に掲載した連載「事例で学ぶ木造住宅の構造デザイン解決術」を加筆・修正したものに、同様のテーマの記事を大幅に追加し、再構成したものです。

デザイン ―― マツダオフィス
DTP ―― シンプル
印刷 ―― シナノ書籍印刷

1章
構造で広がる木造の可能性

1-1
3つの構造計算の違いを知る

耐震性確保の重要性

耐震性能は、建築物を設計するうえで最も重要な部分である。世界に占める日本の面積はわずか0.25%だが、世界中で起きたマグニチュード6以上の地震の何と20.8%がこの小さな日本で起きている（図1）。つまり、日本で「建築物を設計する」ということは、頻発する地震から建物や人命を守るという責任が伴う。したがって、パズルのように好き勝手に部屋を配置し構造を後回しにすることや、デザインを最優先し耐震性は建築基準法さえ遵守すれば問題ないと高を括るのは、あまりにも無責任で危険な行為なのである。

建築基準法第1条（この法律は、建築物の敷地、構造、設備及び用途に関する最低の基準を定めている）にあるように、建築基準法に示される耐震基準は最低の基準である。地震被害を最小限に抑え、建て主の命と財産も守ることを考えれば、耐震等級を2、3と上げるべきである。これは2016年の熊本地震の調査で耐震等級3の有効性が明らかになっている（表1）。いままでも大地震が起こるたび犠牲を伴いながらもこの知見を我々は共有してきたのだから、この事実を設計に反映すべきだ（表2）。

木造の3つの構造計算

「耐震性能を高めること、構造計算を行うことで、意匠設計が不自由になる」と考える設計者もいるが、それは大きな誤解である。より精度の高い構造計算を行うことで、何が安全で何が危険なのかのボーダーラインがより鮮明になる。

木造の構造計算には、主に次の3つが存在する（表3）。

・仕様規定に基づく簡易計算（壁量計算、四分割法、N値計算法など）
・住宅の品質確保の促進等に関する法律（品確法）に基づく計算
・許容応力度計算

構造計算のうち、仕様規定に基づく簡易計算と品確法に基づく計算は、比較的簡易な計算方法なうえに自分で手計算することで構造をより理解できるし、その理解を設計に反映することができるため、設計の初心者にはお薦めしていた。しかし、2025年の法改正では、壁量計算と柱小径の評価方法が見直され、建物の形状や荷重に応じたより細かい基準が導入される。だいぶ厳しい基準になると予想される。一方、許容応力度計算は建物重量をより正確に計算し、より実情に合った詳細な計算を行うことになるので、この機会に許容応力度計算に挑戦することをおすすめする。

そして、これから初めて許容応力度計算を取り入れるのであれば、まずは構造設計者に構造計算を依頼することをお薦めしたい。正確な構造設計が期待できるし、実務の負担もかなり抑えられる。

ただし、構造計画から構造設計者に丸投げすることは好ましくない。設計者自身で構造の基本を学び、合理的で安全な構造となるようなプランを書き、どう梁を掛け、

図1 世界の災害における日本の災害の割合

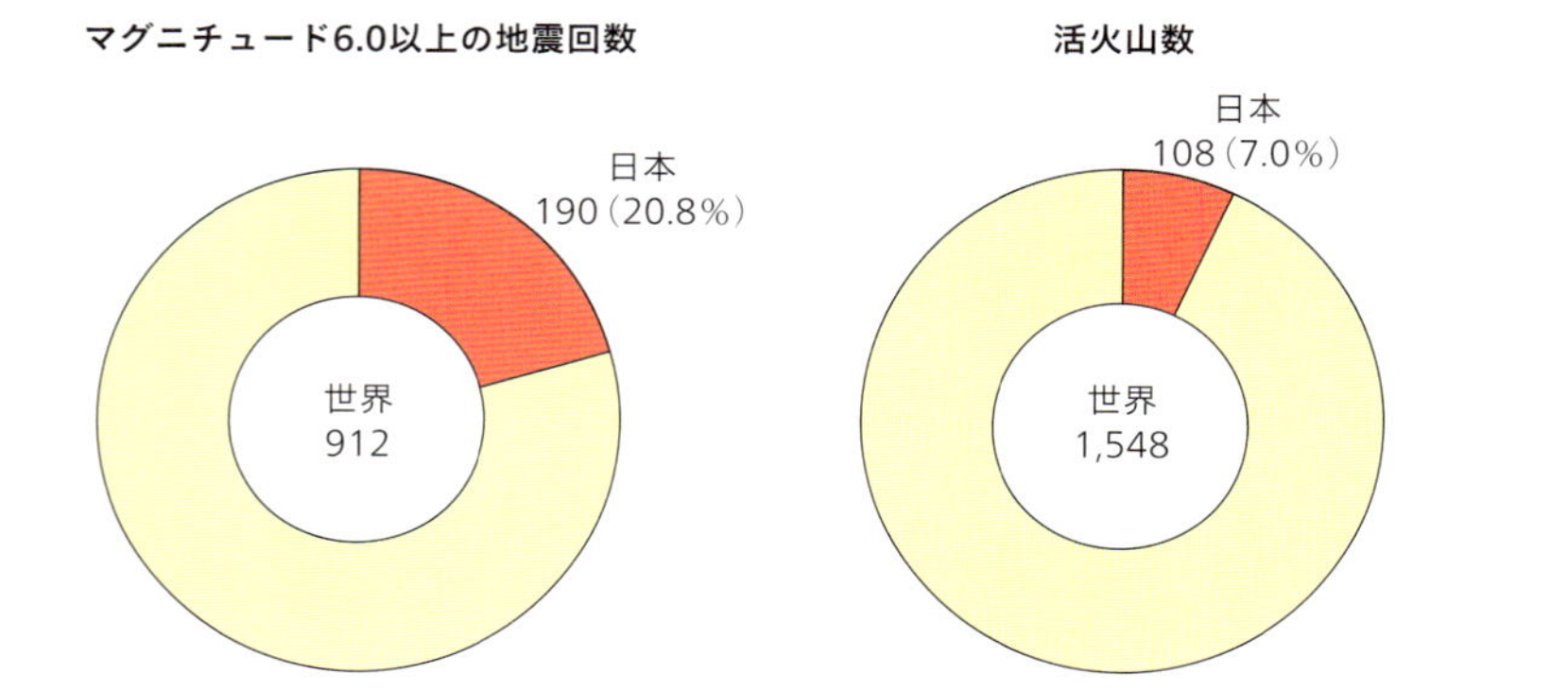

マグニチュード6.0以上の地震回数：1996～2005年の合計。日本については気象庁。世界については米国地震調査所（USGS）の震源資料をもとに内閣府において作成

活火山数：活火山は過去およそ1万年以内に噴火した火山など。日本については気象庁、世界については米国のスミソニアン自然史博物館の火山資料を元に内閣府において作成

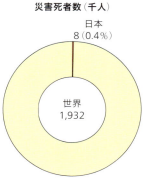

災害死者数（千人）：1975～2004年の合計。ベルギー・ルーバンカトリック大学疫学研究センター（CRED）の資料を元に内閣府において作成

災害被害額（億ドル）：1975～2004年の合計。CREDの資料を元に内閣府において作成

出典：内閣府HP防災情報のページ

どこに柱を立て、どこを非構造柱とするか（荷重を落としたくないか）、また耐力壁はどの壁を使って、基礎の立上りはどこに設けるかなどある程度の構造計画は設計者自ら考えてほしい。また、これを無視してプランを書くことは、コストアップや安全性の低下、後の不具合につながる。大まかな構造計画とプランニングを設計者が行い、その後に、計算のみを外注するイメージだ。

構造計算ソフトを自身で使ってみるのもよいだろう。構造計算ソフトにはいくつかの製品があるが、それぞれに特徴があるので、多面的に比較検討してもらいたい。費用面、入力の容易さ、申請や意匠図との連携、サポート体制など、営業マンの話だけでなく、実際に使っているユーザーの声を聞くのも重要だ。

購入したソフトは実際の設計で活用し、とにかく触ること。これをし続けるだけで、木造の構造がより理解できる。何でもそうだが最初は上手くできなくて当たり前で、とにかく操作に慣れることだ。ただ、入力ができるようになったことと、構造を理解したことは異なる。ソフトの入力のマスターと同時に、その数値や計算の意味が分かるよう、勉強も並行して続けてほしい。

表1 熊本地震における木造住宅の建築時期別の損傷比率

損傷ランク			V（破壊）倒壊	IV（大破）全壊	III（中破）大規模半壊	II（小破）半壊	I（軽微）一部損壊	無被害
損傷比率	旧耐震基準～1981年6月		214棟（28.2％）	133棟（17.5％）	373棟（49.1％）			39棟（5.1％）
	新耐震基準	1981年6月～2000年5月	76棟（8.7％）	85棟（9.7％）	537棟（61.2％）			179棟（20.4％）
		2000年6月～	7棟（2.2％）	12棟（3.8％）	104棟（32.6％）			196棟（61.4％）
		うち耐震等級3	0棟（0％）	0棟（0％）	0棟（0％）	2棟（12.5％）		14棟（87.5％）
損傷イメージ				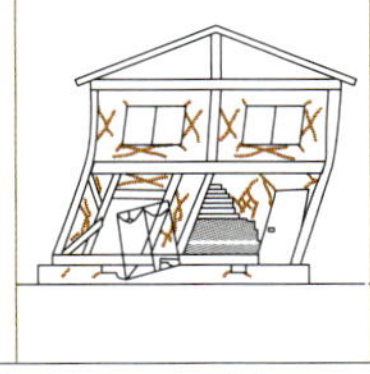	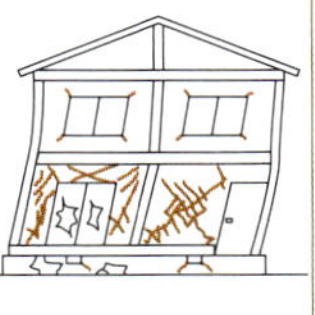	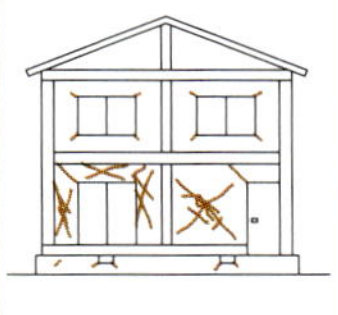	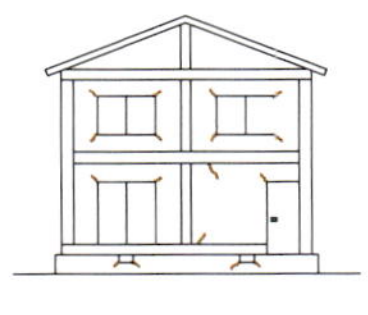	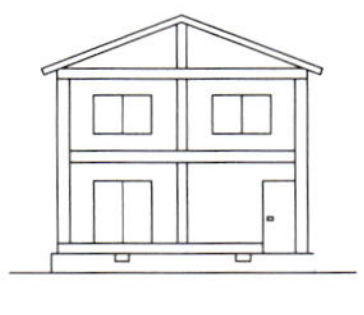

出典：一般社団法人　くまもと型住宅生産者連合会：耐震等級3のススメ

表2 主な地震と建築基準法の改正

年代	主な地震	被害の概要	建築基準法の改正内容
1923	関東大震災	東京・横浜を中心に大規模な被害、約10万人が死亡	
1948	福井地震	福井市が壊滅的な被害、約3,800人が死亡	1950年 建築基準法制定
1968	十勝沖地震	北海道で大規模な被害、死者52人	
1978	宮城県沖地震	東北地方で大きな被害、死者28人	1981年 新耐震基準施行
1995	阪神・淡路大震災	神戸市を中心に甚大な被害、約6,400人が死亡	2000年 耐震性強化
2004	新潟県中越地震	新潟県で多くの建物が倒壊、死者68人	2007年 建築確認の厳格化
2011	東日本大震災	東北地方を中心に大規模な津波被害、死者約18,000人	
2016	熊本地震	震度7を2度観測し、大規模な被害をもたらした	2025年 構造審査の厳格化
2024	能登半島地震	最大震度7の揺れを観測し、家屋被害は8万棟を超える	

表3 3つの構造計算の概要と評価

計算方法	仕様規定に基づく簡易計算	品確法に基づく計算	許容応力度計算
概要	壁量計算、4分割法、N値計算法などの簡易的な計算	住宅の品質確保の促進等に関する法律に基づく計算	荷重や外力に対して、建物が安全かどうかを詳細に計算
安全性	★★ （標準的な住宅に対して有効）	★★ （品質基準を満たした住宅に対して有効）	★★★ （より大規模な建築物に対して推奨）
評価	建築基準法に基づく最低基準の計算方法。あくまで簡易なものなので、床などが含まれる水平構面や梁・桁などが含まれる横架材、基礎についての検討は行わないなど、その信頼性・安全性には物足りなさがある	仕様規定に基づく簡易計算で抜けていた水平構面や横架材、基礎などの検討を行うなどより精密な検討が行えるが、法律で定められた一定の基準や仕様に準拠する必要がある。これにより、設計の自由度が制限されることが多く、独自性の高いデザインや特殊な形状の設計はできない	建物にかかるすべての荷重を調べるため、信頼性・安全性が最も高い。複雑な計算を行うため、許容応力度計算を行うことで、高い安全性を確保しながらも、建築の高さや階数、建物の形状や材料の検討に関して自由度が高く、独自のデザインや構造にも対応しやすい。ただし、計算するには高度な専門知識が必要となる。構造計算ソフトの活用で計算ミスなどは防ぐことはできるが、正しい入力方法や施工性を考慮した設計など、構造計算を行う人の経験と学習し続ける姿勢がなければ正確な運用は行えない。当然、計算ソフトへの入力時間もかかり、建物重量の計算が重要となるため、事前に建築物の仕様を決めておく必要もある

1-2 登り梁形式のススメ

気密測定して気づいた気密性能と構造の関係

わが社の主な事業は、エンドユーザーに対し設計・施工を行ういわゆる「工務店業」である。一方、B to 3事業として同業他社の工務店や設計事務所に設計・施工のサポートも行っている。具体的には、構造計算、各種申請代行、設計・施工に関する構造・断熱アドバイス、そして、最新の気密測定器を使った気密測定などである。

2年前に始めたこの気密測定事業では、これまでに150件以上の気密測定の実績を重ねることができた。その測定結果のうちある1社の竣工時のC値（相当隙間面積）データを一覧にしてみた（表。わが社にご依頼頂く建築会社は比較的気密性能が高いように思う）。

このなかにはわが社が構造や断熱のサポートをさせて頂いた物件が5件混じっている。これを振り分けてそれぞれのC値の平均を求めると、わが社のサポート物件「0・15」となり、他物件平均の「0・37」より明らかに気密性能が高いことに気付く。ちなみにサポート物件は、設計時で関わっただけで、施工管理などには関わっていない。

日頃から構造の工夫によって気密性能が向上するだろうと思っていたが、これほどまでに極端な差が出るとは思ってもいなかった。

今回の連載では、「構造を整えることは、コストを抑えつつ安全性が高まり、さらには気密性もよくなる」そんな解説をさせて頂こうと思う。

気密施工しやすい納まりを考える

サポート先の建築会社でよく目にする納まりの問題点が、「天井気密」と「壁気密」の一部によくみられる（図1）。これらの部位では気密フィルムを連続させることができずに、テープによる気密処理に頼る部分が多くとても手間がかかる。また、テープによる気密処理が多い場合、実際にどこまで気密が確保されているか疑問も残る。これは、施工手順として、気密フィルムの施工を、天井や壁の下地造作の「後」に行っているのが原因だ。おそらく理由は、以前の住まいづくりでは重要視されなかった、もしくは、そもそも施工していなかった気密フィルムの施工が、近年になってから追加されたからだ。旧来の施工手順に後付けのように気密フィルムを施工するので、このような納まりになっている。

改善方法はとても簡単だ。施工者や監督が気密の重要性を認識し、気密フィルム先行の施工をすればよいだけである。特に手間もお金もかからない。耐力壁を早めに施工する必要があるなら、その部分だけ先張りで気密フィルムを挟んでおけばよい（写真1・2）。また最上階は各室の天井高が同じなら、天井下地を1つに繋げて組み、その下から断熱材や気密フィルムを途切れることなく連続して施工できる。間仕切壁の間柱などはその後に立てればよい。

表 当社が測定した他社の気密測定結果

非サポート物件

物件名	C値
a様邸	0.46
b様邸	0.32
c様邸	0.3
d様邸	0.42
e様邸	0.36
f様邸	0.52
g様邸	0.28
h様邸	0.26
i様邸	0.25
j様邸	0.33
k様邸	0.7
l様邸	0.29
平均C値	0.37

サポート物件

物件名	C値
m様邸	0.18
n様邸	0.11
o様邸	0.22
p様邸	0.13
q様邸	0.09
平均C値	0.15

図1 天井気密・壁気密の問題点と改善点

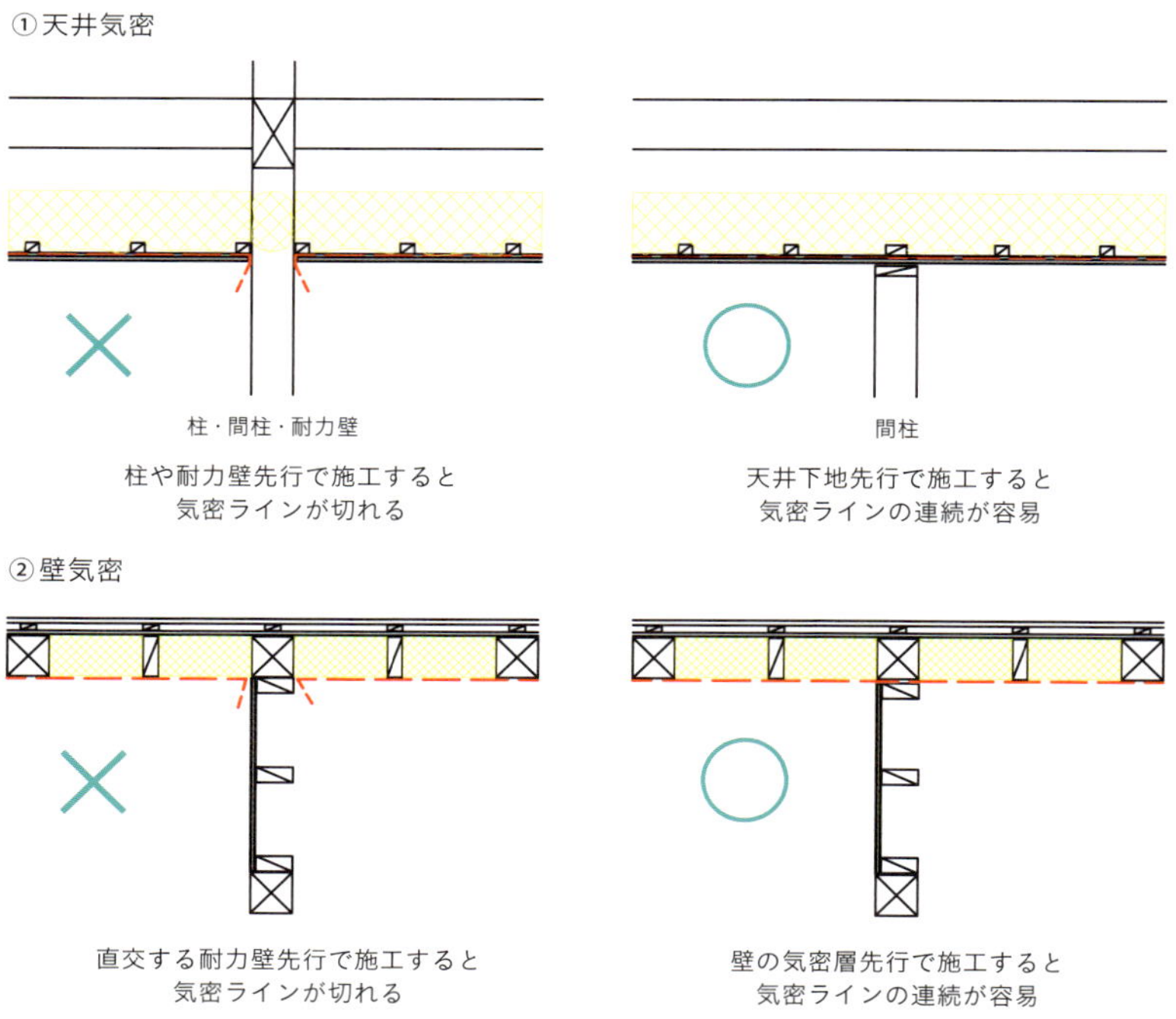

①天井気密
柱・間柱・耐力壁
柱や耐力壁先行で施工すると
気密ラインが切れる
間柱
天井下地先行で施工すると
気密ラインの連続が容易
②壁気密
直交する耐力壁先行で施工すると
気密ラインが切れる
壁の気密層先行で施工すると
気密ラインの連続が容易

1 内部耐力壁をつくる前に、外周壁に気密フィルムを先行することで気密が連続する
2 断熱充填前に耐力壁をつくりたい場合は、先に気密フィルムだけを挟んでおく
3 梁スパンを意識したプランにより梁成が統一され、その間に断熱がきちんと充填される。気密フィルムもフラットに張れる
4 写真3の下に木梁の熱橋対策として、ネオマフォームで覆っている

最上階の柱や耐力壁を減らしたい

天井勝ちの納まりで問題になるのが、最上階に柱や耐力壁が多く存在する場合だ。天井を連続させたくても、構造の柱や耐力壁（筋かいや耐力面材）があると、ここで気密ラインが途切れてしまう。もちろん、これにも有効な解決策はある。結論から言うと「最上階の柱と耐力壁を減らす」ことである。上階の柱や耐力壁が少なければ、気密性能が確保しやすくなるだけでなく、下階の構造への影響も少なく直下率も向上する。

では、どのようにして柱や耐力壁を減らすか。柱を減らすのは簡単である。小屋梁のスパンを長くとればよい。梁サイズなど考慮すれば2間（3640㎜）グリッドに受けられる柱があればよい（もちろん、その直下には下立柱がほしい）。4間×4間グリッドのプランなら中央に1本の柱でよいのだ（写真3・4）。

とはいえ、実際には室内側にも耐力壁が必要になり、当然柱も立てる必要がある。では次にこの室内側の耐力壁をどう減らすかだが、近年は高倍率の壁が増えてきたので、外周部である程度の壁量は確保できる。しかしながら、積雪地などで実際に構造計算（許容応力度計算）をしてみると、内部にもたくさんの耐力壁が要求される場合も多い。これは、水平構面（屋根構面）の強さが関係しているのだ。

ここで、そもそも構造計算がどのように行われているかをおさらいしたい。複雑な建築物はシンプルな形に置き換えるいわゆる「モデル化」して計算される。2階建ての建築物を許容応力度計算する場合は、図2のように「2階壁上半分より上部（屋根含む）」と「1階壁の上半分から2階壁の下半分の間（2階床含む）」の2つのかたまりに分けてモデル化される。いわゆる「串団子モデル」に置き換えられるのだ。つまり、地震などの水平力に対し、このモデルのようにそれぞれの団子（層）がかたまりとなって揺れる必要がある。このため鉛直構面（耐力壁）だけでなく、それらを同時に動かすための強い屋根や2階床といった水平構面が重要性となってくるということなのだ。

水平構面の必要性を再確認したところで、改めて「内部の耐力壁をいかにして減らすか」について解説したい。図3①のように耐力壁がバランスよく十分な量が存在する場合は、すべての耐力壁がもれなく地震力を受け止めることができる。しかし②のように2階の耐力壁の距離（耐力壁線間距離）が離れている場合は、上の団子（2階壁半分より上部）が1つのかたまりとなって揺れないため、両端に配置された耐力壁がバラバラに動き、同時に有効な働きをしてくれない。しかし、③のように屋根を固く（水平構面を強く）すれば、両端の耐力壁が一緒に仕事をして地震力を受け止めてくれる。こう説明すると、少しイメージできるのではないだろうか。

要するに、最上階の内部側の耐力壁を減らす（耐力壁線間の距離を広げる）には、屋根の水平構面が強くする必要があるのだ。

図2 モデル化解説

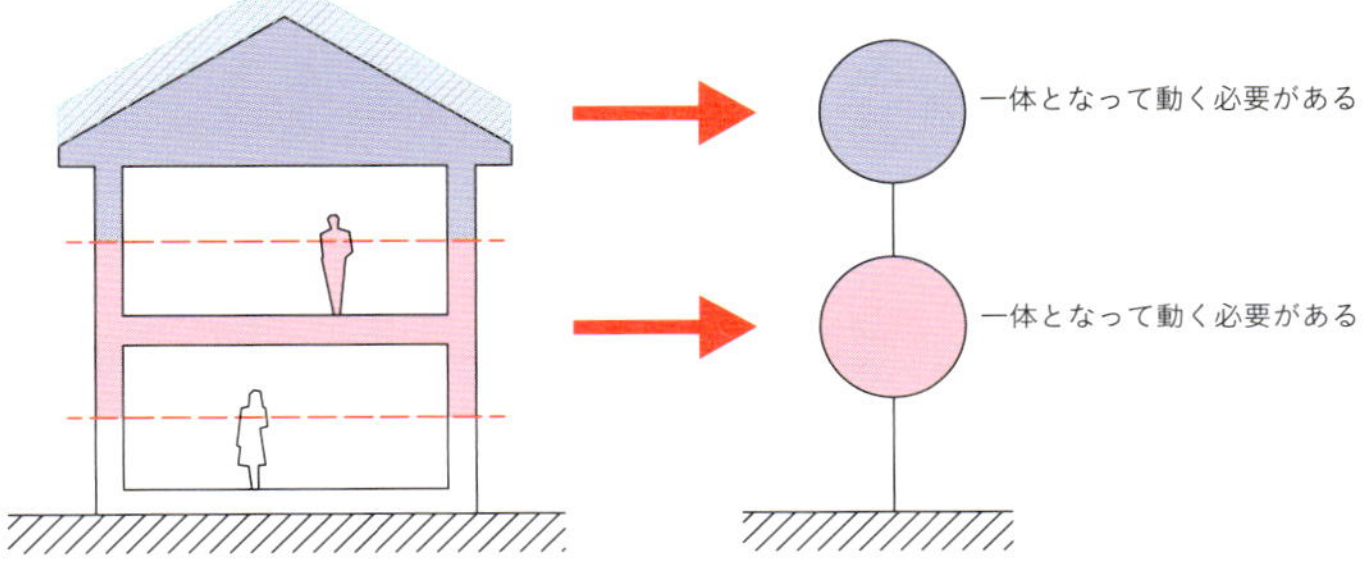
このようにモデル化している
一体となって動く必要がある
一体となって動く必要がある

地震時に「小屋」「2階床」それぞれ一体となって動く必要がある

和小屋形式と登り梁形式、どちらがよいのか

では、どうすれば屋根の水平構面を強くできるだろうか、ここでグレー本（木造軸組工法住宅の許容応力度設計）の「水平構面の仕様とΔQa（単位長さあたりの許容せん断耐力）」の表を見てみると、火打で屋根を固める和小屋形式の架構では、一番よい条件で最大のせん断耐力が1・57（kN／m）。一方、登り梁に厚合板を打ち付ける登り梁形式の架構では、釘の川の字打ちでせん断耐力が3・53（kN／m）、四周打ちでは何と7・84（kN／m）にもなる。つまり、登り梁に厚合板を張り付ける登り梁形式のほうが、屋根の水平構面を大幅に固くすることができ、結果的に最上階の内部耐力壁を減らすことができるのである。

もちろん、和小屋形式でも水平部の小屋梁を密に入れ厚合板を張って水平構面とする方法もある。ただし、この場合は施工性や納まり、コストなどよく検討する必要がある。次の章では、実例を元に和小屋形式と登り梁形式の違いを示してみたい。

図4はわが社がサポートに入っている他社工務店の実物件である。住宅業界では一般的に、①設計者がプランを書く→②プレカット（PC）会社がPC伏図を書く（架構の提案）→③構造設計事務所がPC図を元に構造計算→④PC会社がPC図を直す、といった流れが多いようだ。この物件もそのような流れでPC図が作成されていた。

小屋の構造は、和小屋形式となっていた（図4①）。設計担当者に聞いてみると、意図して和小屋にしているわけではなく、「以前から束と母屋と垂木で構成するのが一般的」だからだそうだ。

ここで和小屋の小屋裏の状態を見てみよう（図5）。水平構面を形成する火打、また小屋全体を固める小屋筋かいや雲筋かい、束、母屋など、天井から屋根垂木までの空間に多くの部材が混在している。しかもサイズはバラバラで部材方向も縦・横・斜めと複雑に空間を埋め尽くしている。この空間に断熱材、気密フィルム、小屋裏換気などを設けなくてはならないのだが、果たしてどこまでキレイに施工できるのだろうか。決して和小屋を否定しているわけではない。和小屋には和小屋のよさもある。しかし、昔は求められなかった断熱、気密、換気を、現代の住まいでは高いレベルで組み合わせる必要がある。それと架構の相性を考えなくてはならない。

火打で水平構面を計算していたこの和小屋は、屋根構面のせん断耐力が小さいゆえに、2階に多くの耐力壁が存在している。また、耐力壁以外の間仕切壁の出隅や入隅などあらゆるところに柱が立っており、天井の気密ラインを貫通する箇所が非常に多くなってしまっている（図4①）。

登り梁形式に変更し、架構を整理

図面を私なりに修正してみた（図4②）。屋根の架構は、和小屋形式を登り梁形式に変更することで、屋根構面に高いせん断耐力を持たせた。結果的に、2階の耐力壁が減少。2階柱は構造的に必要な柱だけ残して、間仕切壁は間柱による造作とした。結果、天井（気密層）を貫通する耐力壁や柱が激減し、断熱・気密欠損も大幅に減らすことができた。また、2階の柱が減ったことで、1階の柱も減らすことができる。直下率も74・4％から96・8％へと大きく向上した。

ここでは基礎については解説し

図3 耐力壁線間の距離

①耐刀壁をバランスよく配置されている場合

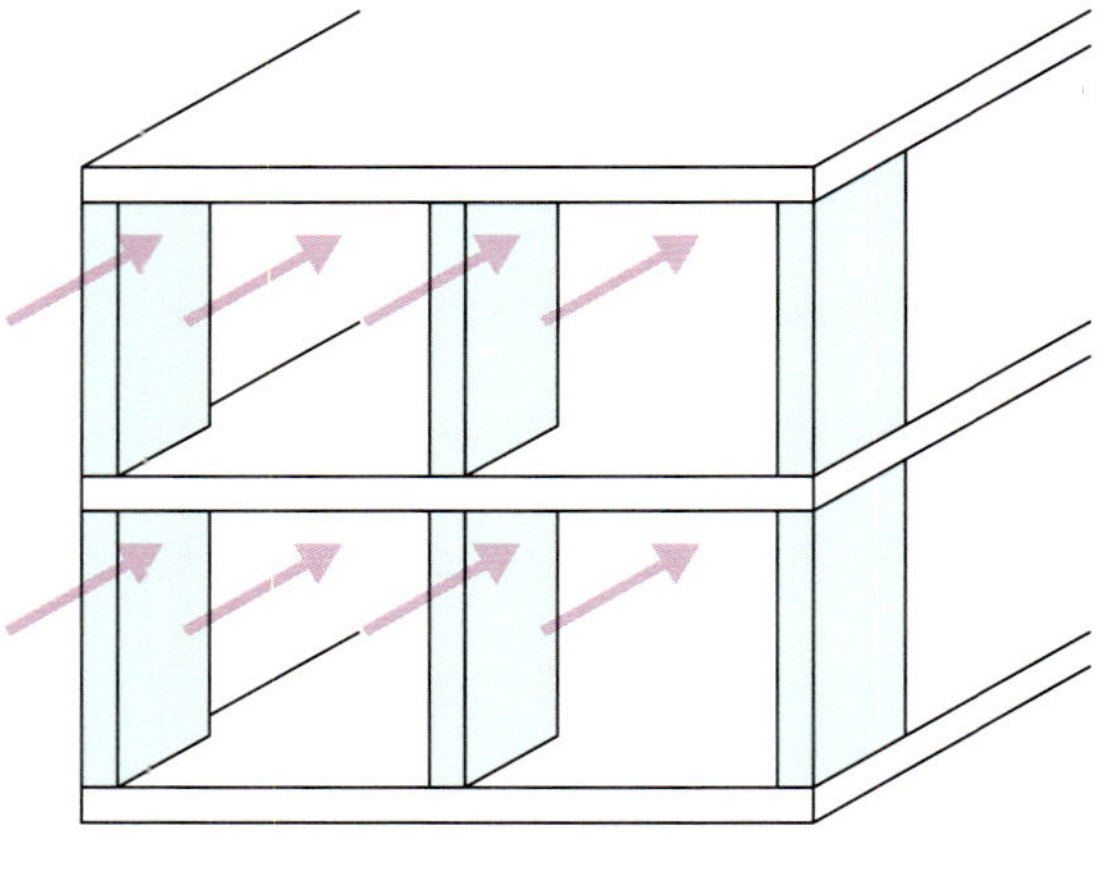

地震力をすべての耐力壁で受け止める

②耐力壁線間距離が離れている場合

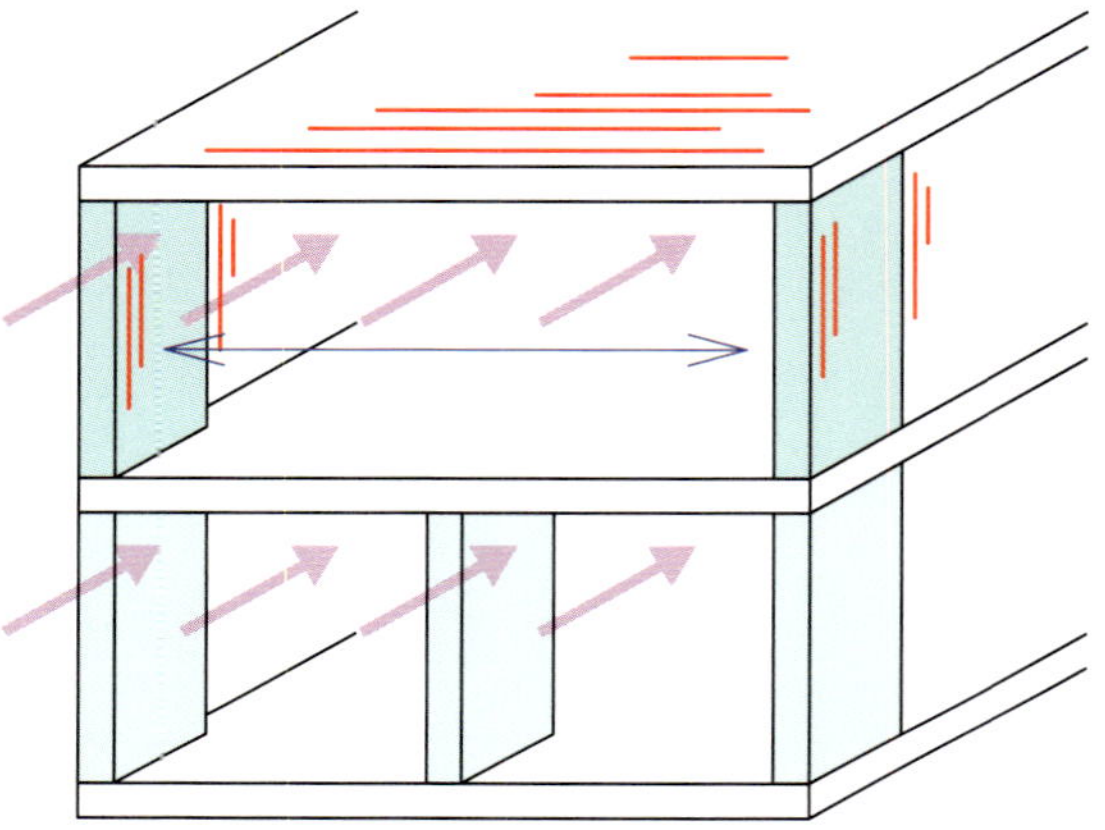

耐力壁線間の距離が長いと
一体で動かない

③屋根構面を固くした場合

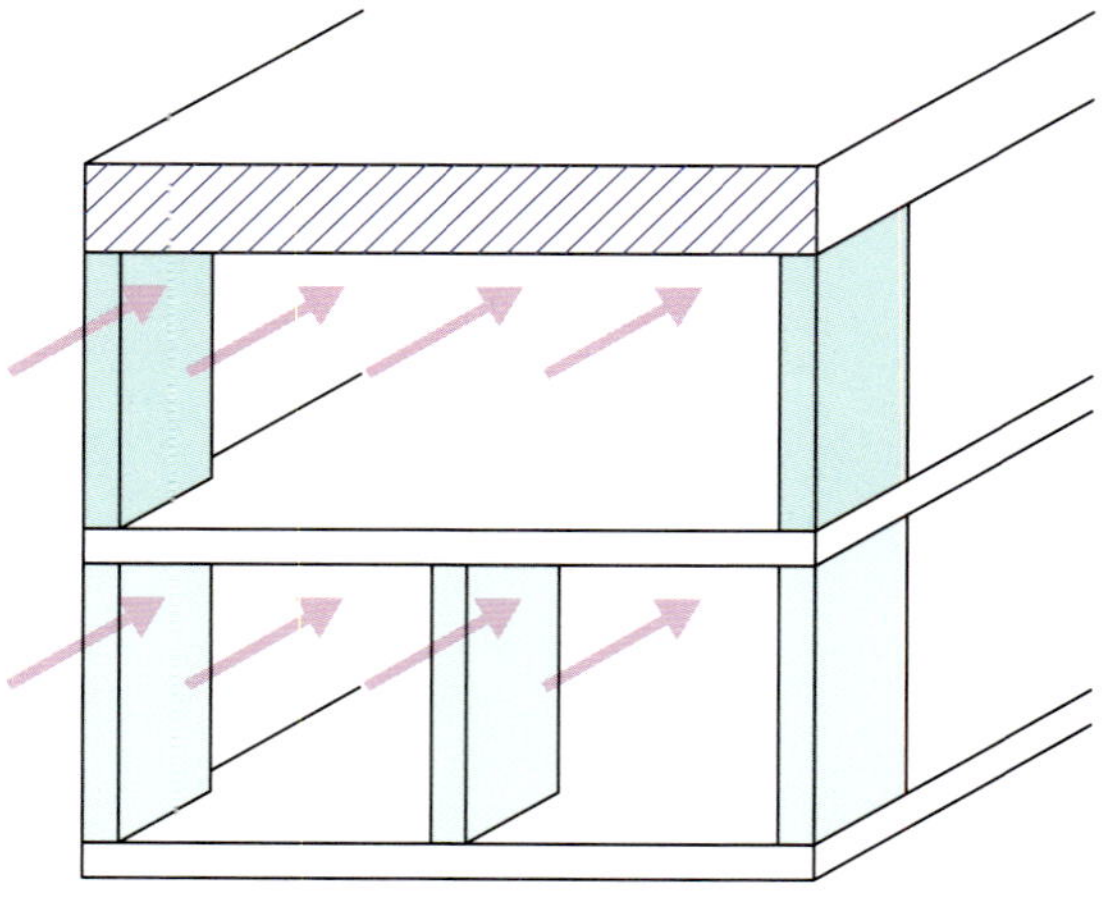

水平構面を強くすることで
両端の耐力壁が一体で動く

図4 変更前・変更後の平面図

① **変更前** の平面図（和小屋）　間仕切壁の出隅や入隅などあらゆるところに柱が立っていた

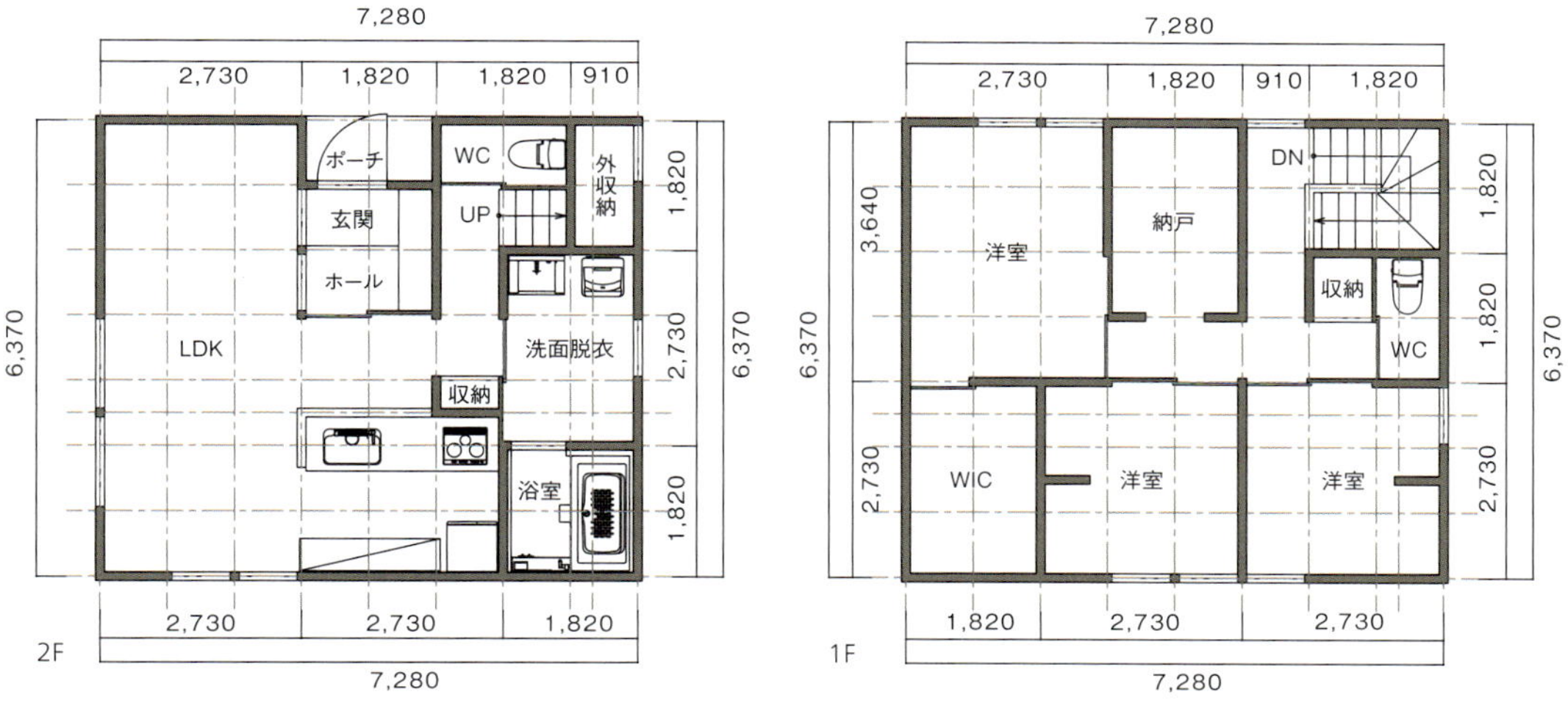

② **変更後** の平面図（登り梁）　構造柱を減らし、間仕切壁は造作でつくることにする

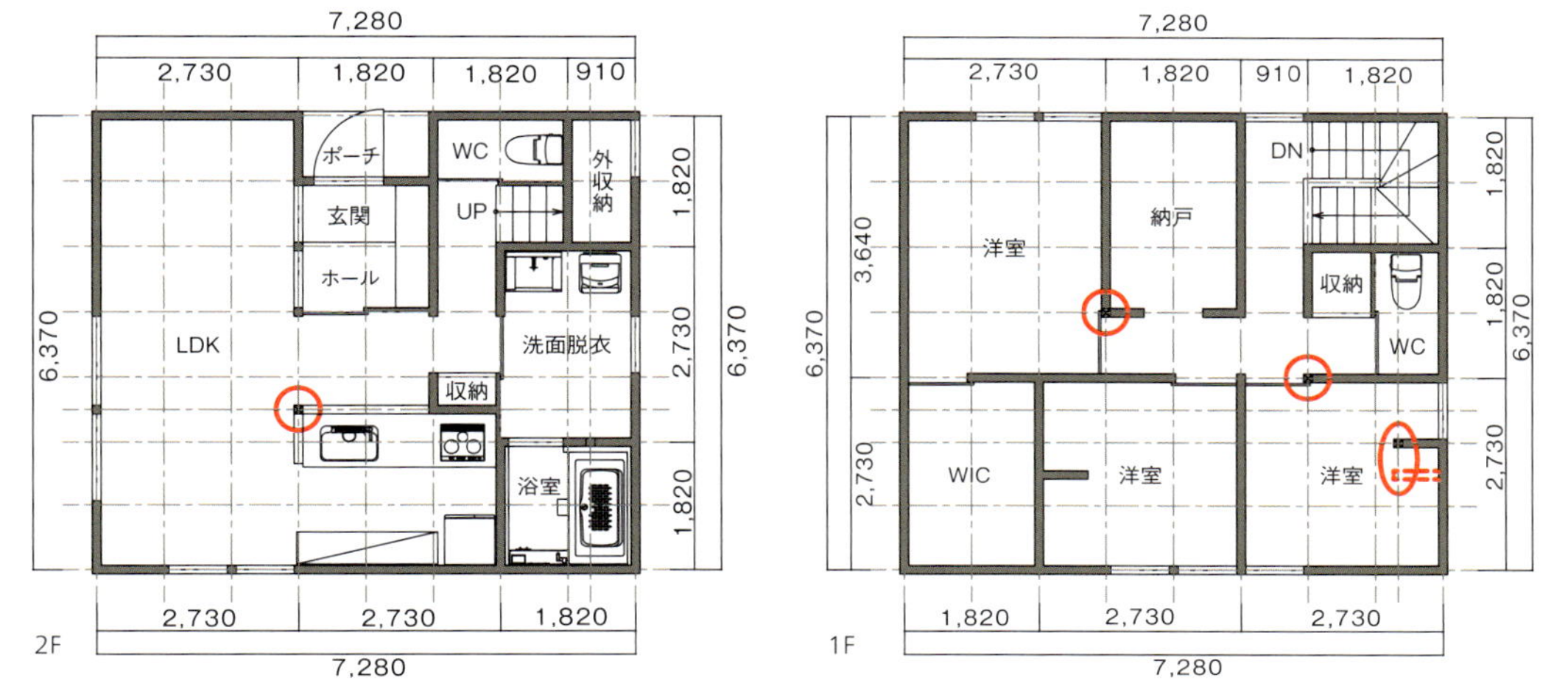

図5 小屋裏の実際

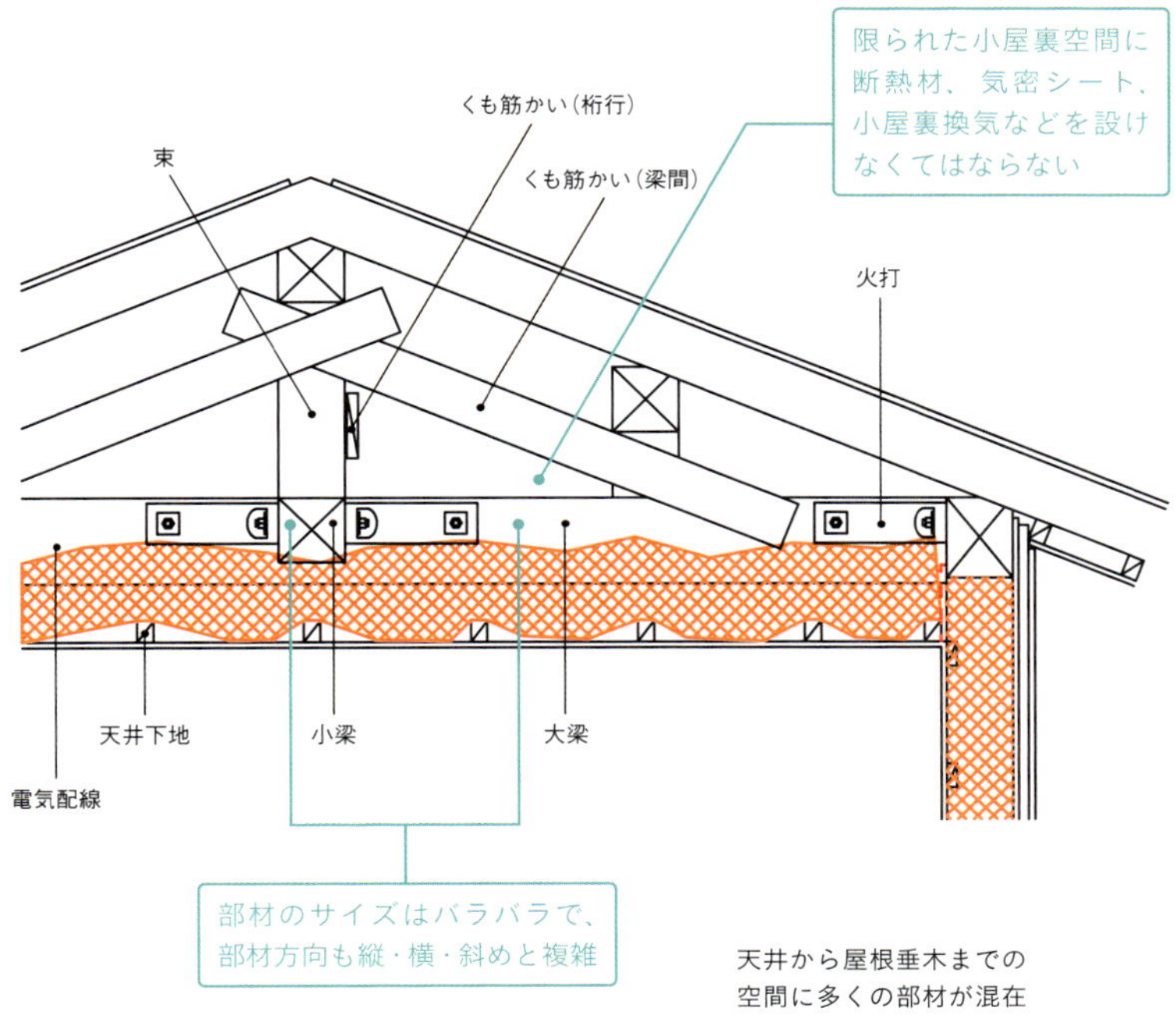

ないが、構造が整理されたことで内部の耐力壁や柱の量が少なくなり、基礎形状もよりシンプルになりコストダウンにもつながる。

図面修正前と修正後の木材の㎥数では、修正後が約0・38㎥少なくなった。屋根を構面とする登り梁形式では、厚合板が必要になってくるが、それを加味しても修正後のほうがやや安くなる。もちろん、プランにより多少のコスト差はあるだろうが、例えコストメリットがゼロだったとしても、登り梁形式にした場合には構造、断熱気密、施工性でのメリットはずいぶん大きいように思う。

天井勝ち、床勝ちの納まりになったことで、柱や壁の撤去が容易になり、将来のリノベーションもやりやすくなった。構造を整理することは、将来に余計な宿題を残さないことにもつながるのだ。

構造、断熱気密、意匠、施工、すべてがリンクしている

気密測定により気密の良し悪しを物件一覧で分析してみたら、架構が大きく影響していることが分かった。そして、その架構は施工性や意匠性にも影響している。構造、断熱気密、意匠、施工のすべてが相互にリンクしていたのだ。

我々が知識を習得する際、構造の専門家からは構造だけ、温熱の専門家からは温熱だけ、デザインの専門家からはデザインだけ、施工の専門家からは施工だけ、といった具合に分野ごとに、ブツ切れの知識を習得している。しかし、実際にはひとつの建物のなかで、そのすべてが一体となっている。すべての要素を同時に検討する必要があるのだ。プランニングのスタート時点から、構造安定性が、断熱気密性能が、施工性が、同時に決まり始める。設計者にはそういった意識がとても重要なのだと思う。

1-3
幅狭耐力壁を車庫に使う

門型フレームの使いにくさ

　構造知識が意匠を自由にするとはいえ、耐力壁の量や位置が間取りに制約を与えているのも事実である。したがって、鉄骨造やRC造のように耐力壁を必要としないラーメン工法を使用できないかという話になるのだが、木造で見かけるラーメン工法はあまりにも特殊でとても高価なシステムとなる。

　柱・梁だけで成立させるという意味では、木造の門型フレームの活用が考えられる（図1）。これにはいくつかの商品が販売されている。しかし、建物全体の工法が限定されたり、1本の柱脚だけでなく対の柱とそれをつなぐ梁、つまり門型で1つの構成となっていたりする。しかも、梁が上部荷重を受けられず、荷重を受けるためにはその上にもう一段梁をかける必要があり、その分階間の懐が深くなってしまう。このように自由な間取りのための門型フレームを採用したのに、逆に制約が増え自由度が低くなるケースもあるのだ。

耐力壁の幅を抑える

　そこで、当社では門型フレームの代わりに幅の狭い耐力壁を利用して、耐力壁の幅や長さを抑えることがある。特にガレージや倉庫など、内部にあまり壁が飛び出ないほうがよいプランに適している。

　そもそも耐力壁はどのくらい狭くできるのだろう。ルールとしては、筋かいは90㎝、面材は60㎝より狭い幅は認められない。耐力壁60㎝でも、使い方次第では比較的自由な間取りが可能だが、ガレージなど間口一杯に空間が欲しい場合には、更に狭い耐力壁が欲しくなる。

　そんな時当社ではBXカネシンの柱脚金物「ベースセッター」を活用している。ベースセッターを使うことで総幅45㎝、12㎝柱だと芯芯でわずか36㎝の耐力壁が可能になる。これは、前述のラーメン工法の柱脚の幅と大きく変わらない。しかも柱脚単独で使えるため、通常の耐力壁と同じ使い方ができる。対になる柱脚も梁も関係なく採用できる（写真1）。

車庫に幅狭耐力壁を使う

　新潟では特に豪雪地帯である中越や山間部では、ビルトインガレージの需要が多い。また、ビルトインガレージでは車の出入庫や乗降のための大きな開口も必要になるため、構造上の工夫が求められる。

　「石内の住宅」は、豪雪地帯の長岡市に建つ一部2階建て住宅。敷地は、「うなぎの寝床」といわれる間口が狭く奥行きがある形状ながら、建て主から車2台を並列駐車できるビルトインガレージ（間口=芯芯6370㎜）を要望された。

　もちろん当社としても木造で耐震等級3をクリアしたうえでビルトインガレージを実現したいが、それにはガレージの入口に十分な量の耐力壁が必要となる。

　面材耐力壁の最幅狭60㎝を両サイドから設けてもギリギリ2台分の開口は確保できたが、駐車した車の脇を人が通り抜けるには少々狭い。そこで「ベースセッター」を両脇に3体ずつ、計6体をバランスよく配置した（図2・写真2）。こうすることで間口を内法5500㎜確保することができ、車2台が駐車しても車のを人が行き来する

図1 門型フレーム

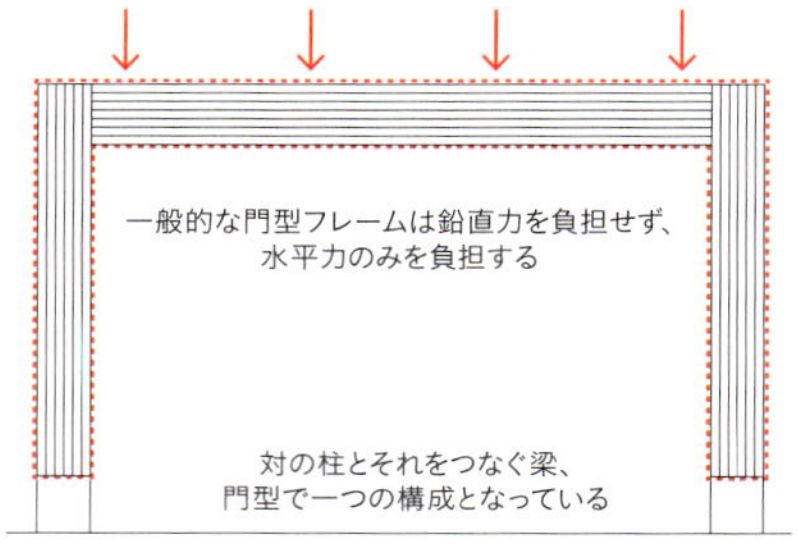
ここに荷重がかかる場合は、さらに梁成を大きくするか、別で梁を設ける必要がある
一般的な門型フレームは鉛直力を負担せず、水平力のみを負担する

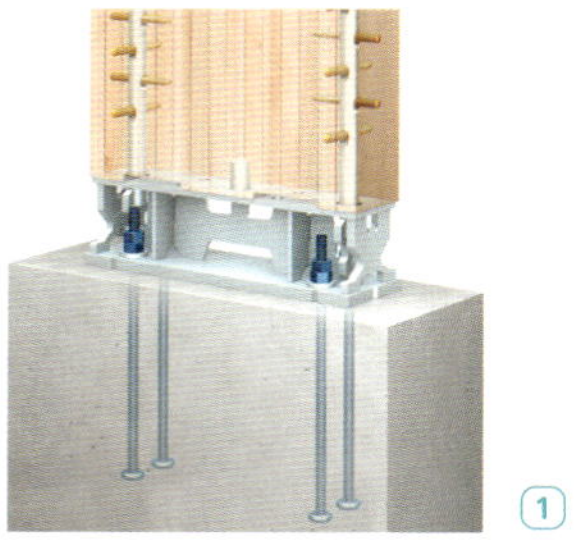

1 「ベースセッター」BXカネシン。門型フレームとは異なり、通常の耐力壁と同様な使い方ができる点が優れている

2 2台用ビルトインガレージの両袖に3体ずつ計6体のベースセッターを使用。1体で壁長910㎜5倍相当の壁倍率があるので、有効間口5,500㎜を確保できた

3 間口の狭い敷地に、2台並列のガレージを設ける。しかもその上には2階が載る。木造ではなかなかできない意匠がこの幅狭い耐力壁で実現した

4 内部にリブ状に飛び出る幅狭耐力壁の奥行を利用し、扉を付けて収納とした。門型フレームと異なり2階床懐が浅く済む（2階床梁が過剰に大きくならない）

図2 石内の住宅1階平面図（S=1:150）

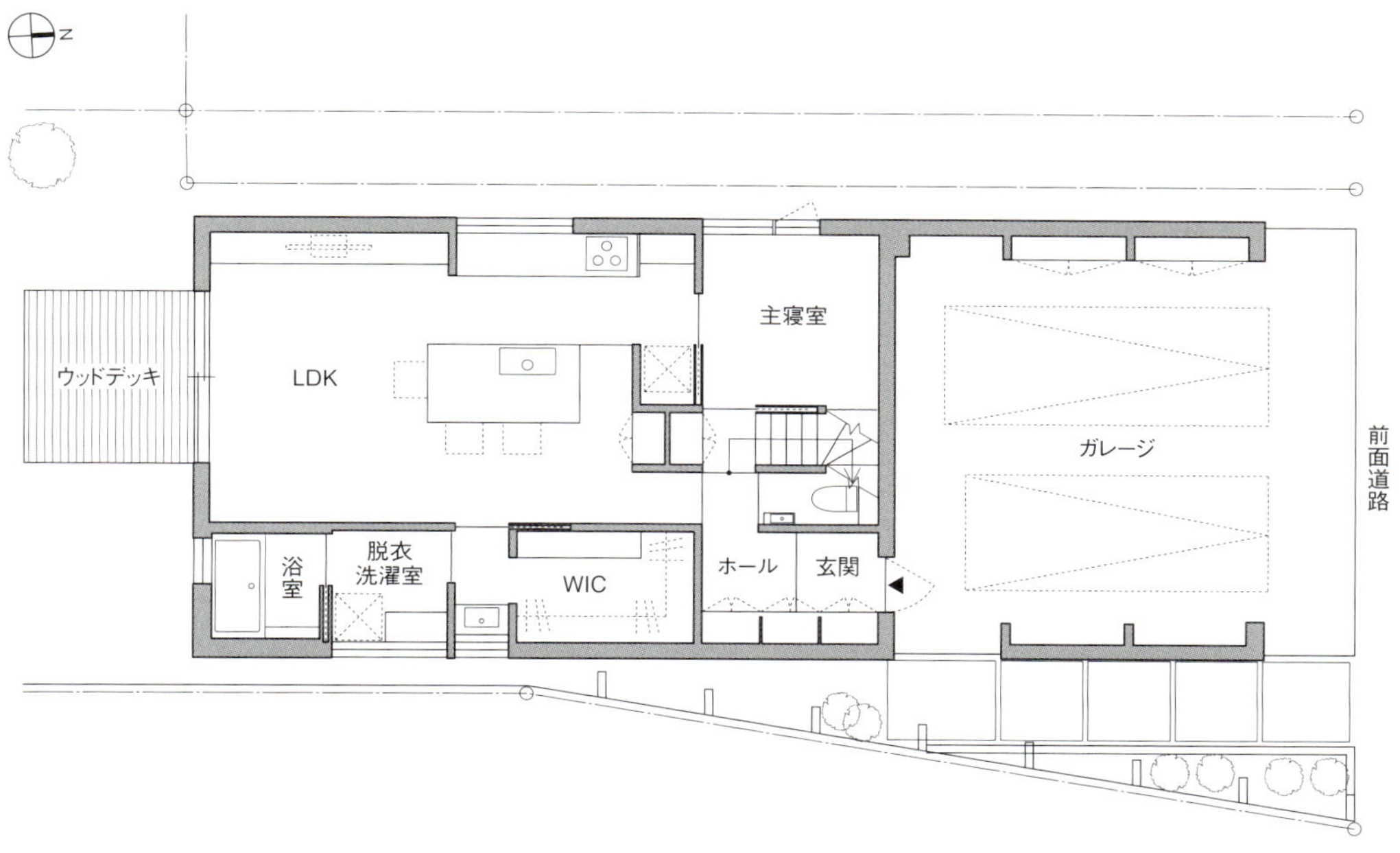

ベースセッターにより、シャッター右壁に少し厚みが見える。耐力的に安定しただけでなく、外観上の安定感も生まれた（外壁は新潟県産スギの無塗装）

ガレージ向かって右袖にベースセッター1体を配置。平屋ということもあり積雪荷重を考慮しても十分な壁量が確保できた

のに十分なスペースが確保できた。

また、ガレージ内にリブ状に飛び出したベースセッターの奥行きを収納や自転車置き場に利用できた（写真3・4）。

同じ長岡市内の「坂之上町の平屋」もビルトインガレージが要求された物件である。この物件も最初からベースセッターを活用する計画で進められた。

この物件は、比較的面積の大きい平屋に1台分のビルトインガレージ（間口＝芯芯3640㎜）が要望されたので、大空間や大きな間口を必要とせず、構造的な難しさはあまりない。しかし、ガレージ入口部分に耐力壁があったほうが、構造はより安定する。そこで間口の片側のみにベースセッター1体を配置した（図3・写真5）。

これによって間口は3000㎜程度になったが、車の出入りには十分な幅で、加えて開口部の脇に袖壁があると見た目にも安心する（写真6）。実際に構造面でも、かなりバランスのよい建物になっている。

図3 坂之上町の平屋平面図（S=1:150）

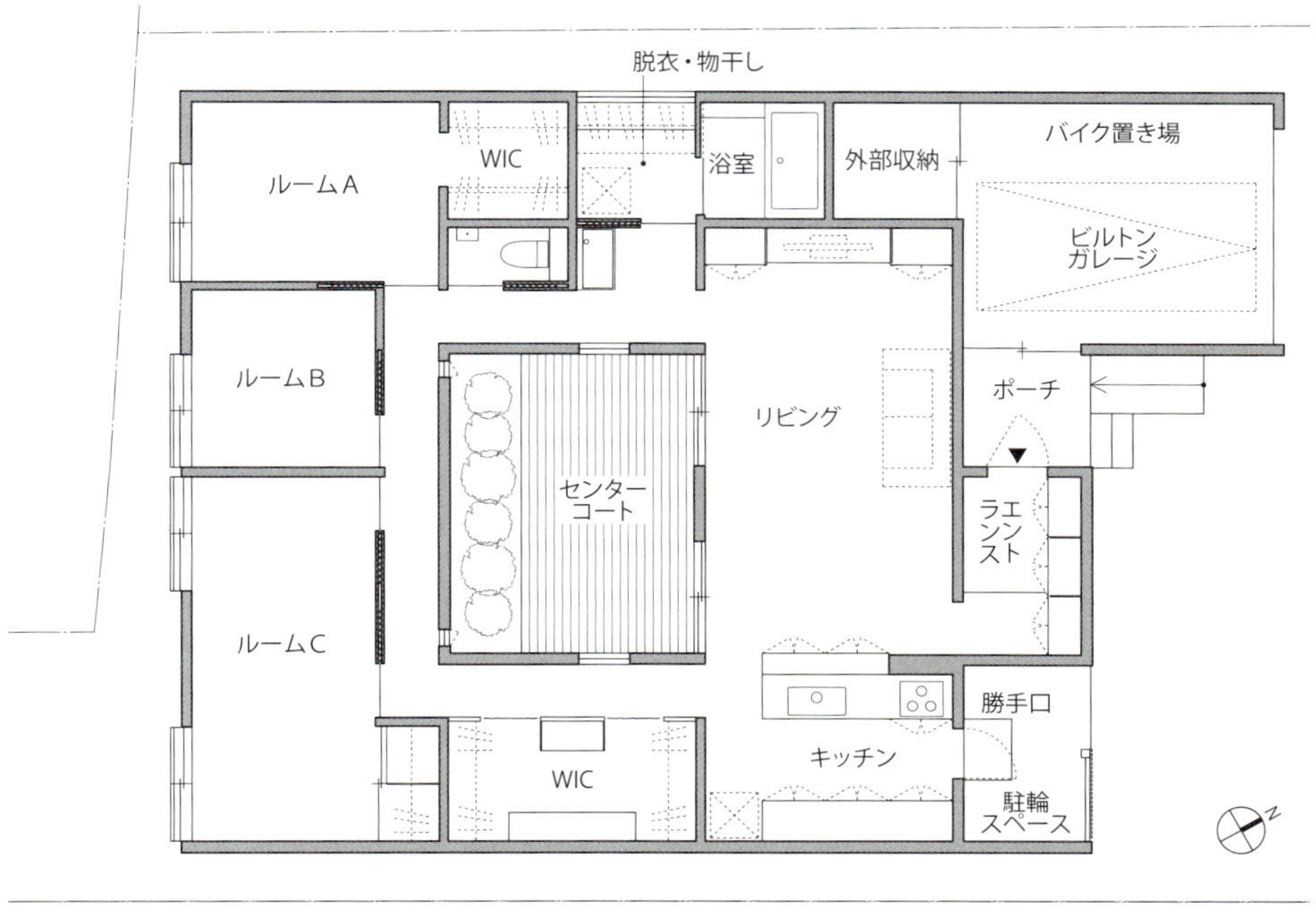

物件概要

石内の住宅
設計・施工：サトウ工務店
所在地：新潟県長岡市（5地域）
家族構成：夫婦＋子ども1人
敷地面積：186.78㎡（56.39坪）
建築面積：98.39㎡（98.99坪）
延床面積：144.91㎡（43.75坪）
1階：98.54㎡（29.750坪）
2階：46.37㎡（13.40坪）
耐震性能：等級3（許容応力度計算）
断熱性能：等級6（U_A値0.28W／㎡K）
竣工年月：2020年4月

物件概要

坂之上町の平屋
設計・施工：サトウ工務店
所在地：新潟県長岡市（5地域）
家族構成：夫婦
敷地面積：478.31㎡（144.40坪）
建築面積：132.49㎡（40.00坪）
延床面積：129.18㎡（39.00坪）
耐震性能：等級3（許容応力度計算）
断熱性能：等級6（U_A値0.34W／㎡K）
竣工年月：2020年7月

1-4 スキップフロアは難しくない

スキップフロアは構造の弱点

床に段差のあるスキップフロアは、空間にユニークさや立体的な広がりを与えてくれる。したがって、画一的になりやすい平面計画の変化球としてとても魅力的な手法だが、この床に段差を設ける行為は、構造的にはあまり好ましくない。なぜなら、地震による水平力は、建物の各階の床や屋根（水平構面）がそれぞれ一体となって受け、それをその下の階の耐力壁で受け止めることになる。その水平力を受ける床が、スキップフロアによって途切れていると、下階の耐力壁全体へ上手く力を伝えることができないためだ。水平力はよく段ボールに例えられる。蓋を閉じた箱と閉じてない箱では強度がまったく異なるが、スキップフロアはまさに閉じていない箱、蓋の一部が空いている状態なのだ。

梁で受けるスキップフロア

「西大崎の住宅」はビルトインガレージにより2階床がスキップフロアになった例である（写真1）。ガレージ上に設けられた2階床は、一般的な2階床より幾分か低くなる。ガレージは、GLから2.2〜2.4m程度で天井、1階はGL＋0.5〜0.6mが床でそこから2.2〜2.4mが天井。つまり、0.5〜0.6m程度の段差が天井で発生するためだ（図1）。ただし、ガレージ上の梁はスパンが飛ぶためやや梁成が大きくなるため、その分天井懐も大きくな

図1 西大崎の住宅断面図

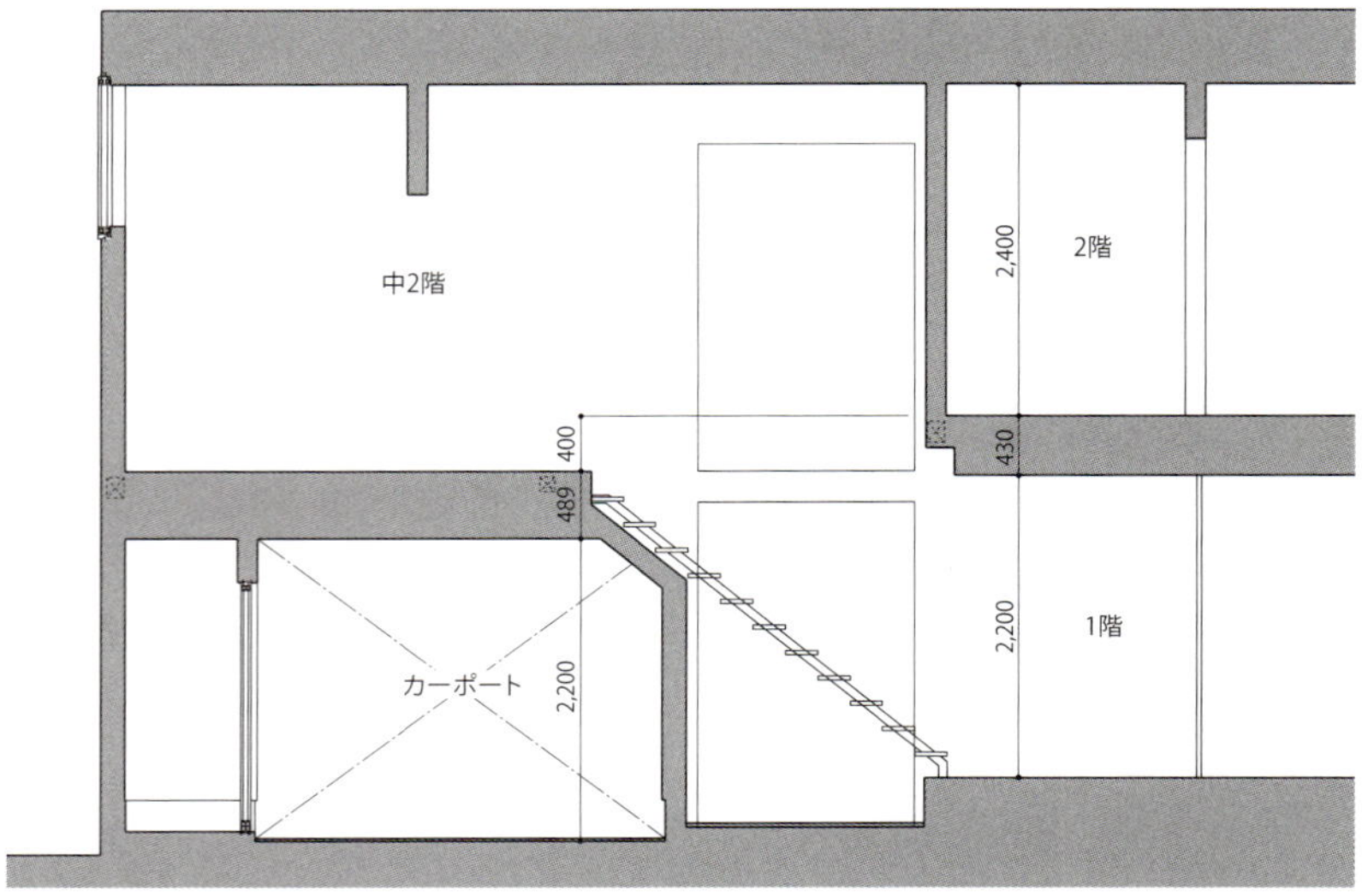

物件概要

西大崎の住宅	延床面積：129.78㎡（39.18坪）
設計・施工：サトウ工務店	1階：73.14㎡（22.08坪）
所在地：新潟県三条市（5地域）	2階：56.64㎡（17.10坪）
家族構成：夫婦＋子ども2人	耐震性能：等級2（許容応力度計算）
敷地面積：247.50㎡（74.72坪）	竣工年月：2011年12月
建築面積：74.80㎡（22.58坪）	

1

図2 段差のある梁の安全な組み合わせ

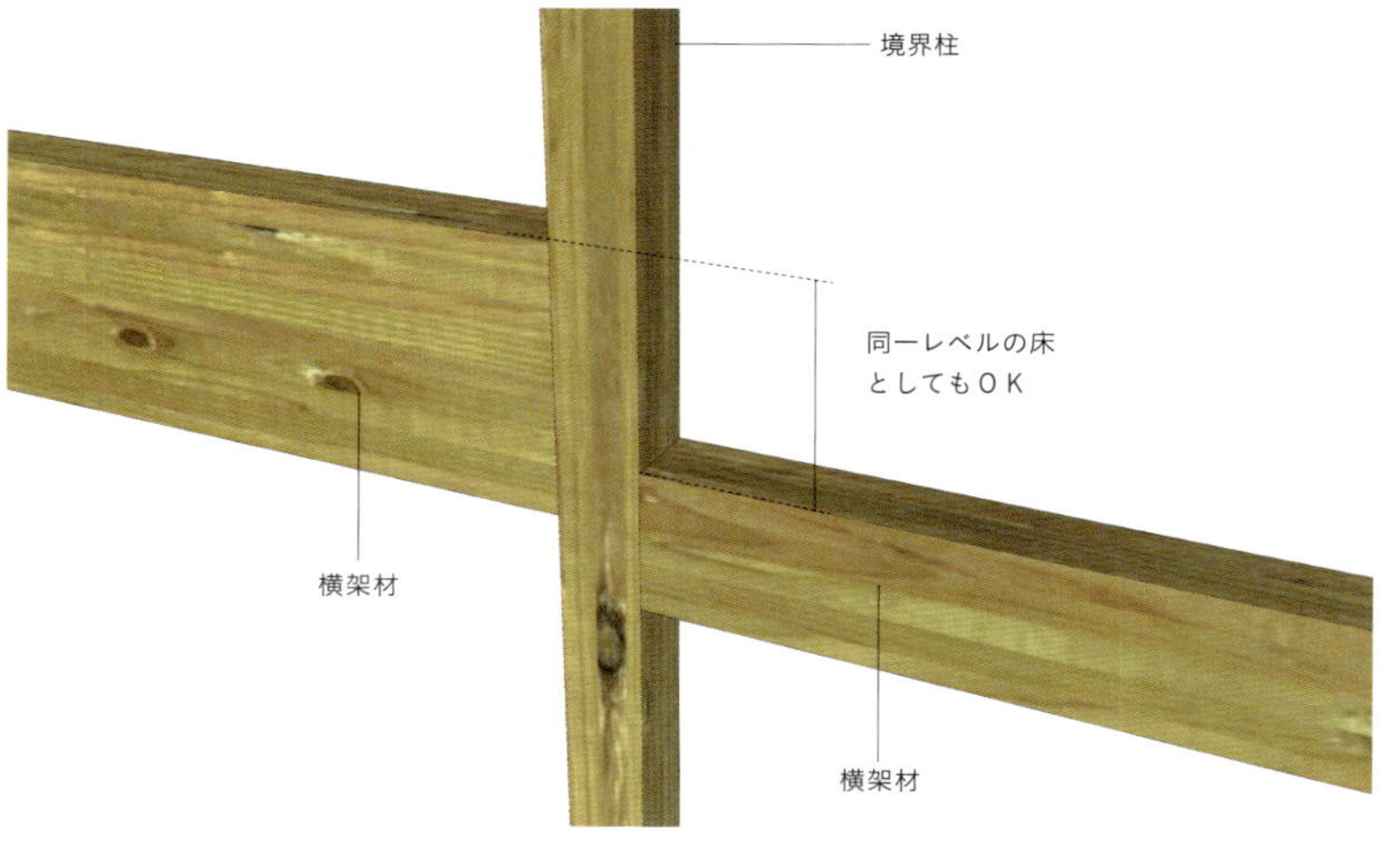

グレー本では、左右の床レベルが梁成以内なら同一床レベルとして計算してもよいこととなっているが、左右の梁成が重ならない場合はスキップフロア扱いとなり、構造計算が難しくなる

る。したがって、2階床面の段差は0.4ｍ程度になる。40㎝くらいの段差なら、比較的容易に安全性を担保できそうだ。

グレー本「木造軸組工法住宅の許容応力度設計」にある「立面不整形」(1)スキップフロア建築物の構造安全性の検討方法を見ると、床レベルの差が梁成以内ならOKとある。つまり、水平力により片側の床が押されたときに力が逃げずもう片側の床に伝わればよいのである。この考えによれば、段差の境界の柱の左右で重なるような梁成を使うことで、安全なスキップフロアができることになる(図2)。とはいえ、極端に大きな梁成を使いこの考え方を利用するのは、あまりおすすめしない。階段の段数でいうと2〜3段程度が限界の目安になるだろう。

極端に梁成が大きくなると、一般流通している梁材と比べ一気に価格が高くなり、納期もかかる。できれば既製品サイズにある450㎜までの梁成に留めたい。

特別な計算が必要ないスキップフロア

前面道路より敷地が高くなっているケースはよくある。この場合は駐車スペースのみ前面道路レベルに合わせて、それ以外の建物のGLを建物周囲の高い敷地レベルに合わせることで解決する。

しかし、「自然のカタチ」の敷地は前面道路から奥へ向かって0.9ｍほど低くなっている。これを解決するのはなかなか難しい。とりあえず駐車スペースは前面道路レベルに合わせればよいが、ここから建物のGLを0.9ｍまで下がるのはだいぶ違和感がある。

そこで、建物の手前半分は道路のレベルに合わせてGLを上げ、そこに駐車スペースや玄関、LDKを配置し、後ろ半分のみを敷地のGLに合わせて水廻りや寝室を配置、建物前後で0.9ｍのスキップフロア的な段差が生まれた(図3)。

この場合のスキップフロアは、構造上安全だろうか。グレー本では、先ほどと同じ「立面不整形」の(2)に大屋根を有する建築物の構造安全性の検討方法とある。この建物は一見するとスキップフロアのような構成のプランではあるが、大屋根を有する建築物に該当する。この場合、通常の下屋付き建築物と同様の扱いなので、各階ごとに分割して普通に構造計算すればよいのだ。下屋(ここではLDK上の屋根)と2階床が1階の水平構面ということになる(大屋根構造については50頁で詳しく解説する)。ここで「1階の床の段差は問題ないのか」と思われるかもしれないが、地震力は各層の床に働くために問題ない。

これを理解するには串団子モデルが分かりやすい(9頁図2参照)。この図を見れば、2階上部から屋根までの荷重が2層目の団子、1階上部から2階下部までの荷重が1層目の団子、1階下部以下の荷重は基礎を通じ地盤が負担しているのが分かる。そして、このモデル化が、構造計算する際の大前提となる。

この一見スキップフロアに見える建物は、普通の2階建ての構造計算で問題ないのだ。とはいえ、このような特殊なプランは設計者判断だけでは少々不安も残る。そこで、当社では耐震等級3の許容応力度計算を行い、評価機関での審査、適合証明書の発行をすべての物件で行っている(写真2・3)。

物件概要

自然のカタチ	延床面積：109.30㎡(33.00坪)
設計・施工：サトウ工務店	1階：73.70㎡(22.25坪)
所在地：新潟県三条市(5地域)	2階：35.60㎡(10.75坪)
家族構成：夫婦＋子ども1人	耐震性能：等級3(許容応力度計算)
敷地面積：224.80㎡(67.86坪)	断熱性能：等級5(UA値0.49W／㎡K)
建築面積：76.44㎡(23.07坪)	竣工年月：2016年12月

図3 自然のカタチ断面図

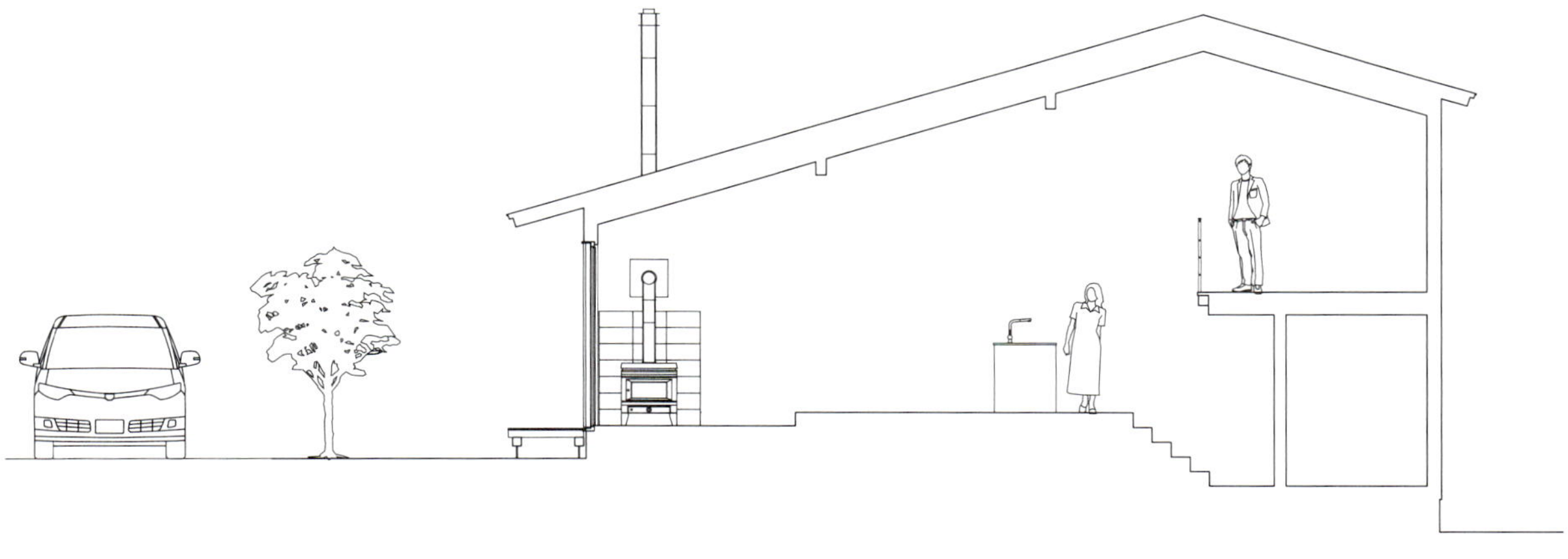

2 前面(道路面)から建物を見る。一見すると平屋に見えるが、奥半分はGLが低くなっており、2階建てとなっている(外壁は焼スギ)

3 LDK(下屋)から奥の2階部分を見る。キッチンの向こうが2層となっている。半地下へ下るような1階と高低差の少ない2階となっている

1-5 雪国スケルトンインフィルへの挑戦

積雪地域で対応できる耐震等級3スケルトンを

　有識者・インフルエンサーなどによるyouTubeをはじめSNSでの発信で、耐震等級3やHEAT20・G2・G3など、住宅性能の重要性がエンドユーザーに分かりやすく届くようになってきた。その影響もあり、われわれ工務店は高性能化への対応を一気に迫られた。もちろん、これはとてもよい傾向に思うし、一刻も早く対応すべきだ。しかしながら、全国の工務店すべてが高性能住宅をつくる知識や技術を身に付けているわけではない。特に耐震性能は、耐震等級3どころか、現実的には構造計算の対応が遅れている会社も未だに多く存在している。

　また、当社のある新潟県などは、積雪荷重を考慮した耐震性能を確保しなければならないので、耐震等級3はさらに難しくなる。地震力は建物にかかる荷重と比例し、荷重の約20%が地震力となる。耐震等級3はその1.5倍なので30%。さらに積雪荷重などを加えるとさらに地震力が大きくなるのだ。

　雪は非常に重く、積雪1㎥で300kg。今回の物件は3間×4間と比較的コンパクトな屋根だが、それでも1mの積雪で12トンもの重さになる。もちろん、梁や垂木など横架材を大きくすれば鉛直荷重に対しては対応できるが、それと同等かそれ以上に耐力壁の量やバランスがとても重要になってくる。

　この高い構造レベルが要求される積雪地域で、比較的簡単に誰もが使える汎用性のあるスケルトンを考えたい。それがこの物件のコンセプトの1つである。

外周耐力壁と大黒柱でスケルトンを構成

　スケルトンは、長期間にわたり使い続けられる躯体。インフィルは、フレキシブルに可変できる内装や設備。となると、スケルトンは、内部の柱や耐力壁を最小限とするのが理想であり、スパンを飛ばせる鉄骨造やRC造などは単純明快でスケルトンには理想的だ。

　木造住宅の場合は、間取りが最優先に検討され、柱や耐力壁の位置が後付けで決まるケースがほとんど。とても単純明快な構造とはいえない。これでは長期にわたり耐用性を維持するのは困難である。

　そんな反省を踏まえ、まずはシンプルで頑丈な構造をF－Xさせることから始めた。できれば、木造ドミノ住宅のように、外皮と内部柱1～2本だけで構築したいのだが、コンパクトな建物とはいえ、積雪1mを加味した耐震等級3のクリアは非常に難しい。

　試行錯誤した結果、耐力壁はコの字形の耐力壁を外周部に、内部柱は家の中心に大黒柱1本だけ（図1）。この構造計画により積雪1m、耐震等級3を許容応力度計算でクリアすることができた。

意匠と構造を両立させる対のバルコニー

　すんなりと構造計算をクリアしたように書いてしまったが、協働で設計を行ったネイティブディメンションズ一級建築士事務所の鈴木淳さんがいなければ、この計画は暗礁に乗り上げていたに違いない。鈴木さんはかつて構造設計事務所に在籍していたこともある構造のエキスパート。彼の知見を生かした構造計画がこの物件のキーである。

　プラン的に南側一杯のバルコニーが必要となった（図2）。その場合、建物の重心が大黒柱のある中心ではなく南側に寄ることになる。フレキシブルなプランを許容するための構造計画では、ちょうど大黒柱の位置が剛心となっている。バルコニーが追加されることで、重心と剛心の距離（偏心）が大きくなり、地震時に建物が大きくねじれて変形してしまう（図3）。

　そこで、鈴木さんは北側にもバルコニーを設けることを提案（図4）。つまり南北の重量バランスを整えるということだ。この提案は構造的な理由だけでなく、雪国に必要なサービスバルコニー設置の提案でもある。給湯器やエアコン室外機置場、ごみの一次置き場、そして家中が温かくなる高断熱住

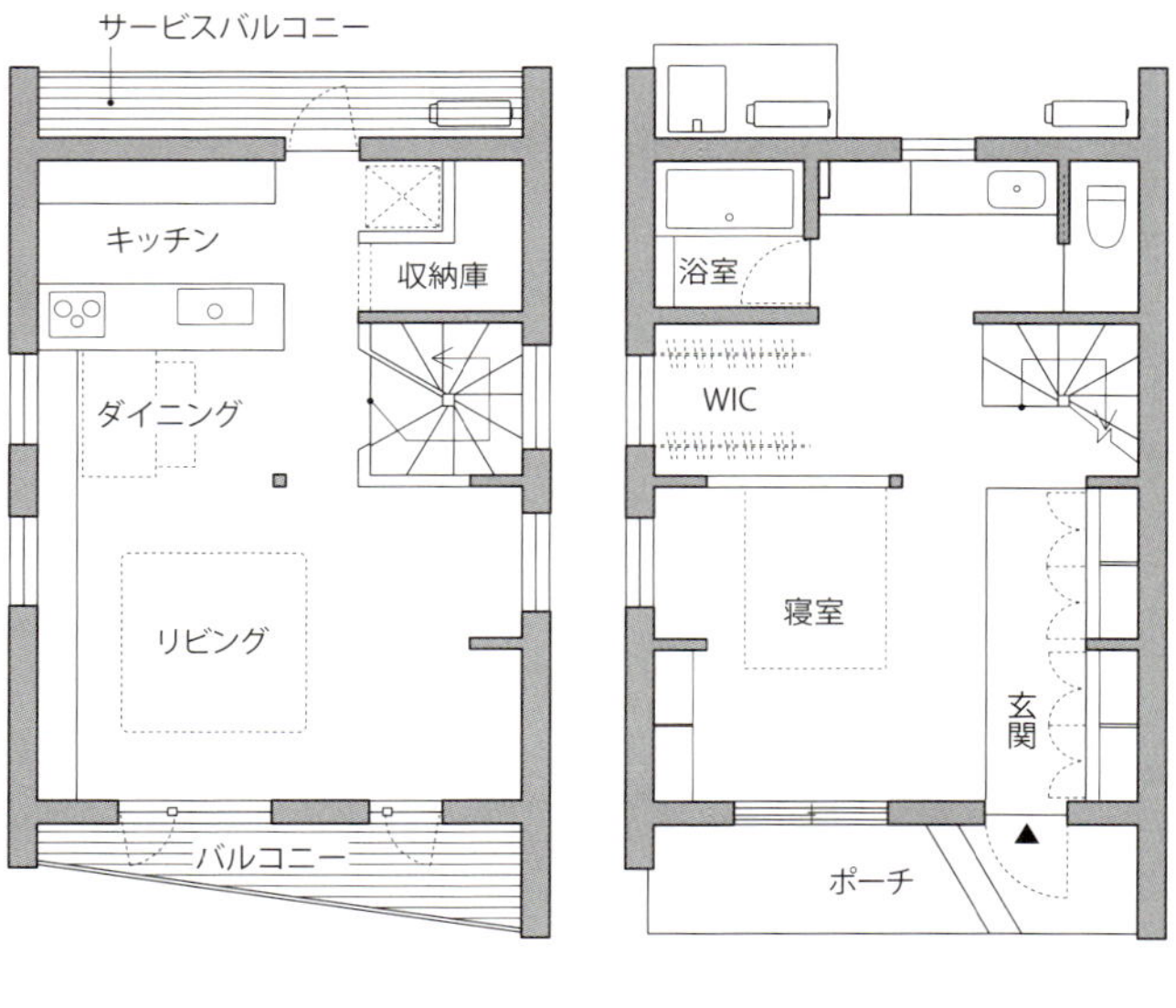

2F　1F

図1 平面図（S=1:150）　3間×4間＝12坪の総2階、床面積24坪の小さな住まい。屋根のかかったバルコニーを南北に設け、そこに玄関ポーチ、南の景観を楽しむテラス、サービスバルコニー、室外機置場などの機能をもたせた

図2 当初プランの構造図

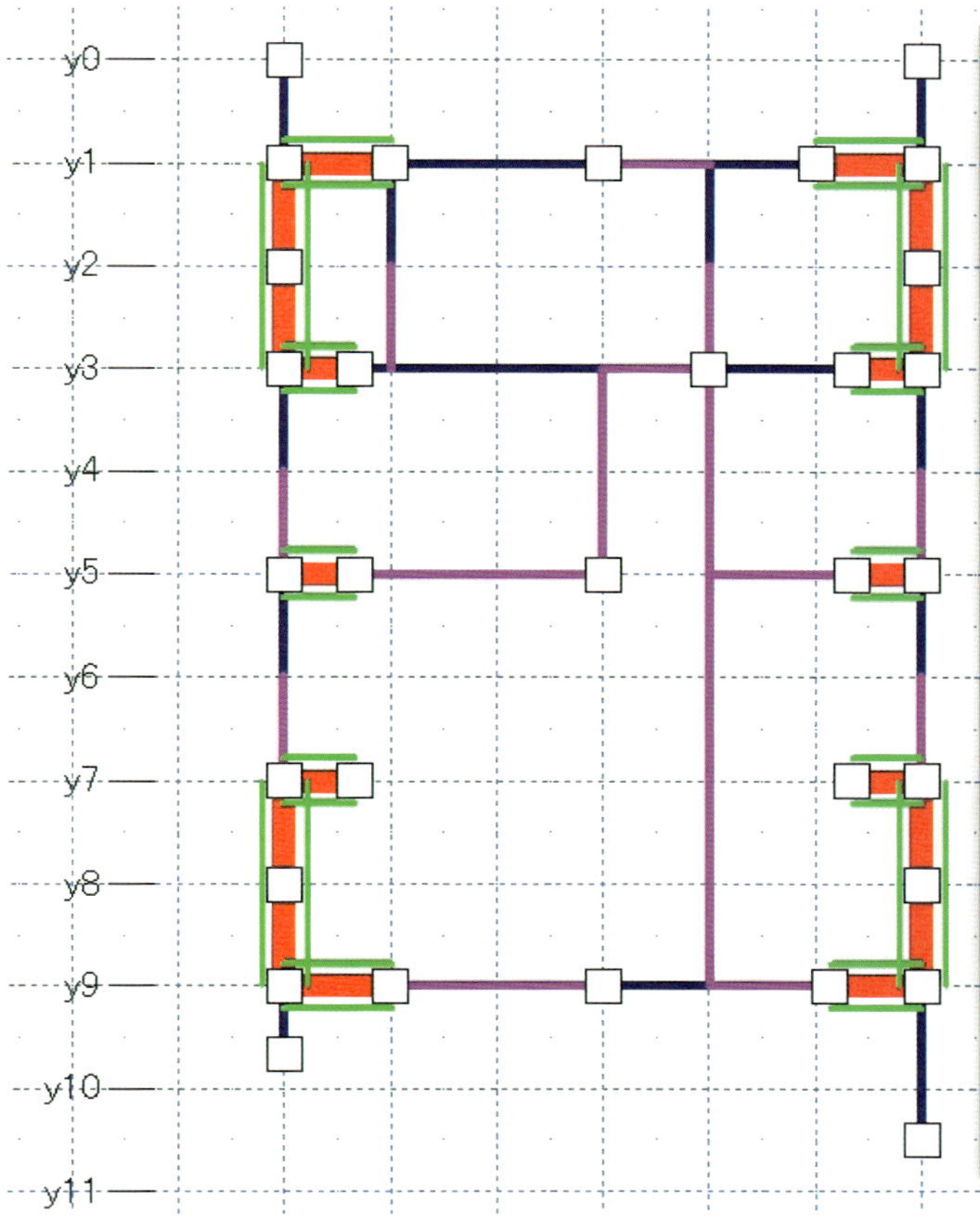

検定結果

大項目	計算書No.	検定項目	検定結果
部材断面表	4	木材の寸法チェック	OK
	4	横架材接合金物と梁せいの対応チェック	OK
令46条関連の計算	6.1	壁量の検定	OK
	6.2	壁配置の検定	OK
水平力に対する応力計算と断面検定	7.4	鉛直構面の地震力、風圧力に対する検定	OK
	7.5	水平構面の地震力、風圧力に対する検定	OK
	7.6	横架材接合部の引抜力に対する検定	OK
	7.7	柱頭柱脚接合部の引抜力に対する検定	OK
	7.8	土台とアンカーボルトの検定	OK
	7.9	梁受け金物の逆せん断に対する検定	OK
鉛直荷重対する応力計算と断面検定	8.1	横架材の曲げに対する断面検定	OK
	8.1	横架材のたわみに対する断面検定	OK
	8.3	横架材のせん断に対する断面検定	OK
	8.4	柱の座屈と面外風圧力に対する複合応力の検定	OK
	8.5	柱軸力による土台と梁のめり込みの検定	OK
	8.6	軒・けらばの負の風圧力に対する検定	OK
	8.7	耐風梁の曲げに対する断面検定	OK
地盤と基礎の計算	9.1.2	基礎形式の選定	OK
	9.1.3	基礎仕様一覧表	OK
	9.1.4	床下換気口仕様一覧表	検定対象外
	9.1.5	人通口・開口部仕様一覧表	検定対象外
	9.2	接地圧の検定	OK
	9.3	基礎梁の曲げとせん断の検定	OK
	9.4	底盤の検定	OK
屋根葺き材の検討	10.1	屋根葺き材の検定	OK
ルート2の構造計算等	11.1	層間変形角の確認	-
	11.2	剛性率の確認	-
	11.3	偏心率の確認、筋かいの負担水平力による応力割増し等	-
平面不整形建築物の構造安全性の検定	12.1	平面不整形建築物の検定	-
	12.2.4 12.3.4	鉛直構面の地震力、風圧力に対する検定(各ゾーン)	-
	12.2.5 12.3.5	壁配置の確認(各ゾーン)	-

検定結果　OK　NG 検定結果一覧　閉じる

赤太ラインが耐力壁。将来のプラン変更に対応できるように、外周部にはバランスよく耐力壁と非耐力壁（開口部）を配置。しかし積雪荷重を考慮した耐震等級３は、外皮だけでは壁量が足りないので、室内側に600㎜（600㎜は面材耐力壁の最小長さ）折返しの耐力壁を設けた。

図3 南にバルコニーを追加した構造図

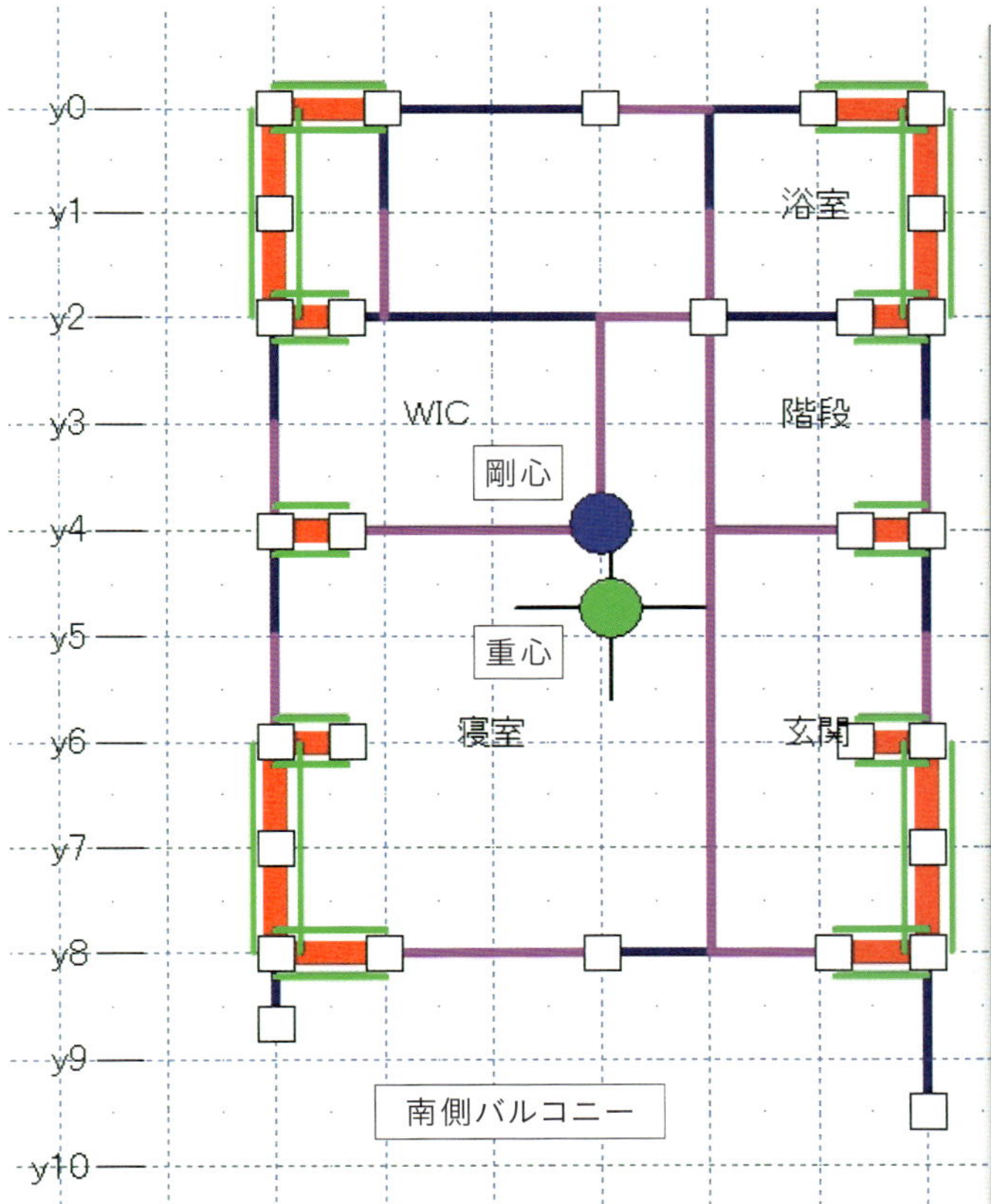

検定結果

大項目	計算書No.	検定項目	検定結果
部材断面表	4	木材の寸法チェック	OK
	4	横架材接合金物と梁せいの対応チェック	OK
令46条関連の計算	6.1	壁量の検定	OK
	6.2	壁配置の検定	OK
水平力に対する応力計算と断面検定	7.4	鉛直構面の地震力、風圧力に対する検定	NG
	7.5	水平構面の地震力、風圧力に対する検定	OK
	7.6	横架材接合部の引抜力に対する検定	OK
	7.7	柱頭柱脚接合部の引抜力に対する検定	OK
	7.8	土台とアンカーボルトの検定	NG
	7.9	梁受け金物の逆せん断に対する検定	OK
鉛直荷重対する応力計算と断面検定	8.1	横架材の曲げに対する断面検定	OK
	8.1	横架材のたわみに対する断面検定	OK
	8.3	横架材のせん断に対する断面検定	OK
	8.4	柱の座屈と面外風圧力に対する複合応力の検定	OK
	8.5	柱軸力による土台と梁のめり込みの検定	OK
	8.6	軒・けらばの負の風圧力に対する検定	OK
	8.7	耐風梁の曲げに対する断面検定	OK
地盤と基礎の計算	9.1.2	基礎形式の選定	OK
	9.1.3	基礎仕様一覧表	OK
	9.1.4	床下換気口仕様一覧表	検定対象外
	9.1.5	人通口・開口部仕様一覧表	検定対象外
	9.2	接地圧の検定	OK
	9.3	基礎梁の曲げとせん断の検定	OK
	9.4	底盤の検定	OK
屋根葺き材の検討	10.1	屋根葺き材の検定	OK
ルート2の構造計算等	11.1	層間変形角の確認	-
	11.2	剛性率の確認	-
	11.3	偏心率の確認、筋かいの負担水平力による応力割増し等	-
平面不整形建築物の構造安全性の検定	12.1	平面不整形建築物の検定	-
	12.2.4 12.3.4	鉛直構面の地震力、風圧力に対する検定(各ゾーン)	-
	12.2.5 12.3.5	壁配置の確認(各ゾーン)	-

検定結果　NG　NG 検定結果一覧　閉じる

当初は南側のみバルコニーを予定していた。しかしこの場合、重心（緑丸）が南へ寄って、剛心（青丸）から離れ、偏心率が悪くなって許容応力度計算の結果ではNGとなる。

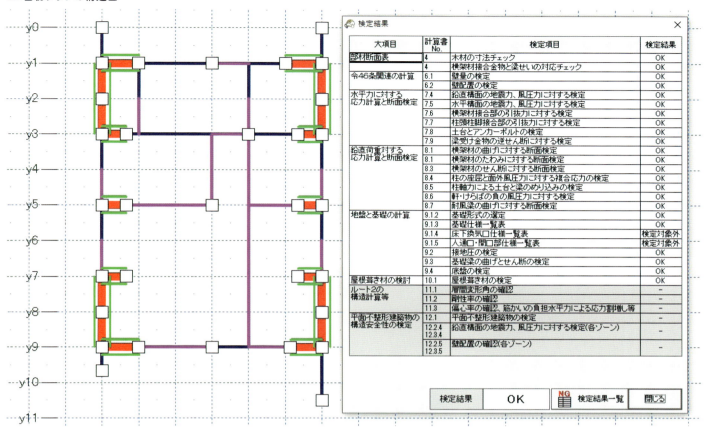

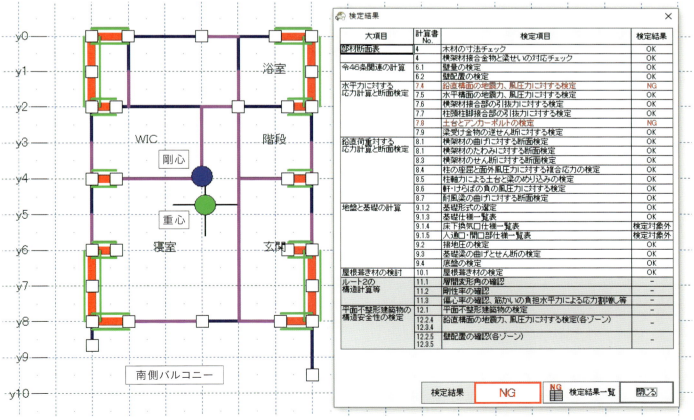

図4 南北にバルコニーを追加した構造図【改善案】

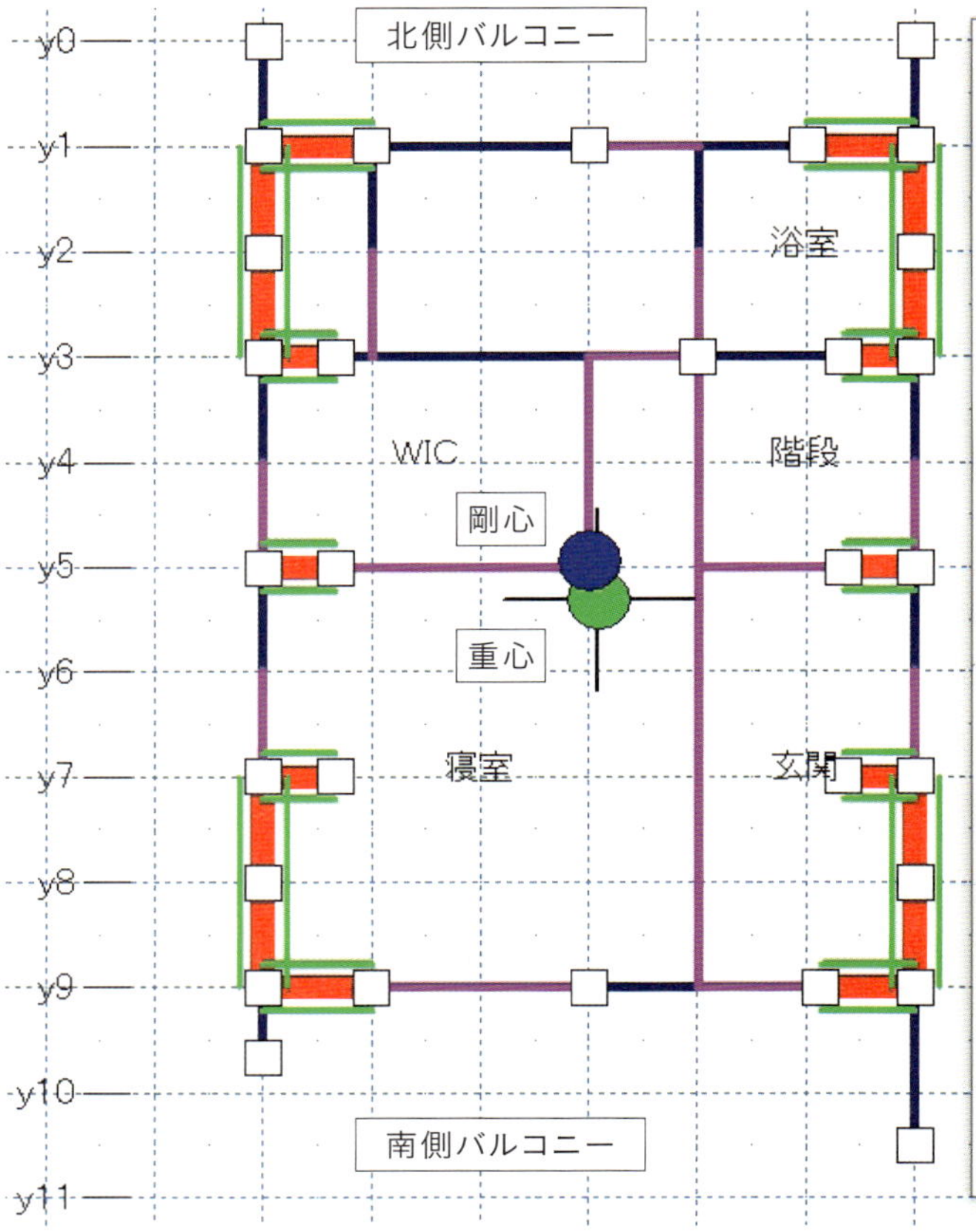

検定結果

大項目	計算書No.	検定項目	検定結果
部材断面表	4	木材の寸法チェック	OK
	4	横架材接合金物と梁せいの対応チェック	OK
令46条関連の計算	6.1	壁量の検定	OK
	6.2	壁配置の検定	OK
水平力に対する応力計算と断面検定	7.4	鉛直構面の地震力、風圧力に対する検定	OK
	7.5	水平構面の地震力、風圧力に対する検定	OK
	7.6	横架材接合部の引抜力に対する検定	OK
	7.7	柱頭柱脚接合部の引抜力に対する検定	OK
	7.8	土台とアンカーボルトの検定	OK
	7.9	梁受け金物の逆せん断に対する検定	OK
鉛直荷重対する応力計算と断面検定	8.1	横架材の曲げに対する断面検定	OK
	8.1	横架材のたわみに対する断面検定	OK
	8.3	横架材のせん断に対する断面検定	OK
	8.4	柱の座屈と面外風圧力に対する複合応力の検定	OK
	8.5	柱軸力による土台と梁のめり込みの検定	OK
	8.6	軒・けらばの負の風圧力に対する検定	OK
	8.7	耐風梁の曲げに対する断面検定	OK
地盤と基礎の計算	9.1.2	基礎形式の選定	OK
	9.1.3	基礎仕様一覧表	OK
	9.1.4	床下換気口仕様一覧表	検定対象外
	9.1.5	人通口・開口部仕様一覧表	検定対象外
	9.2	接地圧の検定	OK
	9.3	基礎梁の曲げとせん断の検定	OK
	9.4	底盤の検定	OK
屋根葺き材の検討	10.1	屋根葺き材の検定	OK
ルート2の構造計算等	11.1	層間変形角の確認	-
	11.2	剛性率の確認	-
	11.3	偏心率の確認、筋かいの負担水平力による応力割増し等	-
平面不整形建築物の構造安全性の検定	12.1	平面不整形建築物の検定	-
	12.2.4 12.3.4	鉛直構面の地震力、風圧力に対する検定(各ゾーン)	-
	12.2.5 12.3.5	壁配置の確認(各ゾーン)	-

検定結果 OK　検定結果一覧　閉じる

北側にもバルコニーを設けることで、重心（緑丸）が剛心（青丸）に近づき、偏心率が改善されて計算結果はOKとなった。

1 大型パネルは耐力壁の釘打ちが正確で、施工状況もカメラで捕捉されるなど検査態勢も万全である

2 厚い断熱材の切断や取り付け、透湿防水シートの施工などが容易かつ正確に行われる

3・5 大型パネル建方風景。建方はクレーンを使い、1〜2日で防水・施錠まで可能

4 上棟の2日後には、耐力壁、付加断熱、防水紙まで完了する

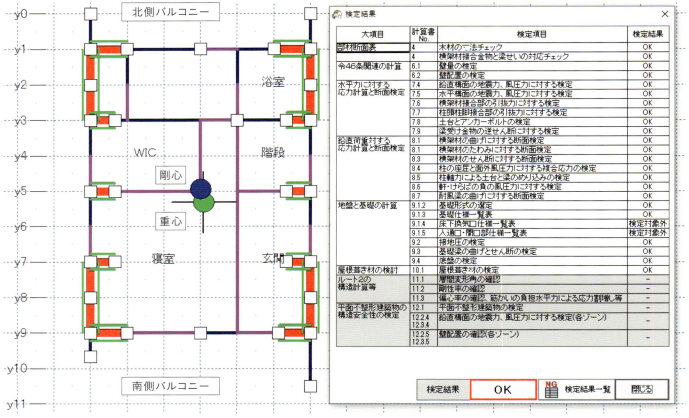

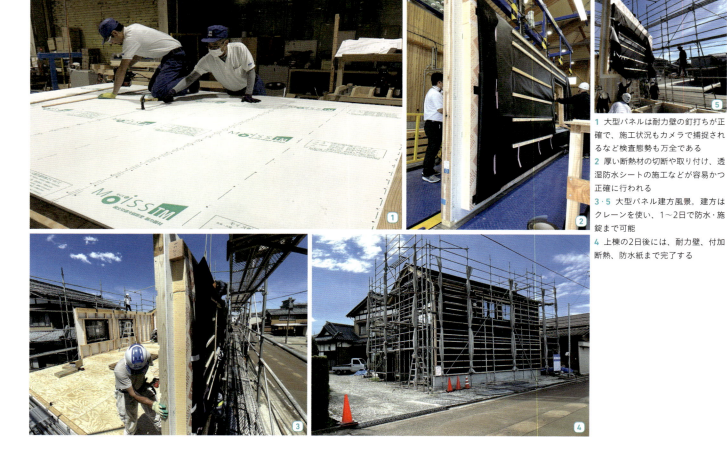

宅ならではの野菜の貯蔵場所としての機能ももたせる。このようにして、意匠と構造を同時に解決することができたのだ。

大型パネルによる超高断熱の実現

安定した構造の建築物は設計だけではつくれない。計算どおりに施工されることが必須となる。当社では工場生産により高い施工精度で構造躯体を製作できる「大型パネル」をいち早く標準としている（写真1）。

この大型パネルは、工場内で梁、柱、間柱を組み立て、耐力面材を張り、断熱材、サッシ、防水紙、外壁下地胴縁までを、幅2.5間、高さ2.9mを上限としてパネル化し、現場でクレーンを使って組み立てる工法である。構造の要である耐力壁、サッシ廻りの防水、断熱材を留める長ビス、気密テープ張りなど、工場での生産によって現場での施工よりはるかに高い品質が確保できる。さらにいうと、この工法だと断熱性能を容易に上げることが可能なのである。

たとえば、現場で100㎜厚のボード系断熱材を付加断熱しようと思うと、まず丸ノコでは1回で切れない。表と裏からの2度切りが必要だ。さらには切断時の切り粉や現場で雨がかかってしまうと、気密テープが接着しにくくなる。留めるビスもとても長くなり、足場との干渉や作業姿勢により正確に打ち込むのは難しい。つまり厚い断熱材は施工に手間がかかるうえに、品質維持も困難なのだ。対して工場でつくる場合は、大型の切断機もあれば適切な作業台もあり、天候の影響もない。容易に正確に施工することができる。当社は大型パネルの採用を機にこの超高断熱化も進めている（写真2）。

大工にしかできない造作で技術を生かす設計

大型パネルの採用で、現場での大工工事が減る。しかし私はこれを逆手にとって、大工技術を生かした住まいを設計することを心がけている。この物件には、樹状トラス、木製のらせん階段、内装用モイスや無垢材だけでクロスを使わない仕上げ、スギの外壁など、大工でしかできない仕事を増やしている（写真3〜5）。

樹状トラスは、柱と棟木を支える一番大きなV字2本の方杖のみが構造となっており、残りの枝は意匠である。これらを照明にも利用し、LDKの中心に県産材でできたシンボリックな樹木が生えているように見せている（写真6）。また、木製のらせん階段は見た目以上に手間のかかる造作だ（写真7）。

クロスを張らない内装用モイス仕上げ、県産のスギを使った外壁なども同様に大工が手間をかけて施工する（写真8・9）。

物件概要

S様邸
所在地：新潟県三条市
家族構成：夫婦2名
構造：木造2階建て在来工法（大型パネル）
敷地面積：153.61㎡（46.37坪）
延床面積：79.50㎡（24.00坪）
1階床面積：39.75㎡（12.00坪）
2階床面積：39.75㎡（12.00坪）
耐震性能：耐震等級3（積雪1m）
断熱性能：U_A＝0.18
屋根：ファイバーグラスシングル葺き＋太陽光パネル（エコテクノルーフ）
外壁：ファサードラタン新潟県産スギ（ウッドロングエコ塗布）
バルコニー床：新潟県産スギ(ウッドロングエコ塗布)
内壁：内装用モイス6㎜厚
天井：内装用モイス6㎜厚、シナベニア4㎜厚
床：国産無垢アカマツ15㎜厚
サッシ：Low-Eトリプルガラス+樹脂サッシ
キッチン・洗面：造作工事
浴室：TOTOユニットバス
工期：6カ月
竣工年月：2021年12月
総工費：約3,000万円

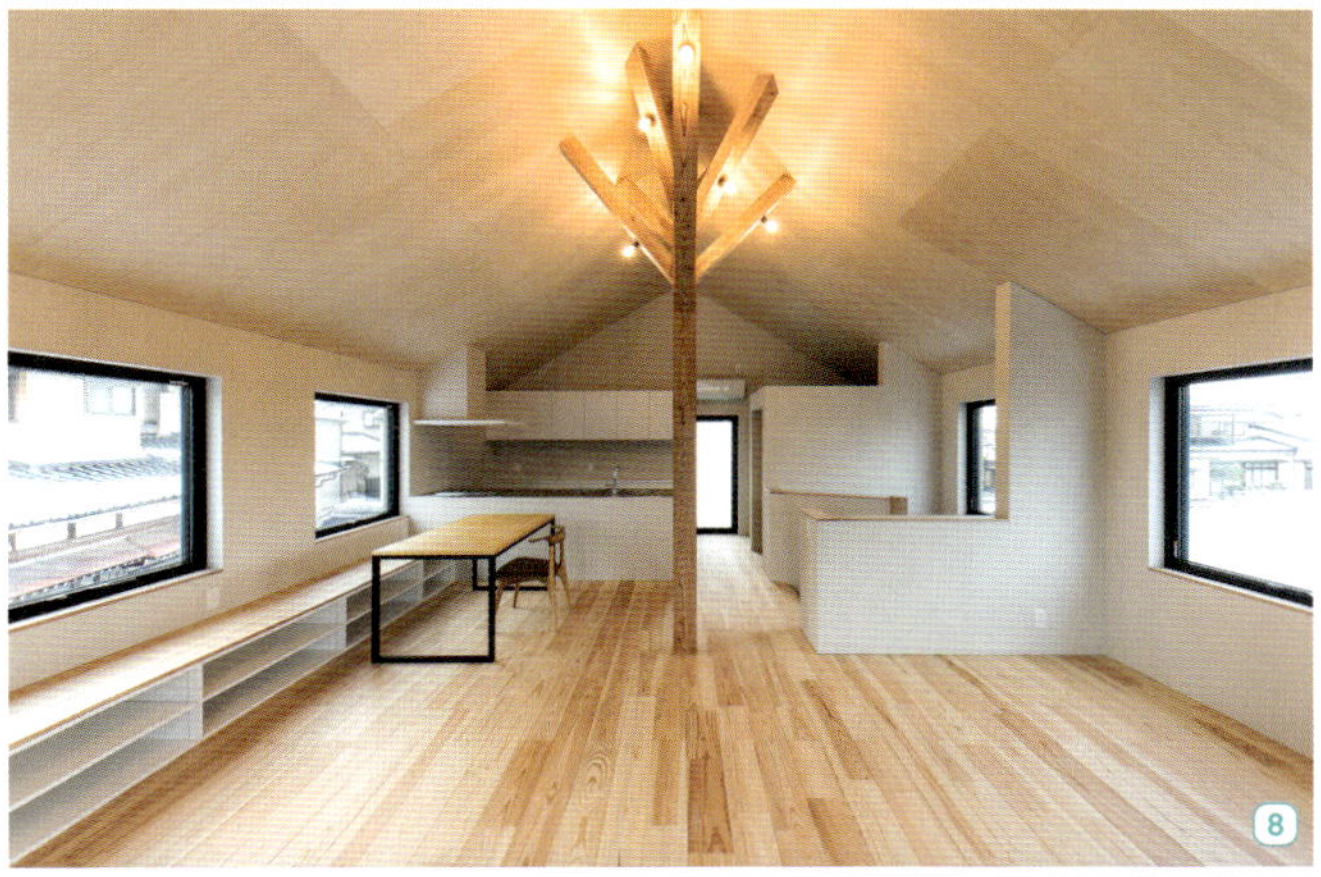

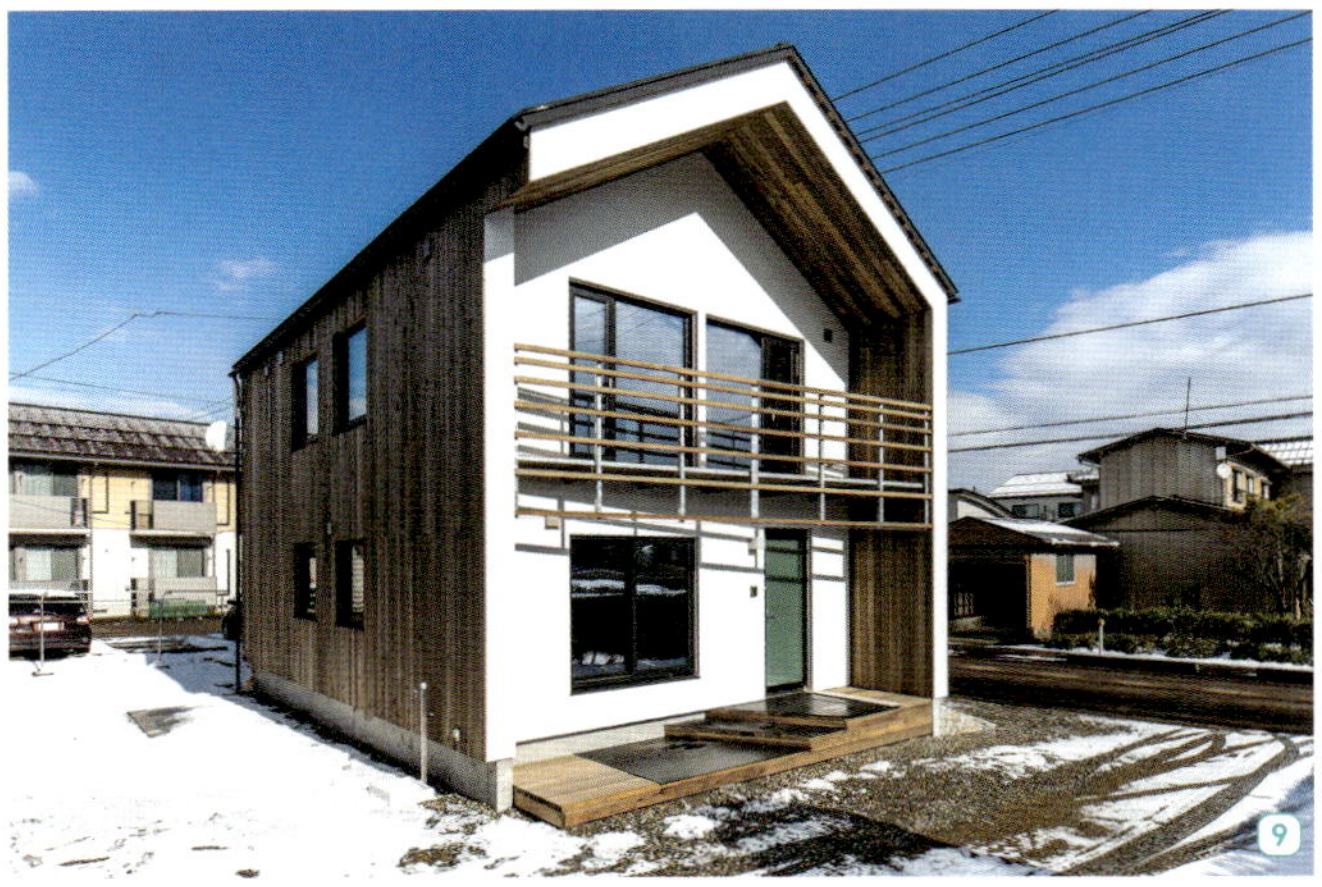

6 屋根を支える大黒柱から棟木を支える方杖2本が伸びている構造。そこにさらに枝を伸ばし樹状の意匠に
7 1間×1間の木製らせん階段。芯柱との納まりや側板との納まりなど手間のかかる大工仕事だ
8 内装にはクロスを貼らず、内装用モイスを施工。内装も大工が施工する
9 新潟県産スギを使った外壁を採用。外壁も大工が手間をかけて施工する

1-6 中規模木造への挑戦

構造設計事務所との協働

自社で構造計算ソフトを使い、許容応力度計算を行うことにしているが、今回は外部の構造設計事務所と協業した物件をご紹介したい。協業をお願いしたのは当社と同じ三条市に事務所を構える中大規模木造専門の構造設計事務所、ウッド・ハブ合同会社（代表：實成康治氏）だ。

今回、ウッド・ハブに協力を依頼した理由として500㎡超えの倉庫を設計するうえで「壁量が十分に確保できない」「大スパン」などの構造上の高いハードルがあったからだ（写真1・図1）。

「壁量が確保できない」ということは、そもそも建築物が成り立たないのでは？ と思う方も多いかもしれないが、建築基準法46条第2項のルートを使うと、第1項の（壁量計算と壁量バランスの検討）が除外できる。使用材料の制限、許容応力度計算、層間変形角や偏心率の確認を行うことで、壁量規定から解放されるのだ。より高度な計算を得意とする構造設計事務所と協業することで、自由度の高い設計が可能となった。

「大スパン」についても、通常の梁では6m程度まで、それ以上も特注で製作すれば可能ではあるが、たわみ量、運搬、コストなど考慮すると合理的ではない。木造で大スパンの梁をつくるなら「トラス」が合理的だ。とはいえ、トラスの部材や仕口などの計算は我々が持っている知識やソフトでは解決できない。ここもウッド・ハブの得意とする分野なので、トラスの設計もお願いした（図2）。法46条第2項ルートを流用すると、各部位を細かくモデル化した立体応力解析による構造計算も可能となる（表）。鉄骨造やRC造では一般的なこの立体解析は、木造にも応用できる。グレー本（木造軸組工法住宅の許容応力度設計）内では計算適応外とされている平面や立面が不整形な建物、スキップフロアなど力の流れが複雑で難易度の高い構造計算も可能となる（図3）。

1 建築地の工業団地内の建物はほとんどが鉄骨造。木造でチャレンジしたこの物件は、切妻屋根の外観や木の外壁など木造らしさを大切に設計した

図1 平面図（S=1:400）

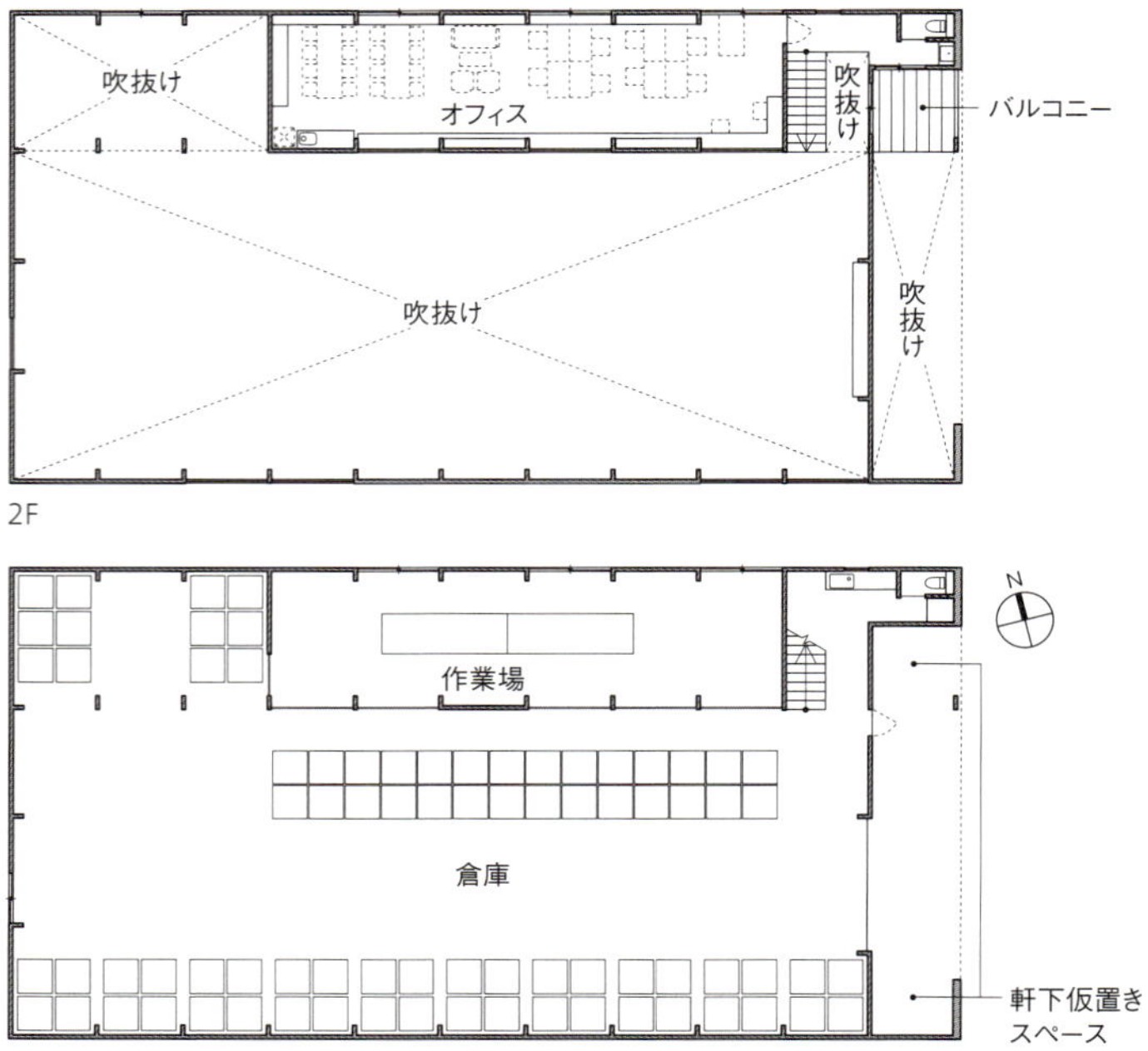

倉庫となる吹抜け大空間ゾーンと、事務所や作業スペースとなる2階建てゾーンから構成される一部2階建ての大屋根構造。構造設計事務所と建築物に必要な機能、合理的な構造、経済的なコストなど事前にディスカッションを行い、プランを考えた

物件概要

所在地：新潟県燕市
用途：事務所、倉庫
構造：木造2階建て在来軸組工法（大型パネル・テックワン・ベースセッター）
敷地面積：943.84㎡
延床面積：514.57㎡（155.35坪）
1階床面積：427.30㎡
2階床面積：87.27㎡
耐震性能：耐震等級1（積雪1.2m）
屋根：ガルバリウム鋼板折板
外壁：ガルバリウム鋼板角波張り
外壁（一部）：新潟県産スギよろい張り
内壁：内装用モイス6mm厚、石膏ボード露し
天井：内装用モイス6mm厚
床：土間コンクリート、タイルカーペット
サッシ：LIXILサーモスX
キッチン・洗面：サンワカンパニー
工期：4カ月
竣工年月：2020年8月
総工費：約8,000万円

当然ことながら、この立体応力解析は我々意匠設計をメインにしている建築士が行うにはハードルが高すぎるため、専門の構造設計事務所に相談するしかない。そして、相談するのであれば、プラン確定前に行うことを強くおすすめする。この計算方法だとどんなプランも安全性を担保できる最強の計算方法に感じてしまうが、合理的で安定した構造計画のうえでプランニングが行われていないと、コストが跳ね上がり、無理無駄の多い建物になってしまう。今回の物件でももちろん、プラン検討段階から協業を開始した。

中規模の倉庫兼社屋を木造で挑戦

このウッド・ハブと協業して設計を行った物件は、新潟県燕市にある。燕市と言えば金属加工が有名な地域で、広大な工業団地内には洋食器をはじめ建築金物などさまざまな金属製品がつくられている。物件は製品の組立てやギフト販売を行っている企業の倉庫兼社屋である。

建築地である工業団地内のほかの工場や倉庫は99%が鉄骨造。前述に挙げた「壁量が確保できない」「大スパン」は、本来は木造ではなく鉄骨が得意とするところなので当然なのだが、この規模の建物を木造化することは、CO_2削減効果をはじめ、持続可能な環境づくり、働き方改革、地域貢献などたくさんの効果が見込める。木造で建築することは大きな意義がある。

図2 トラス接合金物の設計(S=1:100)

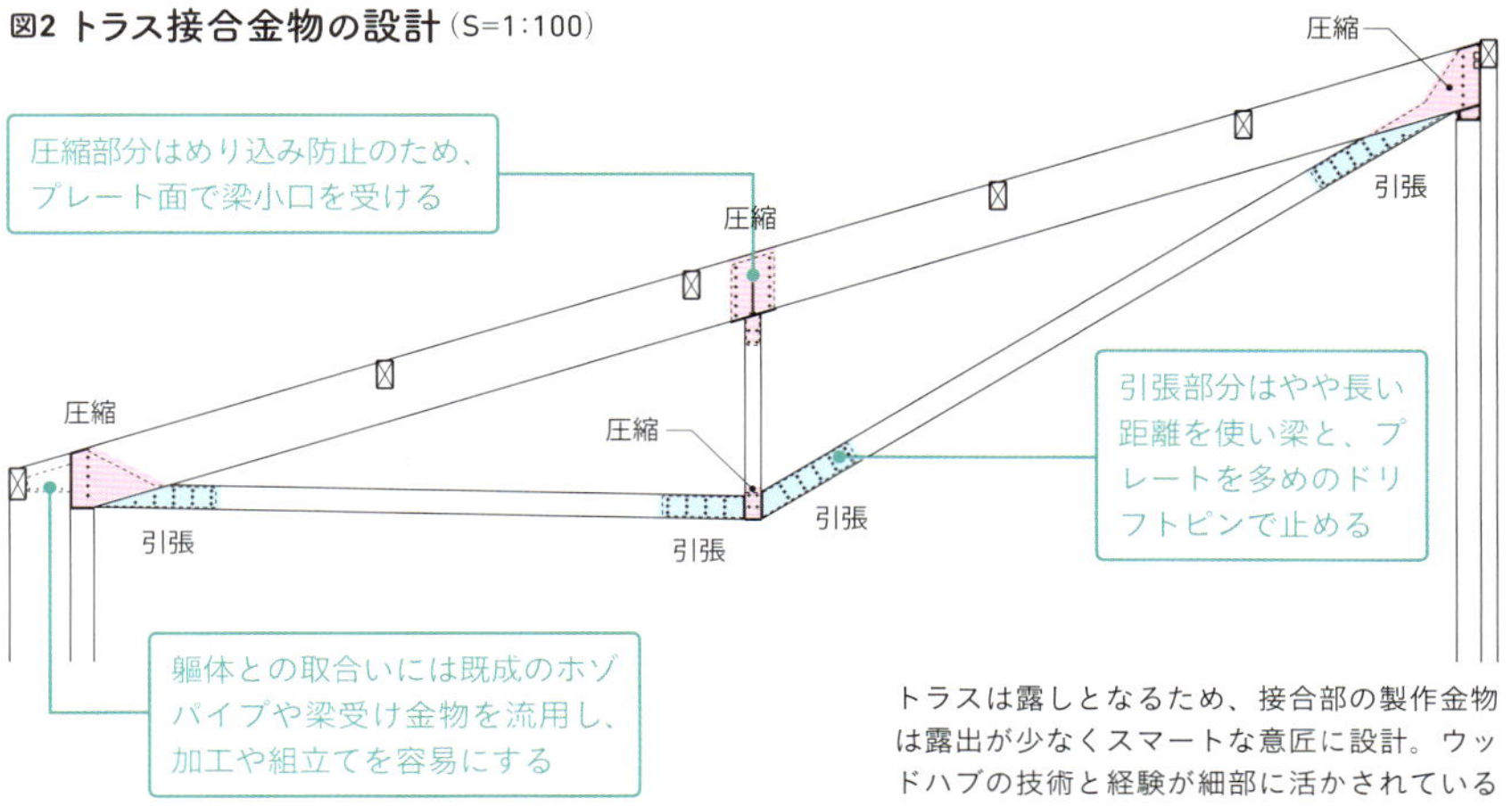

圧縮部分はめり込み防止のため、プレート面で梁小口を受ける

引張部分はやや長い距離を使い梁と、プレートを多めのドリフトピンで止める
躯体との取合いには既成のホゾパイプや梁受け金物を流用し、加工や組立てを容易にする
トラスは露しとなるため、接合部の製作金物は露出が少なくスマートな意匠に設計。ウッドハブの技術と経験が細部に活かされている

表 構造設計の種類と特徴

	仕様規程	許容応力度設計	
	壁量計算	グレー本計算	立体解析
自由度	★	★★	★★★
難易度	★	★★	★★★

まずはプランニングの前のウッド・ハブの實成氏との打ち合わせで、こちらからの要望を伝えつつ、倉庫となる大空間ゾーン、事務所や作業スペースとなる2層ゾーンと、無理のない構造計画となるようブロック割りや適正なスパン距離などのアドバイスを頂き、その場で大まかなプランニングをほぼ完成させることができた。

ベースセッターの活用でプランの自由度を確保

「壁量が確保できない」については、「ベースセッター」(B×カネシン)の多用を提案頂いた。ベースセッターー120×450㎜の平角柱と専用の柱脚金物により、幅狭耐力壁が実現できる(写真2)。市販の門型フレームなどの利用も考えられるが、門型の「柱—梁—柱」の一体利用が原則となるため、フレキシブルにプランを計画することが難しい。よって、提案頂いたベースセッターの活用はこの物件には最適に思えた。

桁行長さが30mもあるこのような大空間建物では、耐力壁線間距離が遠くなるため一般的には910～1820㎜程度の幅の控え壁を屋内側に適宜設けていく必要がある。しかしながら、倉庫という用途上その出っ張り壁は避けたい。その点このベースセッターの柱の断面は120×450㎜。柱幅120㎜を除く

図3 許容応力度設計法に向かない建物形状

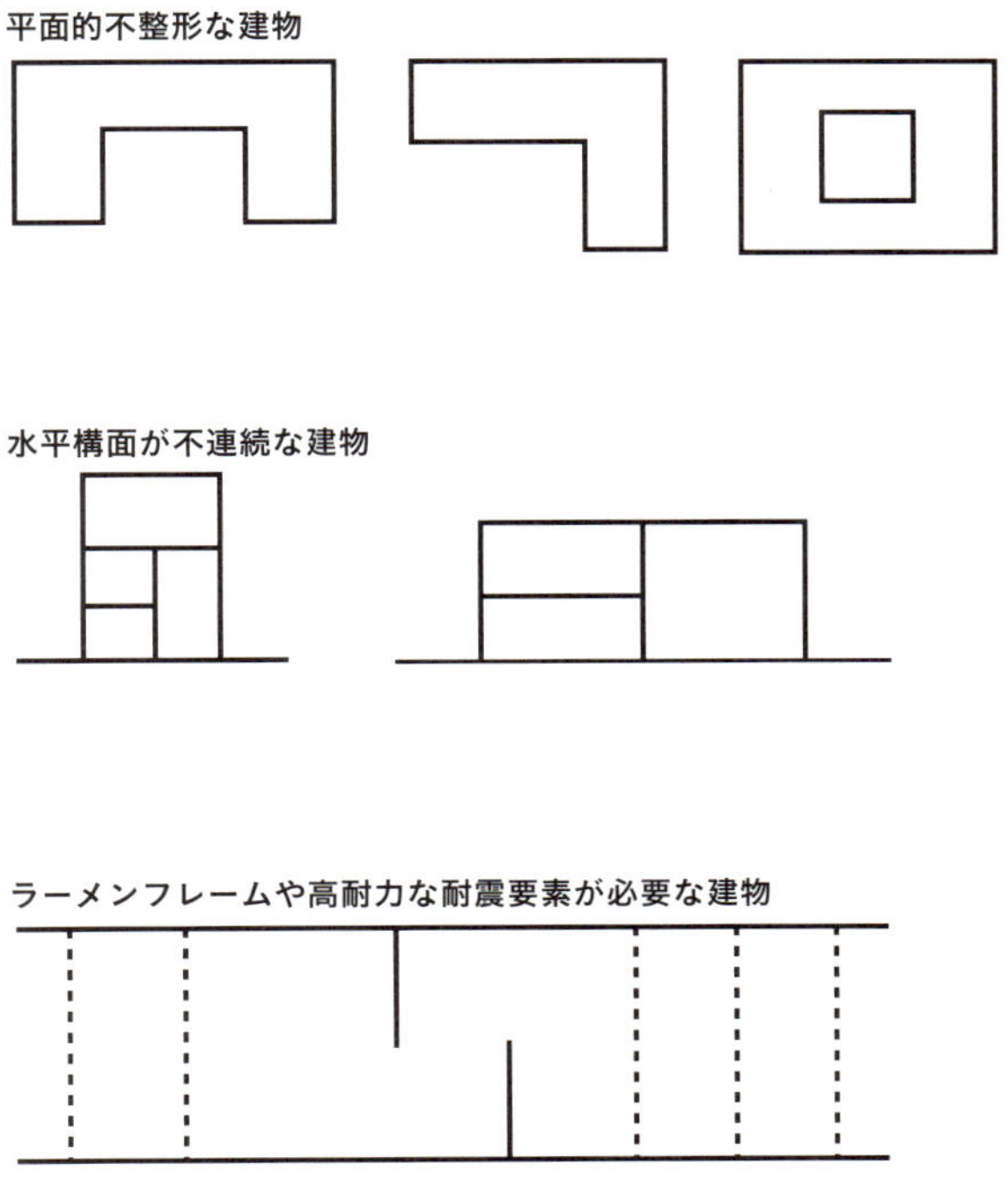

水平構面が不連続な建物
ラーメンフレームや高耐力な耐震要素が必要な建物

ベースセッターの柱脚。壁倍率5倍相当の耐力壁となる。ガレージや大開口の袖などさまざまな活用方法が可能

図4 ベースセッター配置図（S=1:300）

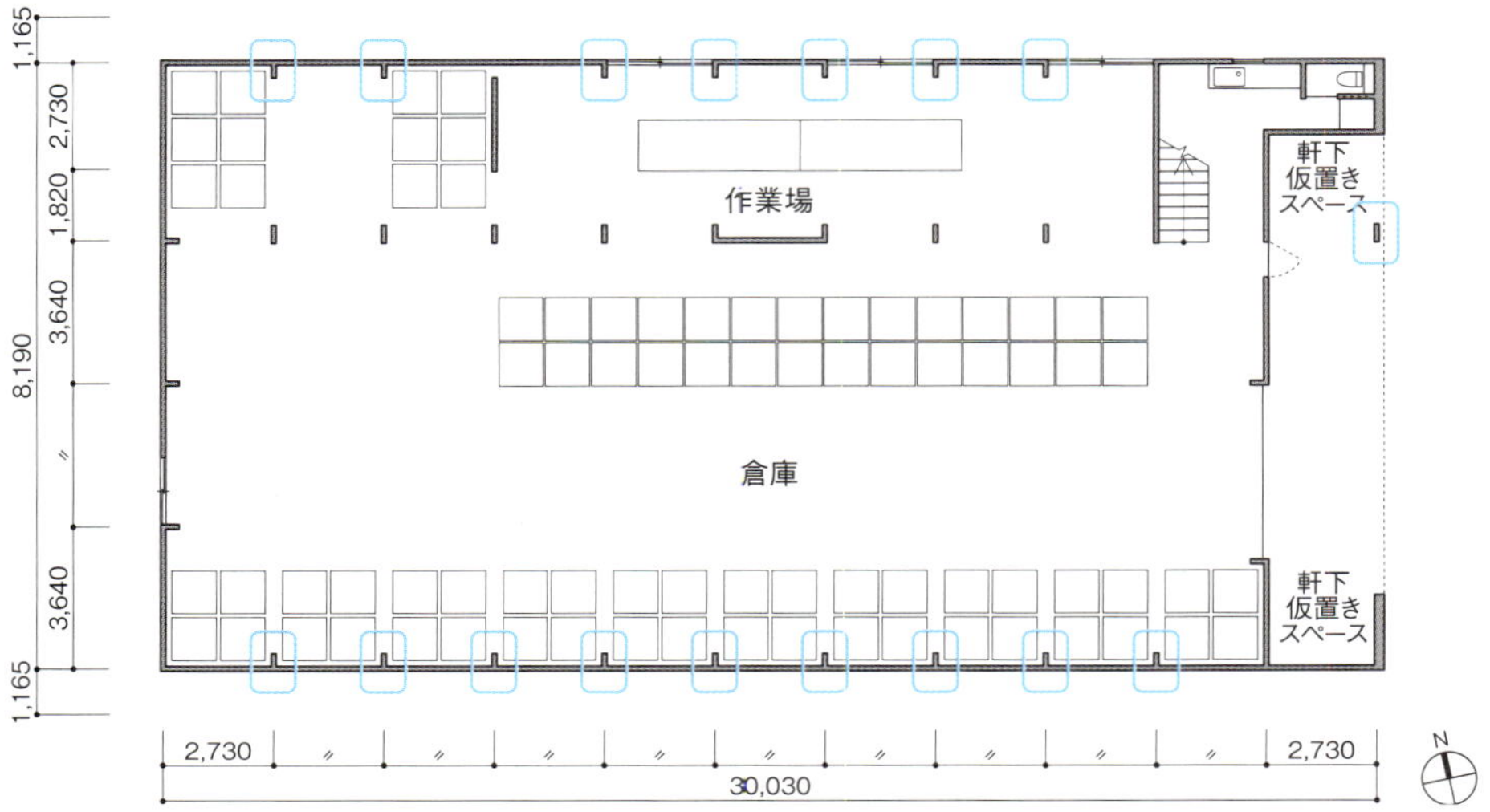

作業場
倉庫
軒下
仮置き
スペース
軒下
仮置き
スペース
1,165
2,730
1,820
3,640
8,190
3,640
1,165
2,730
2,730
30,030
N

青で囲んだベースセッターの採用により屋内の邪魔な控え壁が不要となり、倉庫としての機能を損なうことなく計画が可能となった。ベースセッターは全部で17体使用

図5 トラスの合理的な梁サイズ（S=1:100）

三角形にピン接合させるトラスは、基本的には各部材に曲げモーメントが発生せず、引張と圧縮の軸力のみとなり、各部材が小さな断面で済む（※）

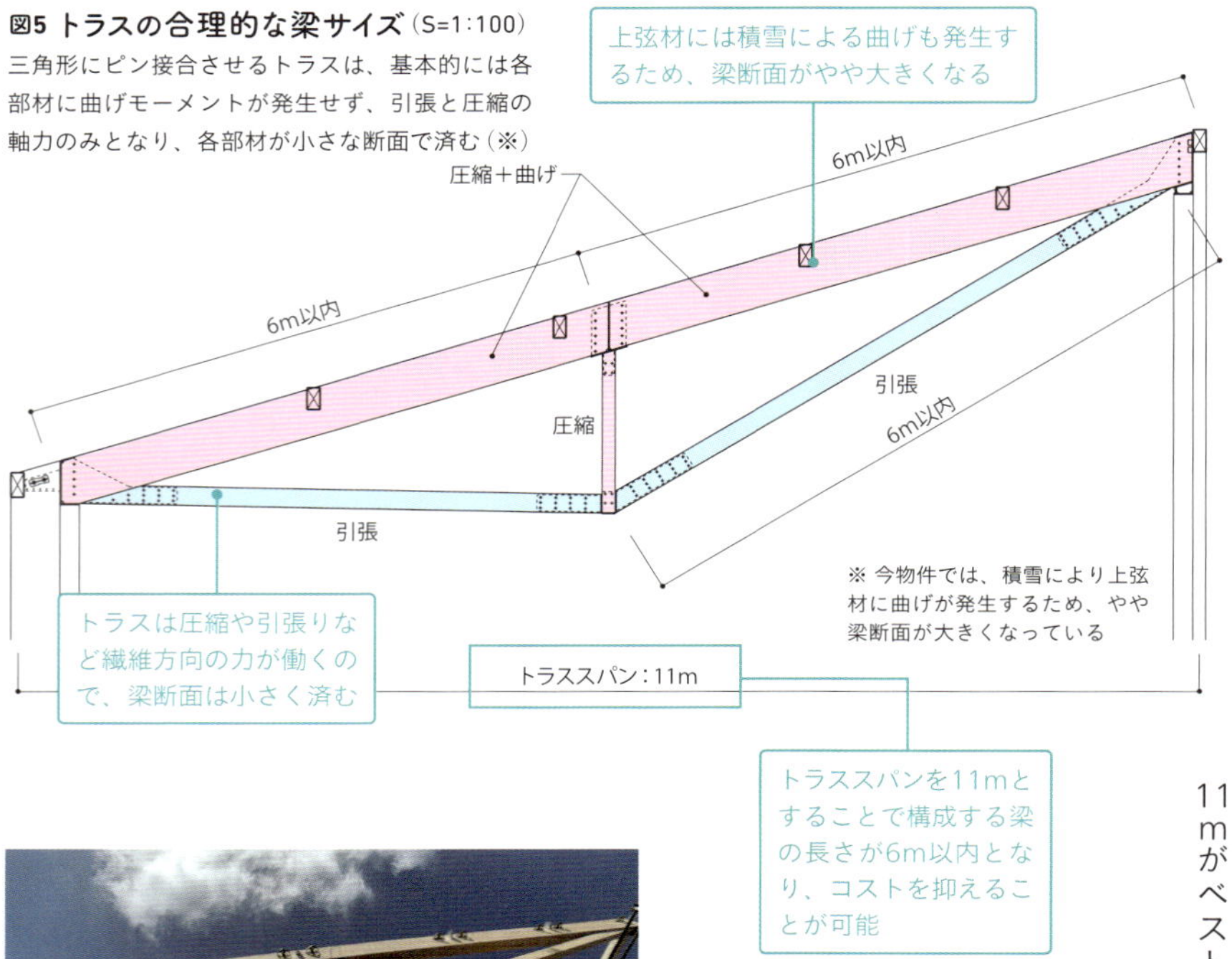

上弦材には積雪による曲げも発生するため、梁断面がやや大きくなる
6m以内
圧縮＋曲げ
6m以内
圧縮
引張
6m以内
引張
※ 今物件では、積雪により上弦材に曲げが発生するため、やや梁断面が大きくなっている
トラスは圧縮や引張りなど繊維方向の力が働くので、梁断面は小さく済む
トラススパン：11m
トラススパンを11mとすることで構成する梁の長さが6m以内となり、コストを抑えることが可能

とわずか330㎜の出っ張りで済む。

倉庫スペースだけでなく、作業スペースや事務所スペースも、このベースセッターを多用し、邪魔な控え壁のない空間が実現した（図4）。

11mスパンをトラスで

次に「大スパン」について。これは、たわみ、コスト、運搬などを考慮すると、トラス以外の選択肢はなかった。しかしトラスといっても、キングポスト、ワーレン、平行弦などさまざまなパターンが考えられる。今物件では木造らしい切妻の屋根形状と軽やかな意匠性を私が希望したことから、ウッドハブさんには張弦梁で検討してもらうこととした。構成する梁材は長さ6m以内、木材も金物もなるべく規格品などコストを考慮した制限のなかで、スパンは11mがベストとの答えを出していただき、それを元にプランを固めていった（図5）。実際には、一部に大断面集成材や製作金物を使用してはいるが、予算内に収まる最善の提案になったと思う（写真3・4）。

住宅の材料で中規模木造をつくる

構造の問題はクリアできたが、500㎡超の中規模木造は、いくら木造専門の工務店とはいえ、当社のような小さな工務店が請け負うには、多くの技術的なハードルや職人不足、工期の心配などがある。ここは一つずつ解決していくしかない。

倉庫・事務所は、普段我々が手掛けている住宅と仕様が大きく異なる。異なる点は工法だけでなく仕上げ材や設備にまで及び、不慣

3・4 11mスパンのトラスは全部で9体。鉄部の露出が最小限で、規格金物との相性もよい製作金物がウッドハブにより設計された。木のよさが生かされ、とても軽やかで意匠性の高いトラスとなった

5 力の流れをそのまま形にしたトラス。力学知識のない人でも無理や無駄のない合理的な形であることは容易に想像できる。鉄骨倉庫では実現できない意匠性の高い空間に仕上がった。単に「物」を保管するだけの寒々しい場ではなく、「人」が働く温もりのある職場にしたい。そんな想いがカタチになった

6 隣接する鉄骨倉庫とほぼ同価格で実現した中規模木造の倉庫

7 大型パネルを活用した建方で工期を短縮

8 ベースセッター、トラス、大型パネルなどの組み合わせにより、小さな工務店でもこの規模の施工が可能となった

れな分野を手掛けること自体はよい経験にはなるが、ミスや手直し、それによるコスト増加や工期の遅れなどの心配ごとも付いてくる。

そこで今回は特殊な工法や材料は使わないように心掛けて設計を行った。構造用金物はテックワン、耐力面材は「モイスTM」、断熱材はグラスウール、仕上げ材は「モイスNT」と当社標準仕様そのままとした。結果、ミスや手直しもなく、コストコントロールもうまくいき工期も予定通り、そして、何より一般的な倉庫・事務所より高性能で高品質な建物を提供することができた（写真5・6）。

大型パネルの活用

もう一つは職人不足、工期の問題である。社員大工がいるとは言え、少人数でしかもほかの住宅工事と並行して進めなくてはならない。しかし、実はこれには秘策があった。いや、私の中では初めからこれしかない。と決めていた。当時、半年前から住宅工事に取り入れていた「大型パネル」の採用だ。

大型パネルとは、あらかじめプレカットされた柱、梁と間柱、耐力面材、防水紙、サッシ、外壁下地胴縁を工場で組み立ててパネル化したもので、現場ではクレーンを使い短期間に建物の外皮の部分を組み立てることができる（写真7・8）。元々住宅用に開発されたシステムだが、これを使って今回の職人不足や工期の問題をクリアした。

当初、関係者には「今回のような特殊な構造でしかも倉庫。無理して大型パネルを使わなくてもよいのでは？」と反対されたが、よくよく考えてほしい。倉庫や事務所は住宅と比べると、内部造作より外皮の割合がとても多い。大型パネルはその外皮を合理的につくるシステムなのだから、むしろ今回のような物件に最適ではないか。

実際にはパネル化する前段階の情報処理では、大型パネルメーカーのウッドステーションには大変高度な処理をお願いすることになったのだが、現場では予想以上の効果が出た。大型パネルを採用することにより、大工60人工の削減、工期は半月以上短縮されたのである。

こうして構造設計事務所との協働した物件は無事竣工を迎えた。意匠設計、構造設計、プレカット工場、大型パネルメーカー、大工とチームで事業を成し遂げたとても達成感のある現場だった。もちろん、建て主にも大変喜んで頂き、新社屋での営業開始早々から事業も好調とのことだ。

1-7

沈下した建築物を救え（曳家職人との協働）

不同沈下になってしまったら

年々減少する新築工事に比べ、改修工事は国や地方自治体が主導する空き家政策の後押しもあり、横ばいもしくは緩やかに成長する市場となっている。改修工事といってもさまざまなやり方があり、大きくは表面的に修繕する「リフォーム」と、間取りや性能などを更新して住宅寿命を延ばす比較的大規模な改修「リノベーション」に分けられる。今回は当社が手掛けた後者（リノベーション）での構造の考え方を紹介したい。

基準となる水平レベルを既存基礎にマーキングしている「曳家岡本」の岡本代表。この調査が正確に行われないと誤った診断となり、健全な修正工事が不可能となる。誤診とならないよう慎重な調査が行われた

物件は木造軸組2階建てで、店舗を得意とする設計事務所と地元建設会社の協働で建築された築30年の店舗併用住宅（1階店舗・2階住宅）である。建て主は2階の住居のリノベーションを希望しながらも、建物全体が傾いていることに懸念を持っていた。

まず、2階リノベーション計画の前に、建物がどの程度の傾いているのか調査してみた。部分解体などは行わず、外周の基礎天端レベル、室内床のレベルなどを計測。結果として、きれい（?）に一方向へ建物全体で沈下していることが分かった（写真1・図）。最大沈下量90㎜で、基礎（布基礎・立上り寸法900㎜）全体が一様に傾いている不同沈下であった。1階の大きさは18m×10m、この対角線20m方向に90㎜沈下していたので、傾斜は4.5／1000となる。

国土交通省が設けている品確法の「住宅紛争処理の参考となるべき技術基準」（平成12年建告1653号）では、「3～6／1000が構造耐力上主要な部分に瑕疵が一定程度存する」としているので、この物件では「2階のリフォーム前に傾斜を改善する必要がある」と判断した（この地域は軟弱地盤のため、建物荷重により沈下したものと思われる。基礎底盤下にマツ杭を打つ計画が当時の図面にも残っていたが、沈下の大きい側の杭の本数が、明らかに少なかった（その付近の基礎のベース長さや幅が少ないことも原因かと思われる）。

沈下修正工事については、「リノベーション後にあと何年住むか」などの建て主の考え、物件の状況、工事の予算などによって、判断が分かれるところであろう。とはいえ、床の傾きは、建具の建付けの不具合など建物への悪影響だけでなく、めまいや頭痛、ストレスなど生活者が健康被害も引き起こすこともある。出来る限り元の状態に戻したいものだ。

「そもそもこの沈下を修正できるのか?」「その場合の工法は?」「工事費は?」「住みながら施工は可能なのか?」など、まずは専門家の意見を聞きたい。今回は1年ほど前に地元新潟で開催した「沈下修正セミナー」で講師を務めていただいた「曳家岡本」の岡本直也代表に連絡を取り、見解を頂くこととした。早々に現場を見ていただき「ほぼ元通りに修正可能なこと」「修正は土台揚げ工法が向

物件概要
所在地：新潟県見附市
用途：店舗併用住宅
構造：木造2階建て在来軸組工法
敷地面積：693.00㎡（210.00坪）
延床面積：301.83㎡（91.29坪）
1階床面積：177.21㎡（53.60坪）
屋根：複合セラミック瓦
外壁：モルタル下地 弾性吹付け、タイル張り
内壁：石膏ボード6㎜厚下地ビニルクロス
天井：石膏ボード9㎜厚下地ビニルクロス
床：合板下地長尺塩ビシート張り
基礎：布基礎立上り高さ900㎜
竣工年：1993年
沈下修正工法：土台揚げによる沈下修正
沈下修正工事期間：1カ月
改修施工：サトウ工務店、曳家岡本
改修総工費：約700万円
（沈下修正に伴う補修工事など含む）

いていること」「住まいながらも施工が可能なこと」などの判断を頂き、工事の見積りを提出して頂いた。建て主は、「元通りに直せる」（岡本代表）の言葉にとても感激し、即答で工事の依頼をしていただいた。

傾いた建物の危険性

不同沈下が起こった建物は、「床の傾きや建具の建付けの不具合など建物への悪影響がある」と説明したが、実はもっと重大な影響を建物の構造に与えている。たとえば、この住宅は一方向に大きく沈下しているが、このことで沈下している側の柱、土台、基礎に本来想定しているより大きな荷重がかかっていることになる。建物が傾くということは、何十トンという荷重が一方向に大きく集中していることになるのだ。実際にこの物件をジャッキで持ち上げてみると、沈下量の大きい箇所の作業は非常に重く、沈下量の少ない箇所はとても軽く上げることができた。

また、この軸組が傾くことですでに筋かいに大きな力がかかった状態となっており、地震時に耐える余力がなくなっていることも考えられる。建物の傾きを直すことは、安心安全に暮らすために無視

図 レベル測定図面

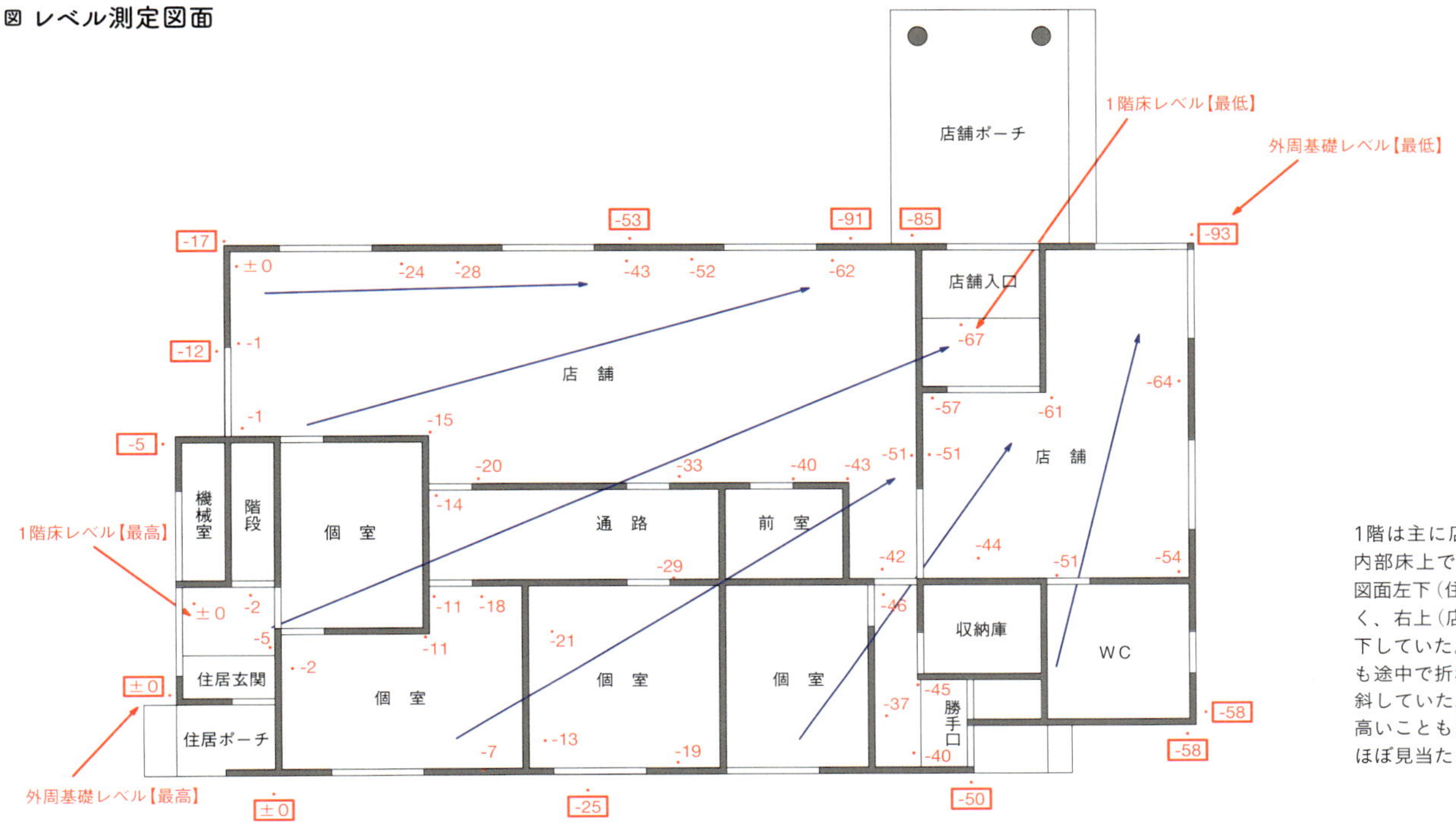

1階は主に店舗、外周基礎天端と内部床上でレベル測定した結果、図面左下（住居玄関）付近が一番高く、右上（店舗入口）付近が一番沈下していた。道中のレベルを見ても途中で折れることなく一様に傾斜していた。基礎高さが900㎜と高いこともあり、基礎クラックもほぼ見当たらなかった

表 主な沈下修正工法の概要と評価

工法	アンダーピニング（鋼管圧入工法）	耐圧盤工法	薬液注入工法	土台揚げ工法
施工法	建物の重さとジャッキを利用して、鋼管杭を打ち込んでいく	耐圧盤を敷設し、ジャッキで建物を持ち上げる	軟弱地盤に薬液を注入し、地盤を固め、リフトアップする	基礎と土台を切り離し、ジャッキで土台から持ち上げる
適用地盤	軟弱地盤（安定した地盤が深い）の場合	安定した地盤が比較的浅い場合	安定した地盤が比較的浅い場合や、埋設物など障害などがある場合	地盤沈下が終息している場合や、地盤が安定している場合
メリット	再沈下の可能性が低い	微調整が容易	工期が短い	費用が安く、工期が短い
デメリット	費用がやや高い、工期が長い	適用範囲が狭い	近隣に影響を与える可能性あり、微調整がきかない	再沈下のおそれがある、上部構造に影響あり
保証の有無	10年保証あり	10年保証あり	保証なし	保証なし
	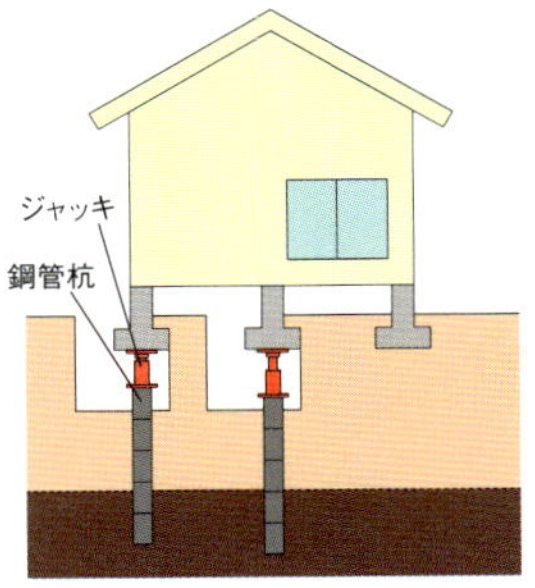	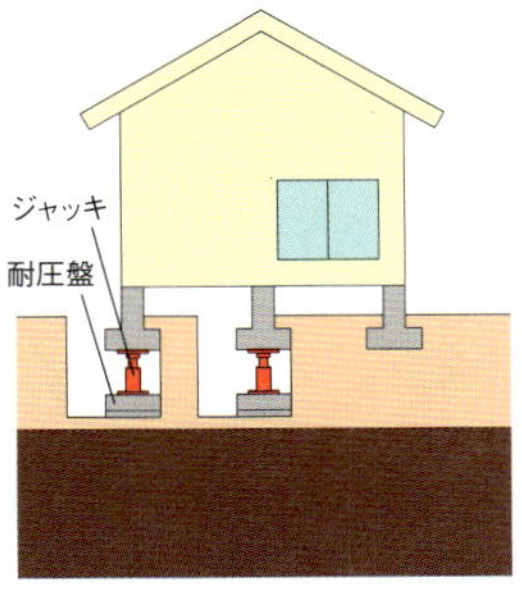	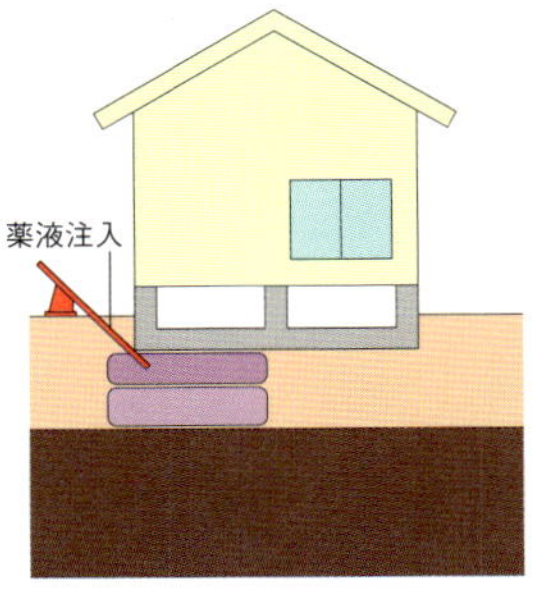	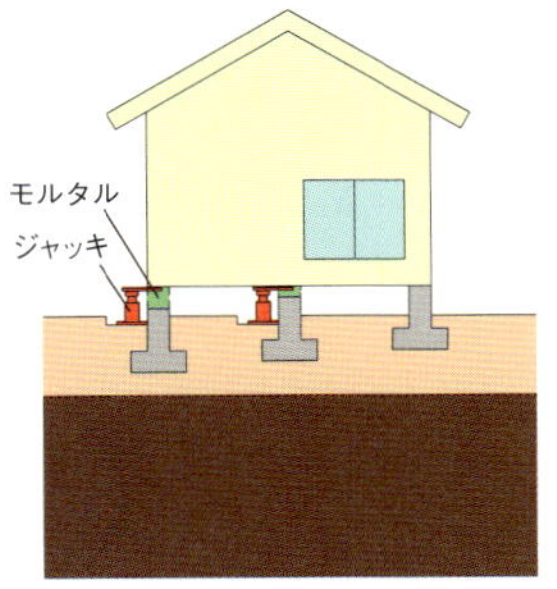

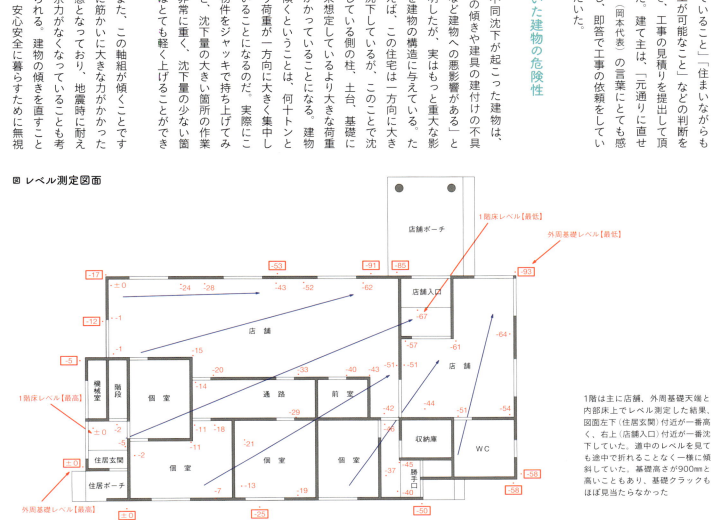

することはできないのだ。

しかしながら、建物の傾きをどこまで直すかは、コストとのせめぎ合いとなる。多少の傾斜であれば、床の下地でレベル調整を行い水平に直すことも多々ある。とはいえ、これでは構造的には何の解決にもなっていない。床が水平になったことで生活者の健康に与える悪影響なくなったかもしれないが、構造的には危険な状態のままであることを建て主にキチンと説明する責任がある。

土台揚げ工法を選択した理由

沈下修正法には、主に「アンダーピニング（鋼管圧入工法）」「耐圧版工法」「薬液注入工法」「土台揚げ工法」の4種類が挙げられる。このなかから、地盤の状況、物件の状況、周辺状況、予算、工期、保証などを考慮し、最適な工法を選ぶことになる。実際には、それぞれの長所・短所を理解した専門家の見解を建て主に伝えたうえで、工法を選択してもらう（表）。

今回は「土台揚げ工法」を選択したが、次のようなことが検討された。

まず地盤が悪くて基礎から沈下したのだから、「元通りに修正する」という観点からいうと、基礎から水平に直すアンダーピニング（鋼管圧入工法）、耐圧版工法、薬液注入工法が考えられる。しかし、元々の地盤が悪い所では、耐圧版工法、薬液注入工法は候補から外れる。そこで、まずはアンダーピニングを検討することになる。アンダーピニングの長所としては、軟弱地盤でも基礎から水平に直すことができ、条件により保証も付けられることだ。逆に短所はコストと工期がかかることである。

一方、土台揚げ工法は、土台の水平を直すだけで基礎の底盤から水平に直すわけではないが、すでに築年数が経過して地盤沈下が終息しているのであれば、必要十分な工法ともいえる。コストも工期もほかの工法よりかからない。

そこで、本物件はすでに築30年が経過している点、建物の沈下が終息している点、基礎の内部および基礎外周が土間コンで覆われているためアンダーピニングに必要な掘削が大掛かりになる点、建て主が住みながら修正工事を行うことを希望している点などを総合的に判断し、土台揚げ工法を選択することに至った。

ていねいな土台揚げ工法の仕事

土台揚げ工法の大まかな工程は以下のようになる。

①アンカーボルトを緩め、基礎と土台を切り離す
②土台下端にジャッキを設置し、建物上部構造を持ち上げる
③基礎天端を嵩上げし、補修する

工程を説明すると簡単に思えるかもしれないが、実際の施工はそんな簡単ではない。

まず、①でアンカーボルトを緩めるには壁もしくは床を壊して土台の天端を露出させなくてはいけない。コストもかかるうえに住みながらの工事も難しい。次に②の土台から持ち上げるにしても、ジャッキをどこにセットするのか、きれいに持ち上がるかといった問題が出てくる。また③の基礎天端と土台下端に出来た隙間にモルタルを詰めるのも、想像するにかなり難しそうだ。

本物件の床は、土台、根太、床材の構成で、土台の上には根太の成（60㎜）分の空間があった。したがって、床下に侵入し、その隙間にレンチを忍ばせ、少しずつアンカーボルトのナットを緩めることができた。とはいえ、とても根気のいる作業であり、場所によってはレンチが入らないところもある。

施工業者によっては、何のためらいもなくアンカーボルトを切断するところもあるようだ。しかし、アンカーボルトは、単に土台が落ちないように固定しているのだけではなく、地震の水平力に柱や筋かいが抵抗する際、土台を曲げたり引っ張り上げたりするのを引き留める役割もある。どうしてもアンカーボルトを切断するしかない時は、構造を理解した設計者に確認して、切断と併せて必要な補強策を講じるべきである。

2・3「伸ばしナット」は土台を上げることで届かなくなったアンカーボルトを延長する金物。深座彫りによる土台の欠損が防げる

2

3

また、土台を基礎から切り離せても、土台を持ち上げることで、基礎から出ているアンカーボルトの長さが足りなくなるという問題も発生する。土台に座彫りをして留められる程度ならよいのだが、あまり深い座彫りは土台の断面欠損が大きくなる。今回は曳家岡本特注の「伸ばしナット」と言われる金物を用意してもらった。これにより安全にアンカーボルトの延長が可能となった（写真2・3）。

次の工程は、土台を持ち上げるジャッキアップだ。持ち上げるとはいえ、家は重い。建物規模にもよるが数十トンから百トン近くなる。しかもバランスよく持ち上げないと、土台、梁、壁、建具など負担をかけることになる。

まずは柱の位置、土台接手の位置など確認しながら数十カ所にジャッキをセットする。一般的には、基礎の内外どちらか片方向に片爪ジャッキをセットするケースが多い。しかし、社寺仏閣や古民家などを多く手掛けている曳家岡本は、土台にストレスを与えないよう土台下を水平に持ち上げる手段をとっている。したがって、基礎の内外両方にジャッキをセットし、厚鉄板を土台下にあてがっている。そして、均等にジャッキアップすることで、土台に斜めに

力が入るなどのストレスを与えずに、土台揚げを行えるのだ（写真4・5）。

続いて、持ち上げた土台と基礎天端の間をモルタルで充填する。この現場では最大75㎜の隙間をモルタルで埋めることになる。ここから沈下量の少ないほうへ行くに従い少しずつ隙間は狭くなり、限りなく0㎜に近い隙間まで埋めることになる。基礎の片側に型枠を当て、その反対から押し込むように基礎幅150㎜分を充填するのだ。

想像して欲しい。この繊細かつ気の遠くなる作業を。しかも、この作業を狭い床下で行うのだ。職人の誇りと責任とこの作業に真摯に向き合う気持ちがなければ、この仕事は務まらないのである。たとえば、仕上げ表面をサッときれいに仕上げてしまえば、内部までモルタルが詰まっていなくてもまったく分からない。実際にここでも手を抜く業者が多いと聞く（写真6〜8）。

曳家岡本の職人が高い技術を持っているのはもちろんだが、この仕事と真摯に向き合う気持ちを職人全員が持っている。工事前より完了時には床下をきれいに掃除する（写真9）。洗い物をしたからと宅外の排水溝まで清掃する。建て主や工事関係者への気配りを含めて、工事期間約1カ月の間で、曳家岡本の岡本代表や職人の仕事に対する真摯な気持ちが痛いほど伝わった。もしかして、自分の日々の業務は単なる事務的な作業になっていないか、建て主や関係者のことを心から考えられているか、仕事に誠実に向き合っているか、そこを強く考えさせられる経験になった。

この章の構造デザインの解決術は、ほかとは少し趣の異なる解説になった。知識や技術はとても重要で常に研鑽を積む必要がある。ただそれと同時に、目の前の設計や施工、建て主や関係者に真摯に向き合う気持ちも持ち合わせる必要がある。この記事ではそのことも伝えたく、いつもと少し趣の異なる解説とさせていただいた。

4・5 基礎の両側にジャッキを設置し、厚鉄板を土台下に当てる。手間とジャッキは2倍かかるが、片ジャッキとは異なり構造にストレスを与えない

9 現場に入る前よりきれいに清掃し、そこで工事完了とする。実際にこれができる業者は少ない。そもそも築30年の床下なのだから汚れていても当然、そう考えていた自分が恥ずかしく思えた

6・7・8 基礎と土台の間にモルタルを詰めているところ（6・7）。乾燥後に嵩が減ることを懸念し、微発砲する薬品をモルタルに少量添加している（8）

岡本直也代表2冊目の著書『構造から直す本気の住宅再生』（創樹社刊）。性能向上リノベの本質を突き、耳の痛い話も含まれているが、実務者が知っておくべき情報に溢れている

1-8 3面開口と深く薄い庇をつくる

南側にLDK、北側に水廻りというシンプルな構成の平屋である。中央に建て主が要望したオーディオルームが設置され、その周りに廊下が配置されるという回遊性のある間取りになっている（図1・写真1）。また、家の外側にはウッドデッキや犬走りが設けられており、各部屋の掃出し窓や玄関などを介した回遊性ある外動線としても機能している（写真2・3）。

周囲の景観を生かすため、リビングにFIX窓と掃出し窓を組み合わせた大きな窓を設けている（図2・写真4）。キッズルームは10・5畳ほどのオープンスペースとなっているが、将来2つの個室として使えるように窓や柱の配置が考えられている。そのほかウィークインクロゼットやパントリー、玄関収納など収納も多く、将来持ち物が増えても十分対応できるように配慮されている。

中央に耐震壁を並べる

構造的には、外周に大きな窓を配置するため中央のオーディオルームを構造のコアとした計画を行っている。具体的にはオーディオルームの壁を高倍率の耐力壁で構成し、建物全体が受ける地震力の多くをこのコア部分で負担する（写真5）。また、外周部にも少ないながらもバランスよく耐力壁を配置し、より安全側によった設計を行うことで、積雪1mを加味した耐震等級3をクリアしている。「センターコア構造」とも呼ばれるこの耐力壁配置の考えは高層ビルなどで採用されている。建物中央にエレベーターやトイレなど壁の多い部屋を集中させ、これらを囲むように耐力壁を配置、耐震性能を確保している。一方で外周部には耐震壁がほとんど必要なく、カーテンウォールなどを使ったガラス張りの外壁が可能になる（図2）。

1820mmの持ち出し庇

この建物の特徴として、深く薄い庇がある。この庇は積雪1mを考慮しながらも、1820mmの持ち出しとした（図3）。

ただし、一般的な屋根垂木サイズ45×105mmを跳ね出しただけでは、たわみが大きくなるため採用できない。一方で垂木サイズを大きくすると、シャープな軒先のラインが実現できない。

そこで屋根垂木と同じサイズの材を軒裏となる水平部分に入れ、屋根垂木と釘で接合した。つまり三角形のトラスをつくることで変形を抑えることにしたのだ。水平に入れた部材はそのまま軒裏材の下地にもなるため、一石二鳥の無駄がなくシャープで強い軒が実現できた（図4）。

そもそもこの物件で大開口や深く薄い庇を、構造的な工夫を凝らしてまでこだわった理由は、どうしても実現したい意匠があったからだ。

建築地である広大な敷地は、建て主が祖父から譲り受けた土地。祖父はこの広い土地に樹木や草花を植え、毎日のように手入れをし、

1 連続して回り込む窓により、屋内外が一体となったLDK。屋外の開放感と室内の安心感が融合した空間が実現した

2 写真左側の庭を楽しみためにつくられた小さな東屋。それをコンセプトとして設計がスタート。外観も東屋的な住まいとなった

3 正面ファサード、外壁は新潟県産スギ。玄関ポーチのウッドデッキからぐるッと家の過半を回遊できる

4 3面に開口部を設けることで、内外の一体感は想像以上となる。プラン当初から耐震への工夫がないと実現しない空間である

5 一般的に耐力壁は外周にバランスよく配置すべきだが、ここでは中央に高倍率の耐力壁を集めることで外周部の大開口を可能にした

この庭をとても大切にしていた。庭の外れには、祖父が庭の手入れの休憩場所として使っていた東屋がある。

その敷地に建てる家は、この環境と共生する必要がある。したがって、家の中から庭を感じられるように、大きな窓をもち、天候を問わずウッドデッキに出られるように大きな庇が設ける必要があったのだ。大きな屋根で全面が開口された建物、そうまさに東屋のような建物を目指した。構造知識が意匠を自由にしたひとつの事例である。

図1 S様邸平面図（S=1:150）

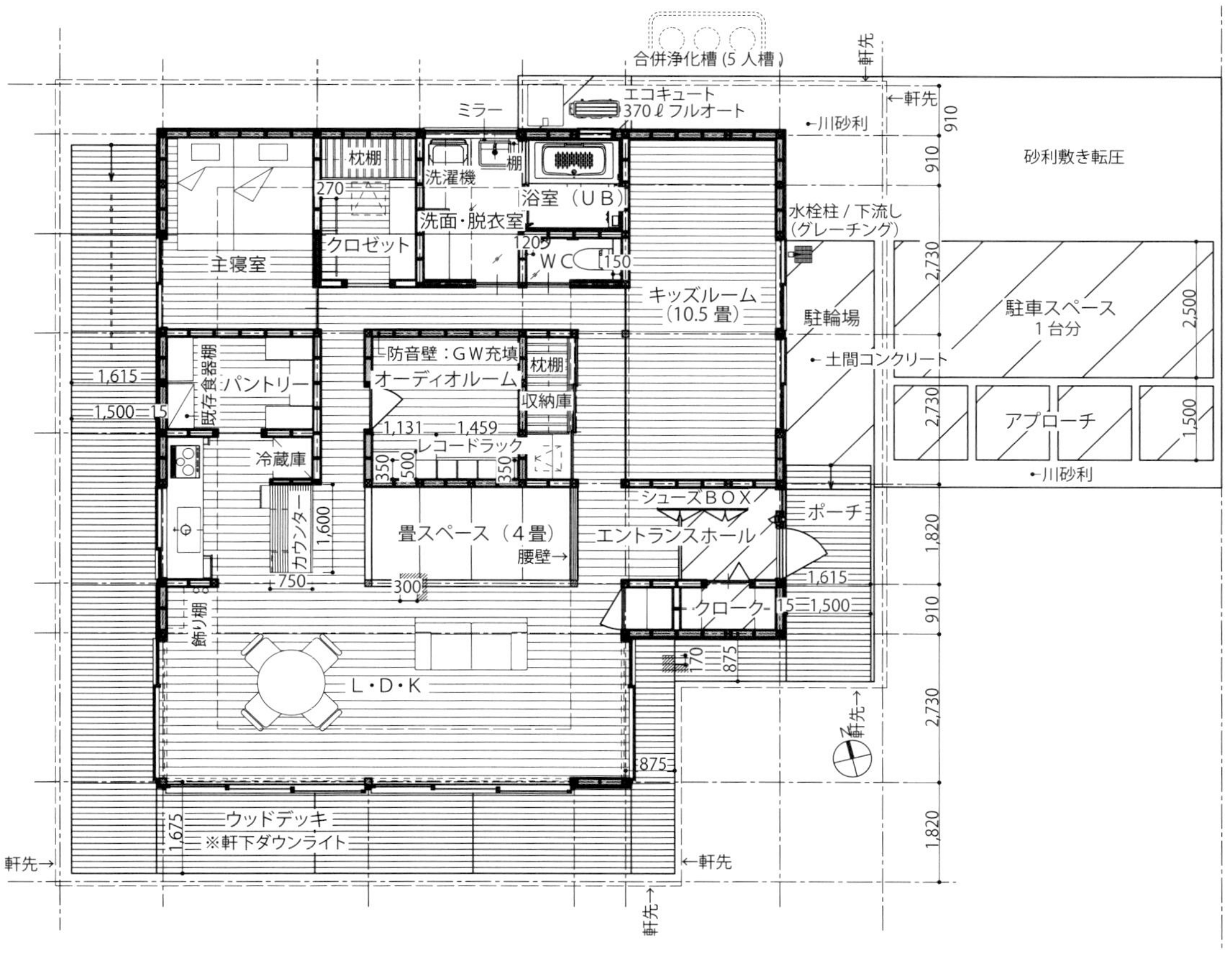

図2 S様邸土台伏図（S=1:150）

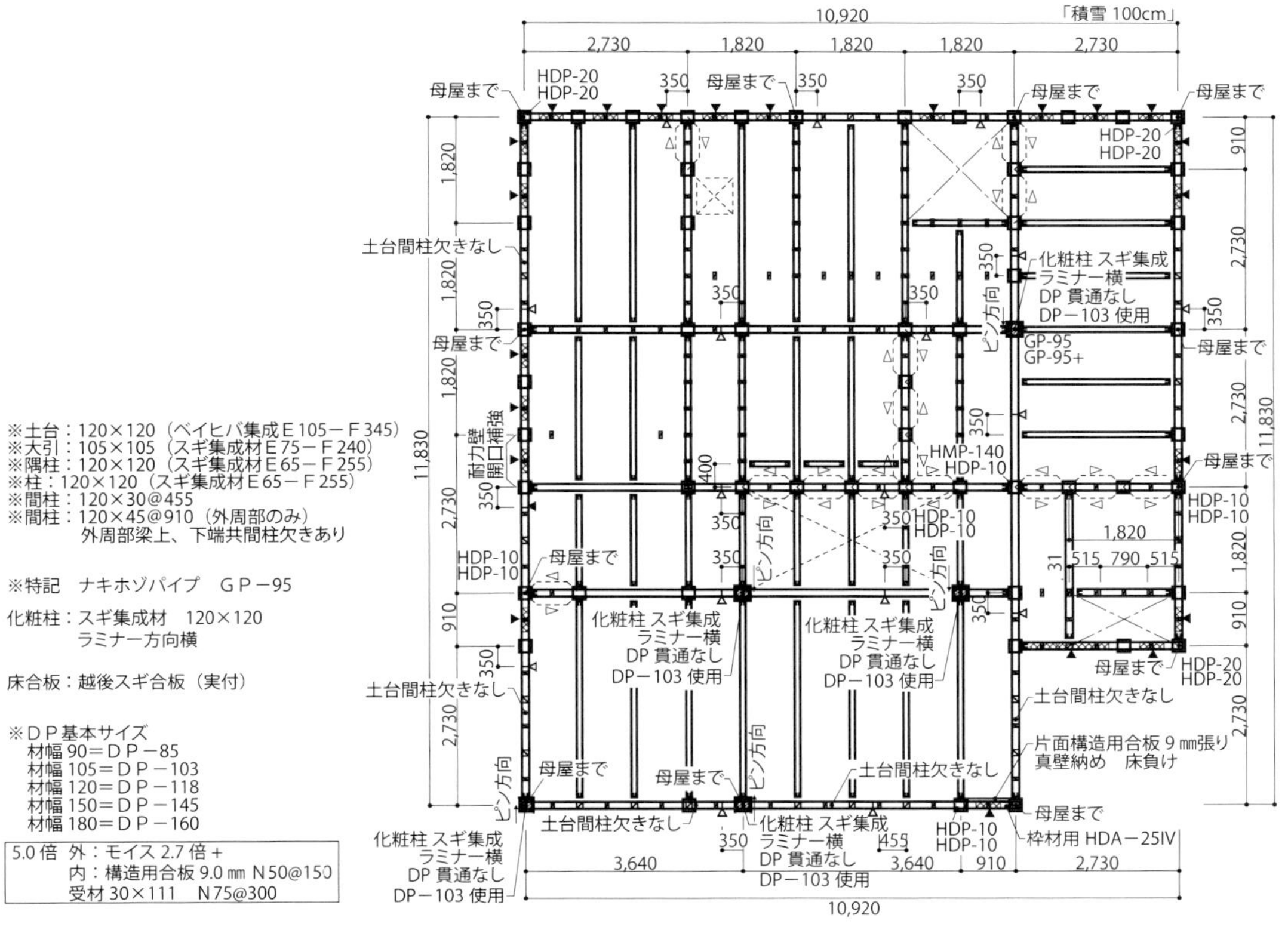

図3 S様邸断面図(S=1:60)

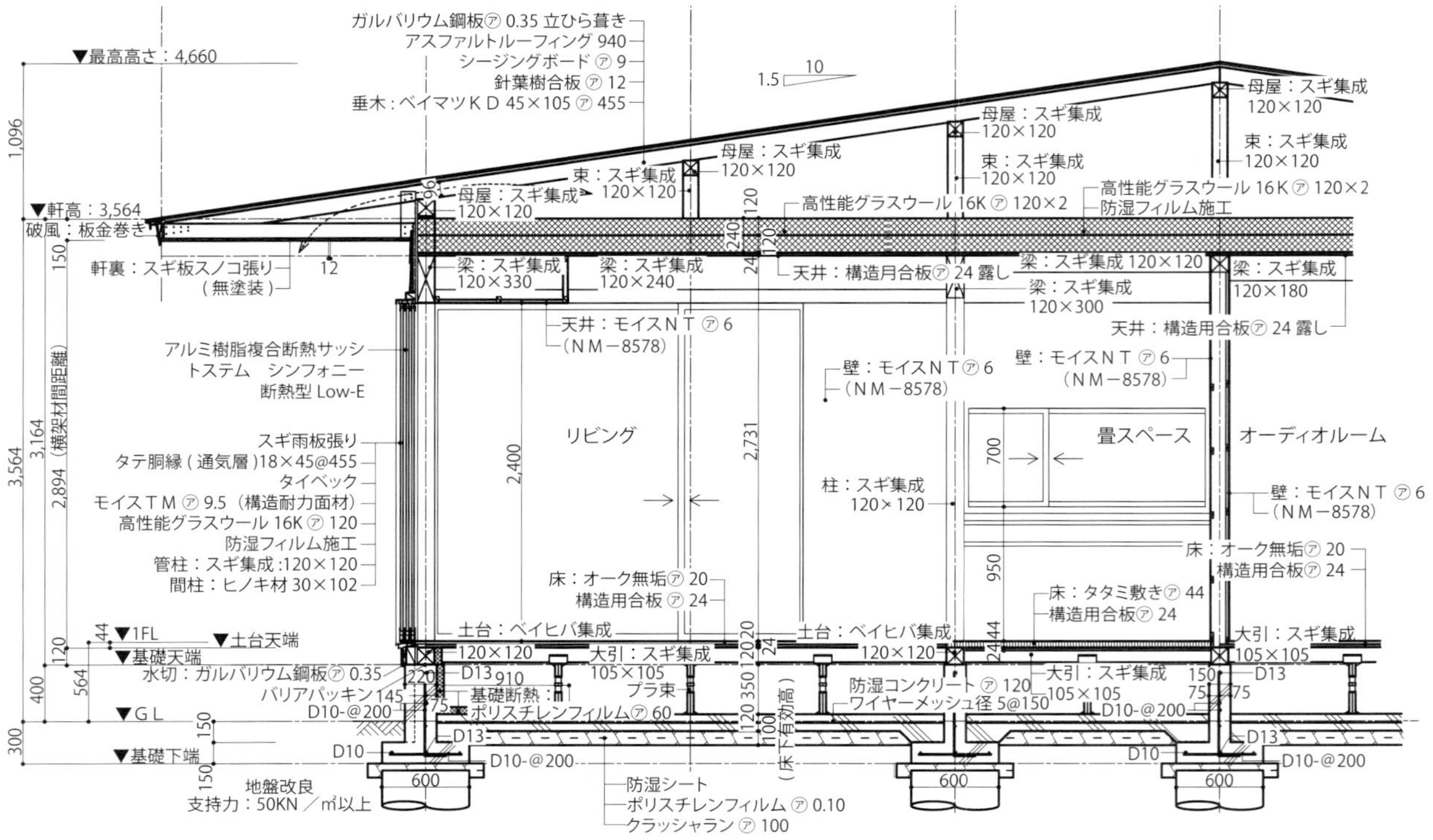

物件概要

S様邸
設計・施工：サトウ工務店
所在地：新潟県新発田市（5地域）
家族構成：夫婦+子供2人
敷地面積：1,474㎡(445坪)

建築面積：121.73㎡(36.75坪)
延床面積：121.73㎡(36.75坪)
耐震性能：等級3(許容応力度計算)
断熱性能：等級6(U_A値0.46 W／㎡ K)
竣工年月：2017年10月

図4 軒先断面図(S=1:15)

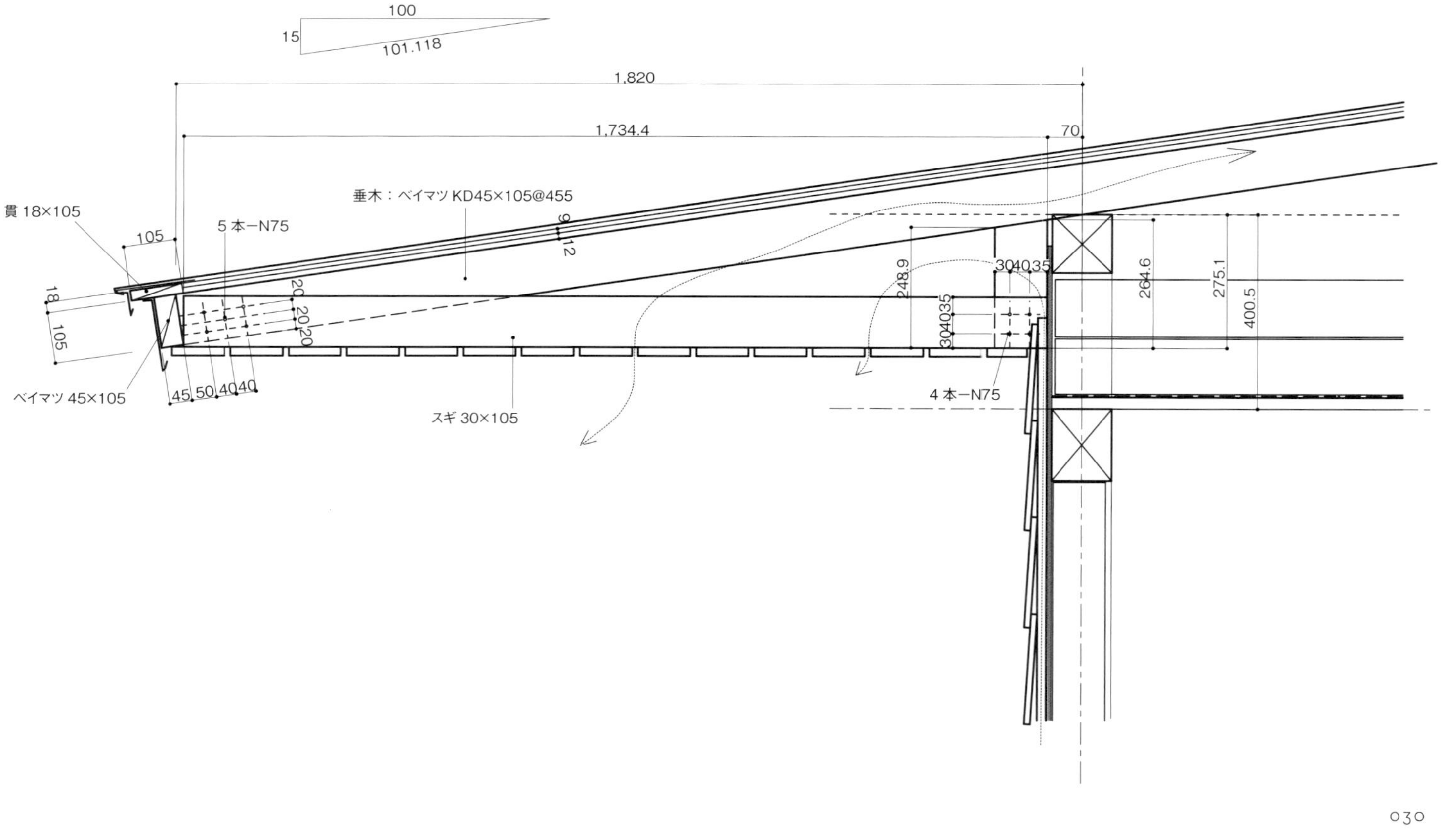

2章 木造で大空間をつくる

2-1 大空間の最適な配置箇所

大空間こそ構造から設計する

　大空間や大開口は、建物の機能として求められる場合だけでなく、周辺環境との関係や解放感ある室内空間を演出するために採用したい場合もある。一方で、「大空間や大開口をつくる」ということは、「柱や壁をなくしていくこと」とイコールになる。たとえば、大空間・大開口が当たり前の倉庫の場合、梁スパンが飛ぶだけでなく、X軸（短手）方向の壁が少なく耐力壁量も不足する（図1）。だからといって、耐震性など構造の安定性を犠牲にすることはできない。

　建物に大空間や大開口を取り入れるのであれば、日頃から鉛直荷重を支える柱の位置と水平荷重に抵抗する耐力壁の量と配置をきちんと意識して設計しておく必要がある。

　耐震設計は重量の設計といってもよい。地震力の計算式は図2のようになるが、C_iにΣW_i（i階よりも上階の建物重量）をかけて計算することからも分かる通り、地震力は建物重量に比例する。つまり高層の建物や重たい建物、積雪のある地域の建物などには大きな地震力が作用するので、計画の最初から効率よくバランスが整った構造で検討しないと、耐震性を確保することが難しいだけでなく、過剰なコストもかかることになる。一方で一般的な木造2階建て住宅は、プランを決めた後に構造を検討しても、それなりに壁や柱があれば、何とか成立してしまう。

　とはいえ、確認申請が通った木造2階建て住宅であっても十分に安全性が確保されているとはいえないし、構造コストが無駄にかかっている場合も多い。なかでも大空間をもつ建物の場合、構造を検討しながらプランを考えないと、安全性・コスト面のリスクがより増大してしまうので、構造の後付けはできるだけ避けたい。

大空間は家全体の構造を考えて配置する

　2階建てならば、まず屋根を支える梁の組み方を考え、それによって2階のどの柱に荷重を落とすのか、そしてその荷重を1階のどの柱に落とし、さらにどのように基礎の立ち上がりに落とすのかを考える必要がある（図3・4）。これは耐力壁についても同じで、2階の耐力壁の直下には1階の耐力壁か柱はほしいし、さらにその下には基礎の立ち上がりが必須となる。これが木造の構造設計の基本で、プランニングでは、このように構造、間取り、窓位置等を同時に検討していく必要がある。

　これらの作業が面倒という理由で（そもそも構造がどうなるのかイメージせずに）、ただただパズルのように部屋を組み合わせて各階の外周が揃えば、あとは構造設計事務所にお任せ。そんな安易な設計では、構造的に不安定なうえ、コスト面でも無駄が多くなる（図

図1 倉庫等大空間のある建物の平面図（S=1:300）

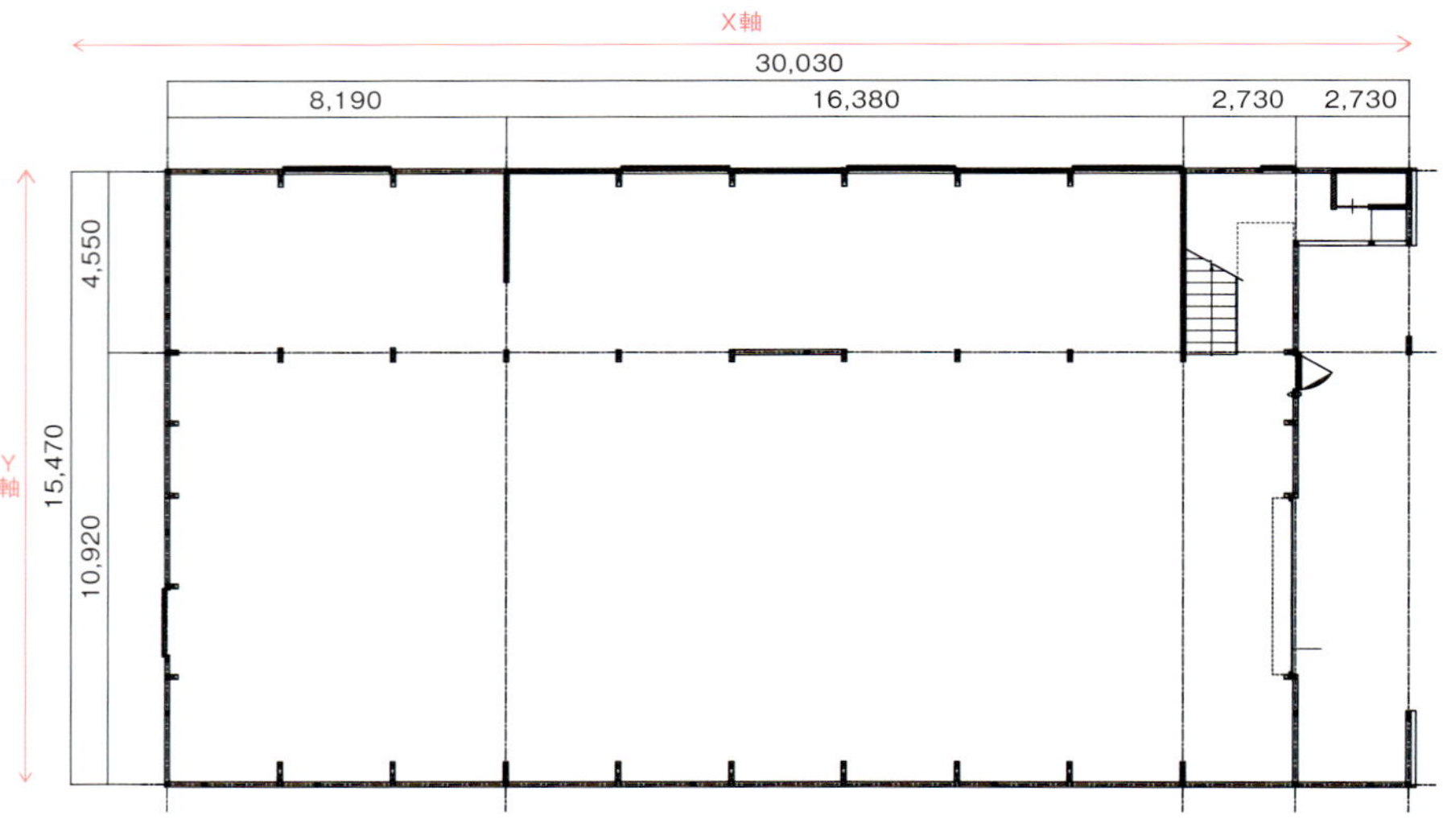

図2 地震力の計算式

Q_i（i階の層せん断力）＝C_i（i階の層せん断力係数）×ΣW_i（i階よりも上層の建物重量）

$$C_i = Zr \times Rt \times A_i \times C_0$$

- C_0：標準層せん断係数 0.2
- A_i：地震層せん断分布係数 1.0（最下階の場合）
- Rt：振動特性係数（建物による）
- Zr：地震地域係数（地域による）

3・4）。

大空間や大開口を設計に取り入れるときも、このような設計の延長上で考えるべきだ。そのうえで、大空間や大開口の直上の梁、具体的には1階なら2階床梁、2階ならば小屋梁はスパンが大きくなるため、相応の対策が必要になる。

スパンを飛ばすためには梁のサイズが大きくなるのだが、ここに更なる荷重が落ちてくると、特注サイズの梁となってコストが上がるだけでなく、クリープ（荷重が持続してかかった際、時間の経過とともに部材の変形が増大する現象）による梁のたわみなども発生する。つまり、特に1階に大空間や大開口を設ける場合は注意が必要になる。

1階に大空間をつくるために設けた2階床梁には、2階柱や2階耐力壁を載せないほうがよい。2階柱があると、屋根と2階床の荷重の合計がその大スパン梁に落ちてくる。また、2階耐力壁があると、水平力が加わったとき、直下の大スパン梁に曲げる力も加わる。

したがって、2階の柱や耐力壁の制約から逃れたい場合は、図5のように下屋にしたうえで1階に大空間を設けるとよい。もちろん、それが絶対に確実ともいえないし、それ以外はNGかといえばそうでもない。あくまでも、まずは基本として理想としてそういった骨組みを考えてほしい。

設計者がプランを検討する際に、各部材に無理は与えていないか、安定した構造になっているか、を同時に考えることが重要なのだ。理想的な構造を目指したうえで、どうしてもイレギュラーな部分が出てきた時には、慎重に架構を検討し、耐震性や不陸事故など不具合が起こらないようにしたい。

図3 2階の柱がそろっている（柱の直下率が高い）場合

1、2階の柱が揃っている（柱の直下率が高い）場合

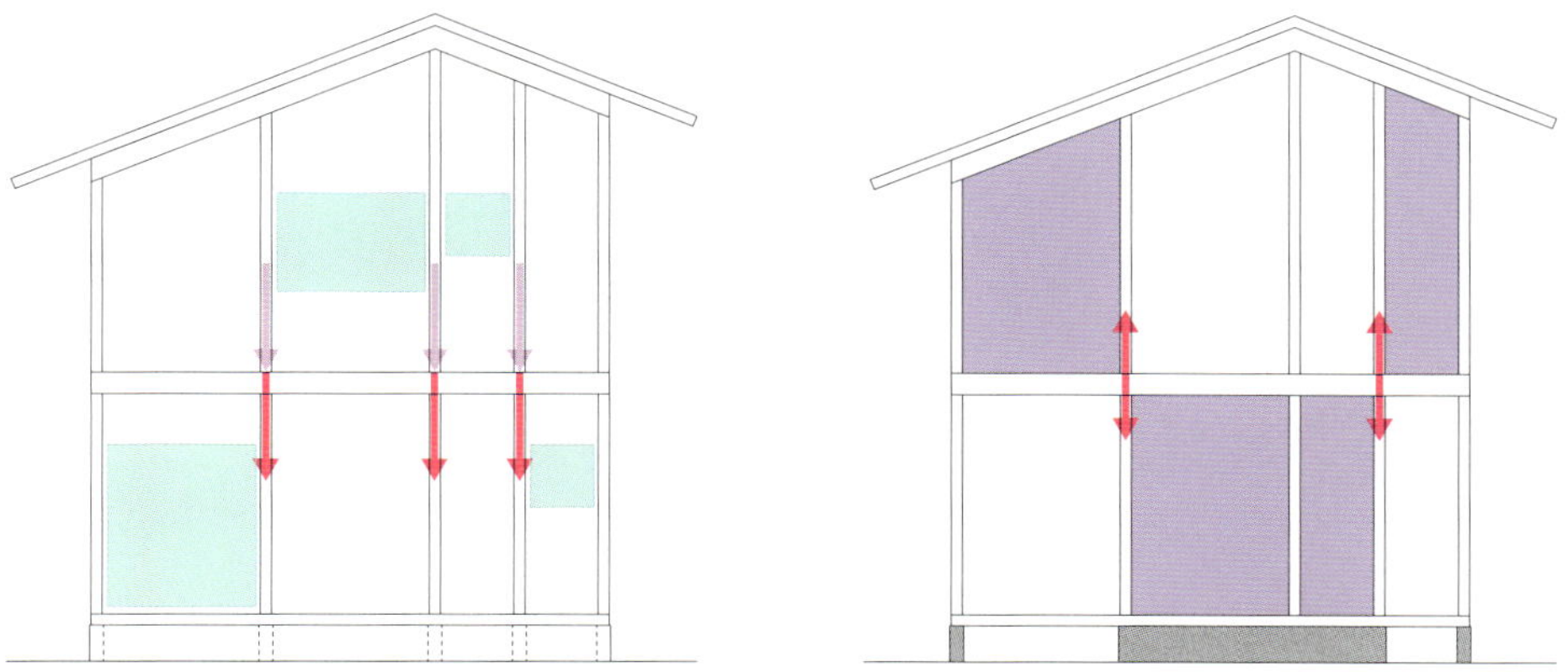

上階からの力の流れが素直で経済的で不具合が起きにくい

図4 2階の柱がそろっていない（柱の直下率が低い）場合

1、2階の柱が揃っていない（柱の直下率が低い）場合

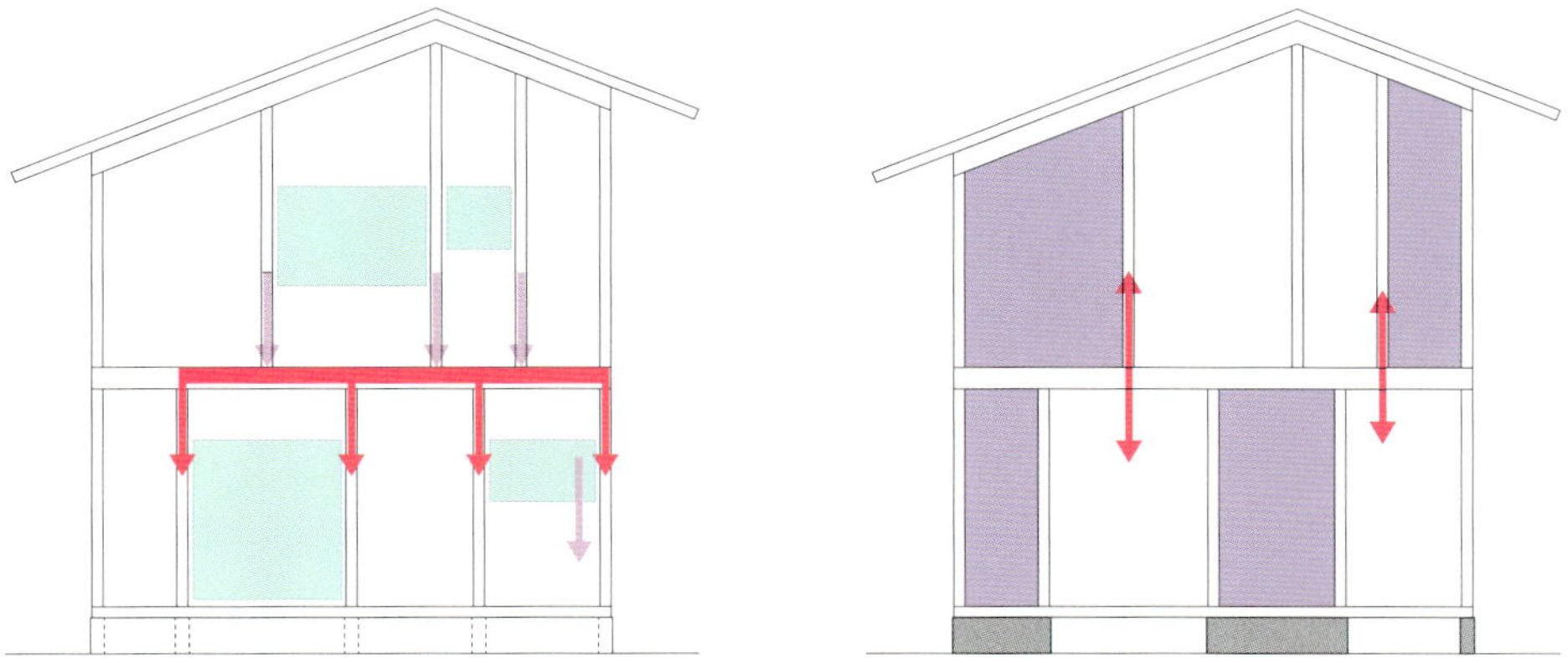

梁や基礎への負担が大きく不経済で不具合も起きやすい

図5 2階建て住宅で大空間を設けやすい場所

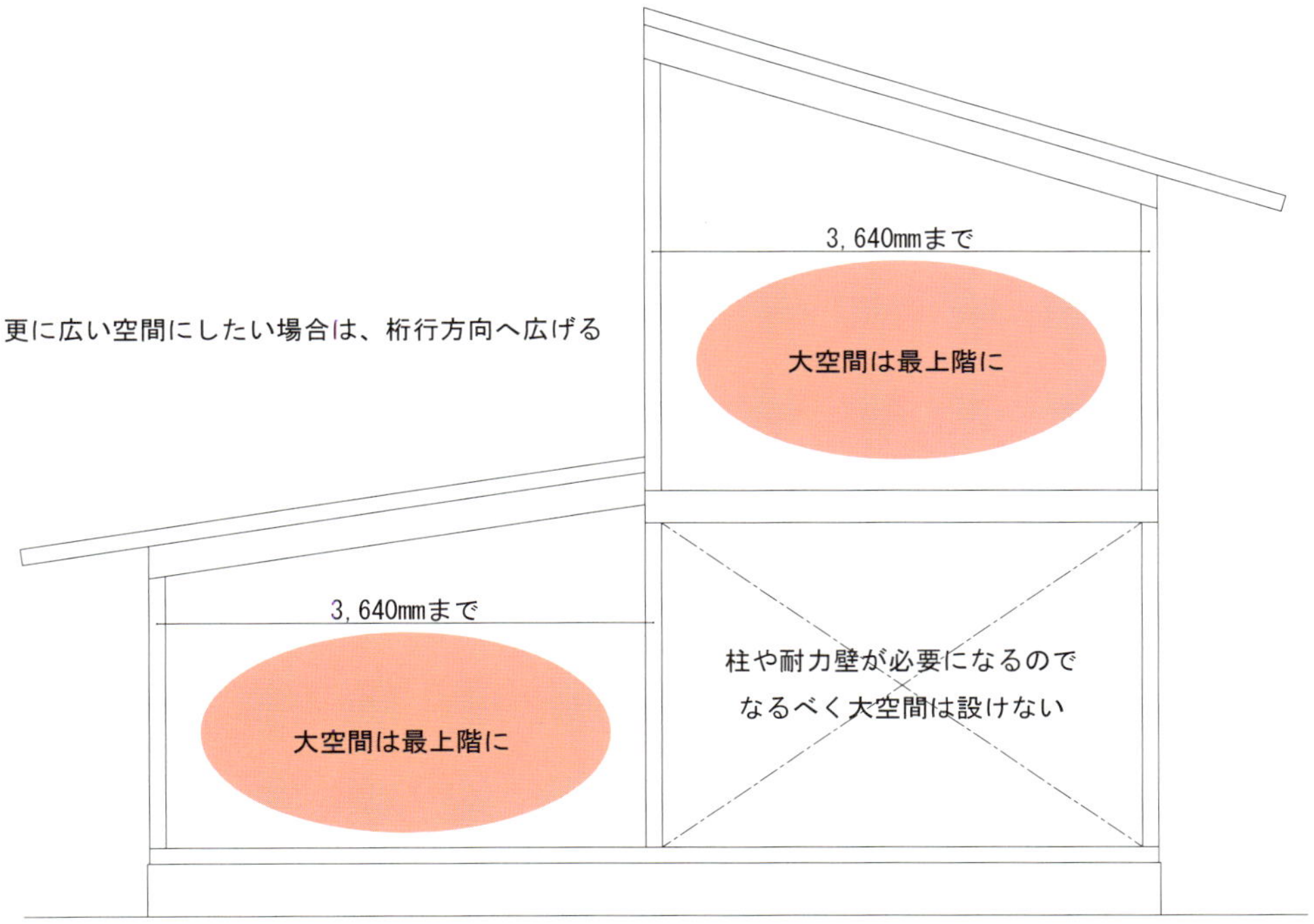

3,640mmまで
更に広い空間にしたい場合は、桁行方向へ広げる
大空間は最上階に
3,640mmまで
柱や耐力壁が必要になるので
なるべく大空間は設けない
大空間は最上階に

2-2 大空間をつくる〜入れ籠の家〜

新潟の冬でも開放的な暮らしを

敷地面積が100坪超と広く、長い間活用されずに空地となっていた宅地での計画である。ここで建築物を建てる行為は、少なからず近隣の環境を変えることにもなるので、その影響はできるだけ最小限に収めたい。そこで、建物の高さをなるべく低くしたうえで、前面道路への圧迫感がないように、さらに抜けのある開かれた建物となるよう検討することにした。

とはいえ、建て主にとってもプライバシーを確保しつつ広い庭を眺めることは諦めたくない。この相反する点を解決すべく、クランク状に折れ曲がった前面道路なりにくの字に折れた平面計画とすることで通りから建物に注がれる視線をカットしつつ、大きく開口されたガレージ兼ポーチを設けることで前面道路から見たときに「抜け」を感じさせる。そんなプランを採用することにした（図1・写真1）。

春から秋にかけては、周りの視線は気にせずにリビングから広い庭を存分に楽しめる。ただし、新潟の場合、冬は曇天が続き庭は雪で覆われ、外を眺めてもさほど楽しくはない。この季節によるギャップをなくすために考えたのが、この住まいの特徴でもある「入り籠」プランである。外部を模した天井の高い大空間をつくり、その中にブース状にキッチン、洗面脱衣、浴室、収納、寝室を配置。このように大きな箱の中に小さな箱を並べることで、閉ざされた冬でも外部にいるような開放的で豊かな空間を屋内で楽しめるのだ（写真2）。

物件概要

所在地：新潟県三条市
家族構成：夫婦＋子供3人
構造：木造2階建て在来軸組工法（テックワン）
敷地面積：353.00㎡（107.00坪）
延床面積：126.36㎡（38.15坪）
1階床面積：89.93㎡
2階床面積：36.43㎡
耐震性能：耐震等級2（積雪1m）
断熱性能：U_A＝0.37
屋根：ガルバリウム鋼板立平葺き
外壁：新潟県産スギ竪張り押縁押さえキシラデコール塗布
内壁：内装用モイス6㎜厚、新潟県産スギ鎧張り無塗装
天井：内装用モイス6㎜厚
床：長尺塩ビシート
サッシ：LIXILサーモスX
工期：5カ月
竣工年月：2014年5月
総工費：約4,000万円

図1 平面図（S=1:200）

敷地北側に配置したLDK棟は天井の高い平屋。明るい大空間にブース状に配置された各部屋の天井には穴が空いておりそこから十分な明かりを取り入れている。ガレージの上（中2階レベル）には天井高を低く抑えられたキッズルームが設けられている。

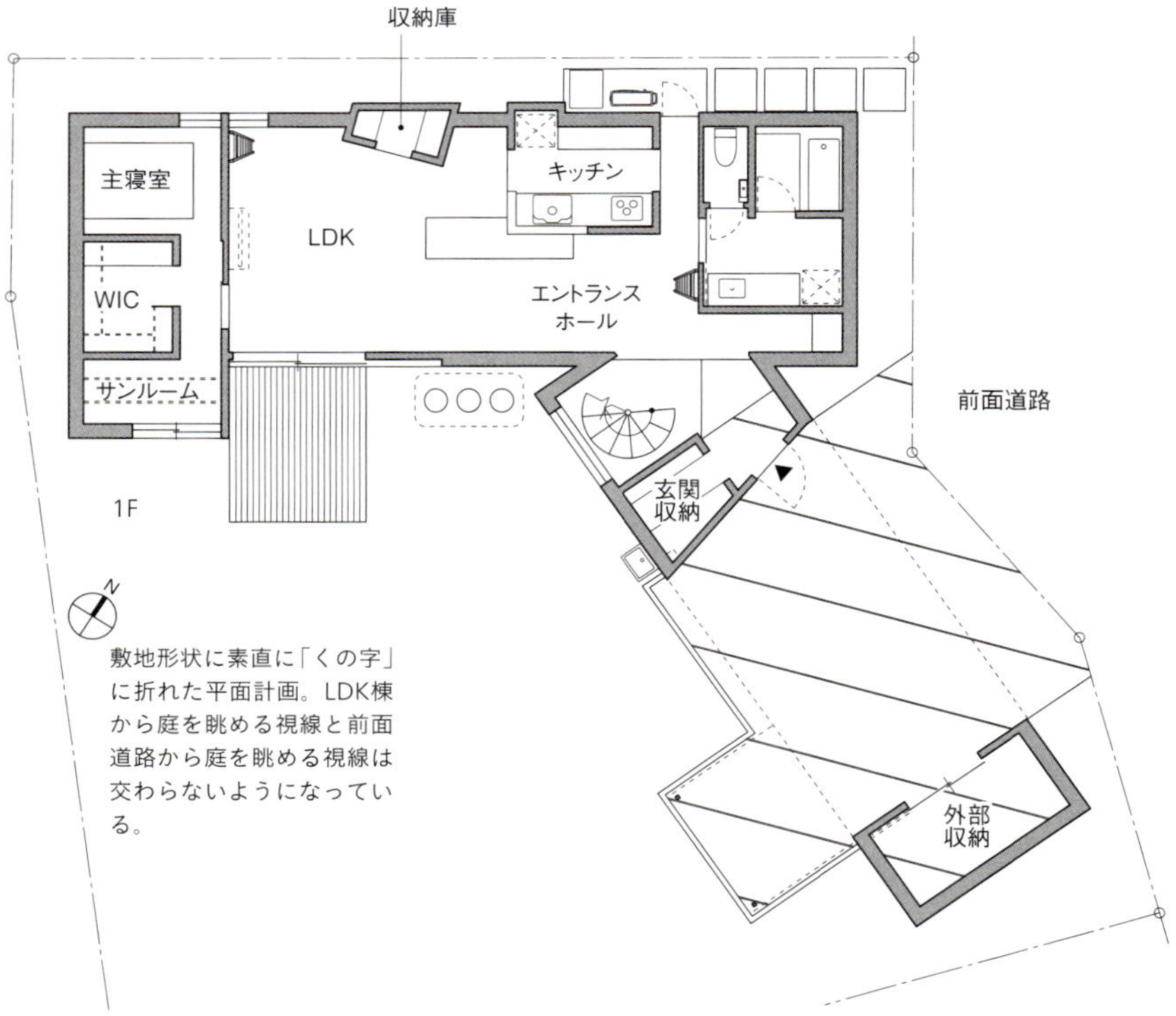

敷地形状に素直に「くの字」に折れた平面計画。LDK棟から庭を眺める視線と前面道路から庭を眺める視線は交わらないようになっている。

1 広い庭から建物を見る。敷地形状に従い「くの字」に折れた平面計画。右がガレージ+キッズルーム棟で低めの2階建て、左がLDK棟で高めの平屋。建物高さを抑えて、近隣への圧迫感を軽減した

2 LDK棟は、明るく開放的なホールのなかにキッチン、洗面脱衣、浴室、収納、寝室など各室をブース状に配置。各室の天井には穴が空いており、ホールから明かりを取り入れている

「入り籠」構造で明るく暖かい部屋をつくる

新潟の冬をこの大空間で快適に過ごすには、高いレベルでの高断熱・高気密は欠かせない。壁は付加断熱を採用して高性能グラスウール210㎜厚、屋根も高性能グラスウール455㎜厚とした（写真3・4）。

とはいえ、どんなに壁や屋根の断熱材を厚くしても、窓の性能が低くてはそこから熱が逃げてしまう。窓から逃げる熱を抑えるには、窓の性能を上げるのが必須である。また窓面積を小さくすることも有効なのだが、ここでは別のアプローチを考えてみた。

それが「入り籠」である。大空間に大きな窓を数カ所設け、外部のような明るい空間をつくる。そして、ブース状に設けられた各室には窓を設けず、天井に開けた開口部から大空間に満たされた光を落とす。そうすることで、家全体の開口面積はやや抑えながらも明るく開放的な空間づくりが可能となった（写真5～7）。

これによって開放的なエコハウスが実現するとともに、「入り籠」の工夫のほか、超高断熱の外皮、太陽光パネルの採用などが評価され「平成25年度住宅のゼロ・エネルギー化推進事業」に採択された。

大空間、大スパンをつくる構造

この住まいは、前述の大空間LDKの平屋棟と、ガレージ+キッズルームの2階建て棟の、2棟からできている。それぞれに構造的な工夫がなされているので、ここではそれを紹介したい。

まず、平屋棟では、開放的な大空間をつくるために天井高を4.5mとしている（写真8）。したがって、柱の長さは5m程度になるが、ここで問題となるのが柱の座屈である。木の柱は繊維方向に働く鉛直荷重の圧縮には非常に強い。しかし、柱断面に対し長さが長くなると、途中で折れ曲がる「座屈」が起こりやすくなる（吹抜けの部分の外周部の柱や梁なども同様に注意が必要だ）。さらに外周部の柱は風圧も受けるので、より座屈しやすくなる。

これをクリアするには、①柱の断面を大きくする、②柱にかかる荷重を小さくする、③長さの途中で拘束するなどの対策が必要になる。ただし、外周壁の厚みなど納まりを考慮すると①は極力避けたい。そこでまず、②として柱1本あたりにかかる荷重を減らすために、外周部の柱は910㎜ピッチで細かく配置した。次に③として、大空間内にランダムに配置した各室の天井や壁を外周柱と絡めた（写真9）。こ

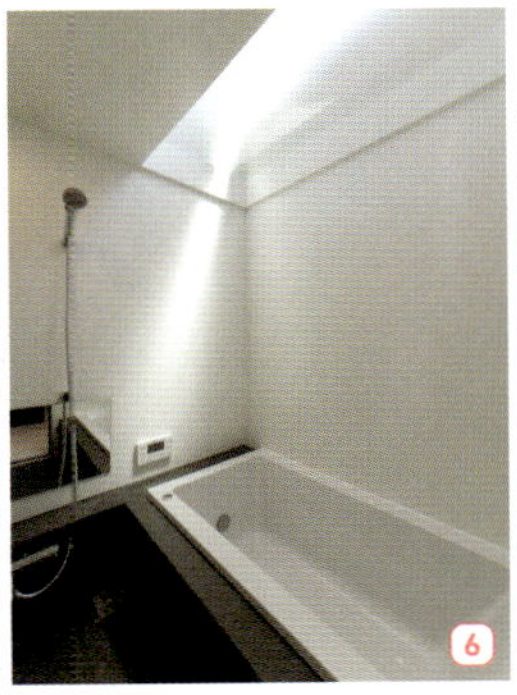

3 屋根は、上から210㎜厚、下から245㎜厚、合計455㎜厚の高性能グラスウールを充填

4 壁は、柱間に105㎜厚、外側に105㎜厚、合計210㎜厚の高性能グラスウールで断熱。標準的な住宅の約2倍の性能を目指した

5 洗面脱衣の天井に大きな穴を空け、LDKホールの明かりを採り入れた

6 浴室の天井には、湯気やプライバシー確保のためフロスト加工された強化ガラスの開口部を設けた。ここからもホールの心地よい明かりが差し込む

7 LDKホールの中に展示ブースのようなキッチンをつくった。隠す所とオープンにする所が適度にあり、見た目にユニークなだけでなくとても使いやすい

れにより、柱の座屈リスクをかなり抑えることに成功した。

2階建て棟は、1階は階高の低いガレージ兼玄関ポーチ、2階は天井高2.1mと低く抑えたキッズルームとなっており、普通の2階建てよりかなり低い1.5階建て程度のボリューム。そして、ガレージには間口を幅7・28m（4間）ほど開けたことで建物の存在感を抑えることに成功、空き地だったところに建物が建つネガティブな印象を少しだけ緩和することができた（写真10）。

構造的に工夫が必要なのは、7・28mの開口である。この大スパンに2階と屋根の荷重が載るため、この荷重による曲げ、せん断、たわみを許容できる梁が必要だ。そこで、構造計算を行い、特注寸法（7・28m×120×540㎜）のベイマツ集成材の梁を設計。しかし、いくら計算上許容できるサイズの梁とはいえ、これだけの長さの梁だとクリープ［※］が心配となる。構造計算では、クリープを考慮し変形増大係数2（たわみ量を2倍とする）や、梁の断面欠損、安全率なども考慮しているが、一般的ではないサイズの梁で大スパンを飛ばすとなると、少々不安が残る。しかも、このガレージ上の梁は2階床の梁でもある。床が大きくたわむことは避けなければならない。そこで、計算上許容できる梁を設けたうえで、さらにその直上の2階壁全体に構造用面材を張り大きな壁梁をつくることで、たわみを抑えることにした。この壁には開口部を設けずに、2階床梁から小屋梁まで高さを使った大きな梁構造と見立てることで、7・28mという大スパンでも長期によるたわみ量を最小限に抑え、より安全な開口が実現できた（図2）。

大開口の平屋と大スパンの2階建てによる2つの棟は、それぞれ別々に許容応力度計算を行い、接合部は構造的に縁を切るエキスパンションジョイントとした。54頁に掲載した事例同様に、建物の高さを低くすることで地震時の変形量が減り、さらにお互いを斜めに配置することで離隔も最小となり、ジョイント部の納まりが比較的容易になる。

8 ホール内の各室には、この地域で外壁に使う新潟県産材のスギ板を張ったため、まるで外にいるような感覚になる
9 ホール内の各室を外周壁に寄せて配置し、座屈しやすい長柱の中間付近を拘束している。内装は壁・天井に内装用モイス、床に長尺塩ビシートを使用している

10 ガレージは間口7.28mと大開口となっている。前面道路からは奥に庭が見え、新たに建築物が建つことのネガティブな印象を和らげる効果を狙った

らせん階段の部材をつなげて揺れを抑える

2階建て棟の玄関から入ってすぐに目に入るのが、2階キッズルームへとつながるらせん階段である。スリムなフレームをブラックに塗装することで、よりミニマムに感じる。階段奥のFIX窓からは四季を感じる庭が広がる（写真11・12）。この階段のディテールは拙著『デザイナーズ工務店の木造住宅納まり図鑑』の40頁にも掲載しているが、φ16の手摺、φ13の縦格子、3.2㎜厚の踏み板プレートなど、スチール部材一つひ

※：長期荷重によるたわみのこと。梁に荷重がかかるとたわみが出ていったんそこで止まるが、長期にわたり荷重がかかり続けると、しだいにたわみが大きくなる

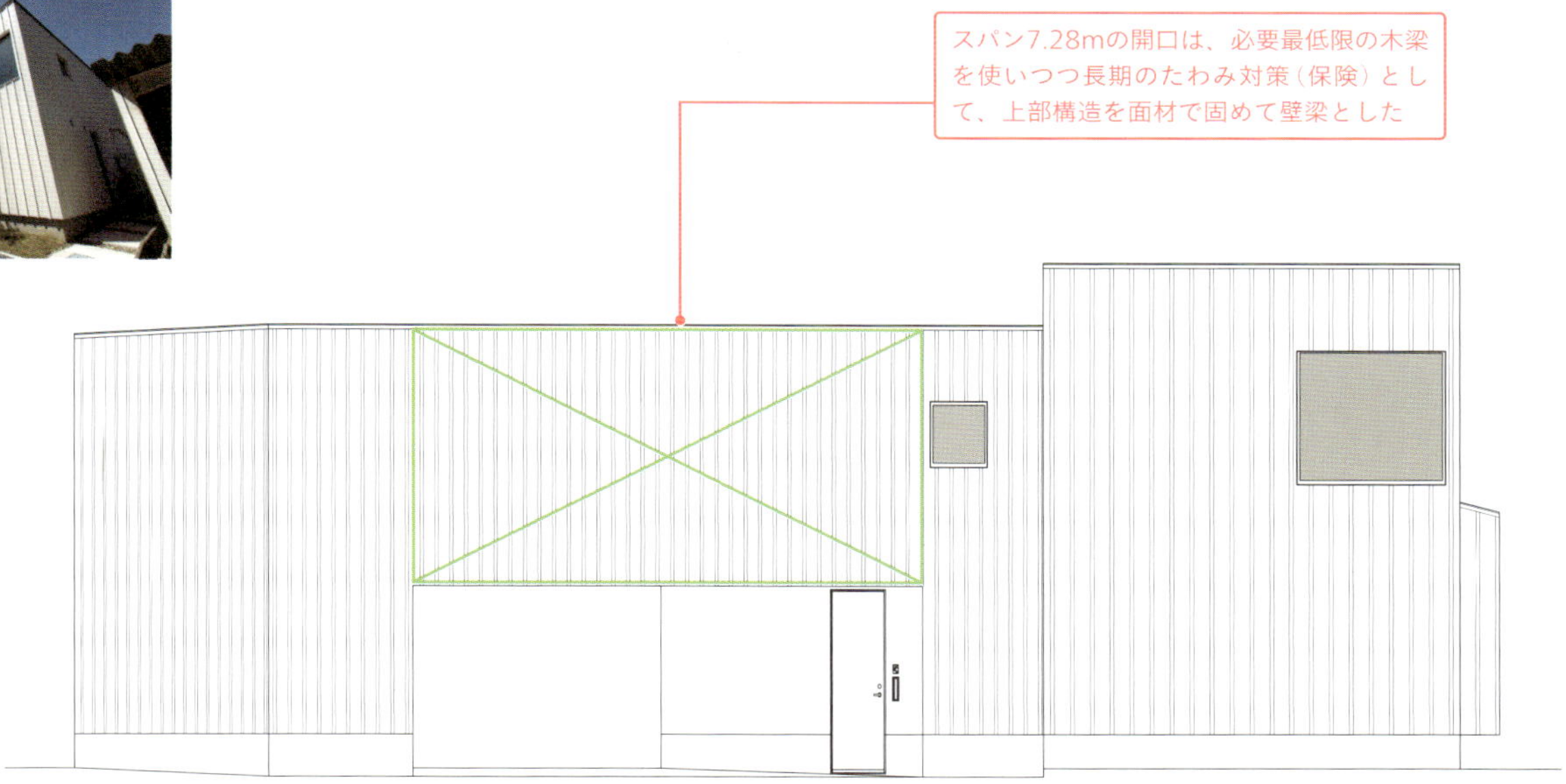
スパン7.28mの開口は、必要最低限の木梁を使いつつ長期のたわみ対策（保険）として、上部構造を面材で固めて壁梁とした

図2 立面図

とつを最小限のサイズに留めている。もちろん鉄なのである程度までは細くても薄くても十分に強度は出るのだが、問題は「揺れ」である。階段昇降時の揺れは利用者に不安を与え、長期的には部材接合部の緩みにもつながる。

この「揺れ」を抑えるポイントが部材を「つなげる」ことである。縦格子で1階床、踏み板、蹴込み板、そして2階床まですべてをつなげる。すべての部材をつなぎ合わせて一体とすることで、揺れを効果的に抑えることができる。反対にいくら大きい部材を使っても、この「つながり」を意識していない納まりの階段では、なかなか揺れは抑えられない。

この建物では、構造的な工夫のほか、超高断熱、太陽光パネル、地域材活用、そしてデザイン性など、多くのカテゴリーにおいて妥協のないものを提供することができたが、この建物を施工したことで当社の目指す住まいは大きく進化している。2009年の長期優良住宅認定制度開始とともに長期優良住宅認定を全棟標準としていたが、'15年（熊本地震の半年前）には耐震等級3を標準に、'20年には躯体の品質精度を上げながら現場の重労働を減らす大型パネルを導入、そして'22年以降はU_A値0・16～0・20の超高断熱仕様を標準にしている。ここで紹介した物件は、耐震性と断熱性向上の大きなきっかけとなった。今後もプランや性能、デザインのあらゆる点で妥協せず、自社の家づくりを前進させていきたい。

11 玄関ホールのインテリアとして意匠性にこだわった階段。踏み板、手摺、中柱など最小限サイズの鋼材で構成した。ブラック塗装でよりシャープに
12 使用頻度が少ない階段ではあるが、昇降時に不安がないよう各部材を連結することで「揺れ」を抑えている

2-3 南面に大開口をつくる

部屋をより広く開放的に感じさせるために、また庭や景色を眺めるためだけでなく、庭と室内に一体感をもたらすために、大きな窓はどんな住まいでも共通して欲しいアイテムの一つである。「島潟の住宅」は、そこまで思い切った開口部があるプランではない（図1・写真1）。よくありそうな大開口のあるプランである。そのよくあるプランだからこそ、読者の方には参考になる解決方法かと思われる。

南東から見る。南の軒下に大開口サッシが見える。外壁は白い保護塗料が塗布されたスギ板と、シルバーの立平葺き(ガルバリウム鋼板) ここは屋根の延長にもなっていて雨が流れ落ちる

図1 島潟の住宅平面図 (S=1:150)

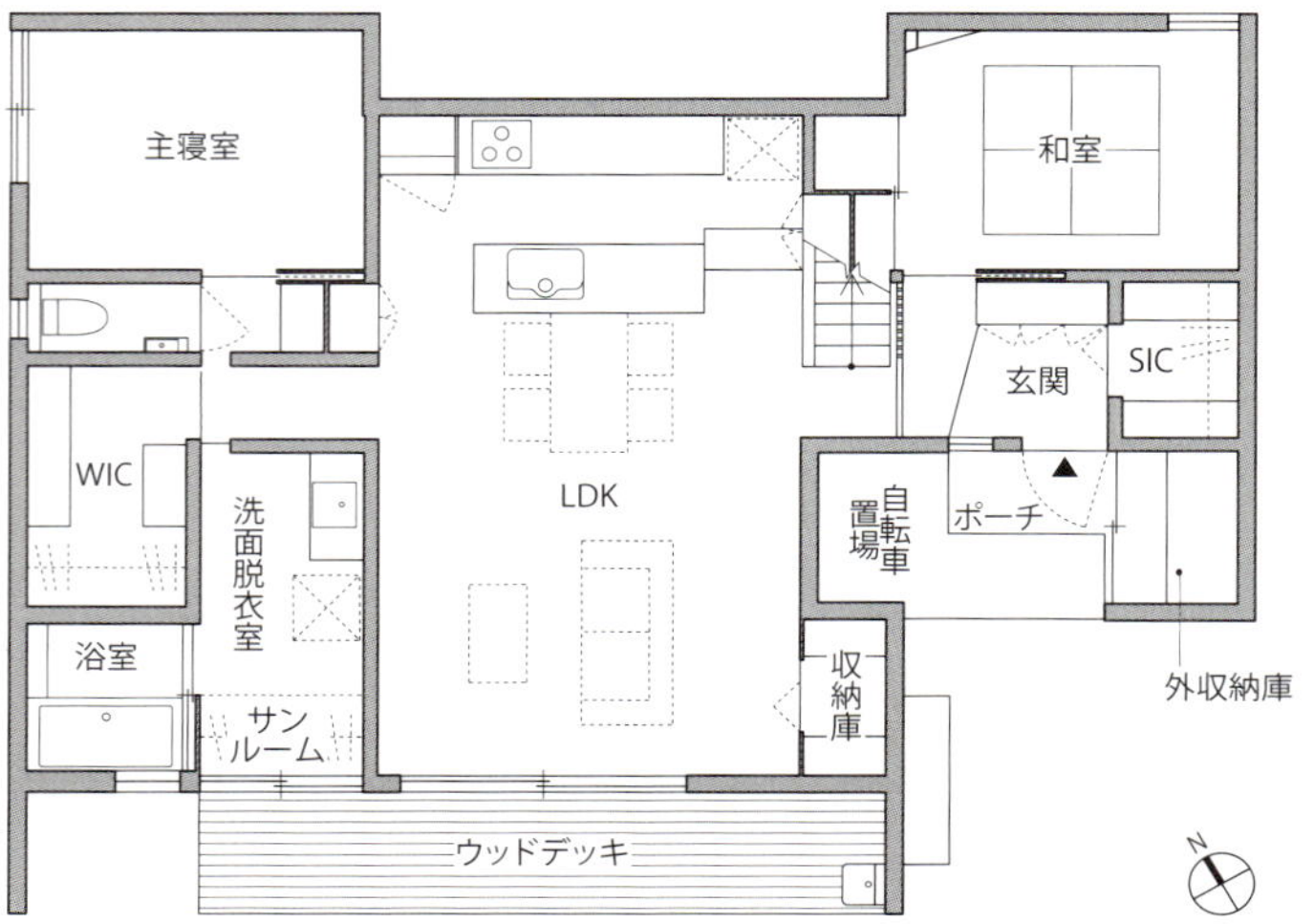

壁のバランスを整える

地震に強い家にするには、十分な壁量が必要となる。耐力壁の枚数を増やしたり、高倍率としたりすることは、地震に強い家をつくるための条件の1つである。

とはいえ、それだけでは地震に強い家とはいえない。壁のバランス、柱の引き抜き強度、水平構面の強さなど、これら耐震性能を確保するうえで重要な要素をすべてクリアする必要がある。特に壁のバランスは、間取り（窓と壁の配置）によりほぼ決まってくるので、プランニングの段階から同時に検討しておく必要がある。

特にLDKのような大きな空間に大きな開口を設けたいのであれば、建物全体の窓と壁のバランスを見ながらのプランニングが必要不可欠となる。まずは、大開口を設ける通り（一般的には南側）は、

北側に川がありその向こうには、眺めたい景色のよい山がある。しかしながら、建物を見下ろすような河原の土手道からの視線はカットしたい。この相反する要望をかなえられる位置に大開口FIXを設けた

開口部以外の壁はすべて耐力壁としたい。窓の少ないほかの通りと比較すれば同じような量を設けるのは難しいかもしれないが、それでも開口部だらけとならないようにする。また、不足分は個々の耐力壁の壁倍率を高くしたり、少し内部に入った場所で同方向の耐力壁を設けたりする必要がある。

しかし、こういった工夫をしても対面する北側の壁と比較すると、南側の壁で十分な壁量が確保できないことは多い。その場合、剛心（強さの中心）が北側に寄る（偏心する）ことになる。重心が建物中心にあったとすると、地震時に建物を中心とし北側の壁が固く動かないので、建物の南側が大きく振られる。このように建物がねじれてしまうようでは地震に強い家とはいえない。

この場合の解決策としては、必要壁量を満たしたうえで北側の耐力壁の量を少し減らし、南側の壁量に近づければよい。そうすることにより、重心と剛心の位置が近づきバランスのよい耐力壁の配置となり、地震時に建物がねじれることなく、地震力を効率よく受けることができるのだ。この物件の場合、北側の景観がよかったため北側の壁（キッチン上部）にも大開口を設け、北側の耐力壁の量を調整している（図2・3・写真2・3）。

建築概要

島潟の住宅
設計・施工：サトウ工務店
所在地：新潟県三条市（5地域）
家族構成：夫婦＋子ども2人
敷地面積：330.60㎡（99.80坪）
建築面積：105.17㎡（31.75坪）
延床面積：112.62㎡（34.00坪）
1階：86.95㎡（26.25坪）
2階：25.67㎡（7.75坪）
耐震性能：等級3（許容応力度計算）
断熱性能：等級5（U_A値0.47W／㎡K）
竣工年月：2016年2月

図2 剛心・重心の確認（S=1:150）

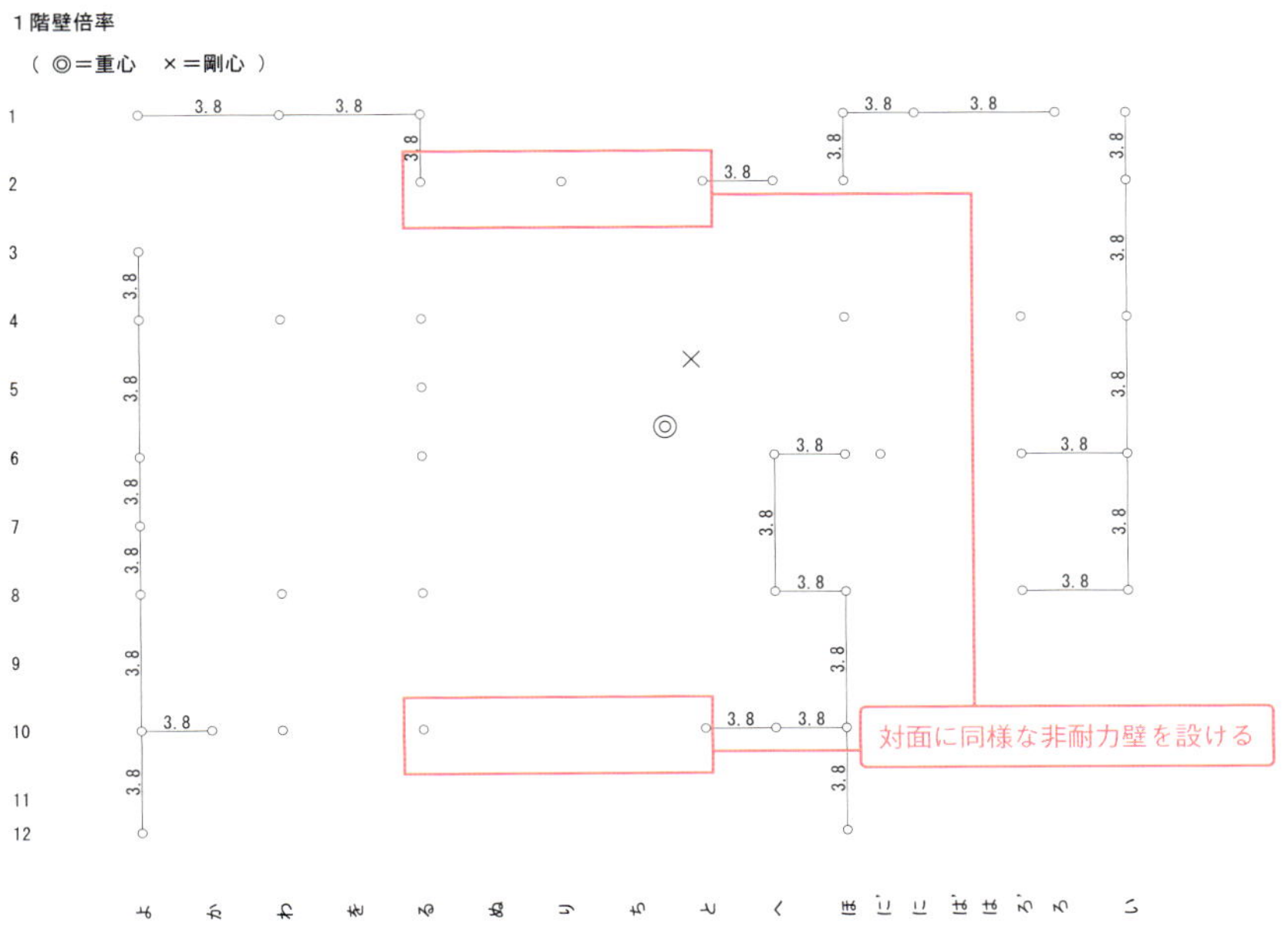

右が南側掃き出し窓、左が北側FIX。南北で壁量バランスを整えるため、開口幅を同等に設けている

壁は内装用モイス、天井は構造用合板、床はパイン無垢材。キッチンもモイスを使ったオリジナルの造作キッチンである

図3 土台伏図（S=1:150）

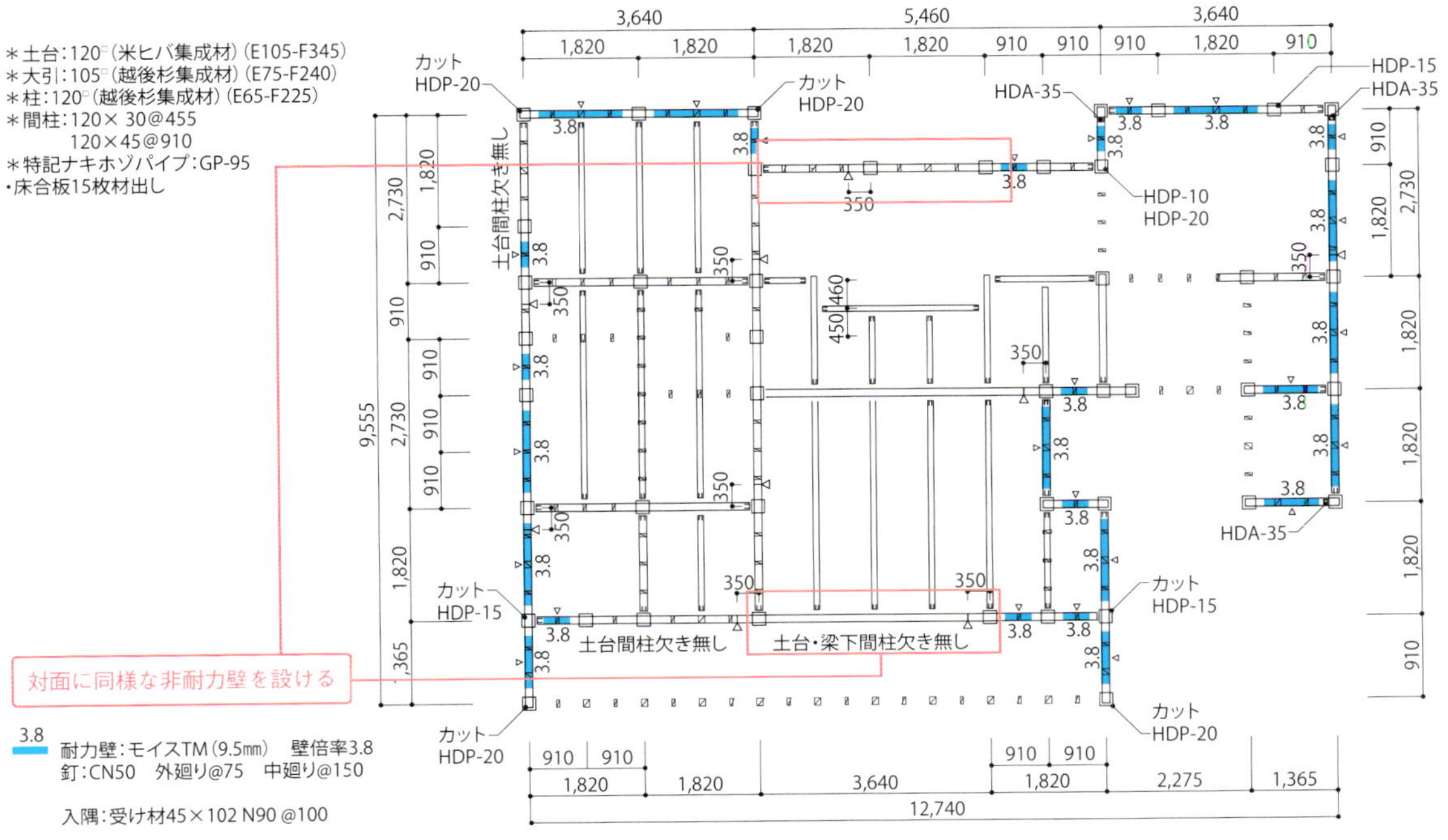

2-4 壁は大きな梁になる

敷地はよくある「東西に道路が延び、道路に面して南北に敷地が並ぶ」住宅分譲地である。一般的には南側道路の敷地が日当たりもよく、場合によっては土地の坪単価も高い。

分譲地を買う場合、このまったく異なる条件の南入りと北入り2タイプのどちらを買うかは悩みどころである。簡単にいうと、南側は日当たりがよいが価格は高い、北側は日当たりが悪いが価格が安い、となる。今回の建て主もどちらのタイプを購入するか相当悩み、結果的に予算を優先し北側道路の敷地を購入した。その後、当社にご相談に来られた。

相談の後、私からは日当たりが確保しやすい2階リビングのプランと、もう一つのユニークなプランを提示、結果的に後者の案に決めてもらったのだが、そのプランはこんなコンセプトだ。

敷地は北側道路なので北側には駐車スペースが必要である。すると建物は南に寄って配置される。その場合、南側に開口部を設けて日当たりを得ることを考えるが、その窓の目の前には南側隣家があるため、日当たりはさほど期待できないし、南面の窓と隣家の北面の窓がぶつかってしまう。つまり、日当たりのよい窓は常に隣家の視線にさらされることになり、結果カーテン閉め切りの窓となってしまう。これでは南面の窓の意味がない。

そこで、まずは駐車スペースを少しユニークなレイアウトとしてみた。普通に道路対し直角に駐車すると、道路境界から車の長さ+α分の6mくらい住宅をセットバックしなければならず、先のような南面の窓の問題が発生する。

したがって、斜めに駐車することを考えた。道路から見て左右にV字型に駐車するのだ（写真1・2）。住宅も駐車の角度に合わせて敷地に対し斜めに配置する。これで北側から大きくセットバックする必要はなくなる。また、建物を斜めに配置したことで、南南西

建築概要

ナナメのヒミツ
設計・施工：サトウ工務店
所在地：新潟県新潟市（5地域）
家族構成：夫婦＋子ども2人
敷地面積：152.10㎡（45.92坪）
建築面積：56.97㎡（17.20坪）
延床面積：104.16㎡（31.45坪）
1階：54.48㎡（16.45坪）
2階：49.68㎡（15.00坪）
耐震性能：等級3（許容応力度計算）
断熱性能：等級5（U_A値0.55 W／㎡K）
竣工年月：2015年2月

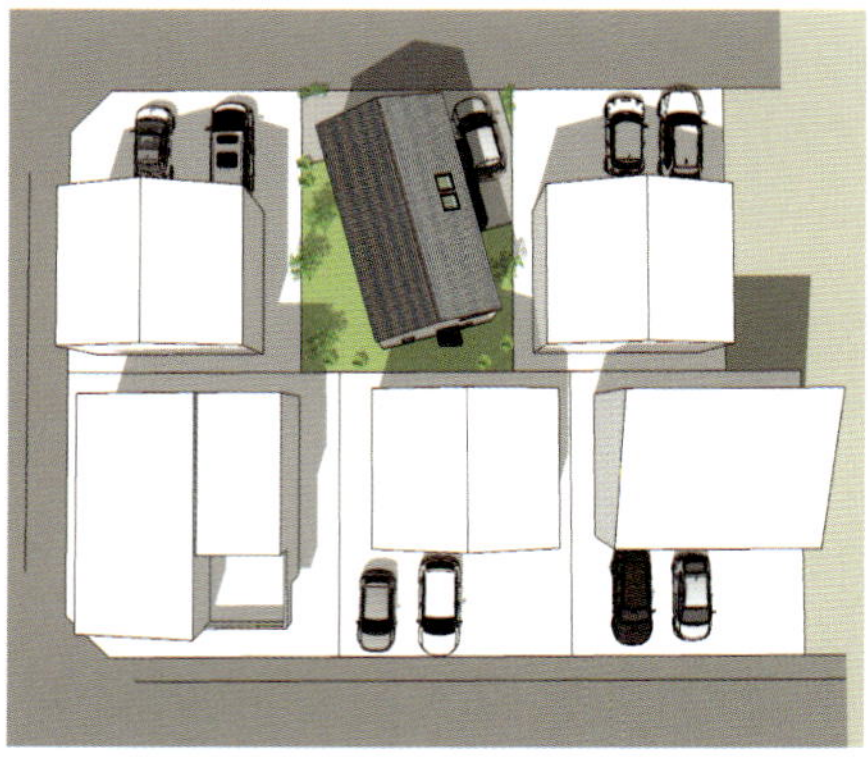

計画地は北側道路。南隣家の影が敷地南側に落ちる。わずかな日射を期待して南に窓を設けても視線が気になり、カーテン締切りの窓となる

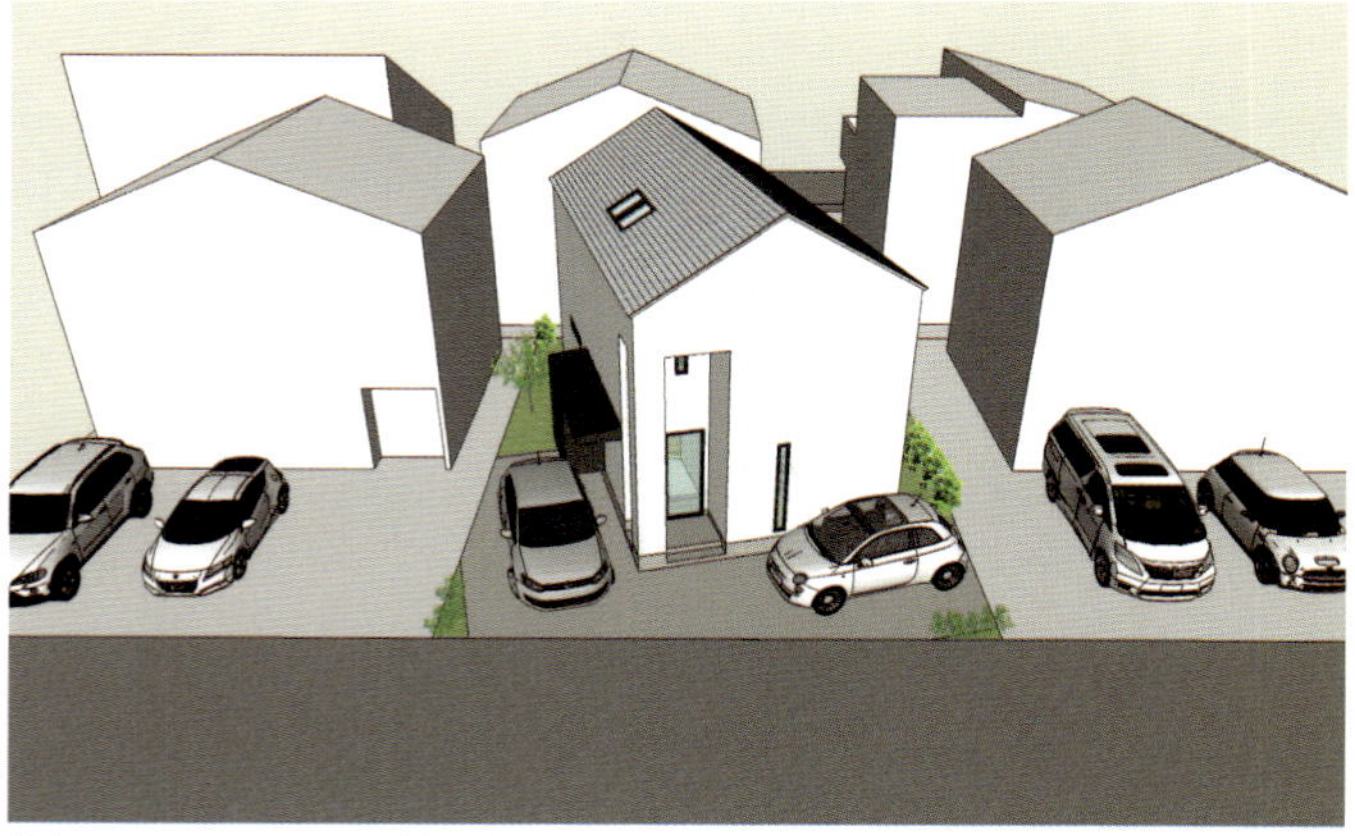

駐車スペースを工夫して建物を南へセットバックする距離を最小限とする。斜め駐車は意外と使いやすいと好評だ

建物を斜めに配置したことで、南南西に三角形の庭が確保できた。プライバシーを確保しながらLDKに設けた地窓から眺めることができる

四角い敷地に四角く建てたほうが合理的にも思えるが、建物を斜めに配置することで三角の空地ができ、駐車場やお庭として活用することも可能となる

に三角形の比較的日当たりのよい空地ができた（写真3・4）。

　次はどのように隣家を気にせずに、この庭を眺めることができるかだ。すぐに思い浮かんだのは、足元レベルの低い地窓だ。これなら、隣家とは目は合わない。しかしながら、地窓の場合、一般的な掃き出し窓と比較すると、開口面積が小さく、解放感がなく庭との一体感もない。そこで地窓を横に4間（7.28m）分並べることにした。さらに風景を分断してしまう柱はなくすことにした。プランの方向性はこれで決まった。次はこの4間無柱の構造をどう持たせるかだ（写真5）。

　2階床と屋根（積雪含む）の荷重がこの壁には落ちてくる。それを4間スパンで受けるには120×600㎜の大きな断面の梁が必要となる。もちろん、この大きさの断面の梁は特注となるため、とても高く納期もかかる。また、これだけ大きい梁はクリープ（時間経過により変形が増大する）によるたわみも大きい。

　そこで、別の方法を考えることにした。幸いこの連続地窓の直上には大きな壁がある。これに梁としての機能を持たせるのだ。柱、間柱を挟むように外側に耐力面材、室内側は構造用合板を張り、強い耐力壁のようなものをつくる（図1）。連続地窓の上に宙に浮いたこの壁は、耐力壁としてカウントできないが、梁としての働きをしてもらうのである。

　ちなみに耐力壁と梁はまったく別物のように思うかもしれないが、そうではない。耐力壁も梁も同様に「せん断」という力が働く。つまり、強い壁は強い梁ともいえる（図2）。

　大スパンに連続した耐力壁があれば、梁としての機能を待たせることができる。もちろん、この場合、この壁は壁量としてはカウントしてはならない。こうして、十分な高さ（梁成）のある壁のおかげで、4間無柱の連続地窓が完成したのである（写真6・7）。

分譲地内でこの1棟だけが斜めに建っているが、決して奇をてらったものではなく、日照条件やプライバシー、土地の有効利用への回答結果である

図1 軸組断面図（S=1:80）

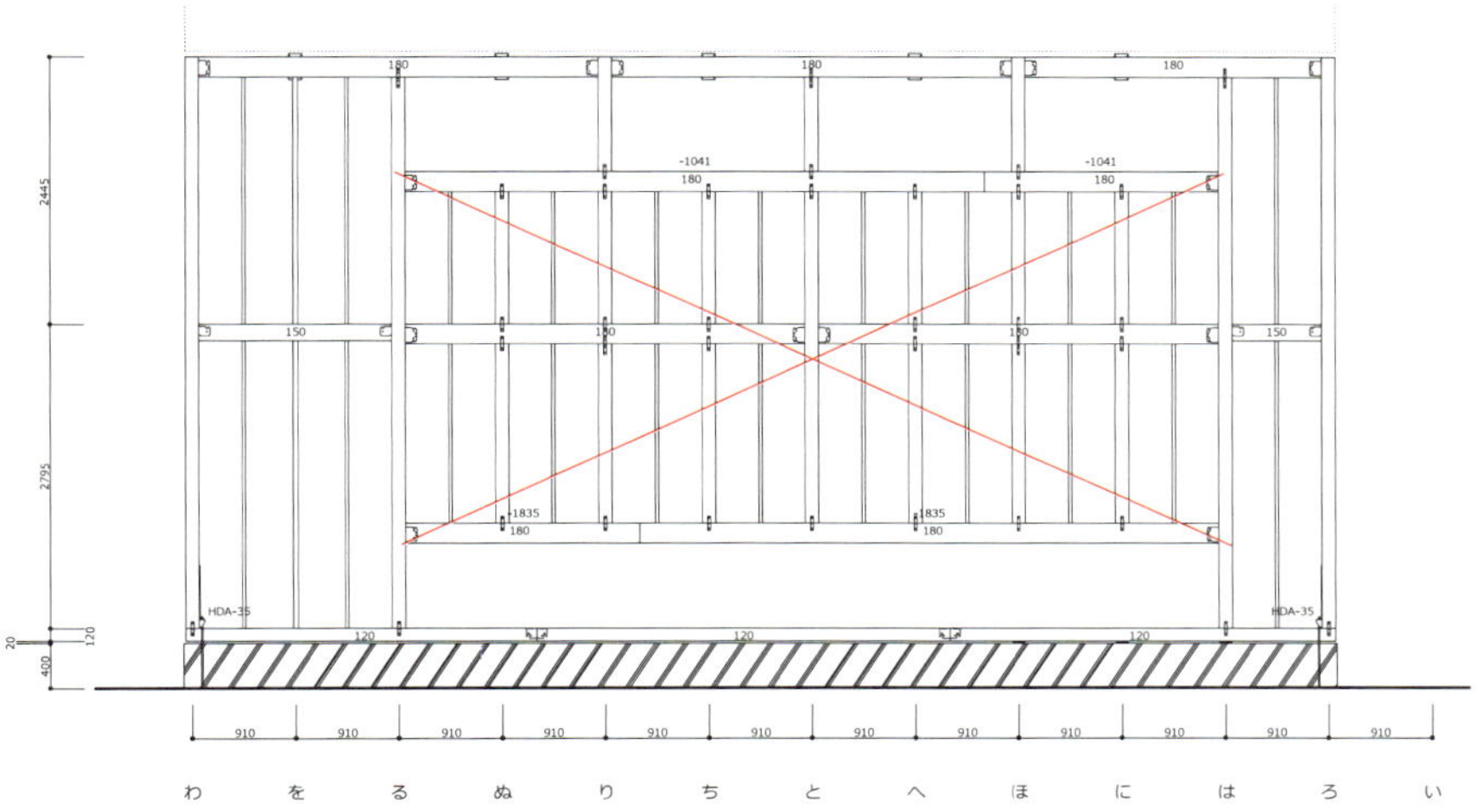

幅4間（7.28m）の地窓が無柱で浮いている。この宙に浮いた壁にかかる風圧は、リビングボード上下の横材で受けている

図2 せん断の働き

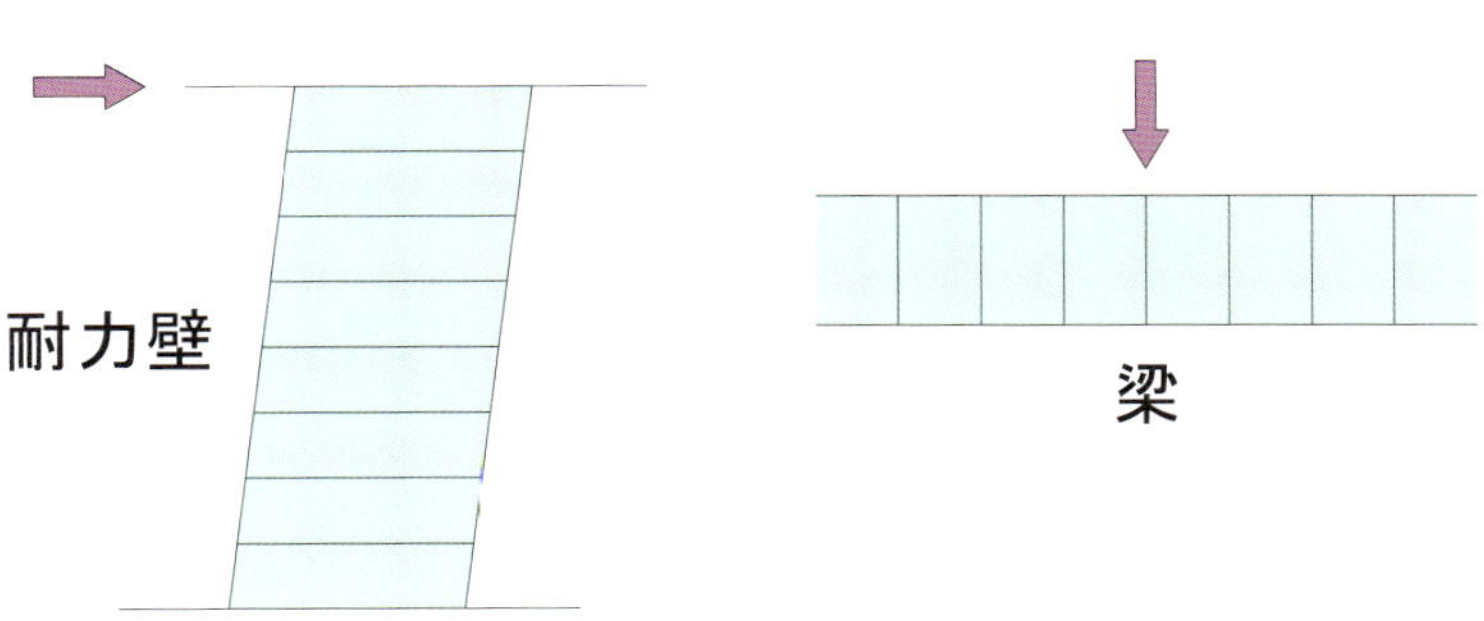

耐力壁にも横架材にも、せん断（ズレて切断するような力）が働く

分譲地内同じ土地面積の近隣のお宅では、ここまで広いお庭は確保できていない。このお宅の庭には小鳥が遊びにくる

COLUMN

大スパンこそ、構造デザインで工夫したい

この章で解説したような大空間をつくるための重要な部材として「横架材」がある。いわゆる「梁」である。

ただし、ひと言で梁といってもさまざまな種類がある（図）。特に木造の大スパンの小屋梁となると、通常の無垢梁では耐力が足りずに、集成材梁、鉄骨梁、トラス梁（写真1・2）、または**40頁**「壁は大きな梁になる」で紹介したような木材の梁に面材を張る面材充腹梁など、さまざまな手法を検討することになる。

もちろん、面倒なことを行わずに無垢材または集成材の梁（写真3）で、必要耐力以上となるような梁成サイズのものを用意すればよいのだが、そう簡単な話ではない。大スパンということは梁が長いということだが、1本の梁材としては長さ6m程度を限度と考えたい。もちろん、それ以上長いものが無理なわけではないが、特注扱いとなり、製材や加工、運搬まで含めると相当なコストアップになる。

したがって、トラスや面材充腹梁などにして、流通材の梁成や梁長で収め、現地で組み立てるようにしたい。こうすることで現場での大工手間は少しかかるが、材料や運搬の費用はかなり抑えられる。設計者としてはこの辺りの費用感を考慮したうえで、意匠との兼ね合いを確認しつつ採用する梁の種類を考えたい。

20頁「中規模木造への挑戦」で紹介したトラスは、スパンは11mで積雪を考慮すると、通常の木梁では、梁長も梁成もとんでもないサイズとなる。一般的には鉄骨梁が採用されるスパンである。しかしながら木材でトラスを組むことで、各部材の長さは6m以内で済み、一部を除けばほぼ流通している梁サイズで実現できている。梁としての耐力だけでなく、コストや意匠もうまく収まった事例である。もし、この梁が簡単だからと安易に鉄骨で掛けられていたら、なんとも味気なく寒々しい空間になっていたに違いない。

われわれ設計者は多面的に物事をとらえ、できるだけ多くの選択肢を持ち、都度最善の方法を提案することを常に心がけたいものだ。

図 木造の大スパンに使われる梁

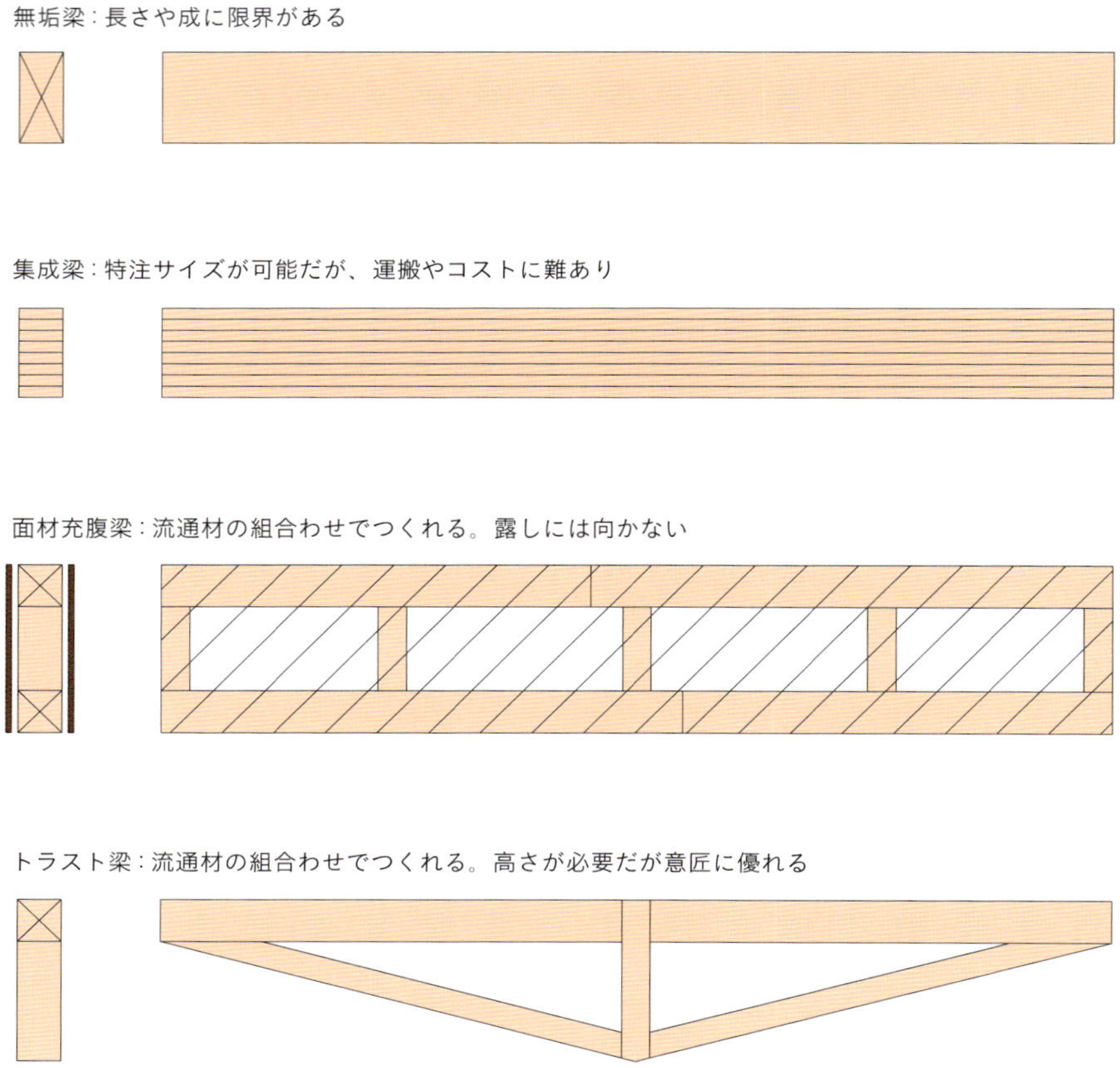

無垢梁：長さや成に限界がある
集成梁：特注サイズが可能だが、運搬やコストに難あり
面材充腹梁：流通材の組合わせでつくれる。露しには向かない
トラスト梁：流通材の組合わせでつくれる。高さが必要だが意匠に優れる

スパン11mの屋根を木造トラスで組む。鉄骨にはない軽快さと優れた意匠が実現した

トラスの部材を長さ6m以内とすることで、現場へ運搬が容易になる。半面、現地組み立ての手間はかかることになる

特注サイズの集成梁、製造コストや運搬条件などがクリアできれば、一番シンプルな納まりが可能だ

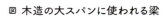

3章 特殊形状の解

3-1 特殊形状プランの原則

立面的な特殊形状の代表として、スキップフロアがある。ただし、適当にプランニングされたスキップフロアを許容応力度計算でクリアするには、相当な計算の手間がかかるし、まとめるのも難しい。ただし、比較的小さな床の段差であれば、「グレー本」でいう「スキップフロアの定義に当てはまらない」ように計画することができる。1つは、床レベルの違いを梁せいの範囲内で左右の梁せいが重なるようにすれば、スキップフロアとみなさない、という手法である。具体的には、高い方の床梁のせいが450㎜なら、400㎜程度の床段差はスキップフロアとならない（図1）。

またほかにも、一見スキップフロアのような断面にはなるが「大屋根を有する建築物」として断面を計画すれば、比較的容易に立面的な特殊形状のプランも可能だ（50頁参照）。この考え方などを上手く利用すれば、写真1のような断面計画も実現できる。敷地に高低差があり、1階床レベルは基礎で段差を設け、2階床構面と屋根構面は「大屋根を有する建築物」の考えで、通常の下屋付き建築物と同様の扱いとしている。

図1 400㎜程度の床段差はスキップフロアとならない

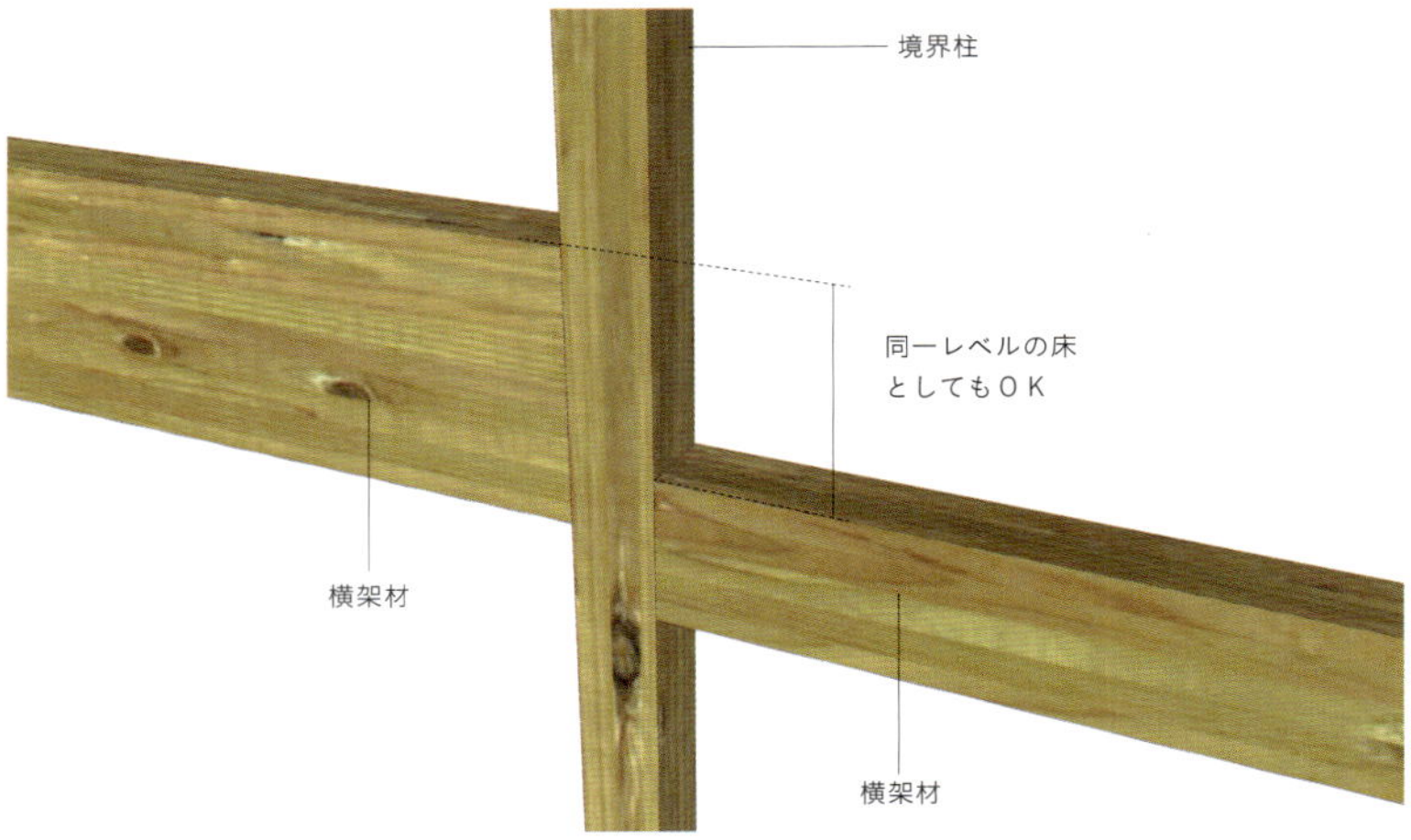

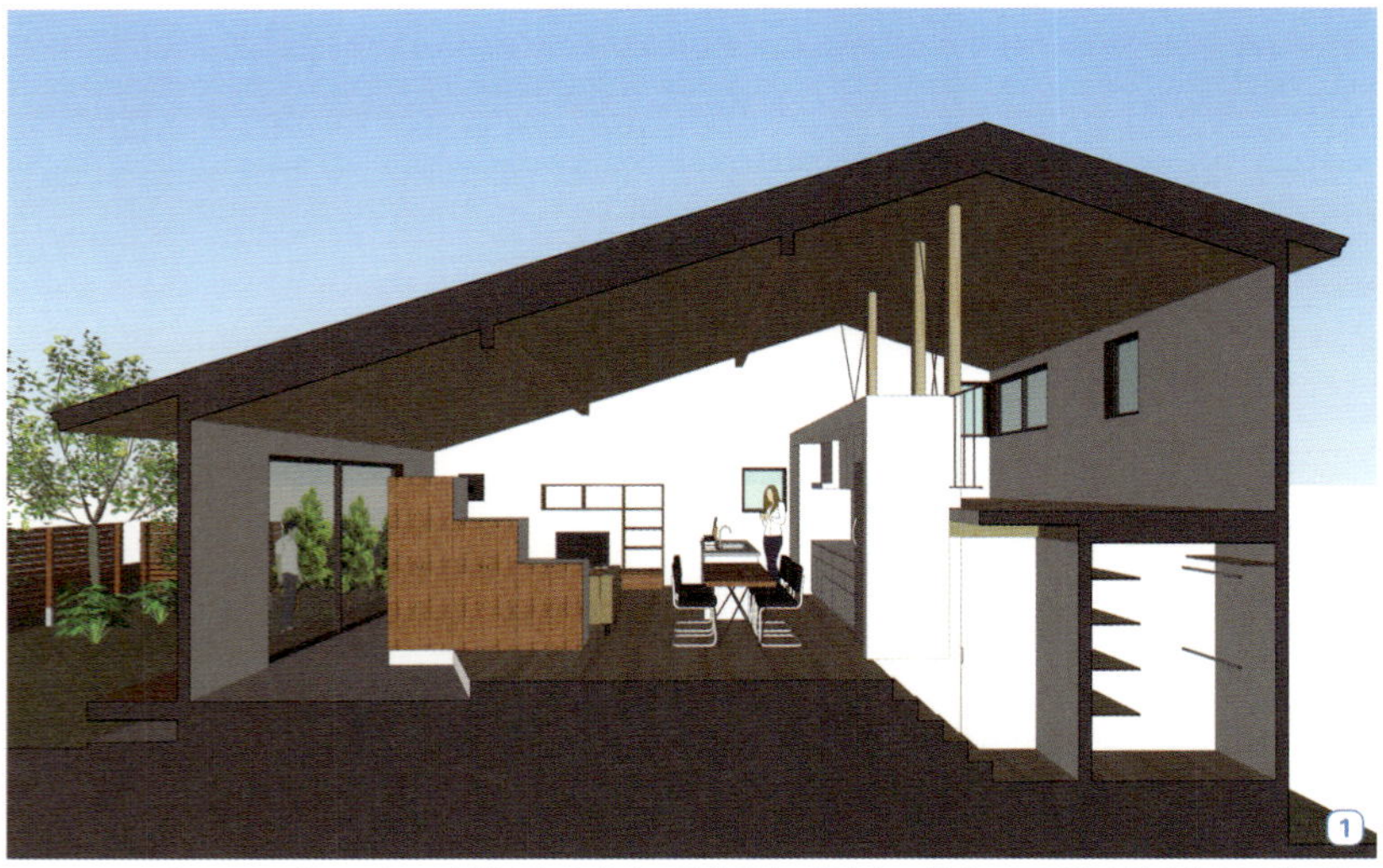

一見スキップフロアの様に見えるが「大屋根を有する建築物」に該当し、通常の下屋付き建築物と同様の扱いとなる

図2 平面的に突出部やくびれなどを有する建物

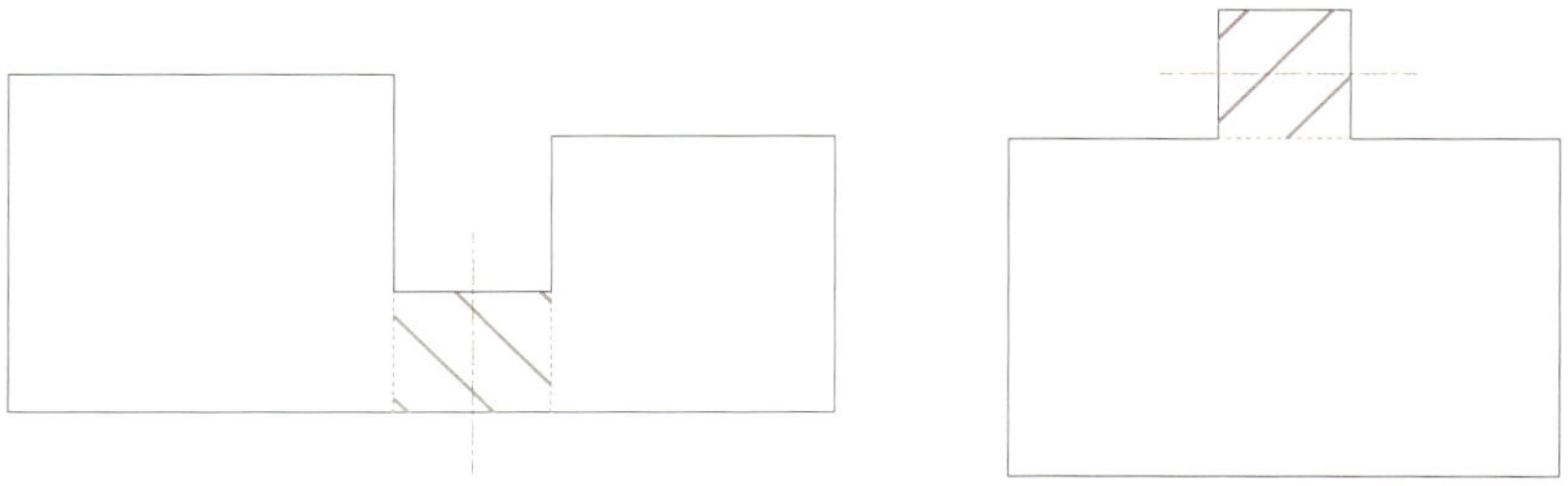

平面的な特殊形状

スキップフロアや大屋根は「立面不整形」と言われる特殊な形状となるが、もうひとつ「平面不整形」がある。平面的に突出部やくびれなどを有する建物だ（図2）。この場合、通常通り一体での許容応力度計算のほかに、弱点部（くびれ部）の水平構面のせん断力の検定、建物を分離しそれぞれの許容応力度計算、そして2つの地震力に対する検定比を近づけるなど、いくつもの確認を行う必要がある。

地震時に各ゾーン部それぞれがなるべく偏心しないように、また地震に対する検定比を揃えることで固有振動数が近くなり、逆位相に揺れることが起こりにくくすること（同じように揺れる）で、平面不整形の建物でも安全を確保できる。しかしながら、実際の地震ではどのように揺れるか想定しきれないので、念には念を入れた対策が必要ということになる。特に弱点（くびれ部）の接合部などには注意が必要だ。

S様邸は、2017年版の新グレー本改定で解説が消えたロの字型の平面不整形である。以前はこういったロの字型や凹形状も4分割もしくは3分割して検討するように記載があったが、今ではその解説がない。つまり2分割以上に分割することは、複雑な動きをする可能性があり、おすすめしないということなのだろう。しかしながら、考え方を変えれば、弱点（弱いくびれ部）がなく、全体が一体として動くような形状なら、安全が確保しやすいとも言える。そういった意味で弱点となる細いくびれのない平面計画としたうえで、ゾーン分けしても個々に成り立つような構造計画とした。

この物件をあえてこの計算に手間のかかる平面形状とした理由は、比較的背が高い南側隣家が敷地に大きく影を落とすことにある。冬の貴重な日射を取り入れるため、リビングは北側へセットバックさせ中庭を設ける。隣家の陰で日当たりの悪い南側は就寝時にしか使わない寝室や個室とする。結果的にロの字の平面となった。3Dソフト「スケッチアップ」で日射とプライバシーの確保を確認（写真2〜4）。予定通り、冬にはリビングの奥まで日が入り、中庭の向こうにある南側の寝室や個室が隣家からの視線もカットする。出来ればこのような不整形は避けたいが、与えられた立地条件で少しでも快適な暮らしを実現するため、安全を確保したうえで不整形なプランにチャレンジした物件となった。

T様邸では、景観とプライバシーの両方を敵えるために、やや特異な建物形状となっている。南北を貫通するような大空間の2階のLDKは、幅狭耐力壁を東西の壁にリブ状に立て、仕切り壁のないトンネル形状となっている。南は日射取得のためにもちろんだが、北には桜並木がありその景観を取入れるため、南北ともに大きな開口のサッシが取り付く。北の大開口から春には美しい桜並木が楽しめるのだが、同時にお花見に訪れる人々からの視線も気になる。その視線をカットするため、北側にはバルコニーをオーバーハングさせ、下から2階リビングへの視線をカットしている。また、北側の大開口には、真夏の夕方に西日が入ることになるので、バルコニー西側の壁で日射遮蔽についても考慮している（写真5〜7）。

南側隣家は比較的高さのある建物となっており、計画地に大きく影を落とす。この条件下でどのように室内に日射を取入れるかが設計のポイントとなる

3Dソフト「SketchUp」を使い、冬至でもリビングへ日射取得があることを確認

上のパースと同じ時間の室内パース。欄間を設けることで、リビングの一番奥まで日射が取れることが確認できる

T様邸北側ファサード、2階室内がトンネル状に抜けている。バルコニーやそれに取り付く袖壁はすべて理由のあるデザインとなっている

壁面にあるリブ状の突起が幅狭耐力壁となっている。内装（壁.天井）はモイスNT仕上げ

壁面にあるリブ状の突起が、幅狭耐力壁となっている。内装（壁・天井）はモイスNT仕上げ

3-2 中庭のある建物

新潟県長岡市にある桜の花見など市民に愛されている悠久山。そのふもとに完成した新しい分譲地。病院やショッピングセンター学校などへのアクセスにも便利な好立地。ここで建て主が購入されたのに北側の土地。当然、すぐ南側に接して隣家がある（できる）ので日当たりは期待できない。

日当たりに関しては、北側の土地を購入した時点である程度のあきらめも必要なのかもしれない。実際に同じ並びで建築されたご近所の方の家は、真夏の太陽高度の高い一時期以外は1階リビングに日が入ることはほとんどないようだ。都合よく南側の隣家が平屋であればよいのだが、50～60坪程度の分譲地ではあまり期待できない。

さらに南側の土地に立つ家は決まって南の道路側を駐車スペースとして空け、できる限り北側に寄せて建築するので、影を避けるのはそもそも無理なのだ。

では、本当に北側には日が当たらないのか。そんなことはない。北側であっても2階にはちゃんと日が当たる。当初、私も建て主に2階リビングをオススメした。しかし、建て主の希望は1階リビングで、可能ならば平屋がよいという。そして、ビルトインガレージを付けたいそう。と立地条件的には一番そぐわない正反対の要望であった（写真1・2）。

屋根に穴を空ける

「SketchUp」を使い敷地に隣接する土地に家を建てて、日照条件と隣家からの視線をチェックしてみた（写真3）。まだ存在していない家もあったが、あえてこちらの敷地にとって一番不利な条件となる住まいを仮想でつくってみた。冬の日当たりを確保しつつ隣家からの視線を遮る。3D上で確認すると一つの光が見えてきた。

まず、日射取得のために屋根に穴を空けてみる。ただし冬の日射が入りやすいように南側の屋根はグッと低く絞り込まなければならない。また逆に隣家からの視線をカットしなければならない方向は高さを出さなければならない（写真4）。そうして、パソコン上でまるで粘土を手でこねながらカタチをつくるようにプランニングを行い、日射取得とプライバシーの確保という反する条件をクリアした。

出来上がったプランは、ビルトインガレージ付きとして、キッズスペースのみをその上に位置する1.5階に上げ、ほかはすべて1階に配置した。平屋の生活が可能となったのだ（図1・2、写真5～11）。建て主からもこのプランで即了

1 南側隣家の屋根から撮影。建物自体が中庭の目隠しとなり、プライバシーが完全に確保されていることが分かる

2 屋根と壁の区別がないような形状、実際にも屋根の雨水は外壁を伝い敷地内に浸透させ処理する。外壁の長尺横葺き（ガルバリウム鋼板）は屋根としての機能から採用された

物件概要

所在地：新潟県長岡市土合町	外壁：ガルバリウム鋼板長尺横葺き
家族構成：夫婦＋子ども1人	ガレージ壁天井：木毛セメント板
構造：木造2階建て在来軸組工法	内壁：内装用モイス6㎜厚
敷地面積：200.69㎡	天井：シナベニア4㎜厚
延床面積：125.59㎡ガレージ（23.18㎡）含む	床：パインフローリング
1階床面積：99.99㎡	サッシ：アルミ樹脂サッシ
2階床面積：25.60㎡	キッチン・洗面：造作工事
耐震性能：耐震等級3（積雪1m）	浴室：TOTOユニットバス
断熱性能：U_A＝0.42	工期：6カ月
認定：長期優良住宅	竣工年月：2016年8月
屋根：ガルバリウム鋼板長尺横葺き	総工費：約2,500万円

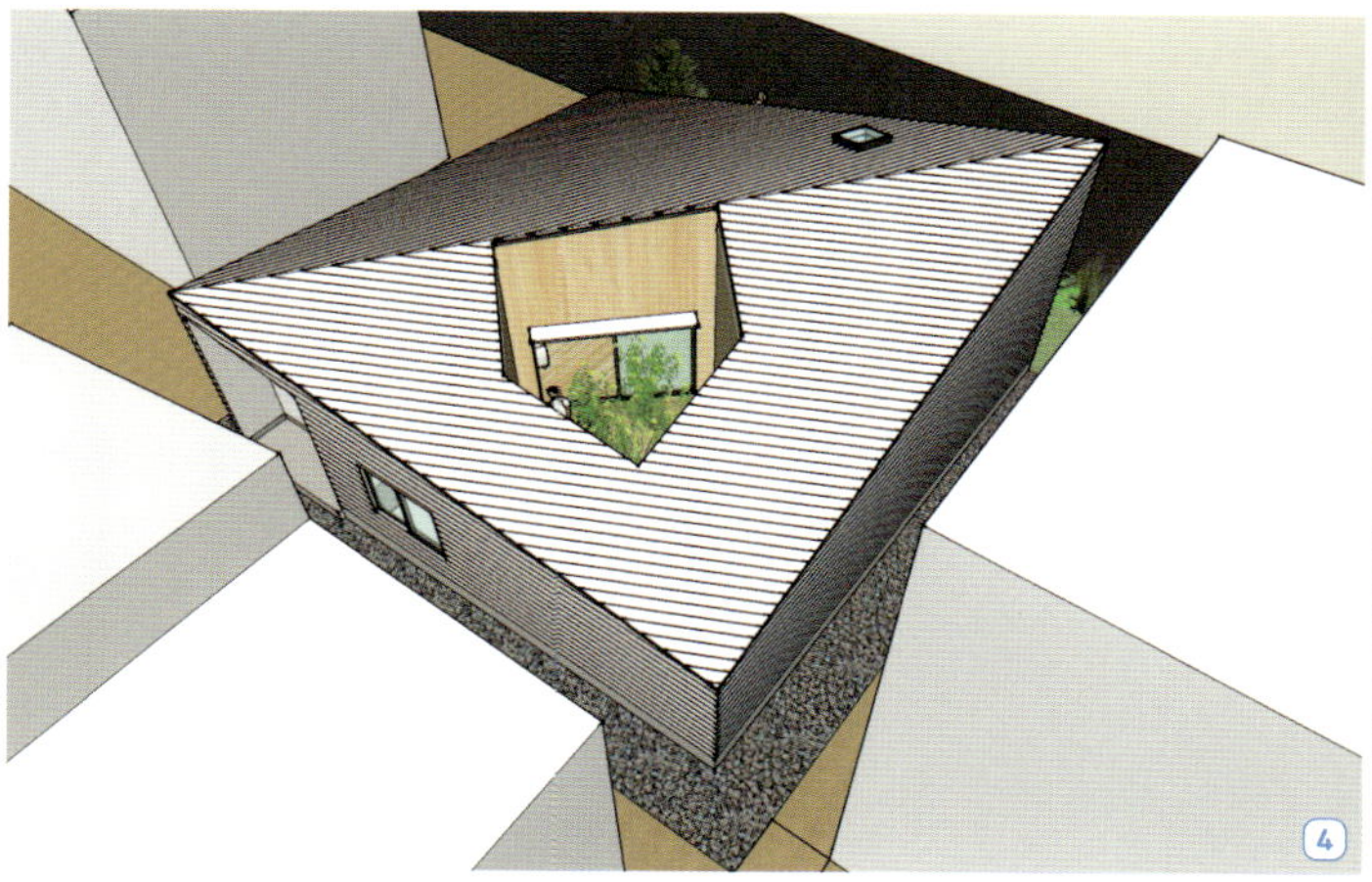

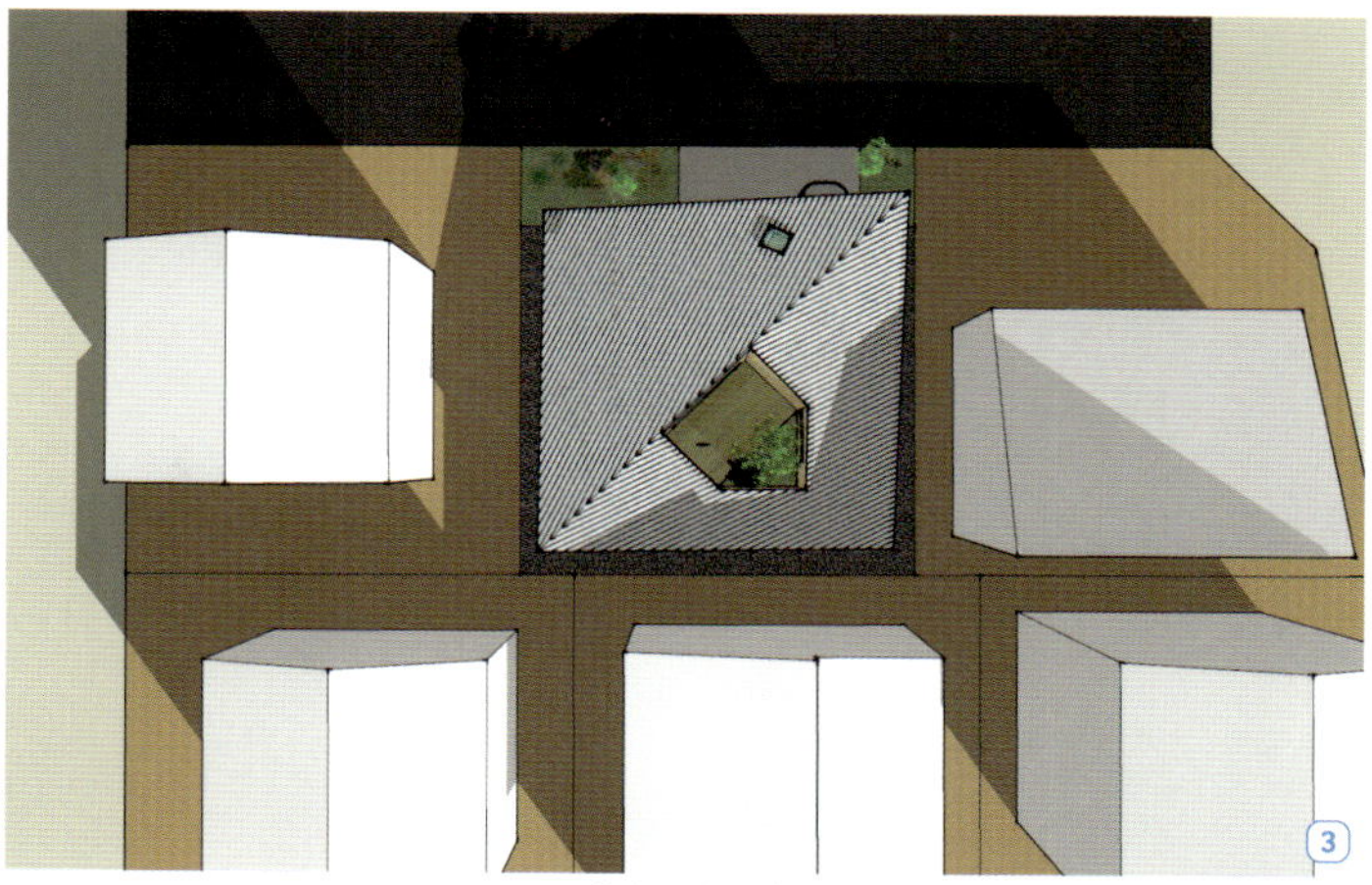

3「SketchUp」を使い、想定した隣家を建て計画地に落ちる影をシミュレーション。予想通り敷地のほとんどに影が落ちる。2階リビング以外の解決策を検討すべく、中庭プランとし冬期に日射取得できるポイントを探った

4 日射取得だけでなく隣家の2階からの視線などもチェックし、解放感とプライバシーの両立を図った

図1 平面図（S=1:150）

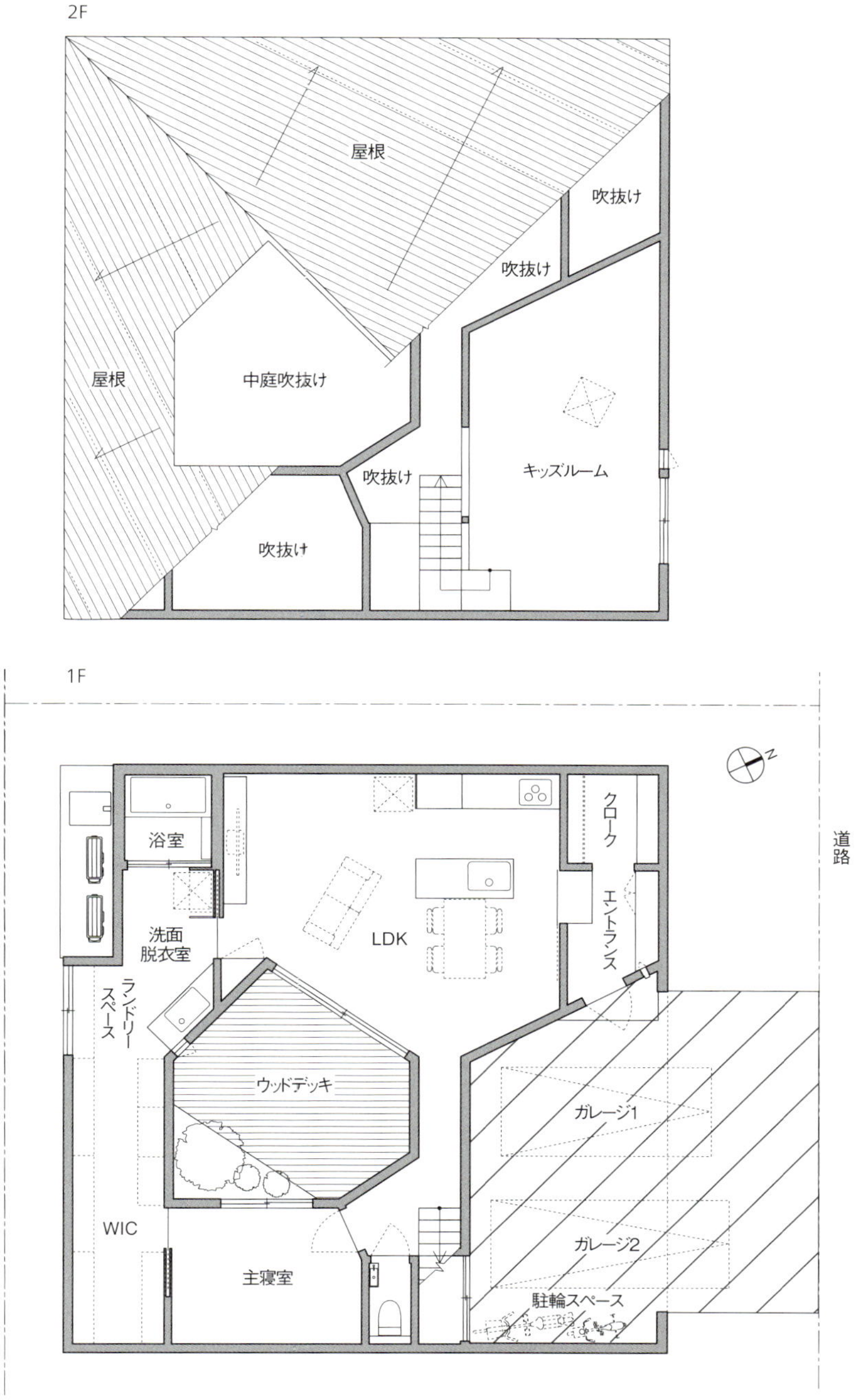

承を頂いた。平面的には1辺10・92mの正方形、屋根は対角線上に棟をとった切妻屋根。この棟も緩やかに上らせている。家の中心よりやや南寄りに不整形な形状の中庭を設け、ウッドデッキと植栽で外部空間であることを意識させている。この中庭を介して日射がリビングにまで入り込む心地よい住環境が出来上がった。しかも隣家からの視線もまったく気にせずに。

面不整形ながら 一体の構造で設計する

この家のように中庭のある建物は、構造計算をするうえで十分な注意が必要である。平面的に凸凹がある建物は建物全体が一体化しないということから「グレー本」（木造軸組工法住宅の許容応力度設計）でいう「平面不整形」という扱いとなる。この場合の構造計算は、全体を一体として計算するだけではなく、分解したゾーンごとに検討する必要もある。各ゾーンがバラバラに震動することで境界部分が損傷する可能性があるからだ。

しかしながら、今物件は中庭（吹抜け）を小さく、構造上の弱点となるくびれ部ができないようにプランニングしたため、ほぼ一体として考えられる。あらかじめ評価機関に相談しながら計画を進めることで、一体の計算だけで、耐震等級3の認定を取得することができた。

この建物全体を一体としてイメージする感覚は、設計者にとってとても大切だと思う。「ドンと

5 間口に対し極端に背の高い廊下空間は、非日常感がでて建て主もお気に入り。建物全体のフォルムから設計されたことによる副産物だ
6 日射を取り入れながら隣家の視線をカットするために考えられたフォルムが、そのままユニークな内部空間をつくった
7 ガレージ上階にある子供室は、1.5階程度の高さにある。リビングからの距離感も近く、付かず離れずの絶妙な位置に。個性的な外観がそのまま室内空間を反映されている
8 中庭プランによる回遊性もこの家の特徴。裏動線があるので、寝室からにリビングをと通らずに浴室や洗面、クロゼットにアクセスできる
9・10 中庭では、ウッドデッキにヒノキ、外壁に地元のスギを採用。中庭に出ると、これら木の香りが充満し、まるで森林浴をしているかのようだ。里山をイメージした植栽が心地よさを倍増させている
11 中庭からの見上げ。機能を優先してつくられた多角形の屋根形状が、個性的な意匠を生み出した

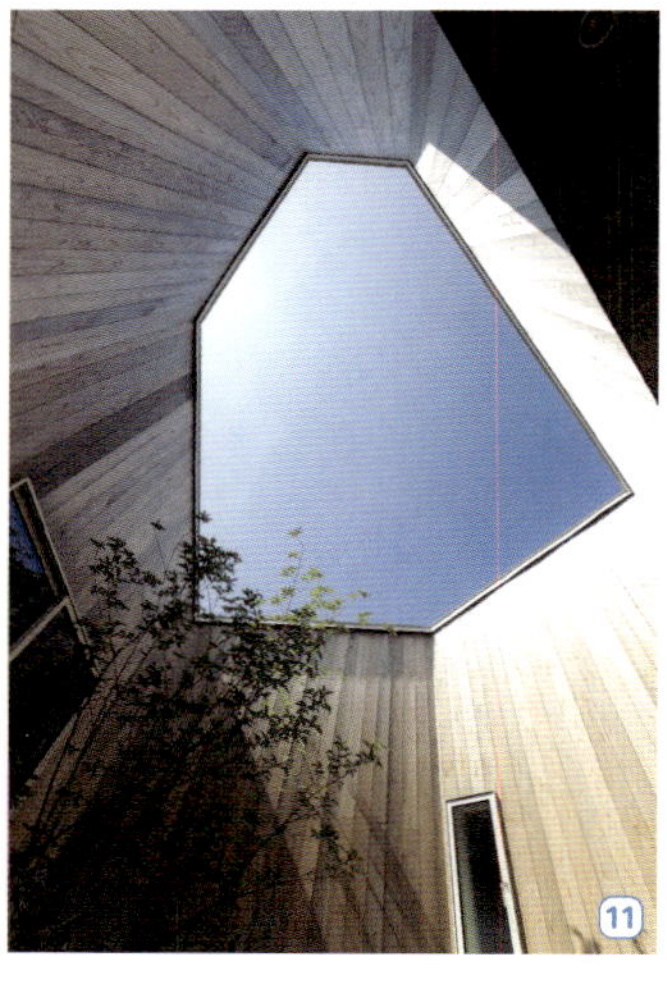

大きな地震が来たときに、建物全体（屋根や2階床）がバラバラにならず一体となって横に大きく振られる。その振られたときの重さをバランスよく配置された耐力壁全体で支える」そんなイメージだ（図2）。ツーバイフォー工法に代表されるようなモノコック構造をイメージするとわかりやすいかもしれない。屋根、（2階床）、壁など連続した外皮で、貝殻のように重さや外力を一体で受けるのだ。

前述のイメージができると、耐力壁の重要性だけでなく、屋根や2階床など水平構面を固める意味、安易に吹抜けやスキップフロアを設けることへの危惧、平面不整形や立面不整形の建物は慎重に検討しないといけない理由が理解できるかと思う。

構造計算、特に許容応力度計算というと、とても難解でハードルが高く感じる人も多いかもしれないが、前述のようなイメージが明快に頭に浮かぶようになれば、構造的に安定感のあるプランが描けるようになり、構造設計を外注したとしても修正など手戻りがなくスムーズにいくはずだ。

斜めの仕口は大工による手加工で対応

とはいえ、この変形切妻屋根の施工には困難を極めた。斜めの部材にさらに斜めに取り付く梁の仕口は加工が難しく、当初依頼していたプレカット工場からも途中で断られ、結局大工による手加工となった。接合金物も特注品対応となってしまうため、なるべくシンプルな仕口とし、構造用ビス（パネリードX）を使い強固に接合するなどの工夫も行っている（写真12・13）。

難しい施工ではあったが、構造的にはとても安定したフレームになっている。棟の部分が背骨、そこに架かってくる梁があばら骨、まるで動物の骨格のような軸組である。安定したフレーム、外周部の開口部が少ないことが幸いしたっぷりの壁量、大屋根による一体となった水平構面、これらにより耐震等級は3をクリア。耐震等級3といえば、警察署や消防署など「倒れてはいけない建物」に相当する強さである。重心が低く見るからに地震に強い建物となった。断熱性能や劣化対策も万全で長期優良住宅の認定も取得している。

図2 建物全体を一体でイメージする

地震の時｜建物が一体で揺れる

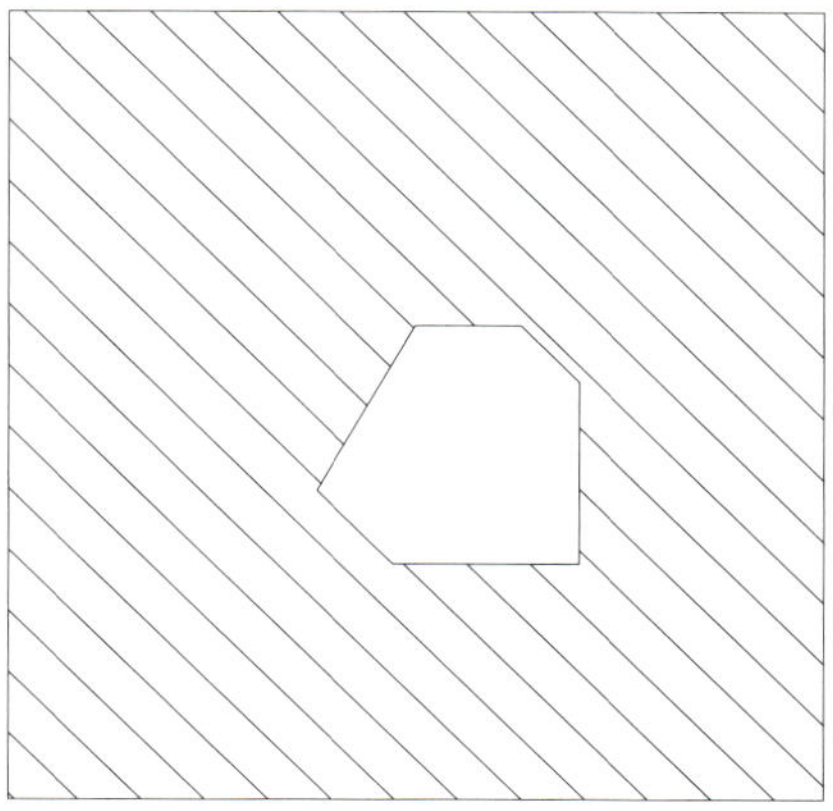

地震の時｜各ゾーンがバラバラに揺れる

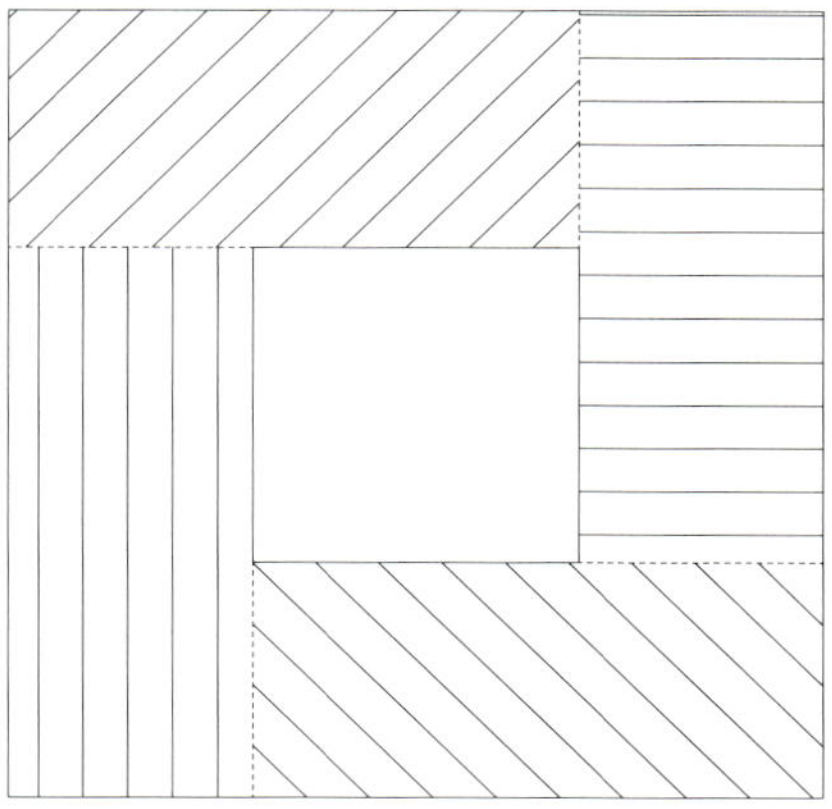

図3 小屋梁伏図

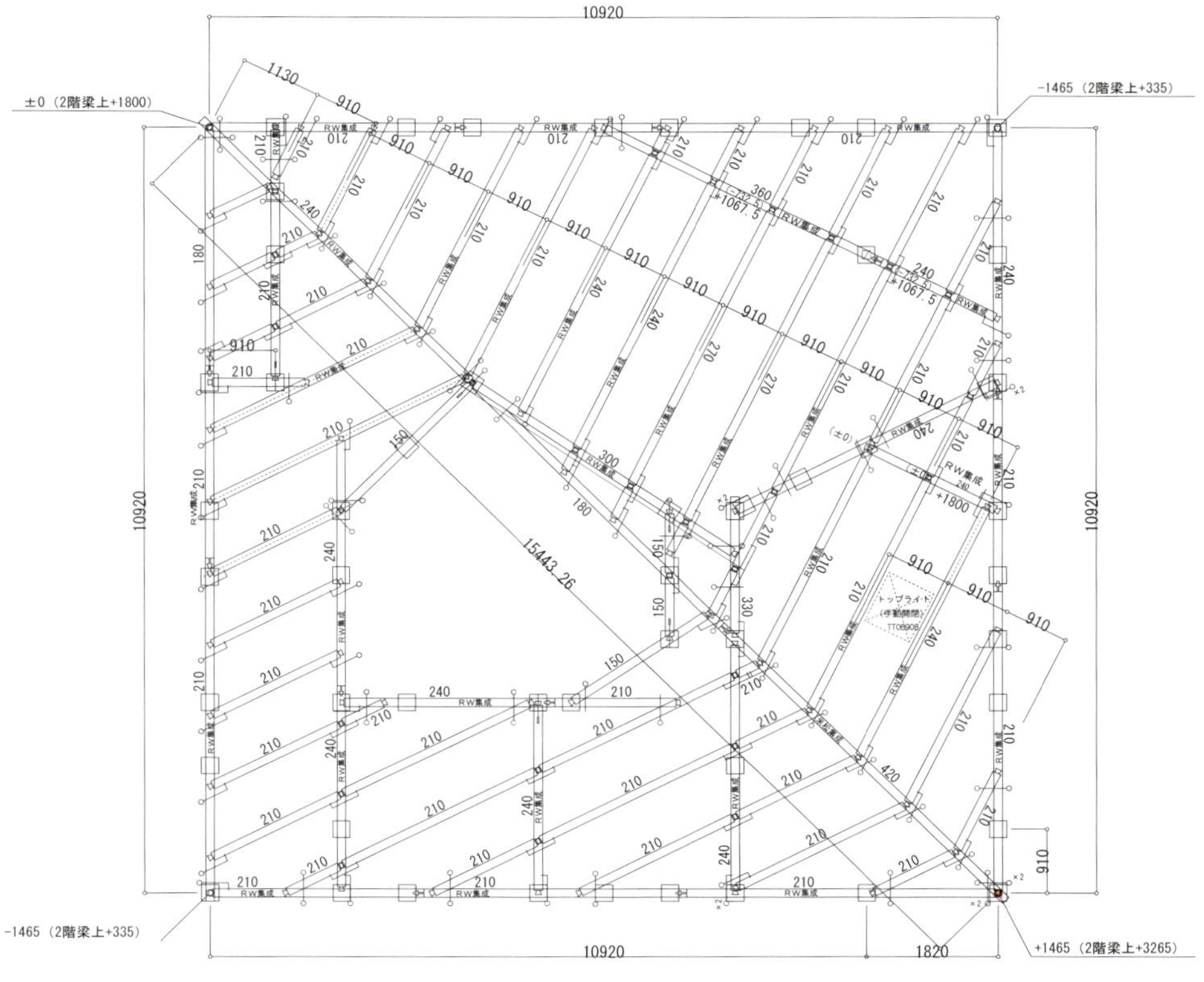

12 棟木が背骨、それに取り付く梁があばら骨、屋根荷重がこの骨を介し下へ流れる。動物の骨格にも似た形状だ
13 斜めの取合いとなる仕口は、シンプルな大入れ加工とし、構造用ビスで強固に接合させた

3-3 大屋根を有する建物

立地に呼応する山小屋風の佇まい

小高い山の麓の少し上った場所にあるとてものどかな住宅地の、100坪ほどの広い敷地での計画。駐車場、庭、畑などのスペースを十分に確保しても、住まいは制限なく自由にプランニングすることが可能だ。したがって、敷地や道路境界線を意識せずに、住宅のリビングの大開口を南へ向けつつ周囲の景観も取り込んだ贅沢な配置も考えた（図1、写真2）。

同時にこの敷地に「家が建つ」インパクトをできるだけ減らすことも同時に考えなくてはならない。今まで空き地だったところに建物が建つこと自体、良し悪しは別としても少なからず地域にインパクトを与える。道路や隣地から十分に距離を取るのは当然だが、こののどかな場所に今どきのシンプルモダンなデザイン住宅を建ててしまうことは、あまりにも近隣の方や地域への思いやりが足りない。

そこで、昔からここに建っていたかのような外観、または、これから100年後に建っていても違和感のない外観とすることにした。計画したのは建築地の山の尾根をイメージした「山小屋」風の外観（写真1）。したがって、通常の設計プロセスである間取りから外観を決めるのとは異なり、最初に外観を決めてから間取りの設計を進めることになった。

大きな吹抜けを大屋根で解決する

この「山小屋」風の外観を実現しようと思うと、1階の半分近くが吹抜けとなる。本来、吹抜けは構造的に水平構面の穴となるため、できるだけ小さくすべきである。

地域に溶け込むような外観を目指し、山の尾根をイメージし「山小屋風」の佇まいとした。耐震等級3（積雪1m）をクリアしつつこの外観を実現するために、「グレー本」をひも解き解決方法を探った

図1 配置図（S=1:200）

100坪もある広い土地。ここに小さな家を建てることとなった。リビングは日当たりと眺望を優先とすべく道路境界線より30°程度振った配置とし、結果、各室の窓は隣地からの距離を保つことができた

物件概要

所在地：新潟県三条市
家族構成：夫婦＋子ども1人
構造：木造2階建て在来軸組工法（テックワン）
敷地面積：356.38㎡（108.00坪）
延床面積：79.49㎡（24.00坪）外物置を除く
1階床面積：59.62㎡（18.00坪）
2階床面積：19.88㎡（6.00坪）
耐震性能：耐震等級3（積雪1m）
断熱性能：U_A＝0.27

屋根：ガルバリウム鋼板立平葺き
外壁：新潟県産スギ鎧張り ウッドロングエコ塗布
内壁：内装用モイス6mm厚
天井：内装用モイス6mm、針葉樹合板
床：マツ無垢フローリング
サッシ：サーモスX（LIXIL）
工期：5カ月
竣工年月：2019年3月
総工費：約2,600万円

図2 下屋付き建築物と同様

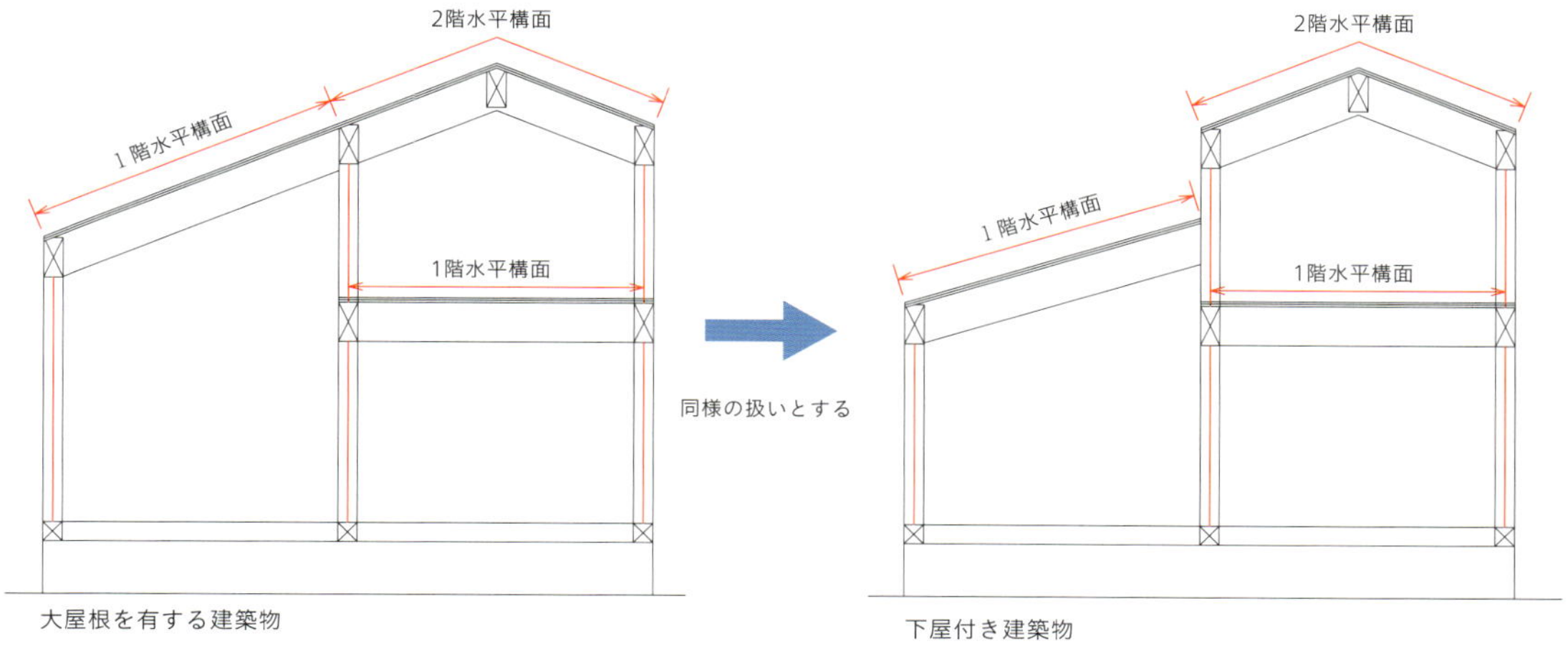

図3 水平構面図

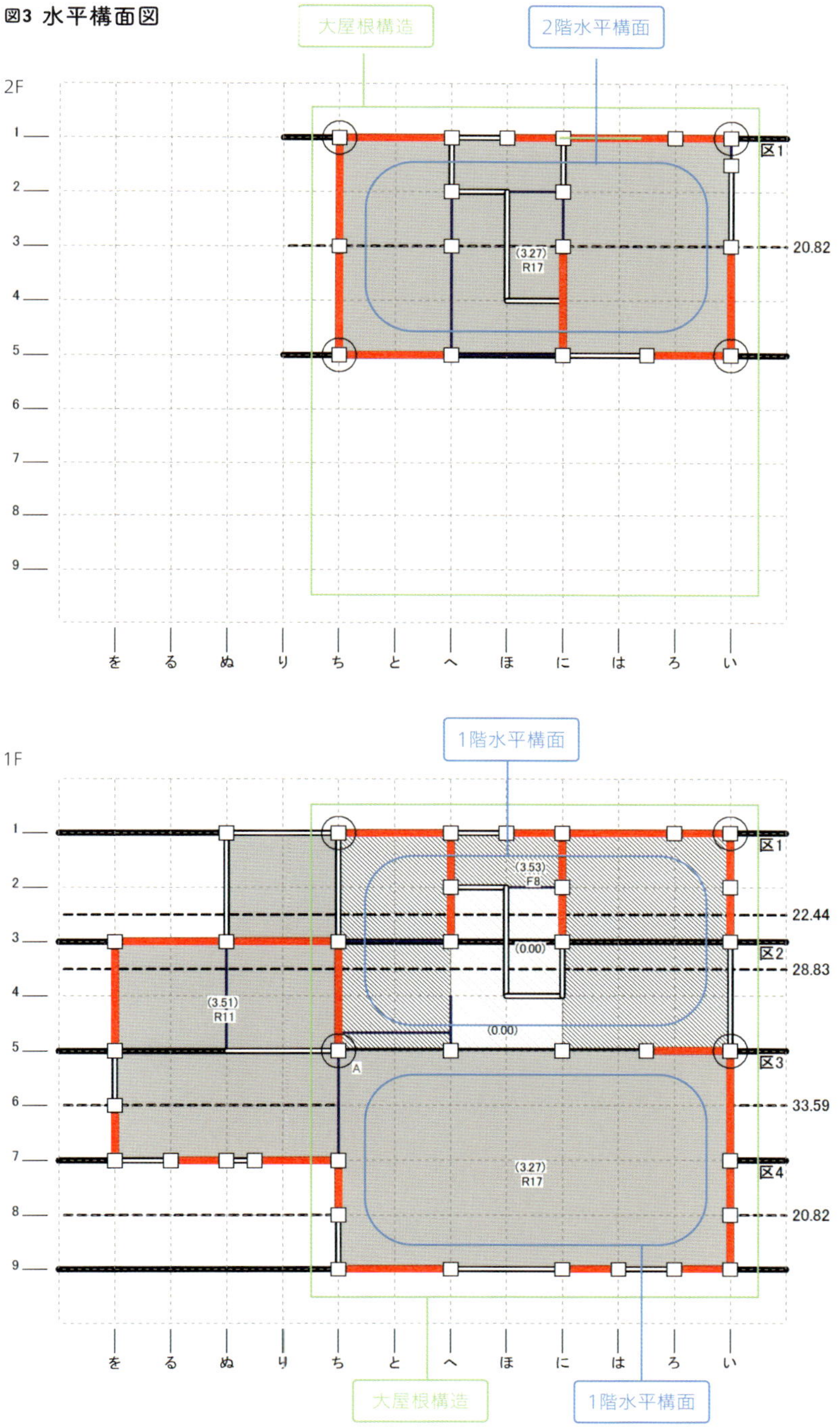

「大屋根の扱い」ならば、外観上2階の屋根が1階までまたぐようにつながっていても、構造的には2階の屋根と1階屋根に分割して通常の下屋付き建物と同様に計算すればよい。

しかも、1階の面積の半分の吹抜けがあるとなると、2階床の水平力が1階耐力壁すべてにバランスよく伝わらず、非常に危険である。

このことをもう少し詳しく説明すると、地震等により建物に水平力が働くと、1階の階高の1／2より上部の屋根まで含めたすべての重量が大きく揺れるが、それを支えるのが1階の耐力壁である。この時に上部構造（2階床と2階耐力壁）が一体となって固まっていれば、この水平力が加わった重量を1階耐力壁全体で支えられる。

しかし、2階床が途切れていたり、柔らかかったりすると、上部構造がバラバラに揺れてしまい、1階耐力壁全体で支えることができないのだ。よって、吹抜け、階段室、2階浴室などの位置や大きさには、十分な配慮が欠かせない。

ここで、グレー本の「【3．8．2】立面不整形（2）大屋根を有する建築物の構造安全性の検討方法」を読み取ってみると、条件さえ合えば「大屋根の扱い」ができる、とある。たとえば、2階屋根を大きくかけ、1階壁まで到達させる架構は、よくある下屋付きの2階建てと同じ構造モデルなのだ（図2）。この大屋根形状は、断面を見ると1階屋根から2階屋根へと水平構面が階をまたいでいるように見えるが、構造的には吹抜け上の屋根構面は2階床（1階水平構面）と同一レベルで考えることになり、下屋付き建築物と同じになる。実際に構造計算ソフト「ホームズ君 構造EX」の構造図を見ると、そうなっていることがよく分かる（図3）。

この大屋根形状でプランニングすると、一気に自由度が高まるように感じるかもしれないが、必ずしもそうとは言えない。下屋付き建築物と同様ということは1階屋根の水平構面をキチンと固めることが重要で、2階耐力壁（特に吹抜け側）もバランスよく配置したうえで、その直下の1階耐力壁も大事になる（図4）。

図4 大屋根を有する建築物

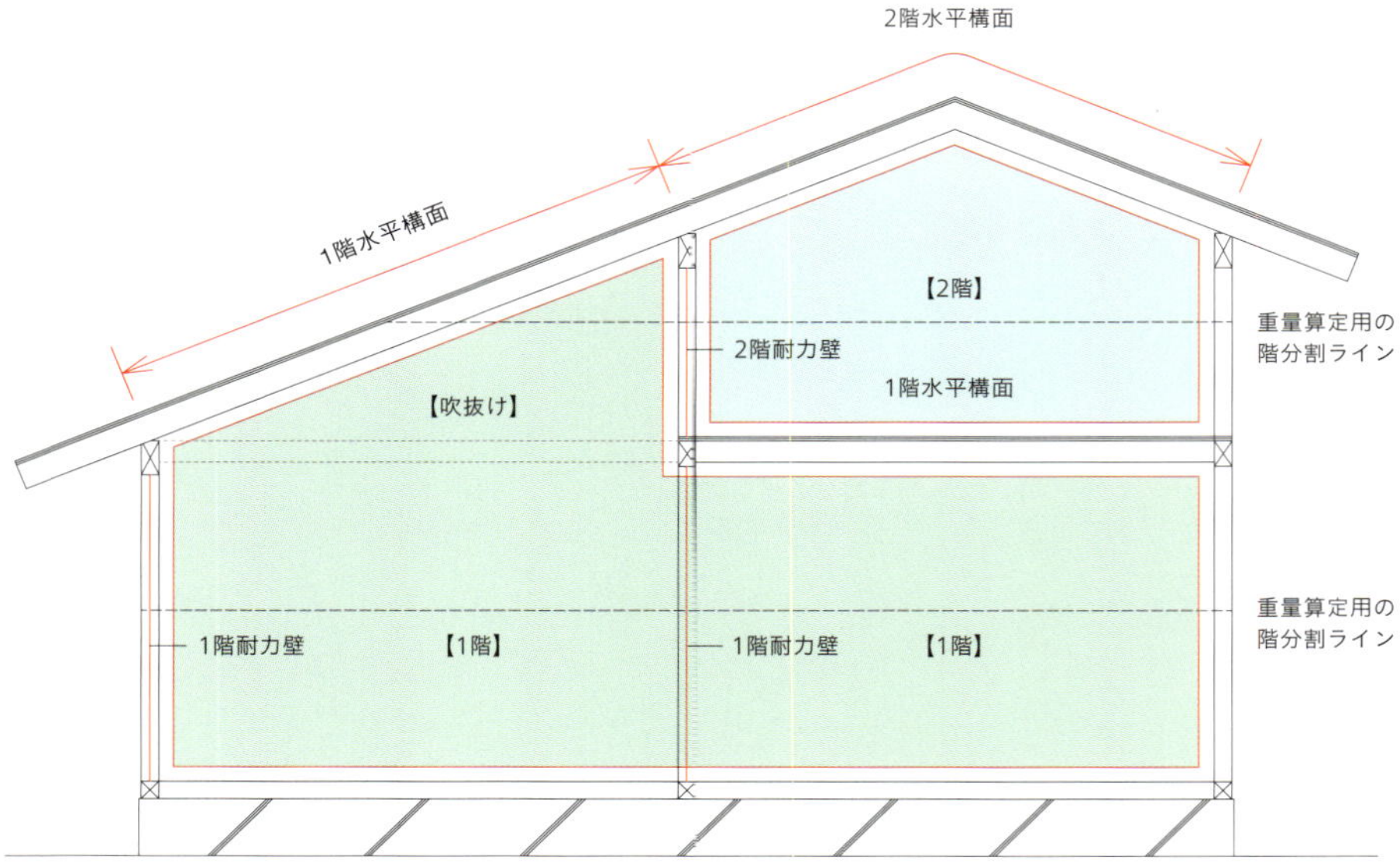

LDKを広く感じさせる開口とプランの工夫

山小屋風の大屋根の外観、高さを抑えたほぼ平屋のボリューム、敷地に十分な余白を残すための最小限の床面積など、最初は制限がなく自由な設計が可能に思われた物件もこうしたコンセプトでまとめていくと、ひとつの正解へと導かれていく。確定した間取りは、子供室と収納のみを2階に配し、そのほかの部屋を1階にまとめ、夫婦の生活が1階で完結するかたちに行きついた。延床面積も24.00坪ととても小さい。

ただし、ここは周囲を山や川などの自然に恵まれた、十分な広さの敷地のある立地である。この住まいをマンションのような外部と切り離されクローズされた室内環境にしてしまっては、とてももったいない。

まずはLDKを「広く」した。「広く」するといっても「床面積を広く」するのではなく、視線の先をコントロールし、広く感じる空間をつくる。もちろん、大屋根の吹抜けがあるのでその時点で比較的解放感があるのだが、リビング南面に引込みの大開口を設けてみた。全開した時に枠や框が見えなくなるサッシを使い窓自体の存在を消すことで、内部でもあり外部でもあるような解放感が得られる（写真3）。さらにリビングから見える寝室の東面の壁にも引込みの大開口を設けた。2方向に設けた大開口を全開すると「解放感」というありきたりな言葉では表せないくらいの感動がある（写真4）。

3 物理的に小さな室内空間が広く感じられるように、フレームレスとなる全開口サッシを採用し、屋内外の境界線があいまいになるように工夫した。外に収納されるサッシの引込み部分は造作の戸袋で隠した
4 全開口サッシをリビングと隣接した寝室に採用し、2方向に外部とのつながりを意識させることで、より室内を広く感じることができる。なお、寝室はリビングと仕切られておらず、リビング空間の一部にもなっている

これ以外にも、視線が抜ける工夫を各所に施した。まず、1階に設けた6畳の寝室は、3畳を小上がりの畳ベッドとして、残りの3畳を建具や壁を設けず開放している。したがって隣接するLDKから寝室は丸見え、いや見えるというよりLDKと一体になっている（写真5）。

また、LDKからトイレも見える。もちろん、引戸を全開にしても便器は見えず、トイレの中の窓の明かりだけが見える。引戸を開けておけば、LDKが0.5畳広く感じる（写真6）。

洗面脱衣室の入口もドアを開けておけば、LDKから洗面脱衣室の窓の明かりが見え、より広く感じる要素となる（写真7）。

寝室、トイレ、洗面など1日の大半が未使用となる部屋をLDKに開放し、視線の先には奥行や窓を感じさせることで、コンパクトながら広く感じる空間をつくり上げた。

高断熱はかなり重くなるので、厳密な構造検討を

この物件は、積雪を1m加味した耐震等級3、外皮熱貫流率U_Aは0.27と、高耐震かつ高断熱である。

屋根は、大屋根構造により910㎜ピッチに登り梁が入り、その上に厚物構造用合板を張って水平構面を固める。その上に通気層を兼ねた屋根垂木と野地板＋ルーフィング＋板金とした。室内側からは登り梁の間に高性能グラスウール20kg240㎜厚を充填し、下地を組んで天井材が張られる。この時点で一般的な屋根より

※：『木造軸組工法住宅の許容応力度設計』（財団法人日本住宅・木材技術センター刊）

2倍近く重くなる。そして外壁は、120㎜各の柱間に高性能グラスウール20kg120㎜厚を充填し、室内側には内装用モイスが張られ、軸組の外には耐力面材モイスTM、そして付加断熱として高性能グラスウール20kg120㎜とそれを充填するための木下地が付き、外装はスギ板張りとした。外壁も一般的な外壁の重量の1.5～2.0倍にもなる。つまり、高断熱化することで、建物重量がかなり大きくなっている。

この建物の重量を正確に把握することはとても重要だ。なぜなら、Qi（地震力）＝ΣWi（各層の重さ）×Ci（地震層せん断力係数）と建物の固定荷重に比例して、地震力が大きく働くことになるからだ。この場合、仕様規定の簡易な壁量計算では、十分な壁量の確保は難しいので、正確な重量を計算し許容応力度計算により余裕のある鉛直構面と水平構面を設けた。なお、セルロースファイバーやウッドファイバーは、グラスウールの2～3倍の重量にもなるので、特に注意して構造検討を行いたい。

5 リビングに隣接する寝室は壁や建具を排除し、6畳のうち3畳は畳ベッド（写真左のカーテンの奥）、残りの3畳は開放してリビング空間の延長にした。夜しか使わない寝室をリビングと兼用する考えだ

6 階段脇に見える窓はトイレの窓である。1日の大半が未使用となるトイレも入口の引戸を開放することで、リビングが広く感じられる。便器は袖壁に隠れて見えない

7 写真右奥に見える窓は洗面脱衣室の窓である。こちらも未使用時間が多い洗面脱衣室の入口の引戸を開放することで、リビングが広く感じられる。広さは物理的なサイズだけでなく印象によるものが大きく影響する

軒先をすっきりと見せる構造とディテールの工夫

山小屋風の外観にはしたいが、野暮ったい印象にはしたくない。野暮ったいかどうかを決めるポイントの1つに、軒先のデザインにあると考える。伸びやかでシャープな軒先は、建物全体を軽やかな印象にしてくれる。とはいえ、構造が華奢な軒先では、積雪荷重に耐えられない。そこで、軒先（水下）は小屋の架構である登り梁をそのまま跳ね出し、曲げ応力が小さくなる先端に行くほど梁成を小さくカットし、その上に水平構面となる厚物構造用合板を張る。軒先およびケラバには化粧用にスギパネルを使い、そのまま軒裏材として見せる。その上に載る屋根垂木は横方向へ直行させ、ケラバの出をつくる。軒先は登り梁で、ケラバ方向は屋根垂木で、積雪荷重に耐える構造となっているのだ（写真8）。

8 ケラバ側の軒の出は、屋根垂木を直行させて跳ね出している。軒裏は屋根構面の厚物構造用合板にスギパネルを使い、それをそのまま軒裏の仕上げとしている

9 軒先の構造は薄くつくるだけじゃなく、雨樋を排除することで、軒先がスッキリと軽快な印象となる。一方で、軒先から落ちる雨がウッドデッキに跳ねないように軒先の真下にFRPグレーチングを設置している

軒先に本来取り付く雨樋（軒樋）をなくすことで、より一層軽やかでスッキリとした印象となった。もちろん、雨樋がないため、雨が軒先から地面に落ち泥跳ねすることになるのだが、屋根面積の大きい南側の雨落ち部には砂利を敷き、ウッドデッキ部分はFRPのグレーチングとすることで、できるだけ雨跳ねを防ぐ工夫もしている（写真9）。

なお、外観に影響する外物置も既製品ではなく別棟で建築した（写真10）。

10 物置、自転車置き場、郵便受け、インターホン、表札など多機能な外物置（写真左の白い建物）。物置を住宅にビルトインする方法もあるが、付加断熱仕様が多い当社では、外物置をビルトインすると各部の納まりが悪く、別に設けるケースが増えてきている

3-4
敷地から構造が決まり、それが外観になる

図1 敷地高低差のイメージ

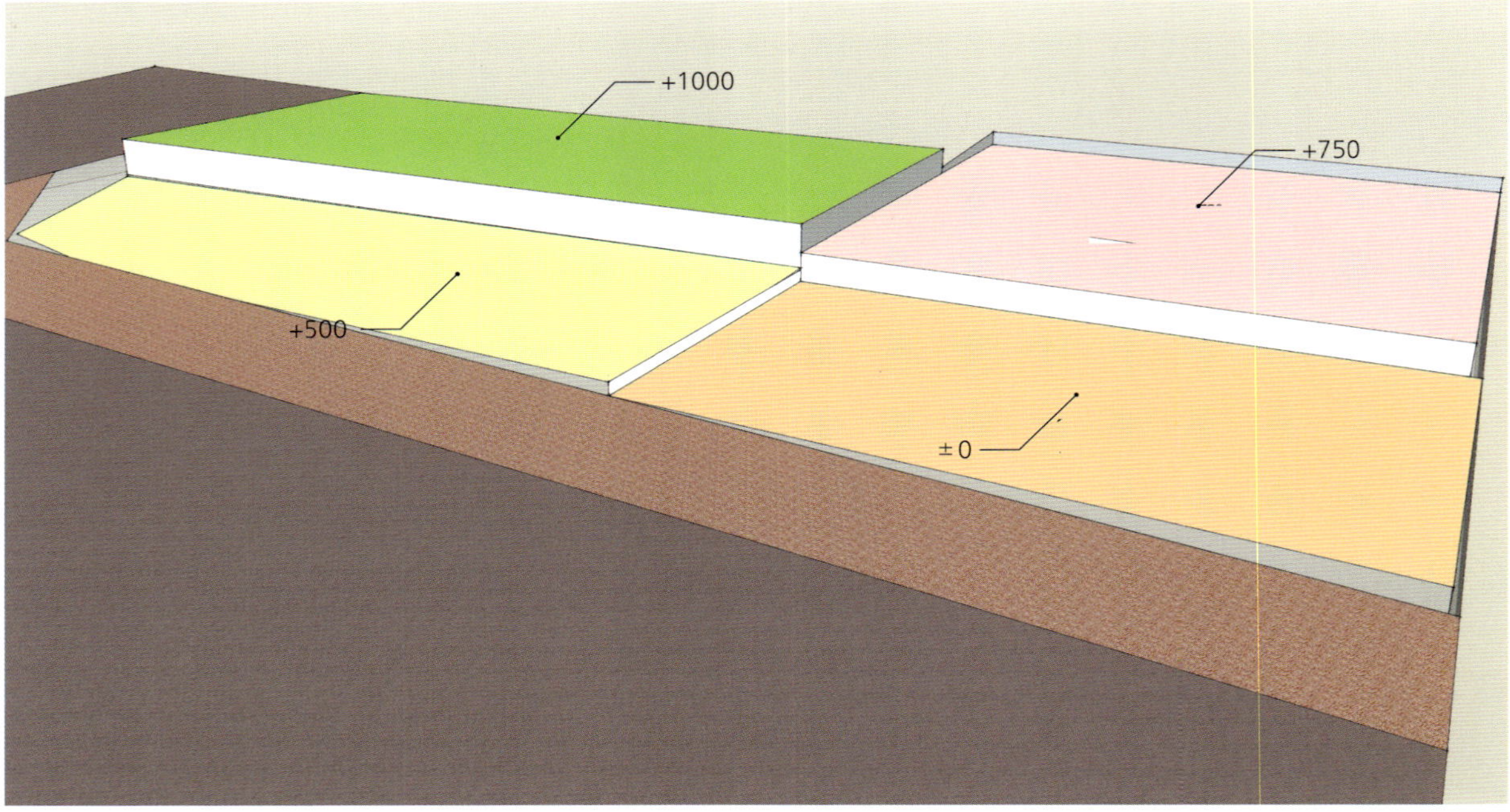

敷地面積は約78坪L型形状で高低差が約1m。一見難解に思える敷地条件だが、4つに分けるとそれぞれは比較的整った敷地に見える

敷地に素直にプランニングする

拙著『デザイナーズ工務店の木造住宅納まり図鑑』124・125頁に掲載されている「タトウノイエ」をより詳しく解説する。

敷地は住宅分譲地内の敷地面積258㎡（約78坪）と比較的余裕のある区画。しかしながら形状はカギ型で、敷地内の高低差が1mあるなど少々複雑である。

一般的には土留め工事を施し、敷地内を平らに造成する方法が取られるのだろうが（ハウスメーカーさんなら迷わずそうするでしょう）、高さのある擁壁は近隣にあまり良い印象を与えず、その手法自体やや傲慢にも思えた。

そこで、敷地に対して素直にプランニングすることにした。建て主の住まいに対する要望もいくつかあったが、必須事項はさほど多くはなく、当社が普段手がけている個性的で自由なプランをご希望されていた。したがって、私の得意とする「敷地に素直に、ここでしか成り立たないプラン」を楽しみながら検討してみることにした。

プランニングに先立ち、この敷地を大きく4つに分解してみた（図1）。すると、複雑に見えた敷地もそれぞれは比較的整った形状でほぼフラットなことが分かった。これなら「4分割した個々の敷地にゾーンや部屋を配置し、廊下でつなげばよいのではないか」との発想に至った。

ガレージ、パーキング、エントランス、LDK、和室、水廻り、個室と実際にゾーニングしてみると、プランは比較的容易にまとめることができた。また、各棟がアメーバ状につながることでできた凹みや重なりにより、通りや隣地からの視線をそらす効果が生まれた。建築物そのものが遮蔽物として機能したのだ。

敷地に素直にプランニングした結果、プライバシーが保たれたLDK、周りから見えない物干し場、落ち着きのある和室などを手に入れることができたのだ（図2・写真1〜5）。

耐震等級における平屋の優位性

当社では耐震性能にとても強いこだわりがある。もちろんデザインにこだわりがないわけでなく、デザインはあくまでも耐震性能が確保された前提の上に成り立つと考えているので、この物件でも耐震性の確保、耐震等級3のクリアは必須条件であった。

「地震力は重さに比例する」。構造を検討するうえで、これは一つのポイントとなる。屋根の積雪量、仕上げ材の重さ、建物用途、階数など、これら「重さ」に関係する要素より建物に働く地震力は大きく異なってくる。その点で考えると「平屋」は建物重量が軽くなり、高い耐震性能を確保しやすいということになる。高さがないので当然揺れ幅（変形）も小さい。近年平屋の住まいが増えてきているのは、住宅取得者の高齢化や住みやすさなどの機能的なことだけではなく、高い耐震性が確保しやすいことも大きな理由ではないかと考える。

この物件も比較的広い敷地に恵まれているということもあり、一部を除き平屋での計画となった。具体的にはガレージ、LDK、和室が分棟されて平屋となり、水廻

図2 平面図（S=1：150）

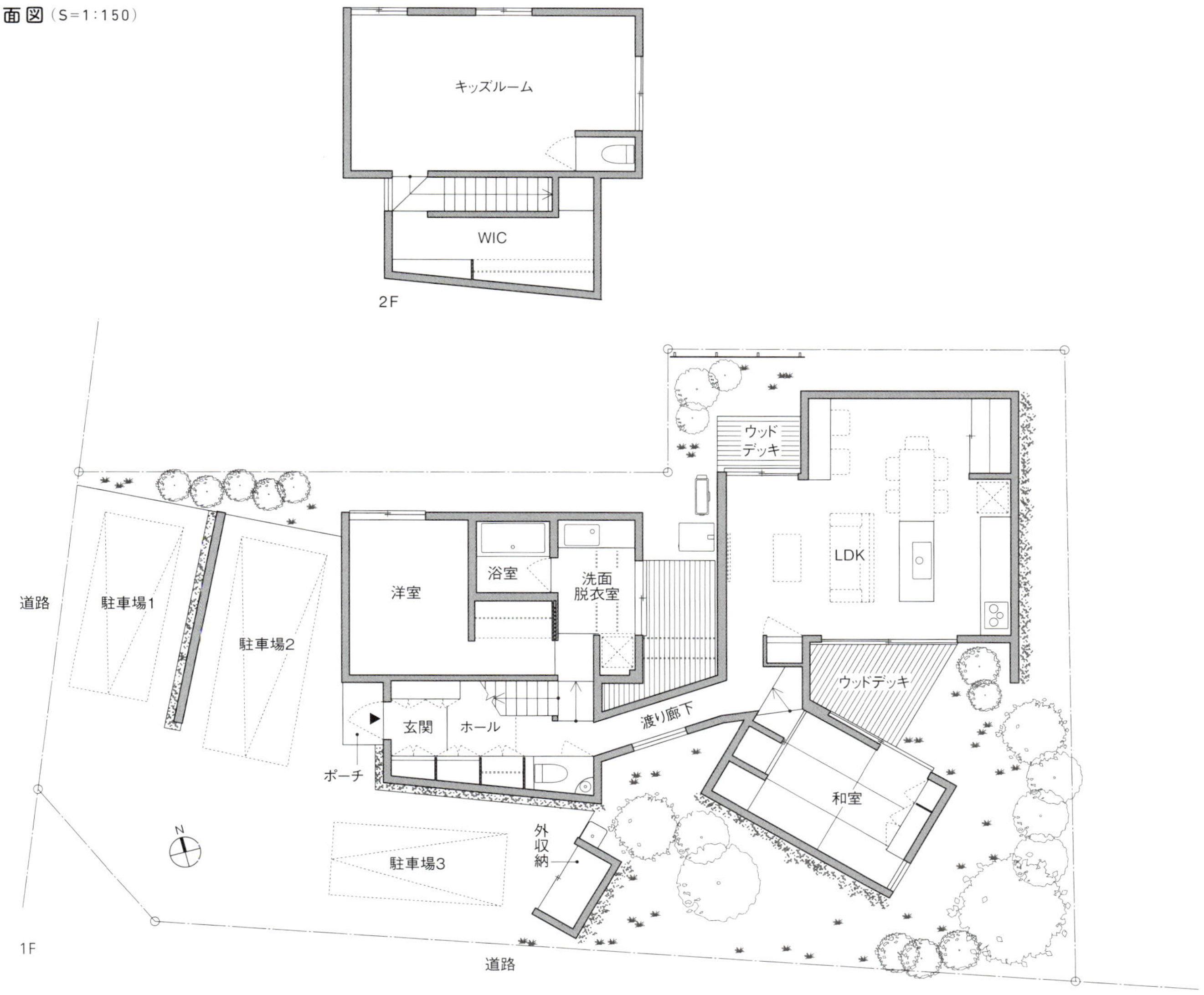

1 前面道路南側から見る。いくつもの棟により1住戸が形成。通りからは各部屋のプライバシーが完全に確保されている
2 東側から見る。手前の低い敷地に和室棟、右奥1段高い敷地にLDK。和室棟がLDKの目隠しとして機能している
3 LDKからウッドデッキを見る。1段低い和室棟と植栽が目隠しとなりつつも南の日射をしっかりと取り込むことができる
4 東側庭からウッドデッキを見る。左の和室と右のLDKの高低差が分かる。斜めに向かい合っているので、お互いの視線も気にならない
5 室内干しと外干しのデッキスペース。LDK棟や廊下で囲われ、隣家や通りからは見えないプライベートな空間となっている

物件概要
所在地：新潟県新潟市
家族構成：夫婦＋子ども2人
構造：木造2階建て在来軸組工法
敷地面積：258.77㎡
延べ面積：134.91㎡（40.73坪）ガレージ含む
1階床面積：100.34㎡
2階床面積：34.57㎡
耐震性能：耐震等級3（積雪1m）
断熱性能：U_A＝0.43
屋根：ガルバリウム鋼板立平葺き
外壁：ガルバリウム鋼板角波張り
ガレージ壁天井：木毛セメント板
内壁：内装用モイス6㎜厚
天井：内装用モイス6㎜厚、シナベニア4㎜厚
床：無垢フローリング（アカマツ）20㎜厚
サッシ：サーモスX（LIXIL）
キッチン・洗面：造作工事
浴室：TOTOユニットバス
工期：6カ月
竣工年月：2019年7月
総工費：約3,200万円

図3 建物高さと必要間隔の関係

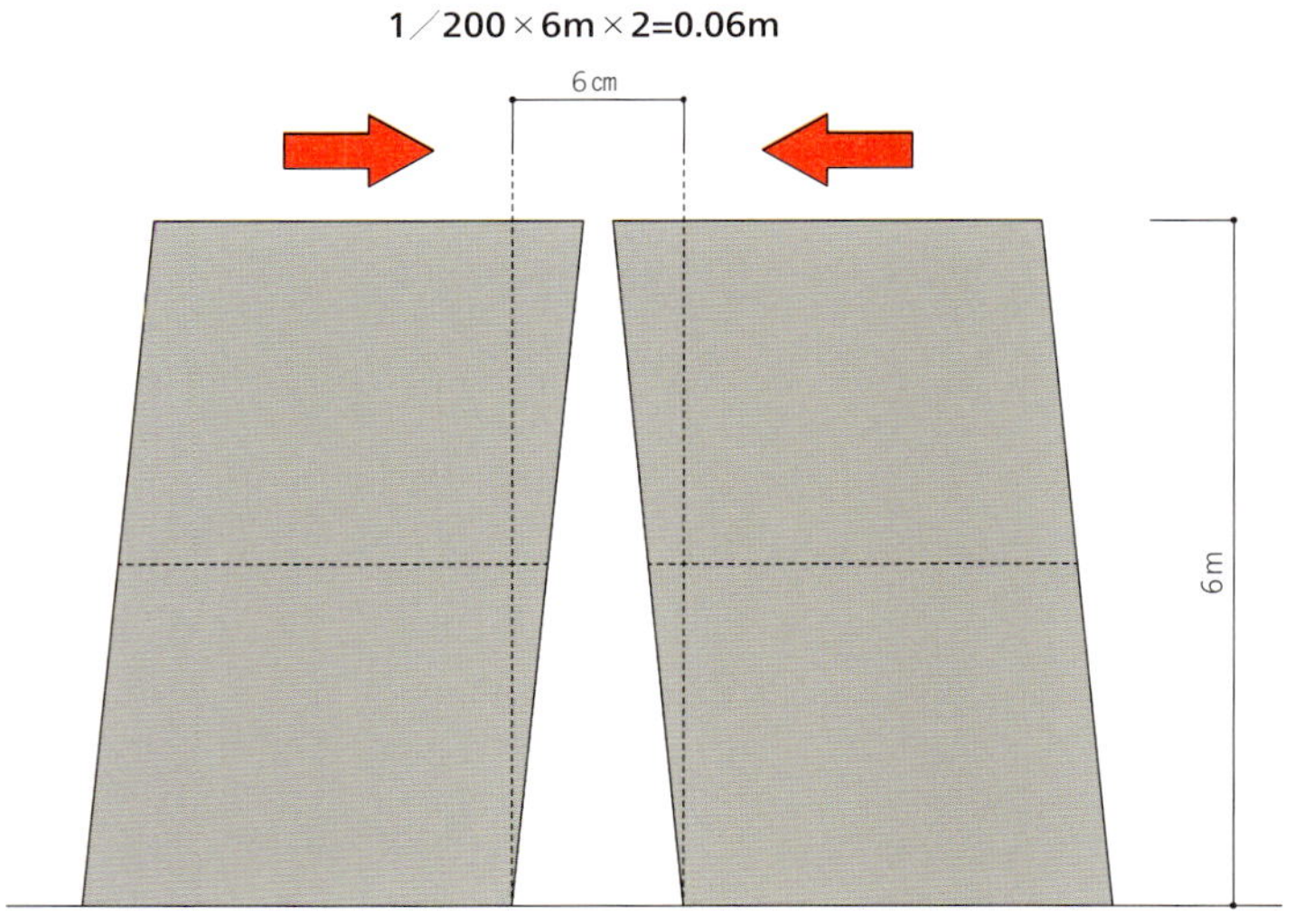

一般的な2階建て高さ6mの建物が地震時に1／200変形するとすると、最上部で3cm動く。横並びの同じ建物がそれぞれ逆に揺れることを考えると、倍の6cm以上の離隔がないと衝突してしまう

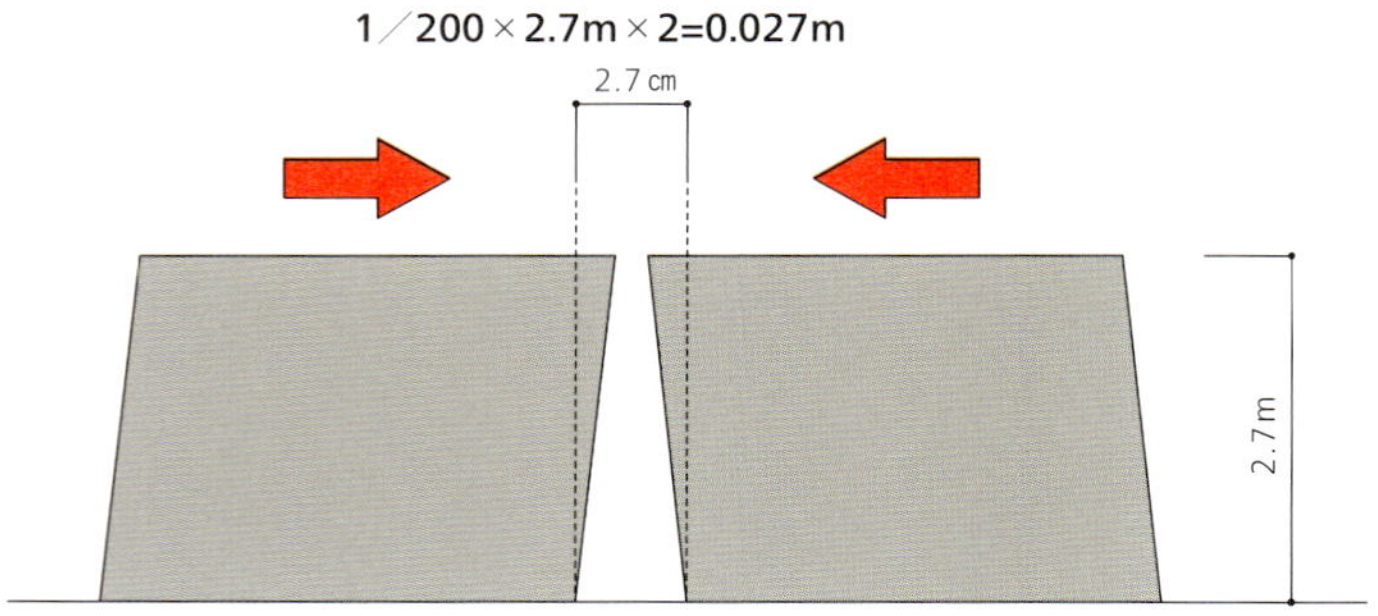

一方、高さを低めに設定した平屋なら、同じ変形角でも2.7cm程度の離隔で済む。そもそも重量が軽く、硬くつくりやすい平屋は、変形が少ない

りとキッズルームが2階建てとなり、高低差により分割した4つの敷地に配置された。このうち2階建て棟は、設備が多くなる水廻りを1階に集め、その上に大空間のキッズルームを設けるプランとすることで2階は軽くなり、1階の壁量は十分に確保できた。

各棟の「つなぎ方」を構造的に考える

4つの敷地に配置された各棟を往来するために何かしらでつなぐ必要があったのだが、長い廊下を何本も用意しつないでいくことは、費用面、温熱面、機能面でとても不利になる。そこで、なるべく各棟が接近して寄り添うようにできるだけ近づけることにした。そして、少しずつ斜めにずらしてつながることで一つの建物とした（写真6・7）。

構造的には、個々の棟ごとに許容応力度計算を行った。平屋と1階に壁量が十分に確保できる2階建てなので、すべての棟が積雪1mを加味した耐震等級3を難なくクリアした。

問題は、地震時に各棟の揺れの違いによって、つなぎ部分で衝突し損傷するおそれがあるという点だ。それを避けるために、本来であれば各棟は一定の間隔を空けて配置し、構造的には緊結せずエキスパンションジョイントなどでつなぐ必要がある。しかしながら、木造の戸建て住宅において大げさなエキスパンションジョイントは、雨漏り、断熱欠損、仕上げの納まりなど、不安な要素が多すぎて、あまりお薦めできない。しかし、地震時の損傷を考えれば、各棟で最低限の間隔をとる必要がある。

では具体的にどの程度の間隔を確保すればよいのか。たとえば、2階建て高さ6mの建物が2棟並ぶとする。層間変形角を1／200とすると、必要間隔＝1／200×高さ6m×2棟分＝0・06mとなり、6cmの間隔を空けなければならない。しかしながら、高さを低めの2.7m程度に抑えた平屋だったら、1／200×高さ2.7m×2棟分＝0・027mつまり2.7cmと小さくなる（図3）。さらにこの2棟が整列ではなく斜め45°に配置されるとしたら、1／200×高さ2.7m×1／√2×2棟分＝1.9cm。1.9cmの間隔で地震時の損傷を防ぐことができる（図4）。

建物高さを抑え、建物同士を斜めに配置することで、構造的に分割された建物も難なく納めることが可能となった。建物外観は、機能や構造的な解決策を施したボリュームがそのまま反映されている。個性的な見た目ではあるが、決して奇をてらったデザインではない。

構造的な解決策がデザインになる

外観だけでなく、この物件に設置した階段も構造がそのままデザインとなっている。

片持ち階段の踏板には、どんな力が働いているだろう。おおよそ想像できるとは思うが、踏板中央付近に集中荷重がかかったとすると、三角形の曲げモーメント図ができる。踏板中央で曲げモーメントがゼロ、壁際の踏板取付け部分が最大となる。ということは、このモーメント図を上下反転した形の階段が、一番無駄のない構造となる（図5）。

6 玄関から渡り廊下を見る。ずれた配置の棟をつなぐため斜めになっている
7 和室の入口を見る。敷地高低差は廊下の先に階段を設けて解消している

図5 曲げモーメント図を階段デザインに生かす

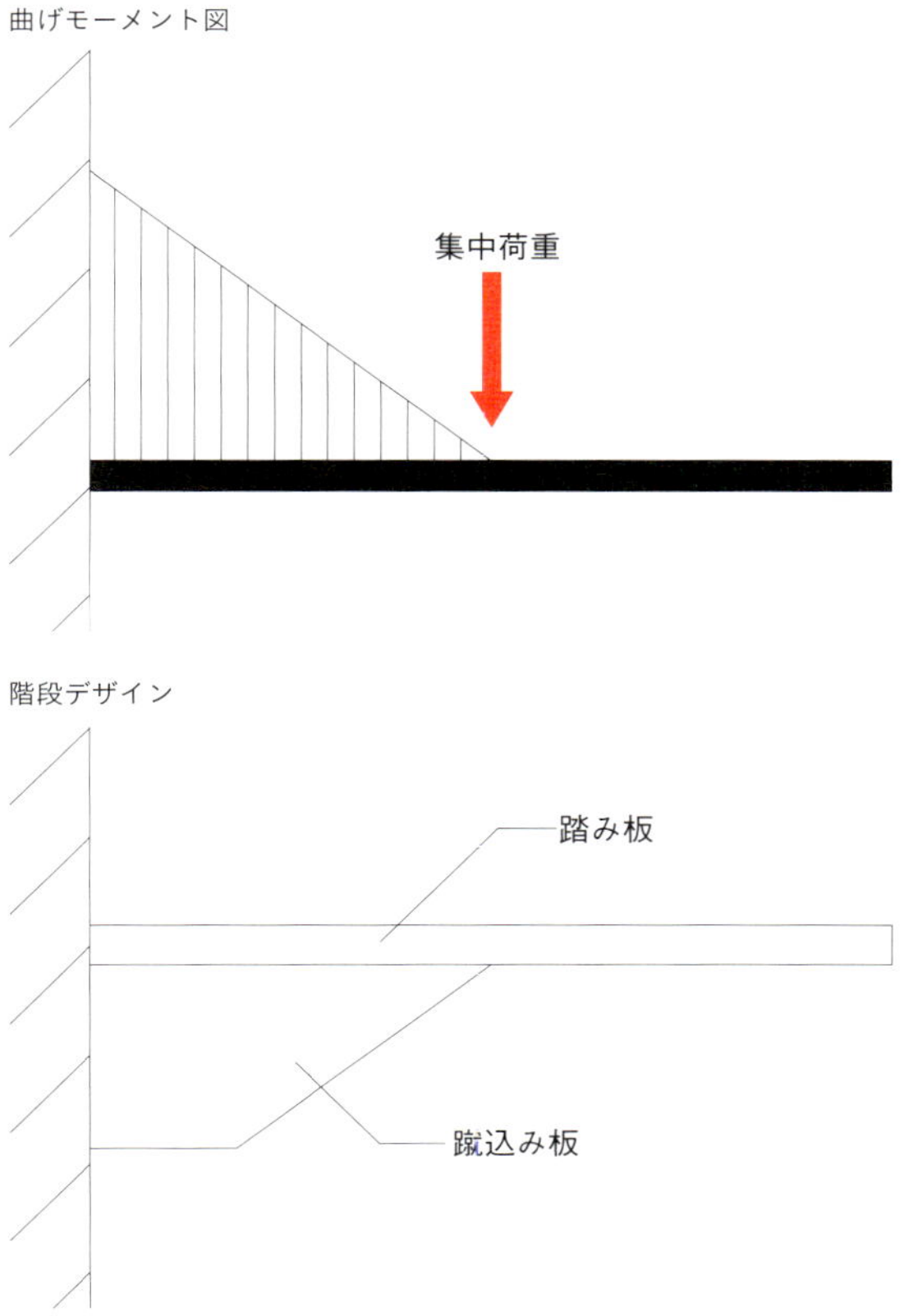

その部材にどういった力が働くのか分かると、構造は強くシンプルに設計できる。安全性や軽快感のある階段を設計するには、曲げモーメント図をイメージすると分かりやすい

図4 建物同士の斜め45°の配置と必要間隔

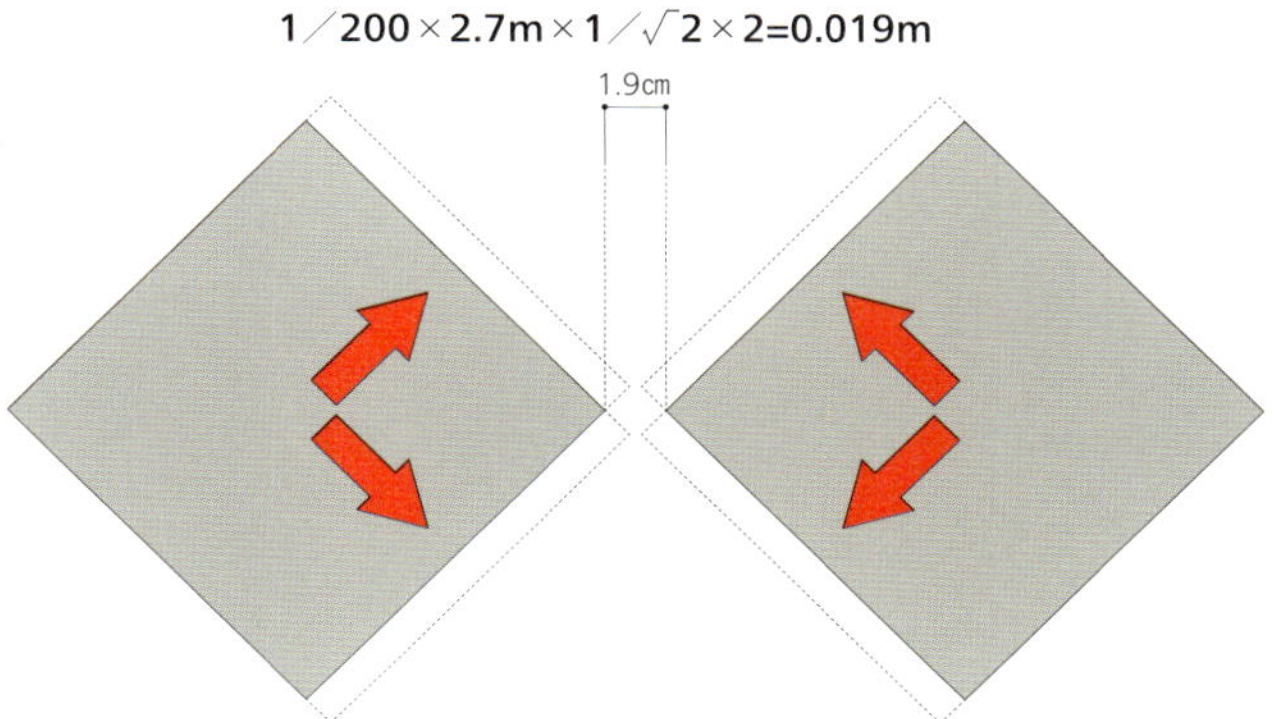

図3の平屋を45°斜めに配置したとすると、同じ1／200の変形でも離隔は2.7cmの1／√2≒0.7倍の距離1.9cmあれば衝突が防げる

8 階段登り口から2階を見る。1階の階高を抑えてあるので、階段の段数も少なく軽快感がある

9 玄関から階段裏を見る。階段デザインに抜け感があるので、玄関が明るく広く感じる

別の物件でスチールを使いそのような階段は製作した経験もあるが（納まり図鑑41頁）、この物件では集成材を使い階段をデザインしてみた（納まり図鑑45頁）。集成材で製作した踏み板と蹴込み板はなるべく太いビスでたくさん留め付け一体とした。木目に沿った溝状の埋木加工をしており、集成材ということもありビスの跡はほぼ見えなくなった（写真8・9）。

当社に声をかけるお客の多くは、手がける住宅のデザインを気に入ってもらっているケースが非常に多い。しかしながら、大半のお客は建築に関しては素人で、前述のような構造的な理由などは分からないはずである。それにも関わらず、当社のデザインに惹かれるのは、構造力学そのものに人を魅了するデザインの力があるのではないかと思う。無理のないナチュラルな力の流れ、合理的で意味のある形、これらはプロアマ問わず私達の感覚に心地よさや安心感を与えるのだと思う。

COLUMN

敷地内の高低差を生かした雨樋の省略

物件名の「タトウノイエ」は多棟（タトウ）を意味している。棟が多いということはその分屋根が多くなる。屋根が多いと雨樋も多くなる。

ただし、雨樋本体のデザインや位置を工夫するだけでは、外観がスッキリと整わない。そこで、思い切って雨樋を省くことにした。屋根から外壁へと雨の道を連続させ、地盤に浸透させる方法をとった。幸い砂地で高低差があり水はけのよい地盤ということもあり、この手法はとてもうまく機能した。一部2階建ての部分にだけ裏側に雨樋を設けたが、平屋部分はすべてこの手法で雨樋を省いた。複雑に入り組んだ建物ではあるが、雨樋を省いたお陰でとてもスッキリとした印象の佇まいとなった。

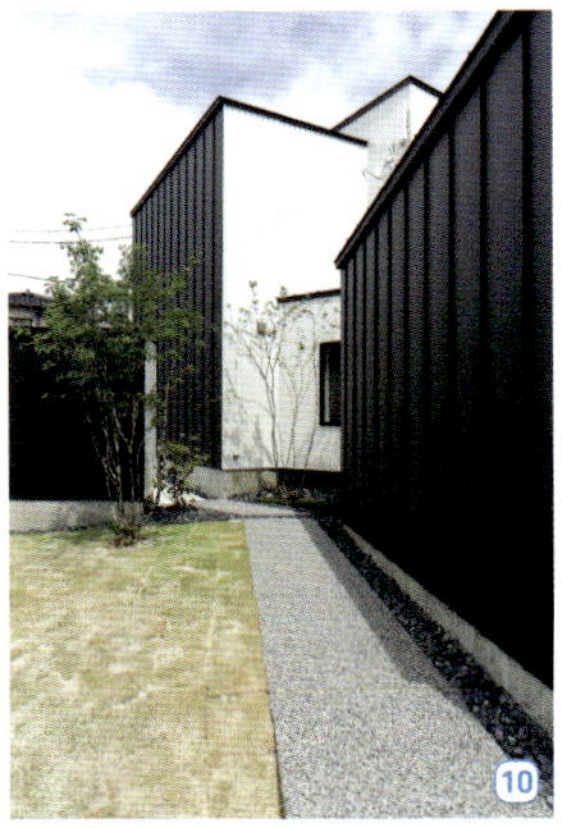

10 黒色の立平葺きの外壁は、屋根から落ちてくる雨水を地盤まで流す屋根としての機能を持つ

3-5 水平梁なしの切妻屋根

一般的に小屋組は水平に桁・梁を掛けて、小屋束を立て母屋を乗せて屋根形状をつくる場合がほとんどかと思う。和小屋ともいわれるこの小屋組の場合、屋根の水平構面は、水平梁に火打ちを入れることで構築することになる。天井はその梁下、断熱・気密は天井の直上、屋根は小屋裏空間の上と、意匠・断熱気密・構造のラインが別々となる。断熱気密ラインには障害物も多く、施工性にも難がある。

防火構造とするに妻面など石膏ボードを屋根面まで張り上げる必要があり、図面では簡単に書けるが、現場ではややグレーな施工となっているケースも多く見かける（図1）。

当社は、意匠・断熱気密・構造を同じラインで連続させることにこだわって、「登り梁」による小屋組を採用している。外壁なら必ず3つのラインが連続しているのに、屋根となるとこの辺がバラバラになるのに違和感があるからだ（図1）。部位によらず、骨格（構造）がそのままデザインになる単純明快な設計が私の好みでもある。

登り梁形式の場合でも、水平梁が必要な時もある。棟木を支える束を受ける梁が必要なのだ。もちろん、これは天井に露出してくる。

棟木サイズを大きくしてスパンを飛ばし、束を壁内で立てる方法

図1 天井付近の断熱気密施工の難しさ

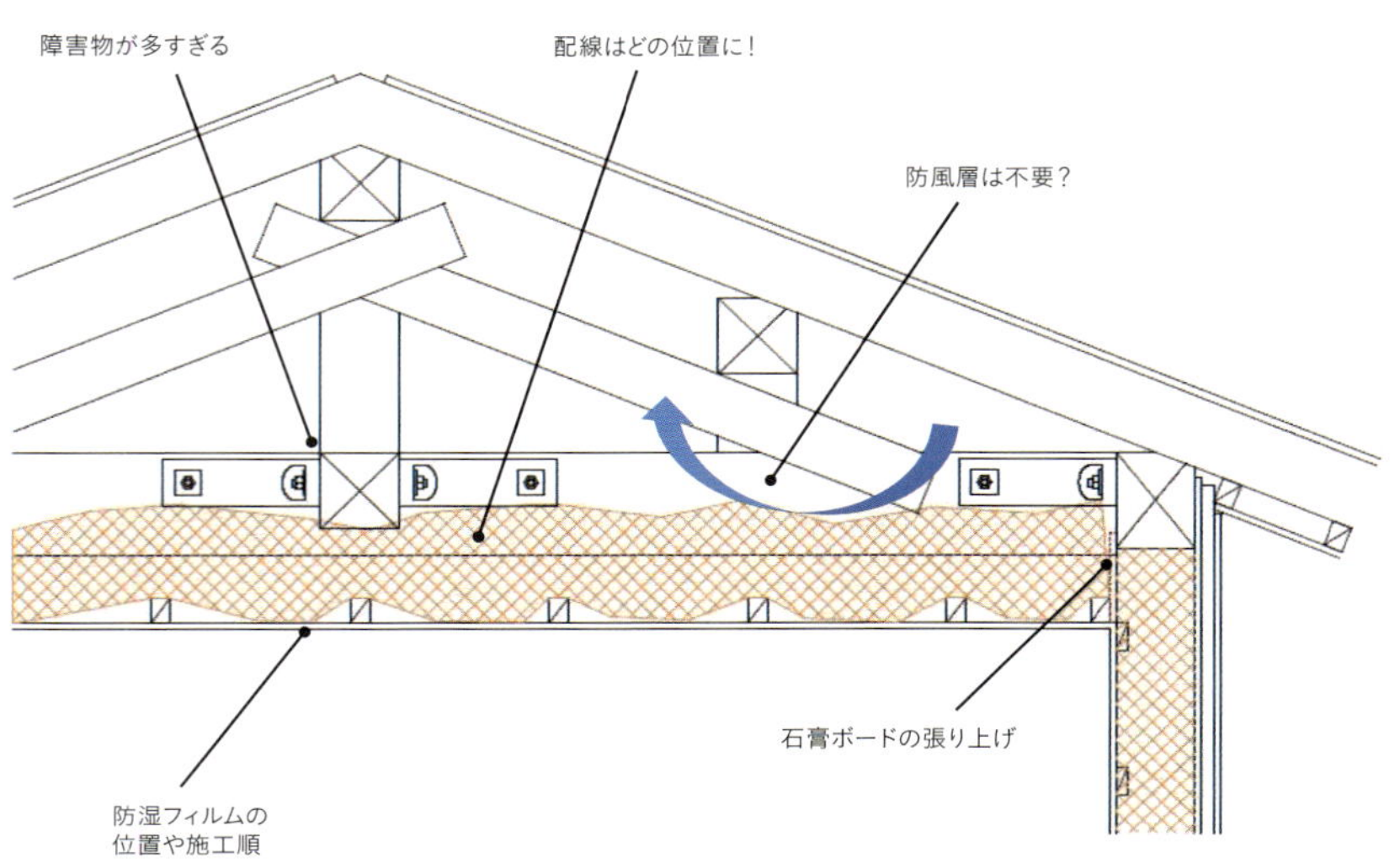
障害物が多すぎる
配線はどの位置に！
防風層は不要？
石膏ボードの張り上げ
防湿フィルムの
位置や施工順

図2 棟木を大きくする

水平梁を天井に露出したくない場合、棟木（赤部材）を大スパン飛ばすことで、水平梁を省略できる。しかしながら、棟木サイズが相当大きくなり、勾配天井の頂点に大きく露出してくる

図3 登り梁同士を突き付ける

左右の登り梁を頂点で接合し、逆V字の大きな梁をつくる。この時、V字の接合部は剛接合でないため、左右の桁（ピンク部材）が外側へ押される

もあるが、この場合この大きな棟木が天井の中央に大きく露出してくるため、すっきりとした意匠になりにくい（図2）。登り梁形式の場合の鉛直荷重の流れは、登り梁→棟木→束→水平梁となる。

束や水平梁、大きな棟木をなくす方法として、登り梁同士を突き付け拝ませる方法がある（図3）。つまり、棟部分で左右の登り梁をV型（逆V型）に組み、一体の梁に見立てるのだ。

しかし、登り梁に屋根の自重や積雪荷重がかかった時、棟部分が下がり左右の登り梁がそれぞれ桁側に開くであろうことは、容易に想像できる。この左右に開く力を「スラスト」と呼ぶ（図4）。このスラストさえ抑えることができれば、登り梁構造でスッキリとした構造と意匠が成立する。このスラストをそれぞれ異なる方法で解決した事例を2つご紹介する。

接合部でスラストを抑える

2階リビングの天井を切妻屋根

図4 スラスト

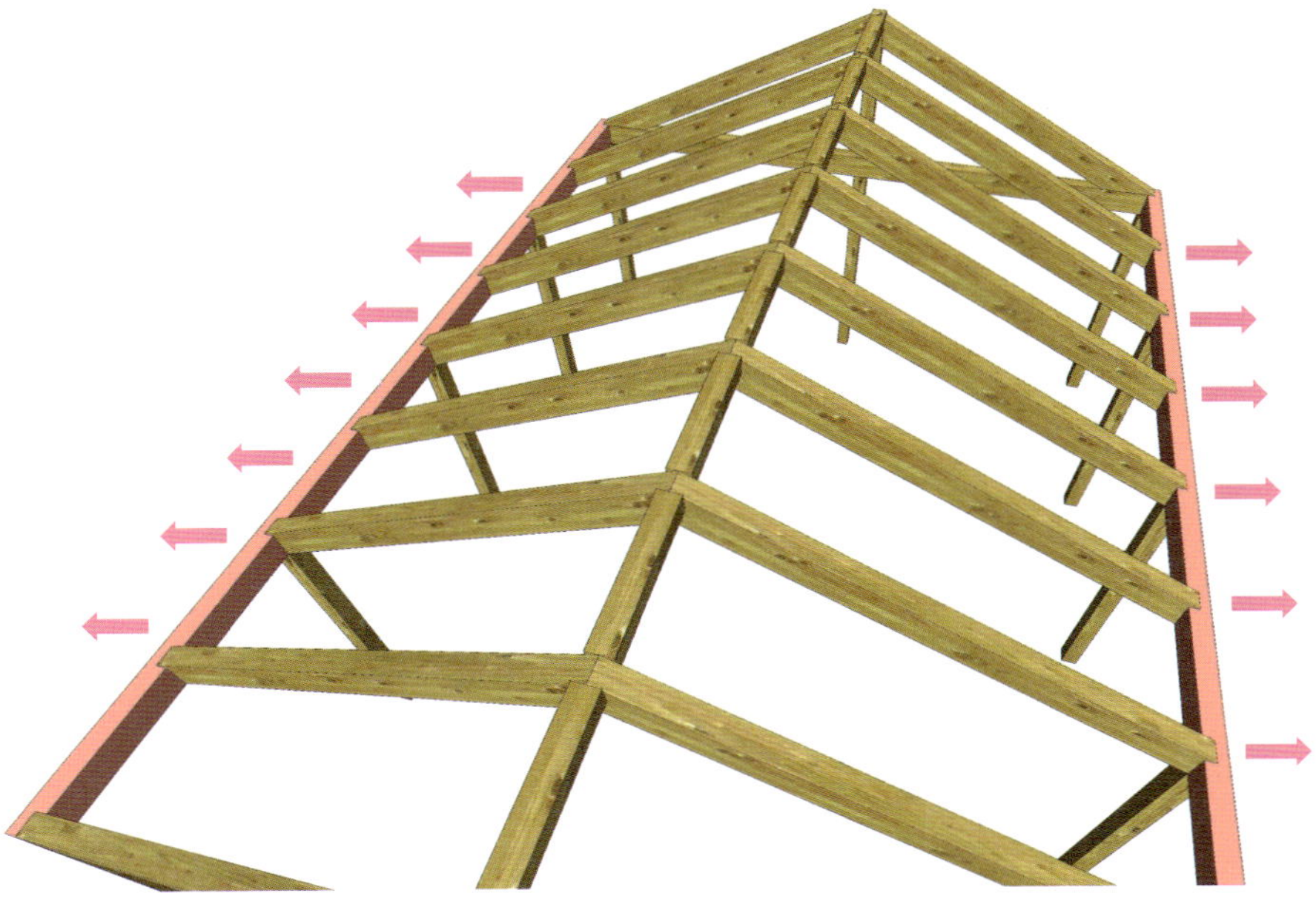

左右の登り梁を頂点で接合し、逆V字の大きな梁をつくる。屋根の自重や積雪荷重などの屋根に荷重がかかると、V字の接合部が開いて左右の桁（ピンク部材）が外側へ押される（これをスラストという）

図5 O邸平面図（S=1:150）

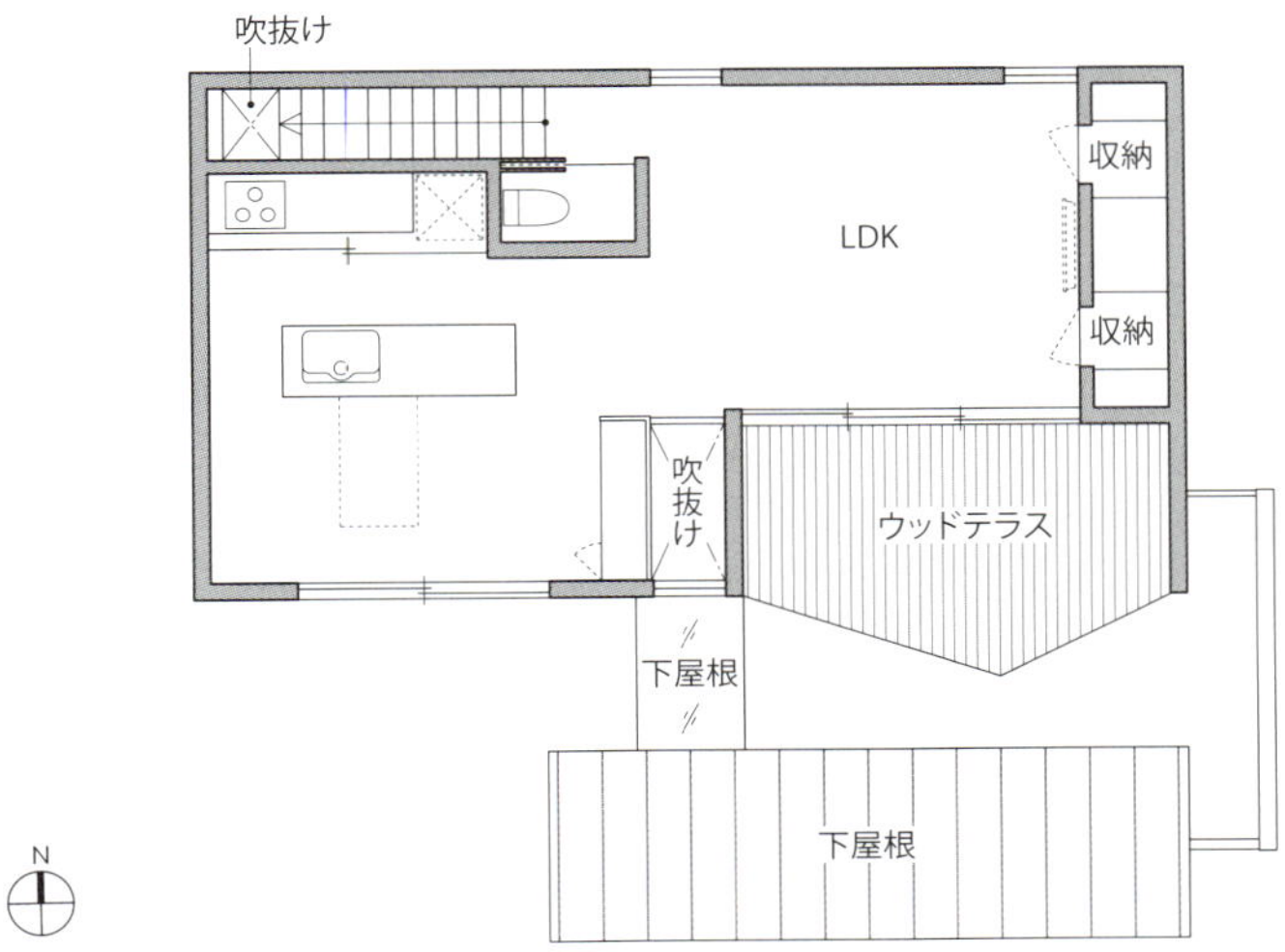

物件概要

O邸
設計・施工：サトウ工務店
所在地：新潟県長岡市（5地域）
家族構成：夫婦＋子ども2人
敷地面積：190.15㎡（57.40坪）
建築面積：77.35㎡（23.35坪）
延床面積：107.91㎡（32.58坪）
1階：64.02㎡（19.33坪）
2階：43.89㎡（13.25坪）
耐震性能：等級2（許容応力度計算）
断熱性能：不明
竣工年月：2012年7月

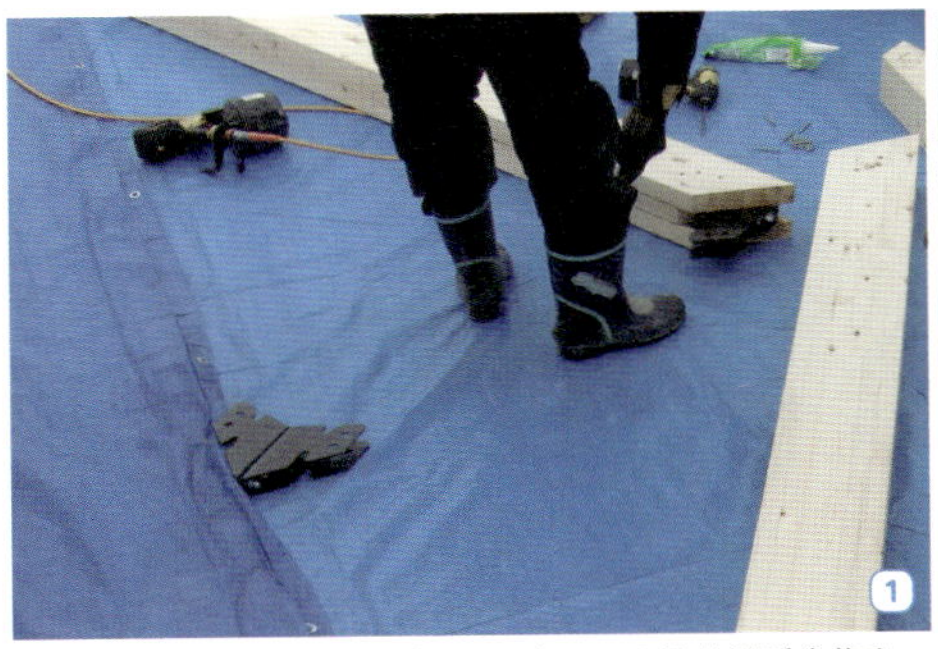

1 本来の使い方とは異なるが、テックワンの登り梁受金物を2つ対象にボルトで緊結する

2 1で用意した金物で登り梁を逆V字に接合する。金物の耐力は期待せずに、接合部の施工性を高めるために利用した

3 頂点の接合部を構造用合板を使い、接着剤と釘で両面から挟み込んで、接合部が開かないように補強した

の形状そのままに意匠として露出したい（図5）。そこで、棟木を省き左右の登り梁を突き合わせる構造とした。当然、屋根の自重や積雪荷重がかかると、登り梁はそれぞれ桁側に開き棟部分が下がる。

この物件では、この左右に開く力（スラスト）を抑えるために、登り梁同士の接合部を剛に近くなるよう緊結することにした。

物件ではテックワン工法による金物工法を採用していたので、施工性を考慮し、棟部でもテックワンの金物で登り梁を接合してみた。本来はこのような使い方をする金物ではないが、登り梁どうしを登り梁受金物と2つのボルトで緊結した。さらに接合した箇所にV型にカットした24㎜厚合板で挟み、接着剤とN釘で補強した（写真1〜3）。

施工では、建方が完了し耐力壁などで建物全体が固まるまでは、貫をタイバー代わりに使い、登り梁の開きを抑えておいた（写真4）。

本物件では登り梁のピッチが細かく、片側の短い登り梁は跳ね出し梁となっているため、長い登り梁側の開きだけを考慮すればよい。完全な剛接合ではないものの、金物と合板を組み合わせた接合で、このスラストを抑えるには十分な強度となった（写真5・6）。

逆V字梁の角度の精度と、接着が乾くまでの補強として、タイバー（開き止め）代わりに貫で固定して梁を掛けた

2階LDKの天井は切妻屋根形状そのまま船底形状となっている。水平梁や棟木などが露出しないスッキリとした天井となった

桁でスラストを抑える

この物件も登り梁を棟部で突き付けて接合し、棟木、束、水平梁を省略した構造となる（図6）。当然、屋根の自重や積雪荷重により、この登り梁はそれぞれ桁側に開くことになる。先の物件では棟部の接合部を固めて開きを抑える方法で対処したが、本物件では桁部分に工夫を施し、桁が外へ膨らまないようにすることにした。桁に働く水平荷重を抑える、強い耐風梁をつくるようなイメージだ。

幸いこの物件の間取りでは、両桁部分には奥行910㎜の収納やキッチン、トイレといった部屋が設けられている（2階平面図のピンク線）。また、その天井はLDKと縁が切れ、屋根構造なりの天井ではなく、平らな天井で意匠的には問題ない（写真7）。そこで、桁部分に奥行910㎜のロフト床をつくるようなイメージで梁組みを行い、24㎜厚合板で剛床をつくった（写真8・9）。

これでスラスト対策は完了。24㎜厚合板で固められた両側の桁は登り梁に押されても水平に動くことはない。後はV型（逆V型）に組んだ登り梁を桁に乗せればよい。登り梁の接合部分はテックワンの登り梁金物を2つ合わせにしたピン接合で問題ない（写真10）。

なお、スラスト抑制の効果がより期待できるように、登り梁の水下は2点（桁と910㎜内側に入った部分）でピン接合とした（図7）。こうすることで、ややバランスは悪いが登り梁は水下から棟へ向かっての跳ね出し梁とも考えられ、プラスアルファのスラスト抑制効果も期待できる。

やや勾配のある6／10勾配の屋根形状にそのまま呼応する天井形状。外観がそのまま内観となる、偽りのないデザインを目指した

図6 I邸平面図（S=1:150）

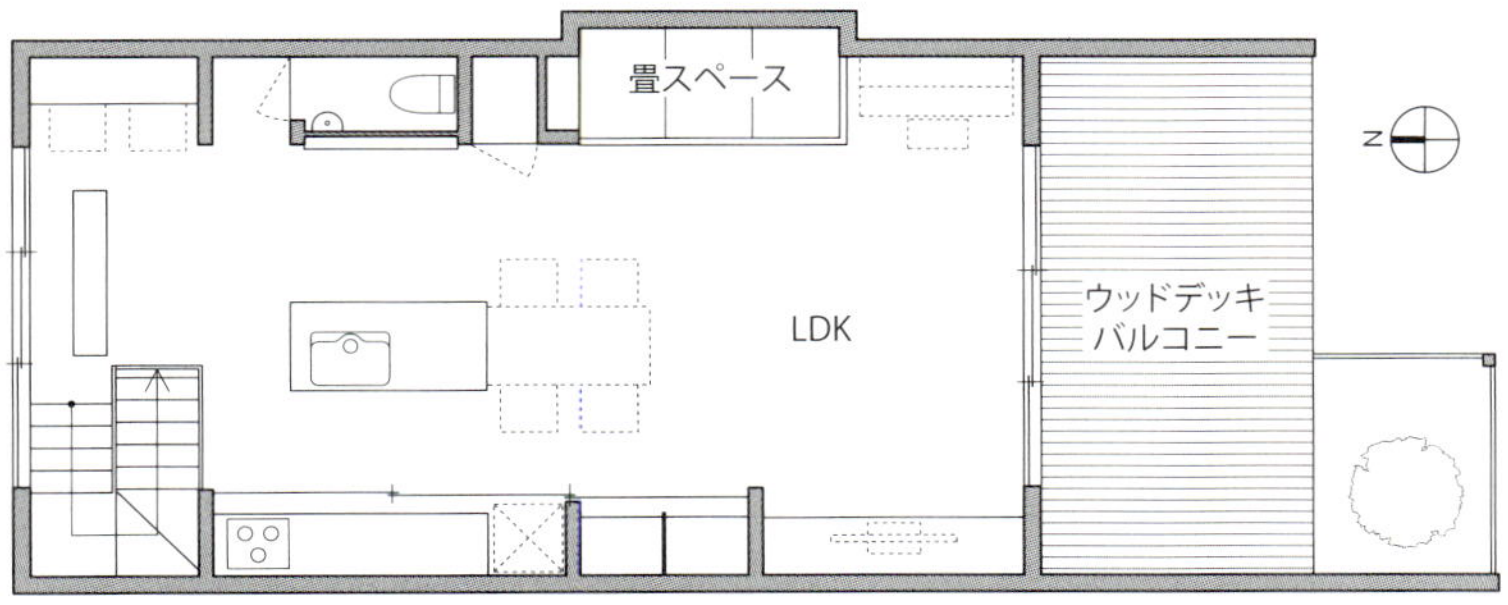

物件概要

I邸
設計・施工：サトウ工務店
所在地：新潟県新潟市（5地域）
家族構成：夫婦＋子ども2人
敷地面積：152.99㎡（46.19坪）
建築面積：73.69㎡（22.25坪）
延床面積：118.41㎡（35.75坪）
1階：62.93㎡（19.00坪）
2階：55.48㎡（16.75坪）
耐震性能：等級2（許容応力度計算）
断熱性能：不明
竣工年月：2014年9月

2階LDKの天井は、梁が露出しない船底天井とした。両サイドには910㎜の奥行の収納やキッチン、トイレがあり、その天井は平天井となっている

スラストを抑制すれば、登り梁を棟で拝ませることで、水平梁や大きな棟木をなくすことができる。両サイドに奥行910㎜の水平構面をつくり、スラストがかかっても桁が外へ開かないようになっている

両桁にロフトのような水平構面をつくる。耐風梁のようなイメージだ。これにより登り梁の頂点が開こうとして桁を外部に押す力を抑制できる

図7 スラスト抑制のためのピン接合

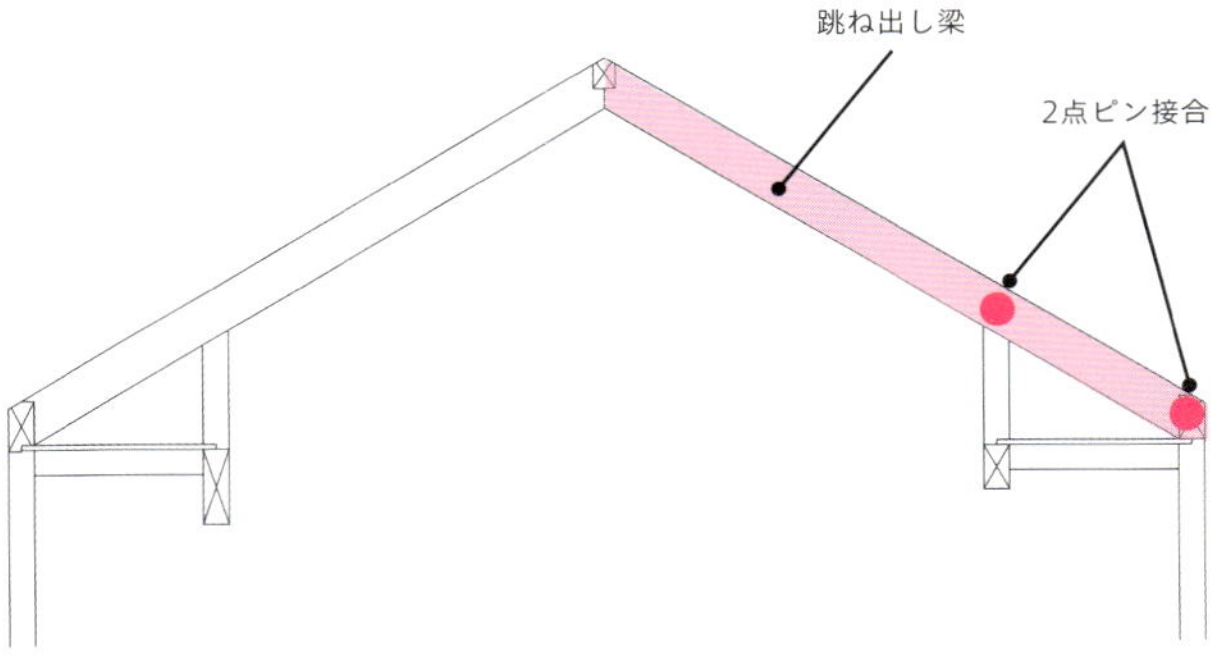

登り梁は、桁部分とそこから910㎜離れた束部分の2点に支点をつくることで、水下から棟方向へ向けて跳出し梁となっている。これによりスラストを抑えることも期待できる

3-6
斜め梁の納まり

この敷地は42坪と新潟県内では比較的コンパクトで、しかも形状は「ひし形」である。この敷地にすべての角が直角な四角形建物を1辺の境界と平行に配置しても残りの3辺とは平行とはならないため、無駄となる空地ができる。そこで建物の平面的な輪郭を敷地に従ったひし形とした。

4隅の角度は90・83・104・83度と直角部分は1カ所しかない。とはいえ、平面的には上手くプランを落とし込めることができた（図1・2）。

また、この敷地の南側（前面道路側）にはマツ林があり、景観としてぜひ取り込みたい。だが、道路から室内が見えやすくなったり、うっそうとしたマツ林の下方根本付近の見え方が気になったりするなど窓の開け方には工夫が必要だ。

そこでマツ林に面した部屋を2階リビングとし窓の外にバルコニーを設け、マツ林の上方のキレイな部分のみが見えるよう三角開口の壁で覆うことにした（写真1）。

図1 ヒシノイエ平面図（S=1:150）

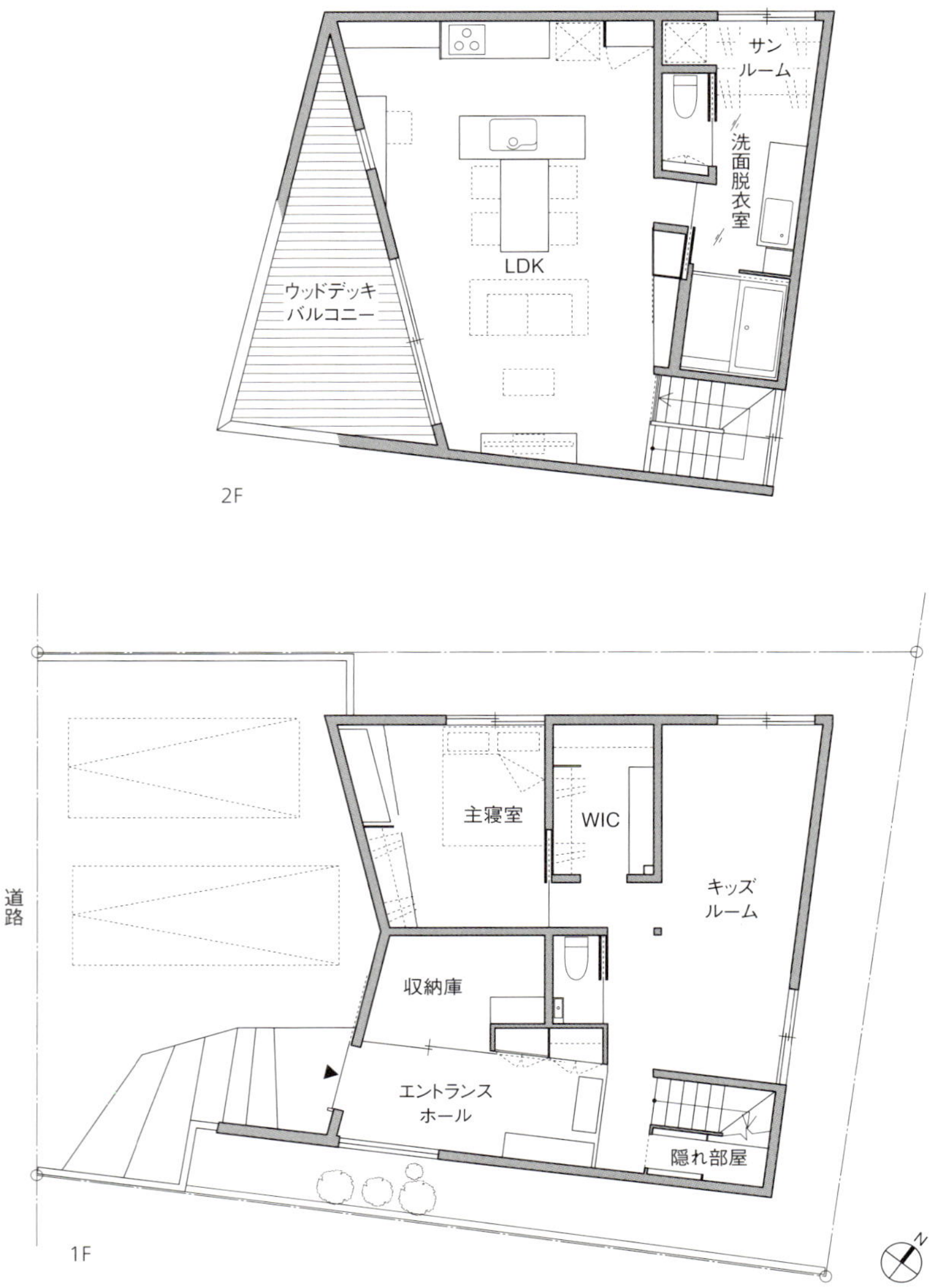

物件概要

Iヒシノイエ	延床面積：110.86㎡（33.47坪）
設計・施工：サトウ工務店	1階：57.19㎡（17.27坪）
所在地：新潟県新潟市（5地域）	2階：53.67㎡（16.20坪）
家族構成：夫婦＋子ども2人	耐震性能：等級3（許容応力度計算）
敷地面積：139.89㎡（42.23坪）	断熱性能：等級5（U_A 値0.51W／㎡K）
建築面積：66.93㎡（20.20坪）	竣工年月：2016年6月

特殊な角度の梁をどう納めるか

一方で、特に勾配屋根部分などに「斜めの斜め」に取合う梁などが発生するなど複雑な構造となってしまった。また、雨漏りリスクなどを考え、屋根は極力シンプルにし、単純な片勾配とした。バルコニーには屋根からの雨が落ちないように、その先端のラインをケラバラインとした（写真1・2）。

構造は、タツミのテックワンを使った金物工法を採用した（写真2）。テックワンは登り梁に対応する金物が用意され、水平梁金物も30・45・60度の斜めに取り付く既製金物もある。しかしながら本物件では、既製金物で対応できない角度の取り合いがあり、それについては特注で金物を製作することにした。

許容応力度計算で接合部に必要な耐力が分かっているので、タツミにそれ以上の耐力がでる金物となるよう設計してもらい、製作は当社の付き合いのある鉄工所にお願いした（図3・4）。ちなみに金物の製作はタツミで行うこともで

図2 ヒシノイエ立面図（S=1:150）

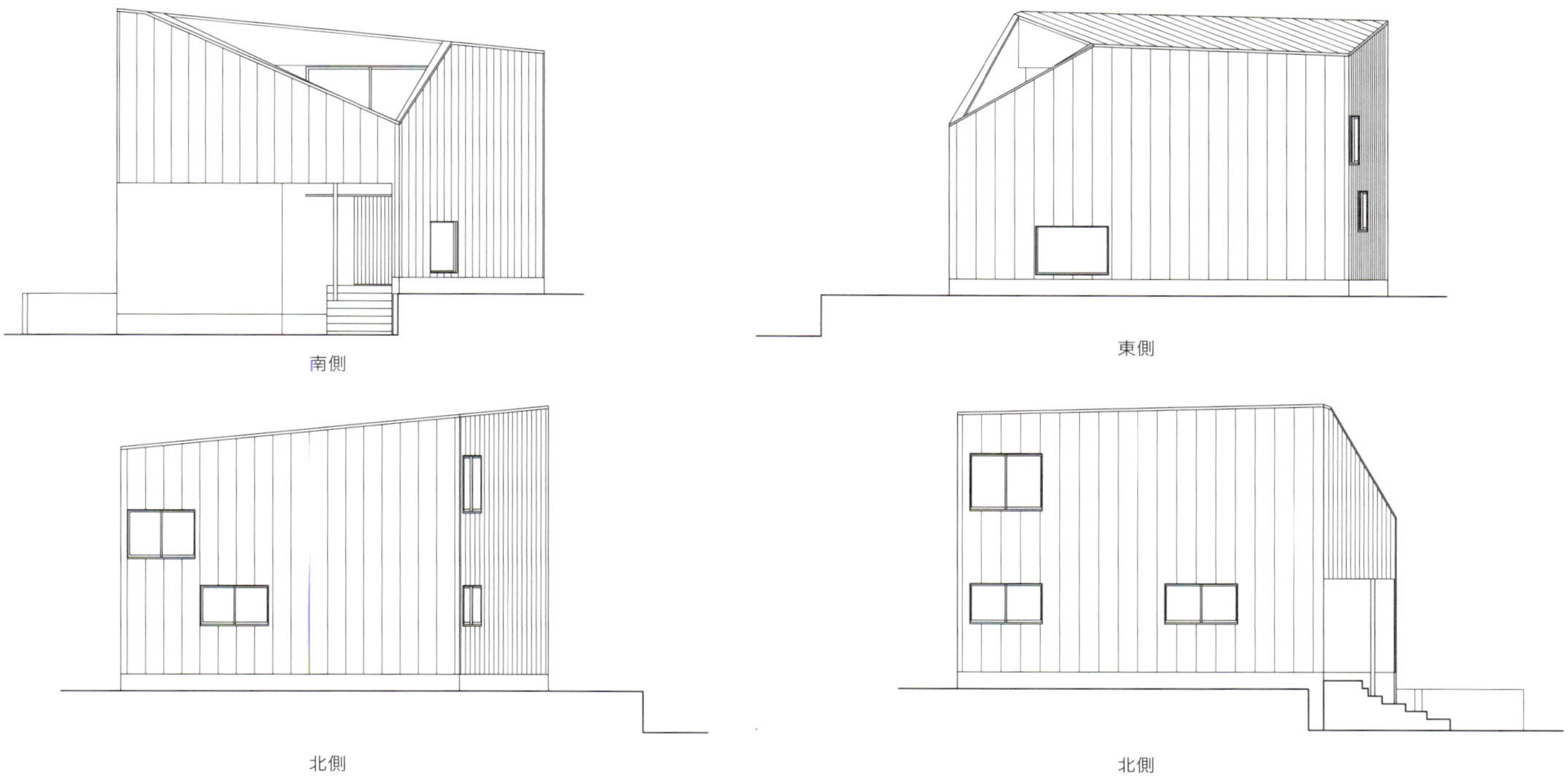

2階バルコニーから南の松林を見る。見たい景色と見せたくない景色、西日や海風のカット。これらを実現するために壁が三角形にカットされている

屋根も外壁もガルバリウム鋼板の立平葺き。屋根からの雨はそのまま外壁を伝い、地盤で浸透させる。環境に配慮した雨水の宅内処理となっている

構造用ビス「パネリードX」（シネジック）で、変形に取合う桁と登り梁を留める。3本で羽子板ボルトと同等の耐力がある

きる。

本物件では、既製金物で対応できない斜めの取り合いが40カ所以上もある。そのすべてに特注金物をつくるのは、費用面からできるだけ避けたい。そこで、なるべく共通の角度で納まるよう少し整理し、既製金物を活用しながら特注部分を減らす計画とした。

また小屋梁で斜めに取合う仕口は金物を使わず、大入れ加工もしくは掛かりなしのげんぞう（突付け）とし、構造用ビスで緊結することにした。

2階床梁は、建方の作業工程上スムーズに組み立てたいため、梁金物を使用したが、小屋梁には特注金物は製作せず、斜めの取り合いは構造用ビスを多用した（写真3）。

このように矩形でない建物は、

プランでは容易にかけるが、実際に施工までつなげるには手間や費用が掛かる。しかしながら、本物件ではそこを踏まえてでも、敷地の有効利用や景観の観点からぜひチャレンジしてみたかった。結果的にこの物件での経験はこの後にも活かされ、多少の変形建物でも難なく設計から施工へとスムーズにつなげられるようになった。

図3 プレカット図（S=1:150）

2階床伏図

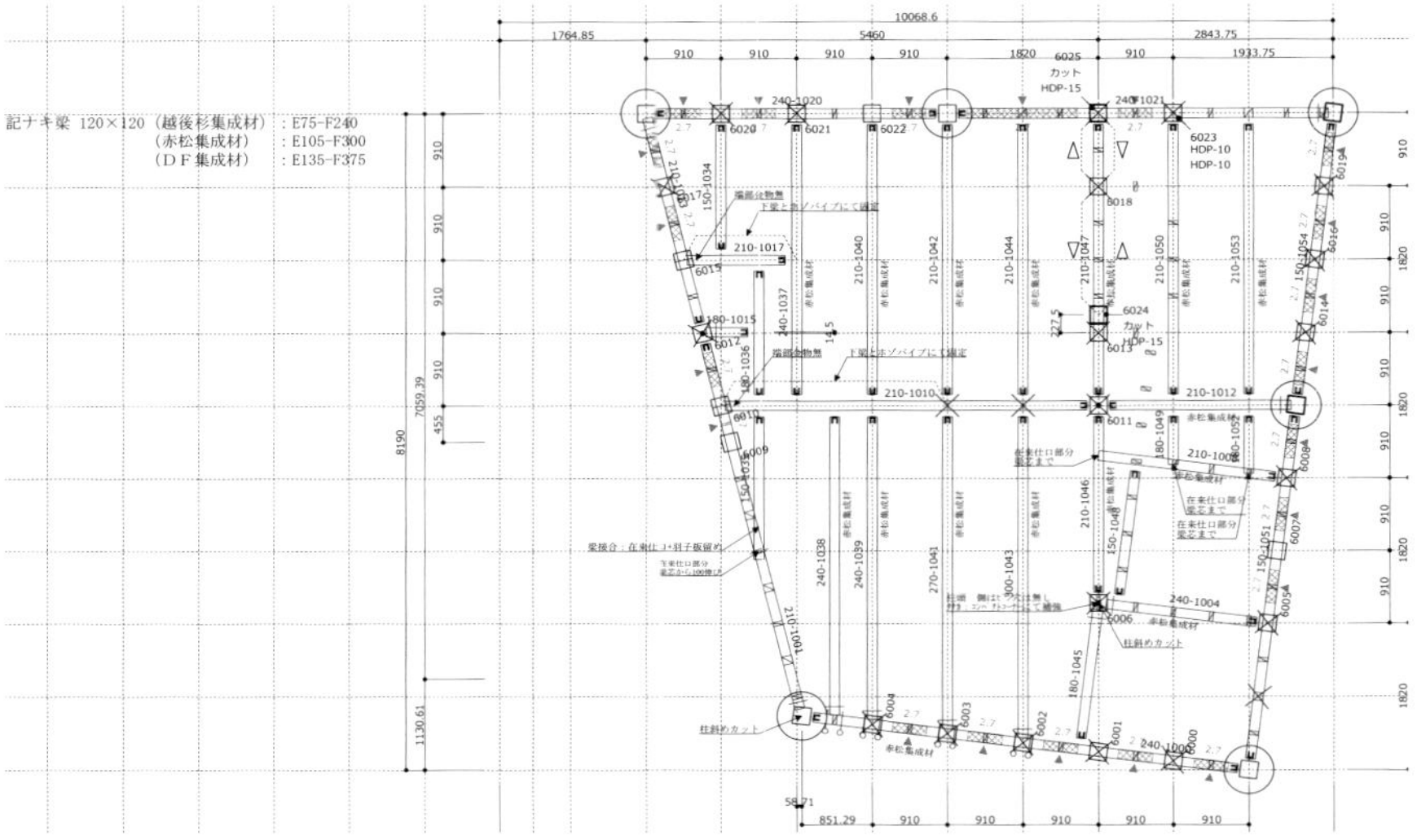

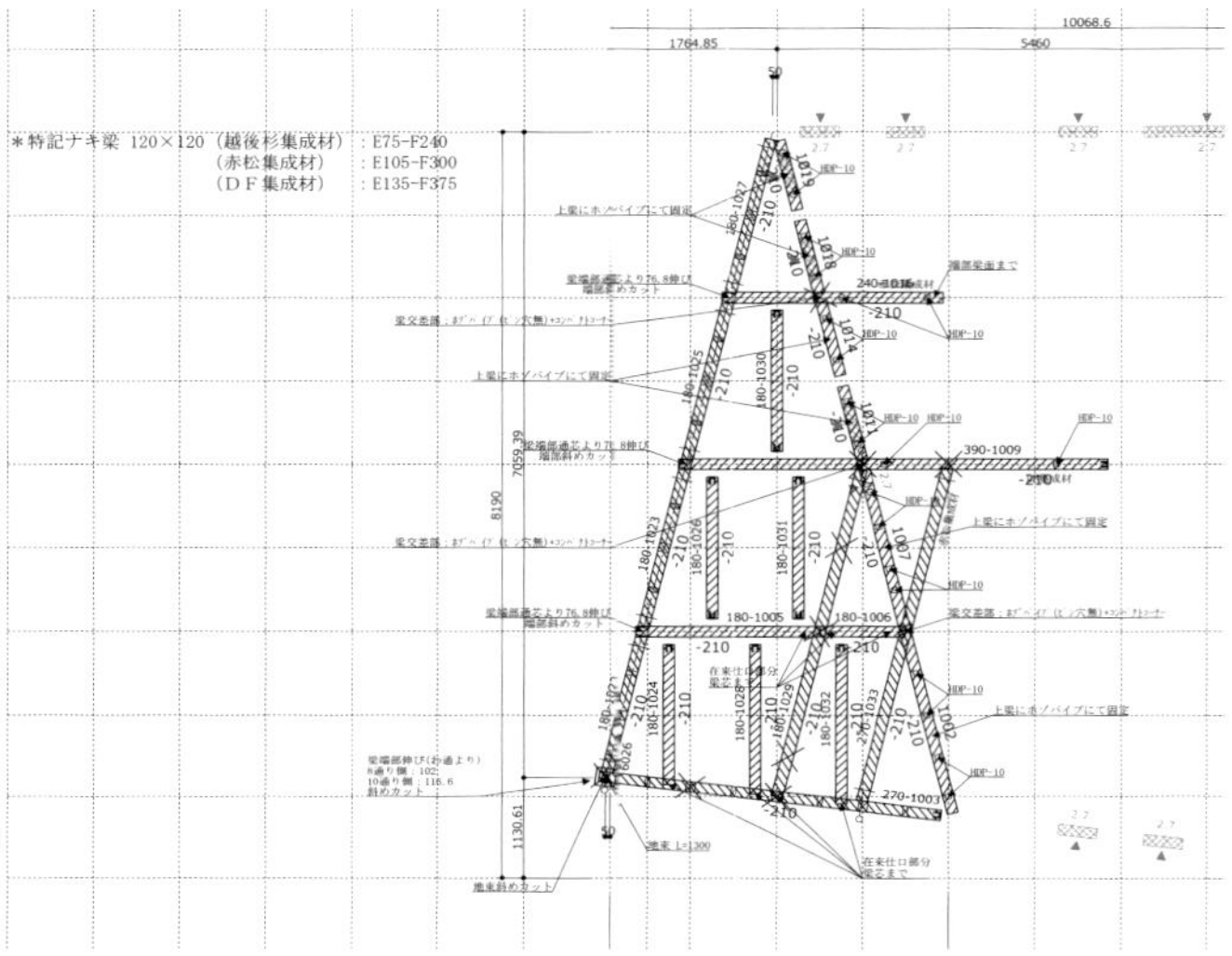

小屋伏図

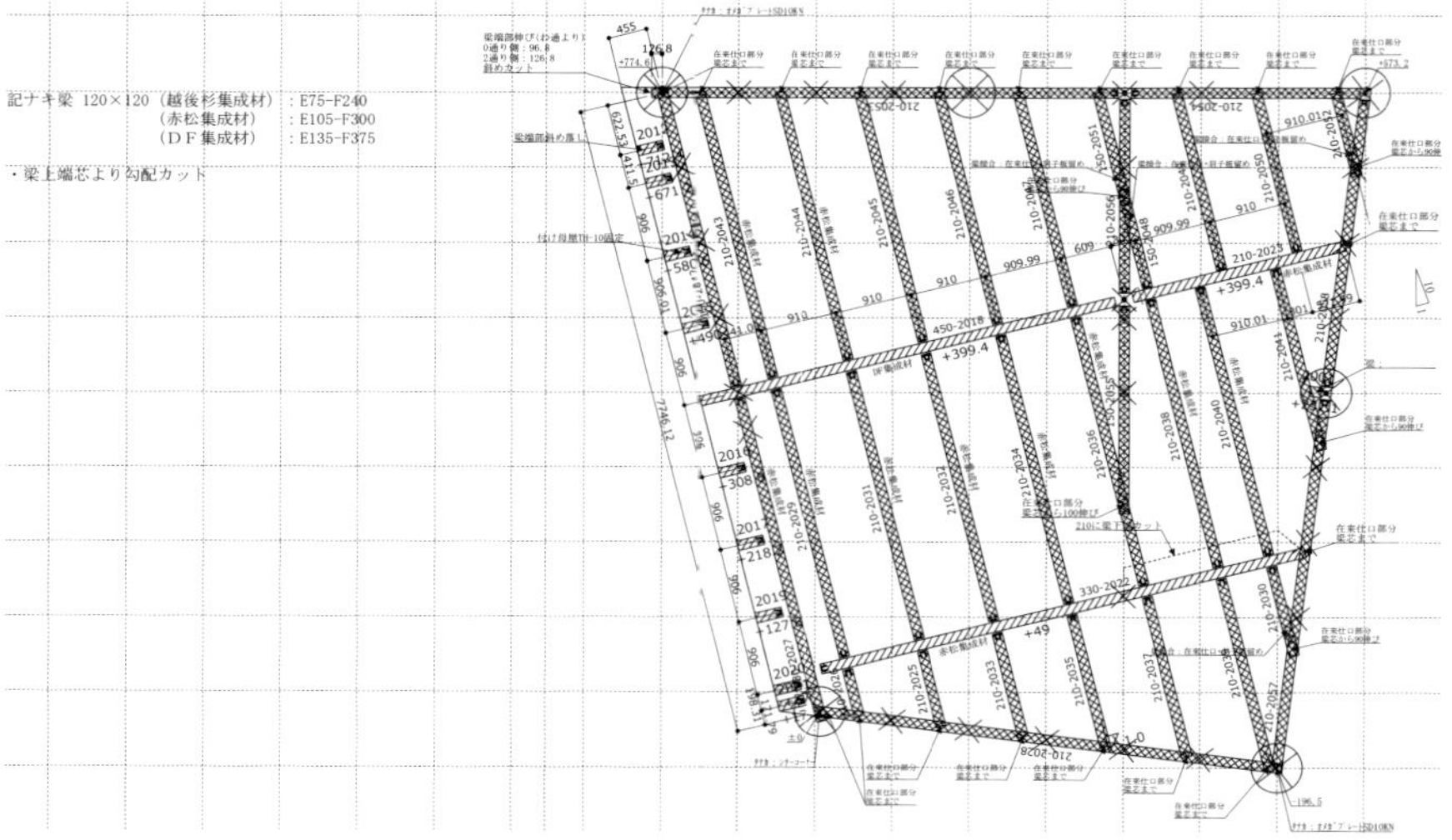

図4 金物製作図（S=1:10）

既製金物で対応できない角度の接合部は、特注でその角度に合わせた金物を製作

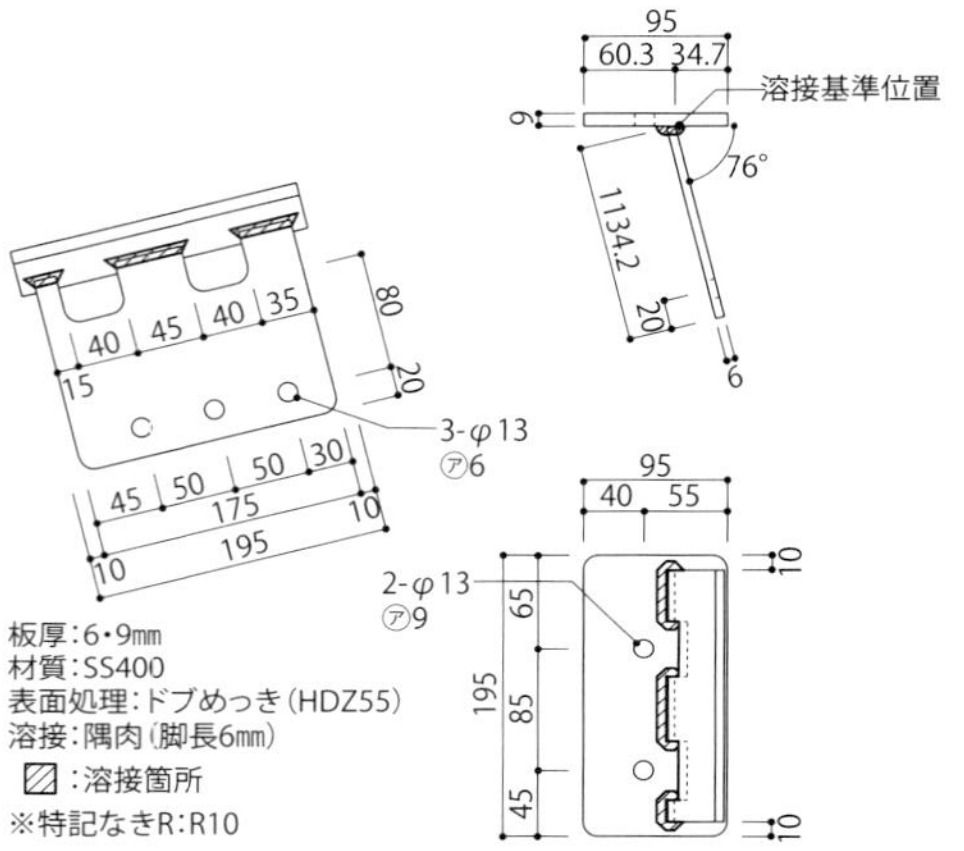

許容応力度計算により各接合部に必要な耐力が分かるので、それ以上の耐力となるよう金物を設計する

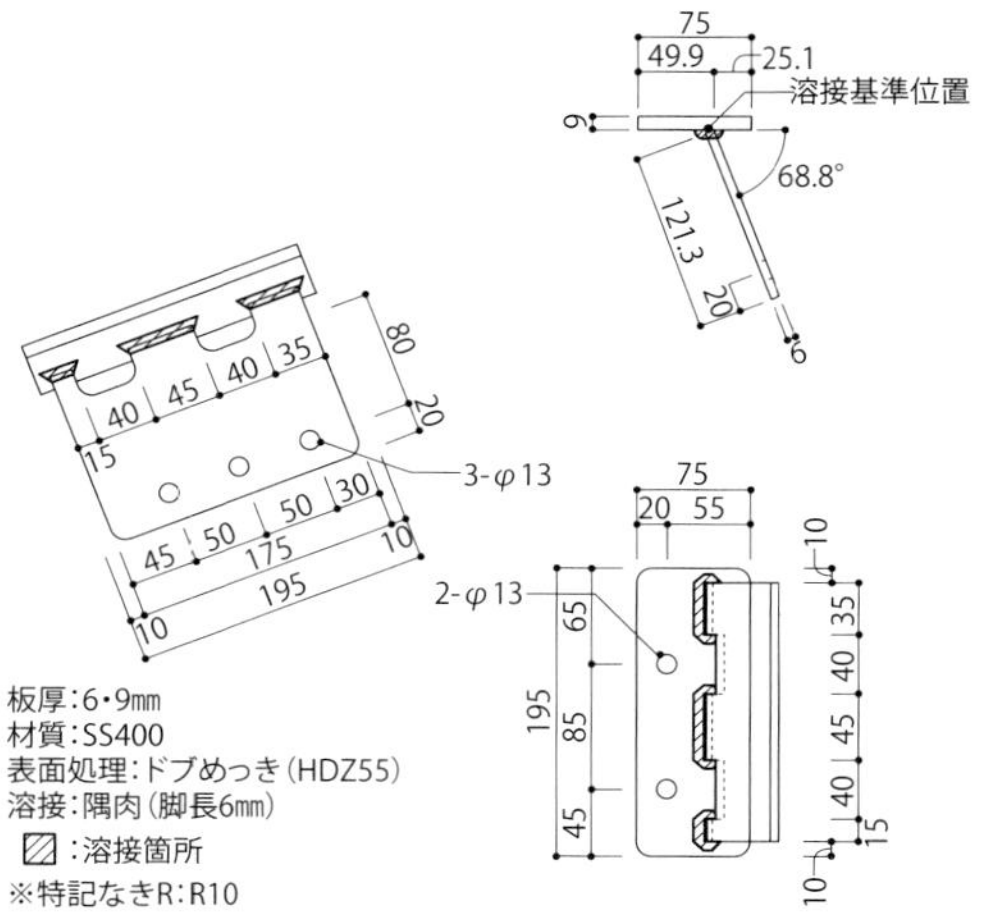

4章 木造に鉄を組み込む

4-1 木造に鉄骨を使う

現代の木造建築物では、鉄（金物）の活用は欠かせない。軸組の接合には、羽子板金物、筋かい金物、ホールダウン金物、アンカーボルトなどが必須であるし、耐力面材や下地・仕上げ材の留め付けには鉄くぎがなくてはならない。われわれは「木造」建築物をつくってはいるが、実際には「鉄」の活用なしには成立しない。

木造建築物の構造材は木材である。ここで異種の構造材（鉄骨やRC造）と併用した場合は「混構造」となり、構造計算の難易度は一気に上がる。とはいえ、鉄は同じ断面の木材に比べ非常に強度が高いため、大スパンの梁や細い柱などが実現しやすく、一部の部材に鉄骨を使いたくなる。具体的には車庫やリビングの大スパン梁、ポーチや縁側の化粧柱などだ。

鉄骨を導入するのは難しくない

また、木造に鉄骨を使う際に難解な構造計算が必ず必要になるかといえば、そうでもない。たとえば、「木質系混構造建築物の構造設計の手引き」（日本住宅・木材技術センター刊）には、「…その異種構造部分が水平抵抗要素（耐力壁）でない場合は、技術的には建築物全体を混構造ではなく木造として設計を行えばよい」とある。つまり部分的に梁や柱を鉄骨造にした場合でも、それが水平力を受けずに、鉛直荷重のみを受ける場合は、全体を木造として扱ってもよい、ということだ。

そうなると、木造住宅で鉄骨が活躍する場面は多く考えられる。接合部の金物はもちろんのこと、玄関や縁側に掛かる庇などの柱、大空間屋根を支える梁、そして階段のフレームなど使える場所は多岐にわたる。

鉄のメリットは何といってもそ

1 3間×2.5間のLDKにスチールの柱を立てた事例。梁を小さくして階高を抑える狙い。丸鋼管を使い意匠的にも機能的にも邪魔にならないように設計

2 雁行させた階段、持ち出されたウッドデッキバルコニー、いずれも鉄のフレームとすることで耐久性と軽快感が手に入る

4 特殊な角度で取合う梁の接合部に製作金物を活用した事例

3 大空間に掛かる梁成を抑えるため、鉄骨梁を活用した事例

5 スチール柱の柱頭部は、既製の接合金物を溶接しておくことで、標準のプレカットで対応できる

の強さにある。ヤング係数（硬さ、変形しにくさ）は木の20倍だ。極細のポーチ柱、スリムでシャープな階段、大スパンでも天井から露出しないコンパクトな梁。このように鉄を上手く活用することで、デザインの自由度を高めることができる（写真1・2）。

また木材との取付け部もちょっとした工夫で、施工性がかなり良好になる。一番簡単なのは、鉄部材側にビス穴を開け、そこから木材へビス留めする方法。またはボルト穴を開けボルトナットで緊結するのもよいだろう。金具工法でプレカットされた木造であれば、鉄部側にホゾパイプや梁受け金物を溶接しておくことで、現場での取付けが一気に簡単になる。ドリフトピンを2本程度打つだけで、緩みなく接合できるのだ（写真3～5）。

ほかにも鉄の優れた強度を有効に活用し、家具の補強金物として使うことも多い。たとえば、下駄箱やテレビ台、カウンターや棚板など床から浮いた状態、壁から生えたようなデザインとしたい場合、いくつかの納め方はあるが、鉄で持ち出し金物を製作し、あらかじめ壁下地に取り付けておくことで強く安定した家具が出来上がる（写真6～11）。

ただし、その都度こういった金物を製作すると割高となるので、いくつかのパターンで共有できるようなサイズや形状のものをまとめてつくるか、既製品のアングルなどを利用することも考えたい。また鉄に頼らずとも接合方法の工夫で、浮き家具はつくれる。拙著「デザイナーズ工務店の木造住宅納まり図鑑」の4章でもいくつかの納まりを紹介しているので、そちらも合わせて見てほしい。

6　変形の木製カウンターを壁から生えたように取り付けるため、予めL型に折った鉄板を壁内に仕込んでいる

7　固定棚を取り付けるため、壁下地から丸鋼を出している。壁仕上げ後に木の棚板小口に穴を開けて、これに差し込む

8　床から浮かせて取付けた下駄箱。いくつか取付方法はあるが、ここでは箱下をスチールプレートで受けている

9　大きな荷重がかかると予想されるテレビ台（人が座る可能性もある）ので、下端をスチールプレートで受け十分な強度としている

10　壁際の三角カウンター。ある程度の重量物に耐えられるようスチールプレートで受けている

11　壁面に取り付く小さな棚　既製品の持ち出し金物が棚板内に差し込まれている

4-2 鉄を使って梁成を抑える

H形鋼を使って梁成を抑える

　大空間の部屋をつくる時、梁の掛け方にもよるが、一般的には荷重が集中する部屋中央付近の梁が、ほかの梁と比べ極端に大きくなってしまう。天井上にスペースがあり、そのまま天井を張って隠してしまえるようであれば問題ないが、そうはいかない場面も少なくない。

　たとえば、大空間のLDKの上階がない屋根の場合（平屋や下屋の場合）、屋根なりに勾配天井で仕上げることが多いと思う。勾配天井などで部分的に梁成が大きくなっている場合、梁を天井から露出させるか、一番大きな梁下に天井を張ってしまうかのどちらかを選択することになるが、前者の場合は、梁が露出した場合の見た目の問題があり、後者は天井高が低くなる、天井懐が大きくなり無駄が多いという問題もある。当社の場合は、天井をすっきりと見えるようデザインすることが多く、梁は露出しない後者の納まりを選択することが多いのだが、その場合は、梁成をできるだけ小さくしたほうが望ましい。

　ここでは、荷重が集中する大空間の梁に鉄を使い、梁成を小さく抑えた実例を紹介する。

　LDKが3間×3.5間（5.46m×6.37m）サイズの住宅である（写真1・図1）。LDKのある場所は上部に階のない下屋となる。ここに小屋梁を掛けてみると、積雪1mとして計算しても、ほとんどの梁成が180～240mmで納まるところ、中央付近の梁のみ成が480mm以上必要となる。

　そのまま梁下に天井を張ってしまうのが簡単ではあるが、意匠的に天井をスッキリと納めたい空間だったので、この梁を鉄製にして梁成を抑えることにした（図2・3）。

　梁を木から鉄に置き換える場合は、通常通り木の梁として構造計算を行い、それと同等以上の強度のある鉄骨梁（H鋼）を選択すればよい。ここでは一般流通のH鋼（H-244×175×7×11mm）を活用し、コストと梁成を抑えることができた（写真2）。

　この設計を施工につなげるには、1つポイントがある。鉄と木をどう接合するかである。この住宅は接合金物（テックワン）を使っていたので、あらかじめ鉄工場にて、このH鋼にテックワンの梁受金物を溶接しておいてもらった（図4・写真3）

　通常、鉄骨梁を木造に緊結する場合はボルトナットで緊結することが多いが、建方時の作業にやや手間取るうえに重量物の吊り込みは危険が伴う。

　その点、木造で使っている接合金物が事前に鉄骨梁と一体になっていれば、鉄骨梁に取り付く木梁側の仕口の刻みもプレカットで完了でき、建方作業は通常通りに安全かつスムーズに完了する（今回はテックワン工法なのでドリフトピンを打つだけで緊結できる）。

　なお、鉄骨梁と梁受金物の溶接

一部のみ2階があるが、ほぼ平屋のフォルム。LDKは3×3.5間の大空間となっている

この範囲が無柱大空間となる。当然ほかと比較して梁が大きくなる。屋根勾配なりの天井なので、一部だけ梁が露出されるのは回避したい

図1 五十嵐東の家平面図（S=1:200）

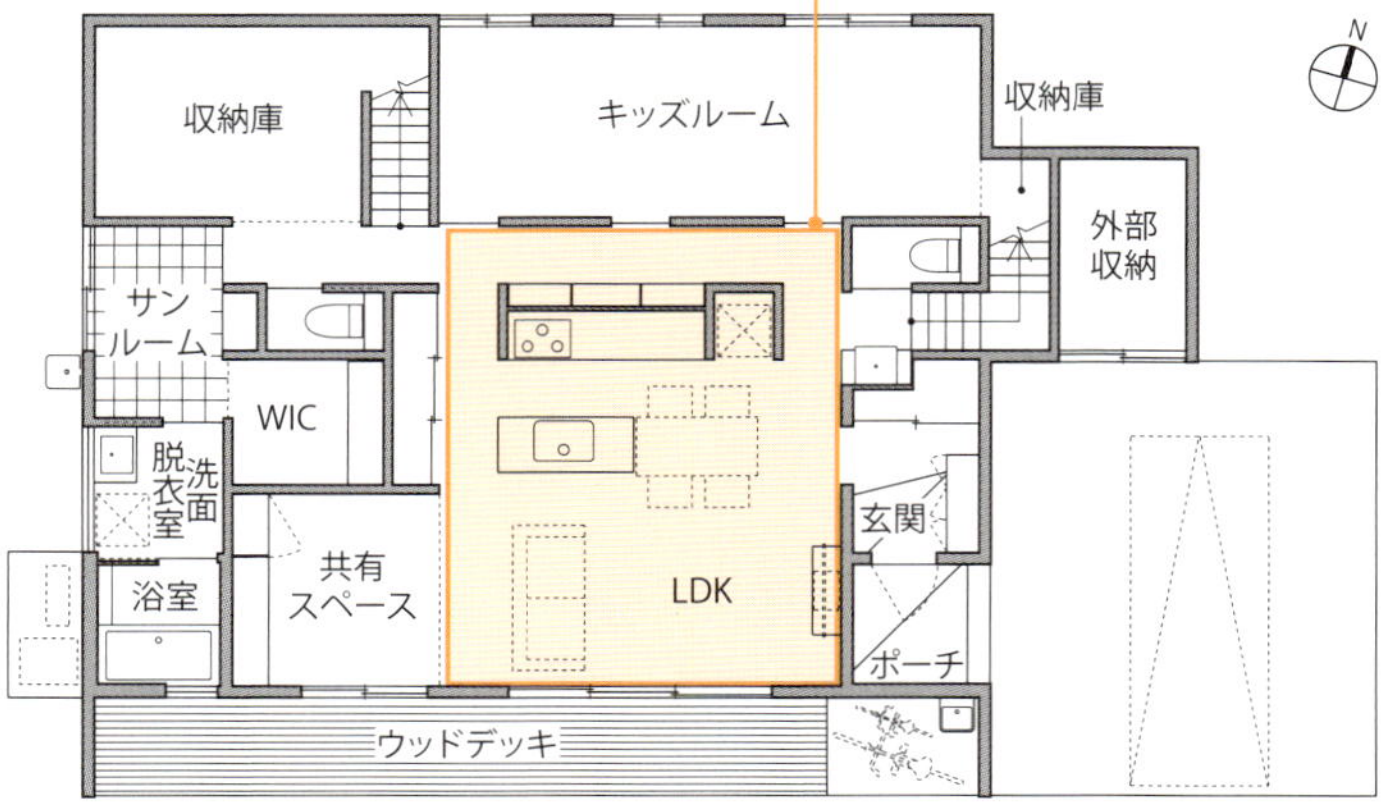

物件概要
I邸
設計・施工：サトウ工務店
所在地：新潟県燕市（5地域）
敷地面積：415.37㎡（125.40坪）
建築面積：121.13㎡（36.57坪）
延床面積：120.12㎡（36.26坪）
1階：111.79㎡（33.75坪）
2階：8.33㎡（2.515坪）
耐震性能：等級3（許容応力度計算）
竣工年月：2019年3月

図2 鉄骨梁詳細図（S=1:40）

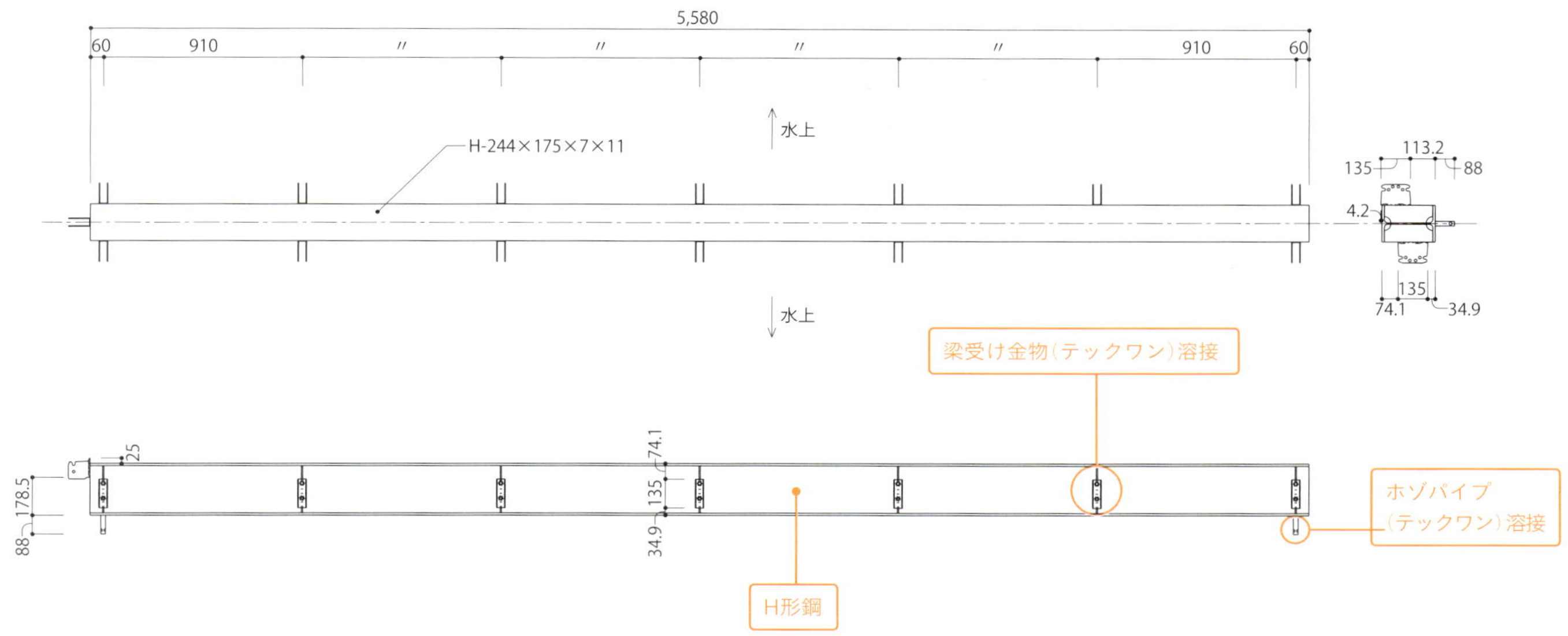

図3 1階母屋伏図（S=1:150）

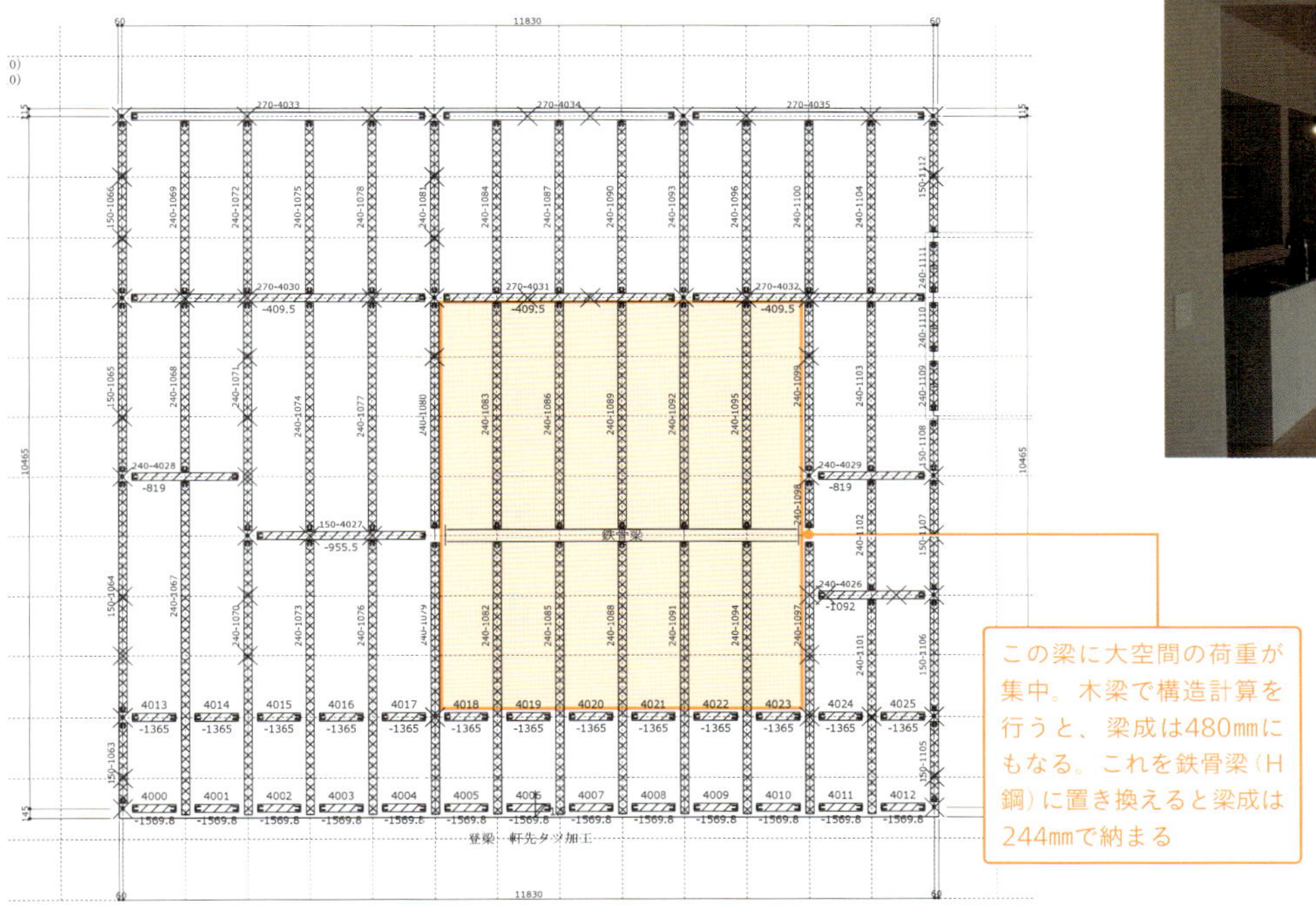

LDKは屋根勾配なりの天井。一部梁を鉄骨としたことで、天井懐も最小限となり梁も露出せずに仕上がった

3 現場に納品された鉄骨梁。溶接や錆止め塗装の具合などはあらかじめチェックしたい

4 鉄骨梁の上端は熱橋とならないよう断熱材で覆う。建方ではドリフトピンを打つだけなので、安全かつスムーズに作業が進む

図4 鉄骨梁・接合金物詳細図（S=1:10）

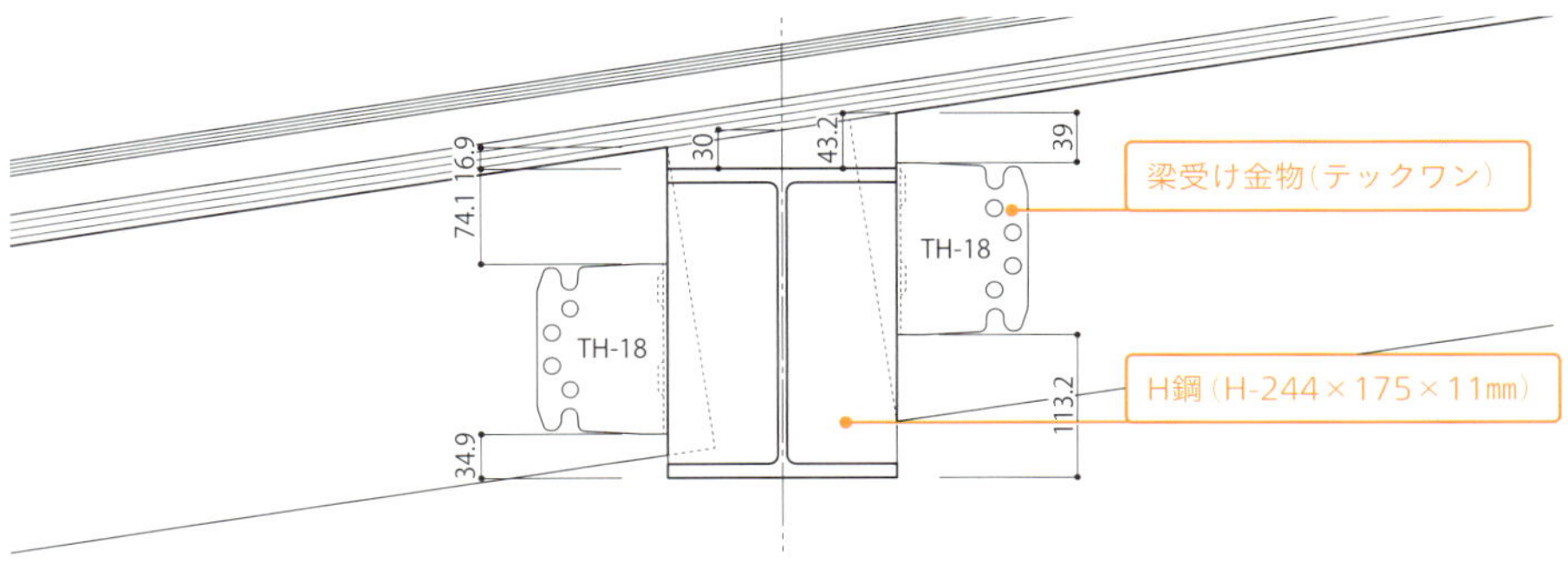

伸びやかな片勾配屋根のファサード。整った構造はきれいな内外観をつくる。意匠設計は石田伸一氏（SIA）

箇所の強度はとても重要だ。隅肉溶接の脚長やのど厚などの指示は設計者が行い、信頼のおける鉄工所に依頼したい。

また、鉄は木に比べ数十倍熱を伝えやすいので、外気に接する部分に使う時は、断熱補強するなどヒートブリッジ対策を忘れないようにしたい（写真4）。

鉄柱を使って梁成を抑える

次の住宅は4間×3間（7.28m×5.46m）の大空間のLDKを

図5 栄町の平屋平面図（S=1:200）

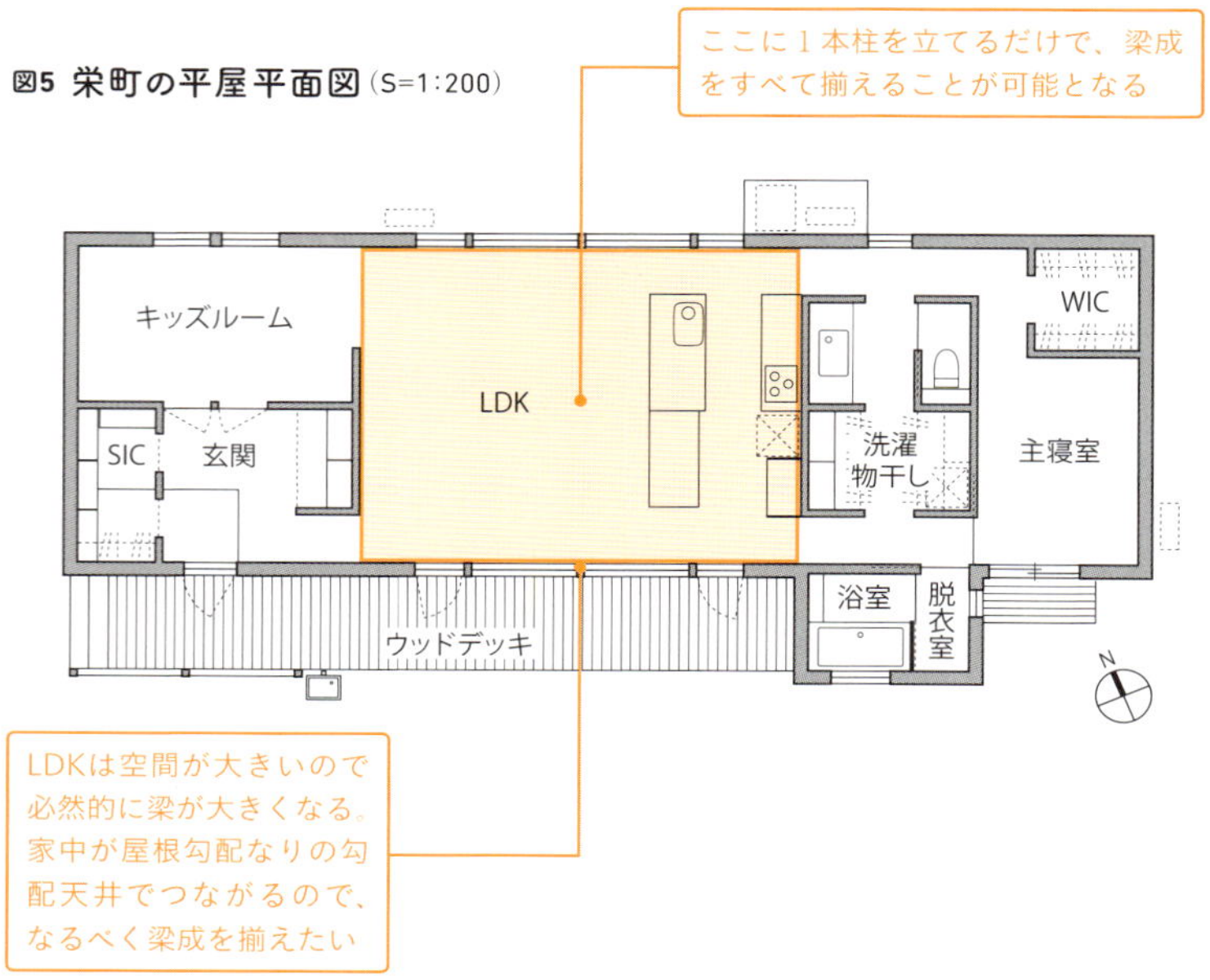

ここに1本柱を立てるだけで、梁成をすべて揃えることが可能となる
キッズルーム
LDK
WIC
SIC
玄関
洗濯物干し
主寝室
浴室
脱衣室
ウッドデッキ
N
LDKは空間が大きいので必然的に梁が大きくなる。家中が屋根勾配なりの勾配天井でつながるので、なるべく梁成を揃えたい

図6 1階母屋伏図（S=1:120）

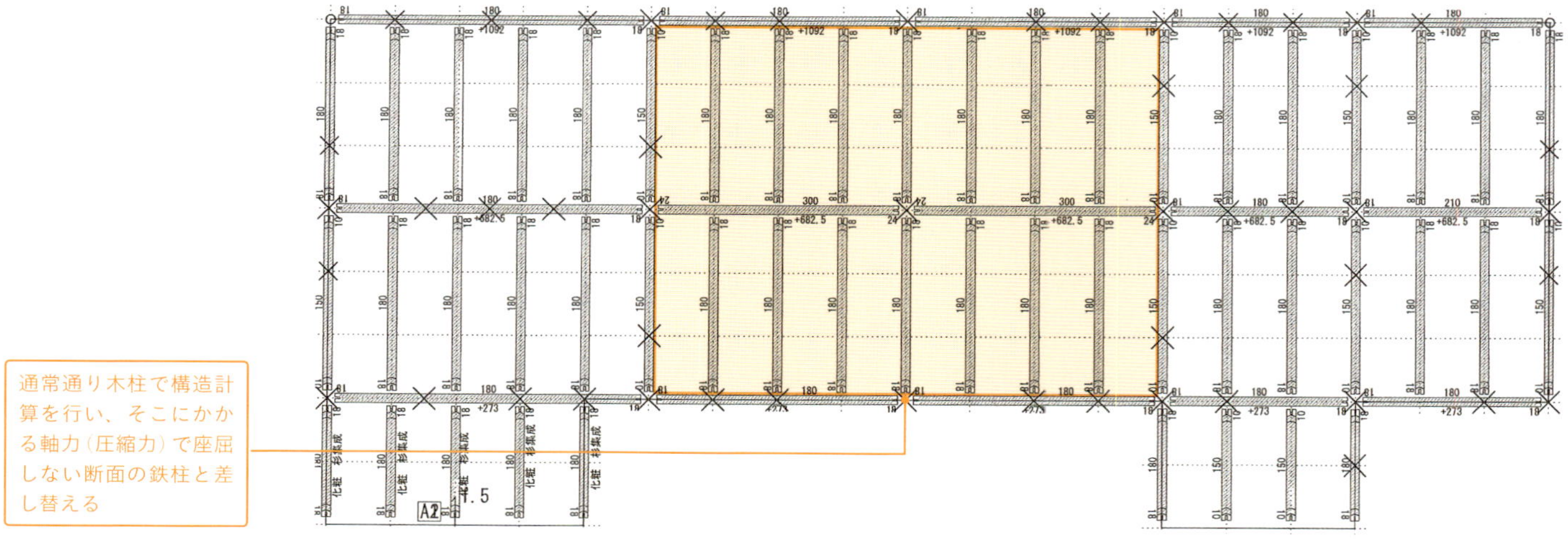

通常通り木柱で構造計算を行い、そこにかかる軸力（圧縮力）で座屈しない断面の鉄柱と差し替える

もつ（写真5・図5）。この場合もLDK中央付近の梁成が極端に大きくなるのが想像できる。

ここでも天井を張りつつスッキリとした空間をつくりたい。そこで今回はLDKの中心に柱を立てることにした（図6・写真6）。

プラン的には邪魔ではない位置に柱を立てたが、なるべくスリムな柱が理想だ。そこで鉄柱の利用を考えた。

鉄柱は木の柱に比べて断面をかなり小さくすることが可能である。まず通常通り構造計算を行い、この柱にかかる軸力を出す。そのうえで鉄骨柱に置き換えた場合の座屈に対する柱の断面検定を行った。

ただし、ここでは柱長さが3mとやや長くなるため、少し余裕のあるサイズとして丸パイプの鋼管60・5㎜径を採用。それでも木とは比較にならない細さが可能となった。

また、ここでも鉄と木の接合方法がポイントになる。鉄柱の柱脚はテックワンのホゾパイプを鉄柱最下部のベースプレートに溶接、柱頭最上部は、木の柱と同サイズ120㎜×120㎜の箱型とし、そこに梁受金物を溶接した（図7・写真7・8）。

これにより、プレカットも建方作業も通常通りの工程で進めることが可能となった。ここでもヒートブリッジには注意が必要にはなるが、本物件の場合は柱頭の上に外断熱が施されるので、特に熱橋対策を施す必要はなかった。

6 極細の鉄柱。プラン的にも視覚的にも一切邪魔にならない。見た目には分からないが、とても大きな鉛直荷重がかかっていることになる

図7 鉄骨柱詳細図（S=1:25）

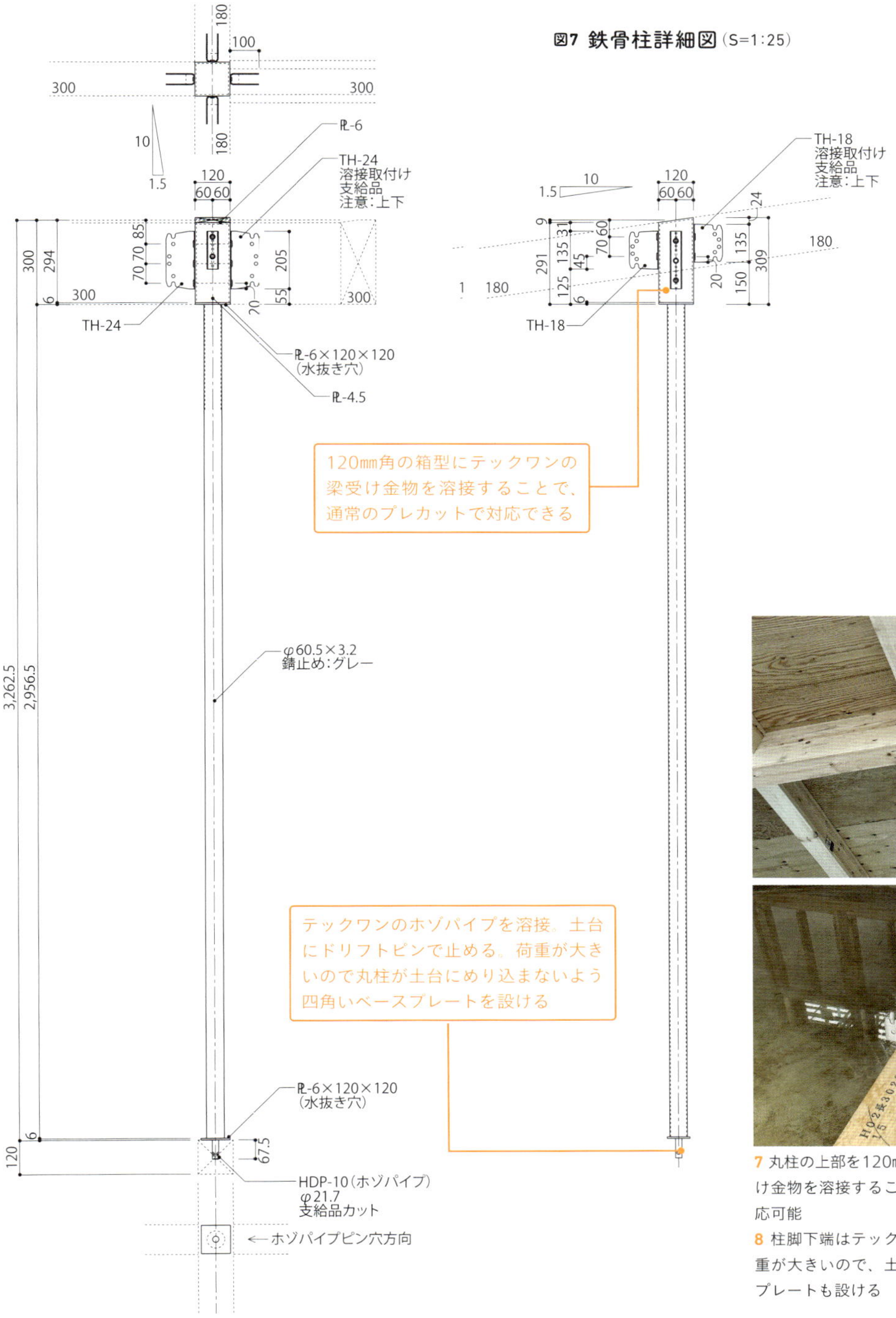

7 丸柱の上部を120㎜角の箱型とし、テックワンの梁受け金物を溶接することで、通常通りのプレカットで対応可能

8 柱脚下端はテックワンのホゾパイプを溶接。鉛直荷重が大きいので、土台へのめり込みを考慮してベースプレートも設ける

4-3

スチールバルコニーをシャープに見せる

工業団地内に建つオフィス。敷地に余裕があるため教科書通りに南北に細長いプランとし、南には庇を設けつつ開口部を大きく取り、東西の窓は小さくした。また地元の木材を使い、植栽を植えるなど、普段手がけている住宅と同じ発想で設計を行った

床は無垢材、壁はモイス、天井は合板と、外観同様にあえて普段の住宅設計と同じ仕様を採用した

2階がメインオフィスとなるため階段の使用が増えるが、勾配を緩くし雁行させ「登りたくなる階段」を設計した

当社では住宅建築以外に非住宅の物件も請負う機会が増えてきた。ここでご紹介する物件はその1つ、とある企業のオフィスである（写真1）。

一般的な事務所建築は、大きな部屋をつくり、そこにデスクや事務機器を配置するだけのやや殺風景で寒々しい建物が多い。しかし、日ごろ住宅をメインに手掛けている当社に声をかけてもらったので、住宅らしいぬくもりのあるオフィスを提案した。結果、数社競合のなか、当社の案が選ばれた。

デザインだけなく、耐震性能やオフィスではあまりコストを割かない高い断熱性能も評価されたようだ。また室内には無垢材の床、外壁には地域材である新潟県産スギを使い、親しみがあり地域環境や地域経済にも貢献できる仕様とした。2階オフィスへのアプローチとなる外階段は、つい登りたくなるような勾配やデザインなどにも配慮した（写真2・3）。

また、オフィスではめずらしいバルコニーを設けた。これは夏の日射を遮蔽するための南面の大きな軒の下に設けたもので、このバルコニー自体が1階窓の日射遮蔽にもなる。また実際にバルコニーに出る機会が少なくても、この内部と外部の中間領域があることで、オフィスがより豊かさを感じる空間となる。また、シンプルになりやすい外観に変化を与える要素にもなっている。

とはいえ、バルコニーは1340mmの奥行きがあり、それを木でつくると、下地となるフレーム自体にボリュームが必要で、もっさりと野暮ったいものになってしまう。ここはスッキリとシャープに見せたい。そこでスチールのフレームを使うことにした。H鋼や角材を使うとやはりゴツイ印象となってしまうので、鋼板や平鋼もしくは小径のLアングルのみで設計してみた（図）。

木造に鉄フレームを取り付ける

まず、鉄工所で製作した1340mm×150mmの鉄フレームを910mmピッチで木造躯体に片持ちで取り付ける。フレームの先端にはLアングルを垂直に立て、これを手摺の親柱とした。

1340mm×150mmの鉄フレームは、2階床梁と直行させそ

4・5 2階では深い庇が、1階ではバルコニー床が夏の日射遮蔽となる。また、木外壁や植栽により、一般的な寒々しいオフィスとは異なり、従業員も来客も心地よさを感じてもらえるように配慮して設計した

物件概要

NAコンサルティンググループ
設計・施工：サトウ工務店
所在地：新潟県燕市（5地域）
敷地面積：844.24㎡（00.00 坪）
建築面積：140.95㎡（00.00 坪）
延床面積：232.66㎡（70.24 坪）
1階：112.19㎡（33.87 坪）
2階：120.47㎡（36.37 坪）
耐震性能：等級3（許容応力度計算）
断熱性能：不明
竣工年月：2019年3月

こに緊結した。施工が容易になるよう、室内側の梁を接合するテックワン金物を固定するボルトを、室外側から鉄フレーム介して緊結することとした。これでプレカットも建方作業もスムーズに進められる。

ただし、一つ注意したいのが、木部の穴にボルトを緊結しただけの接合だと、わずかなズレや緩みが生じるので（木部の穴はボルトより一回り大きな穴になるため）、ビスを併用して留め付けることで、より精度が高く長期間緩みのない接合が可能となる。

こうして取り付けたスチールフレームに、ウエスタンレッドシダーのウッドデッキや木格子を留め付けて完成となる（写真4・5）。写真でも分かる通り、鉄フレームの存在感は最小限となり、木の印象が全面に出たとても魅力ある外観となった。

図 断面詳細図（S=1:15）

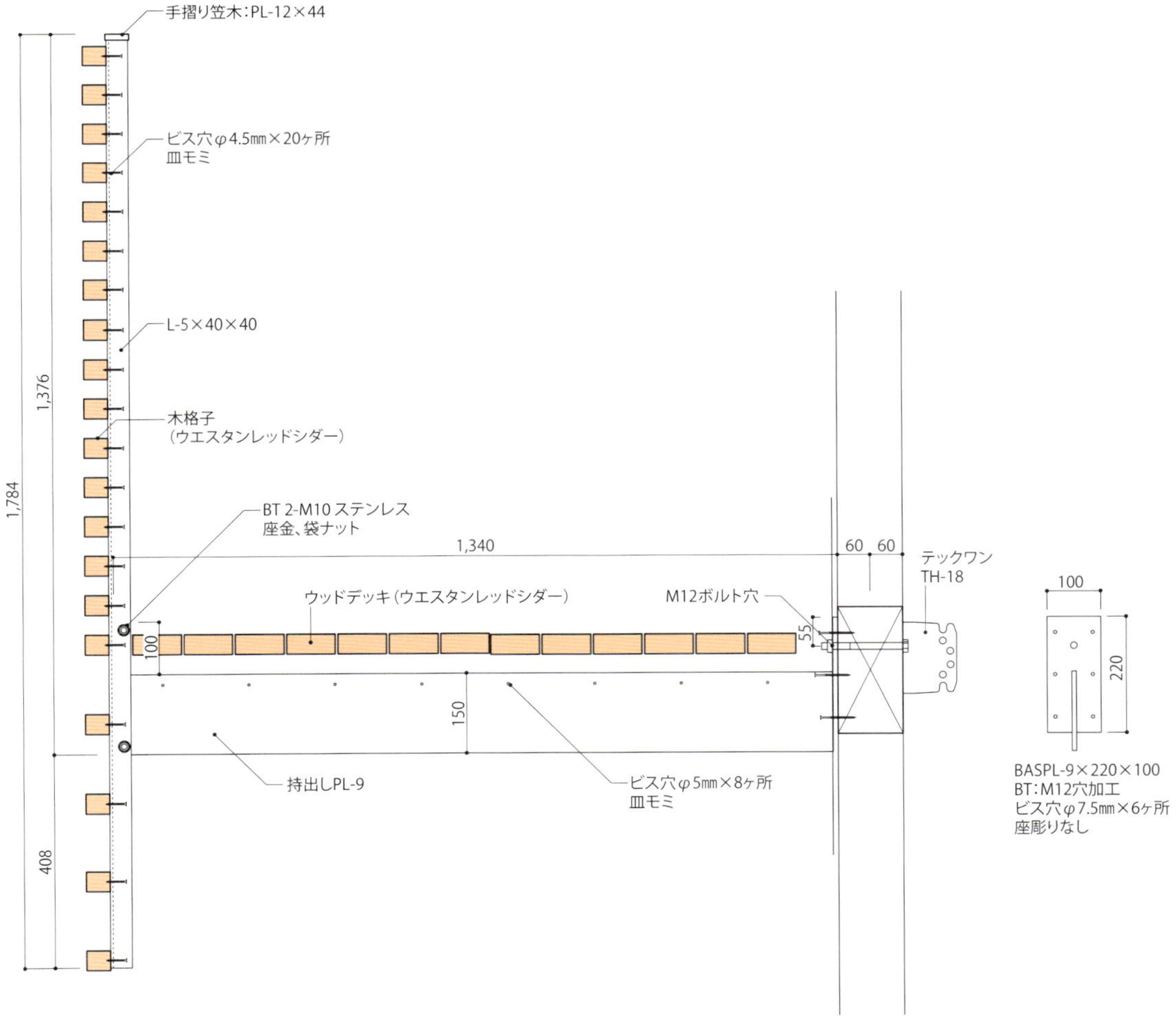

4-4 透けるグレーチング床

光を透過させる2階床がほしい。プランによってはこのように感じることがたびたびある。そのときによく用いられるのが、木製のスノコ床、いわゆるキャットウォークである。しかし、この物件ではもう少しモダンな意匠にしたかったので、木製スノコではなく、半透明のFRPグレーチング＋ポリカーボネートの床材とすることにした。

ただし、床材がFRPとポリカーボネートでフレームが木のままでは見た目がアンバランスである。そこで、質感の近い鉄をフレームに使うことにした。鉄なら小さな断面」のフレームで済み、黒く塗装することでよりシャープに仕上がる（写真1～3・図）。

規格寸法でつくる鉄フレーム

まず、FRPグレーチングの寸法からフレームの受け寸法を割り出す。FRPグレーチングの寸法は、幅・長さとも40㎜×P（ピッチ）＋7㎜、厚みは40㎜となる（ポリカーボネート単体の厚みは5㎜）。この寸法をもとに少しずつクリアランスをみてフレームサイズを決めた。また、なるべくコストがかからないよう、フレームを構成する部材は鋼材の規格サイズの組み合わせで検討した。

グレーチングの受け部は、6×90㎜のフラットバーに40㎜角の角パイプを溶接すると、90㎜－40㎜＝50㎜の深さの受けができる。床材がグレーチング40㎜厚＋ポリカーボネート5㎜厚＝45㎜と5㎜ほどの段差が出るので、角パイプをフラットバーよりほんの少しずらして溶接してもらい48㎜程度の深さとした。すると、ポリカーボネートの小口も少し沈んで納まり、ポリカーボネートの端がめくれたり、床を歩くときに足が引っ掛かったりする心配もない。

また、この物件ではスパン1687㎜の床荷重を受ける梁が吹抜け側に必要だったのだが、ここは先ほどの6×90㎜のフラットバー＋40㎜角の角パイプでは荷重に耐えられないので、フラットバーを45×90㎜の角パイプに置き換えた。すると、45×90㎜＋40×40㎜の角パイプの組み合わせになるので強度的には十分であるものの、歩いたときのたわみや揺れなどを極力減らすために手摺と一体のつくりとし、手摺の両そで、特に上部を太めのビスで壁側にしっかりと留めた。受けの梁の中央がたわまないように手摺両側で引っ張り上げているイメージだ。

手摺のデザインも縦横格子だけでなく、斜め方向の手摺子を入れたり、面材を入れたりする方法もあるが、今回はそこまで手摺に頼

1 2階廊下の床を光を通す素材にすることで、下階の玄関を明るくする狙い

2 吹抜け側のグレーチング床を受けるスチール梁とスチール手摺は一体でつくり、手摺両端(特に上部)は壁にしっかりと太ビスで取り付ける。こうすることで、床梁のたわみを抑える効果も期待できる

らなくても必要な強度は確保できていたので、シンプルな縦横格子で仕上げた。

　なお、本物件のようにスチール部材を後付けする場合、現場採寸と同じ寸法でフレームをつくってしまうと、現場では入らないので、クリアランスが必要となる。納まりにもよるが、壁や床が仕上がった状態で、このような金物や家具を取付ける際、寸法に余裕がないと、仕上を傷つけることになる。

　また、寸法だけでなく矩（90度）が正確に出ているかどうかも重要だ。現場の精度、金物や家具の精度、多少の誤差はある。この辺は現場の精度や経験値も必要になるが、あまり、クリアランスを多く見ると、隙間が空いた納まりになるので、スチール部材を実際の寸法より1〜3㎜小さくつくり、かつ現場の取り付け部分の寸法精度、矩の精度を高める必要がある。

スチールフレームを取り付けたところ。両壁が仕上がった後に取り付ける納まりなので、現場寸法も製作寸法も正確さを要する

図 グレーチング床製作図

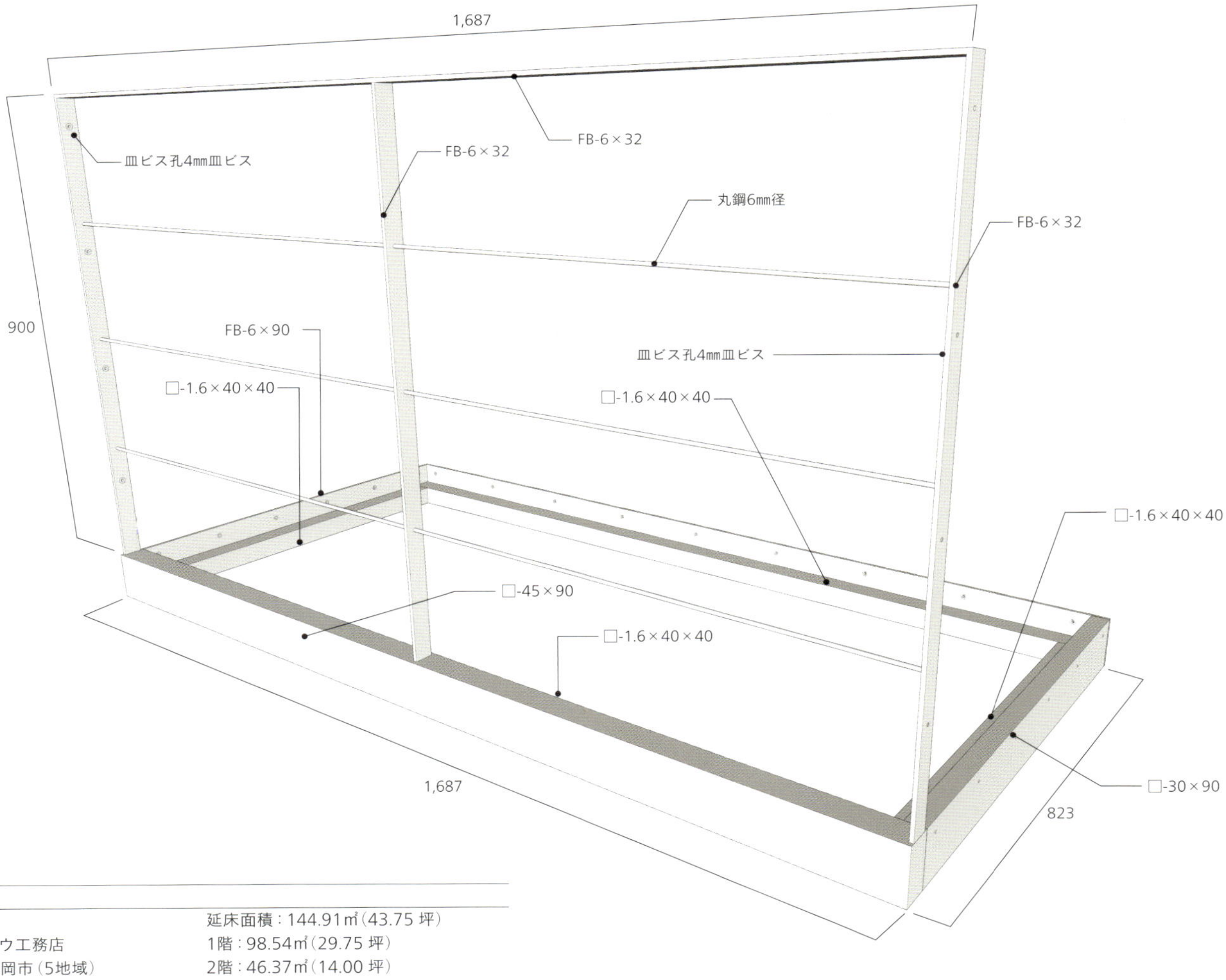

物件概要

S邸
設計・施工：サトウ工務店
所在地：新潟県長岡市（5地域）
家族構成：夫婦＋子ども1人
敷地面積：186.78㎡（56.39坪）
建築面積：98.99㎡（29.88坪）
延床面積：144.91㎡（43.75坪）
1階：98.54㎡（29.75坪）
2階：46.37㎡（14.00坪）
耐震性能：等級3（許容応力度計算）
断熱性能：等級6（U_A値0.28W／㎡K）
竣工年月：2020年4月

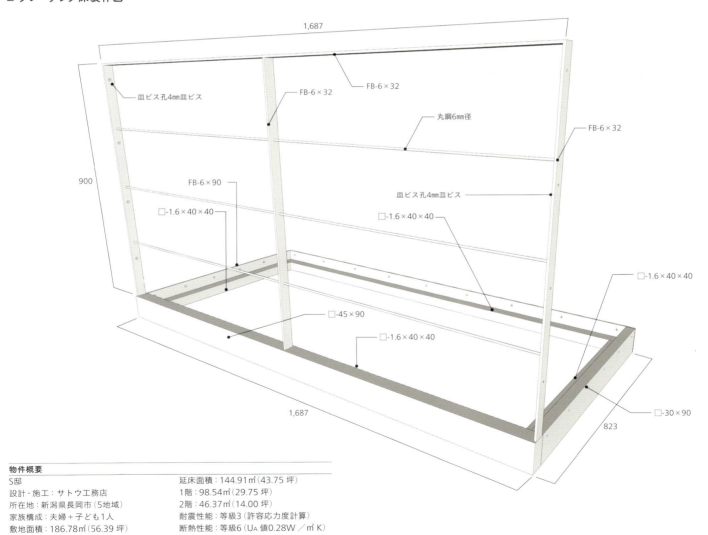

4-5 鉄を利用して薄い庇をつくる

　雨風を防ぐ玄関庇、夏の日射や雨の吹き込みを防ぐ窓上の庇など建築物にとって庇はとても重要なパーツの1つである。また庇は建物の印象を大きく左右する外観のアクセントにもなる。

　一方で、木造でつくる庇は厚みが出やすい。跳ね出し構造になる場合、下地の木にある程度の成（厚み）が必要で、そこに屋根材や軒裏材が取り付くためだ。また、庇の出寸法に比例して厚みもより増してくる。

　しかしながら、スチールを利用して庇を設計すれば、薄くシャープに見せることも可能となる。

ケラバ方向の薄い軒先

　屋根の軒先（水下や水上方向）は屋根垂木を跳ね出すことで比較的薄くつくれる。しかし、ケラバ方向（屋根垂木の直行方向）への跳ね出しはひと工夫が必要だ。

　一般的には屋根垂木を直行させ跳ね出すのだが、通常の垂木サイズ（45×105㎜）では、交差部などの欠損もあり、あまり長くは跳ね出せない。そこで、垂木ではなく角材（小梁）を使って、ケラバ方向にフレームを組むことにした（写真1）。

　垂木の成と同じ105×105㎜の角材を接合金物（テックワン）でハシゴ状に組んで1200㎜の出を跳ね出した。通常は跳ね出し部分に荷重がかかったときに建物側の梁が浮き上がらないよう、跳ね出し寸法の2倍以上の長さを飲み込ませる必要があるのだが、ここでは直下の小屋梁とホゾパイプ（テックワン）で緊結することで飲み込み長さは短くしつつも浮きを抑えた（写真1）。

　基本的にこれでたわみ量は許容範囲で納まるのだが、木の場合は荷重が長期にわたりかかり続けることで、しだいにたわみ量が大きくなる「クリープ現象」にも留意しなければならない。そこで、梁の取付け部を次に紹介する「矩折り庇」同様に金物で補強することにした（写真2）。こうして軒先（水下方向）950㎜の出に対し、ケラバ（直行方向）1200㎜の出という2方向に軒の出がある屋根が完成した（写真3）。

自立する矩折り庇

　玄関ポーチに設けられた「矩折り庇」である。庇の端が直角に曲げられており、通常の庇より雨風の吹込みを防ぐことができる。また、庇を薄くし、雨樋や基礎も設けないことで、シンプルな見た目に仕上げた（図1〜3・写真4）。ちなみに庇は垂直に曲げた側壁まで同一の屋根材で仕上げており、側壁下端が水下となり雨を地面に落とすようになっている。

　構造的には、庇を垂直に曲げた側壁部分が方杖となり、庇片側の荷重を受ける。庇の下地は基本木で十分だが、側壁で受けていない側の庇で片持ち構造が発生するので、製作金物で補強している。

　金物は当初、既製品の「出窓金物」などの流用も検討したが、納まりが悪いので自社で金物形状を検討し製作することになった。築11年ほど経過し、幾度となく1m以上の積雪があったが、たわみはまったく見られない。

極薄吊り庇

　庇をつくるうえで一番厚みが出るのが取付け部である。壁から片持ちするために取付け部の成（厚み）が必要なのだ。

　しかし、この庇のように壁から「吊る」ことで、それを回避でき、取付け部から軒先まで薄い庇が可能となる（図4・5・写真5・6）。とはいえ、庇の厚みは、フレーム、屋根材、軒裏材の組み合わせなので、それなりの厚みにはなる。

　この物件ではこの厚みを最小限にするチャレンジをしてみた。まず、屋根材をステンレスの1枚板とし、ターンバックルで吊ることにした。比較的厚い1㎜のステンレスを使っているとはいえ、それだけでは板が波打ち、積雪で凹ん

ケラバ方向の跳ね出し（写真横方向）は105㎜角を使用し、直下の梁とテックワンのホゾパイプで緊結している

桁の跳ね出し部分の105㎜角には一番多くの荷重が集中する。クリープを考慮して金物でも補強も施した

玄関がケラバ面にあるため、水下の軒の出より、ケラバの出のほうが大きく設計されている

玄関に庇がほしい、雨風を防ぐ壁もほしい、雨樋はないほうがいい、もちろんコストは抑えたいを形にした例。雨は緩い片勾配屋根から壁を伝って落ちる。基礎をつくらずに持ち出し構造とし、コストを省いた。なお、庇の持ち出しの梁の付け根部分は、しっかりと補強する必要がある。本物件では特注で金物をつくったが、カネシンの出窓受補強金物「アングルブラケット」なども流用できそうだ

図1 袖壁立面図(S=1:30)

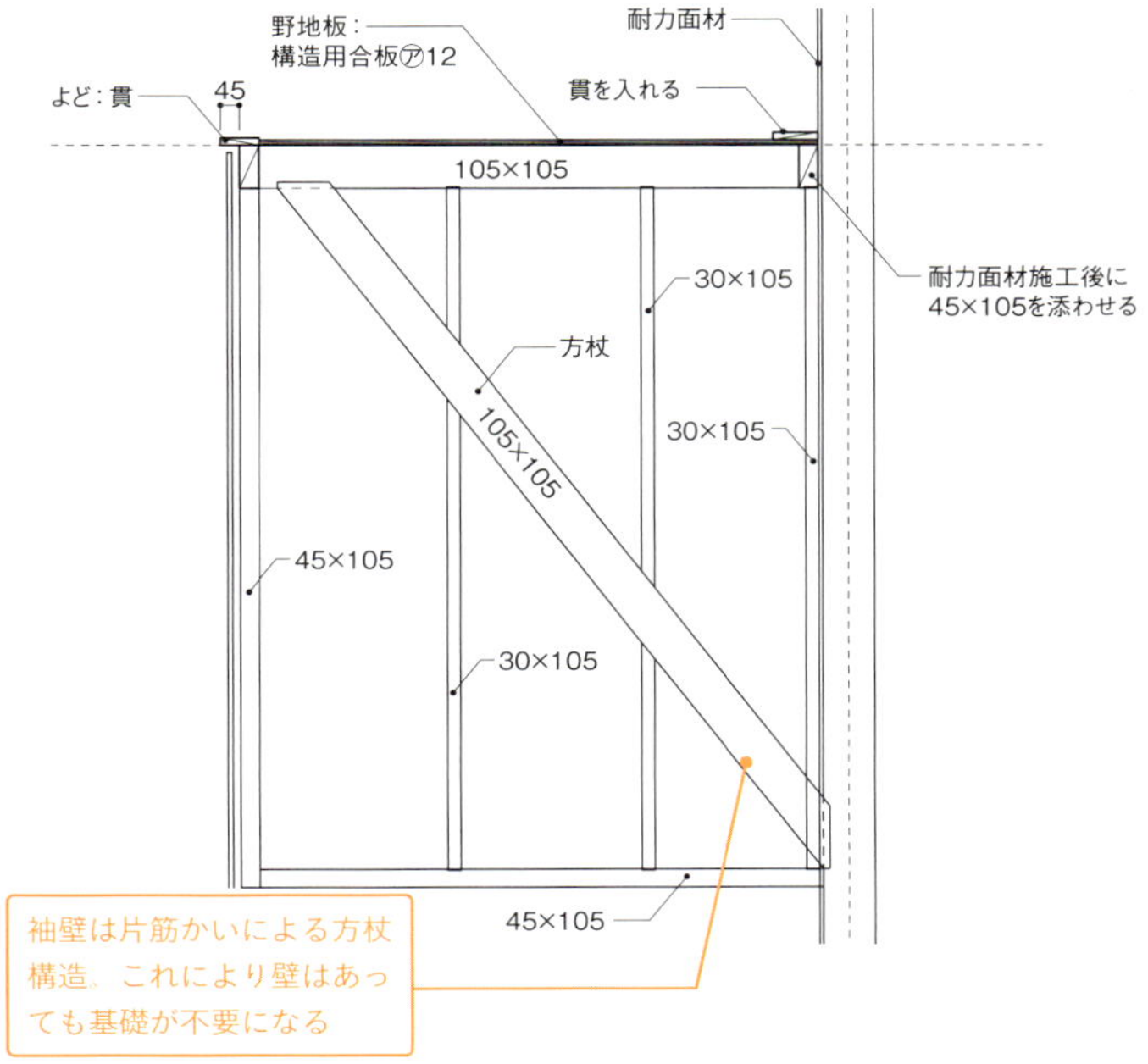

図2 平面図(S=1:30)

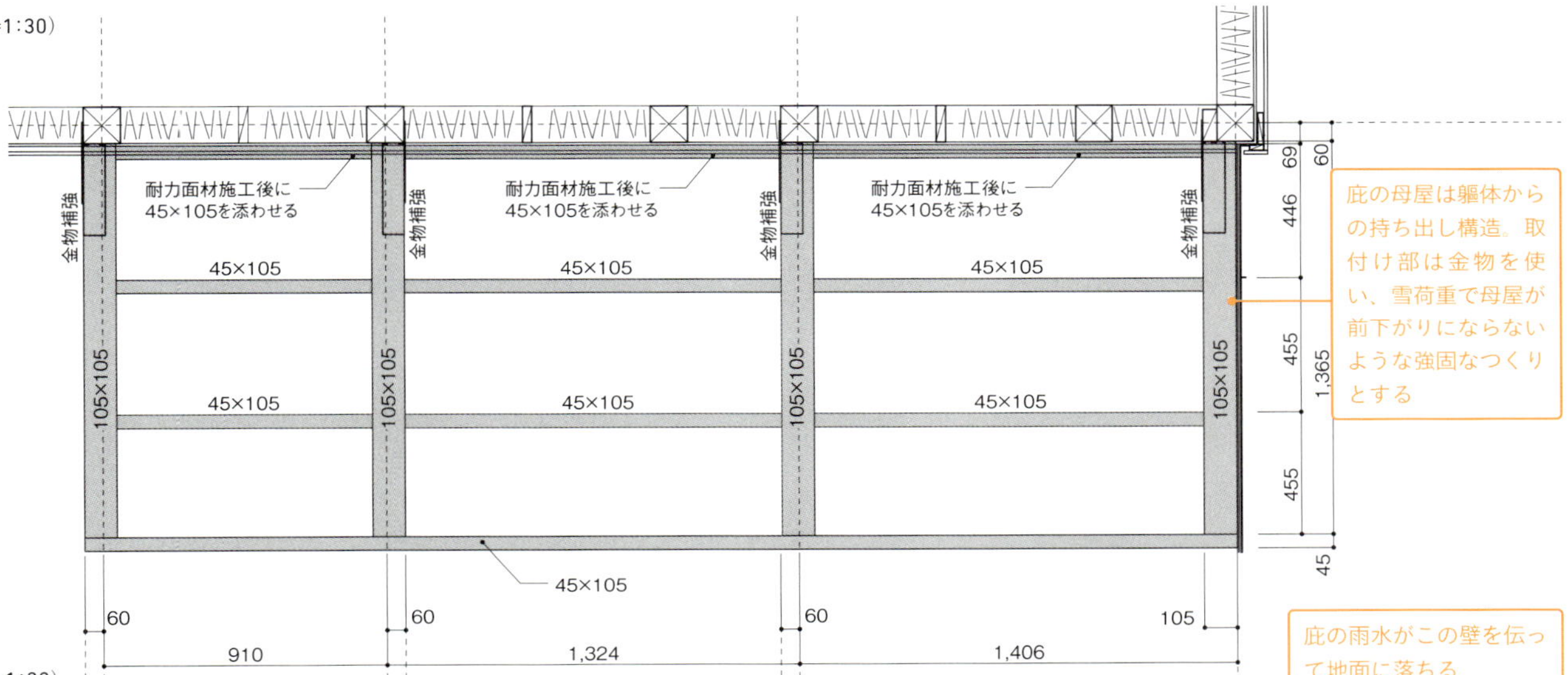

図3 正面図(S=1:30)

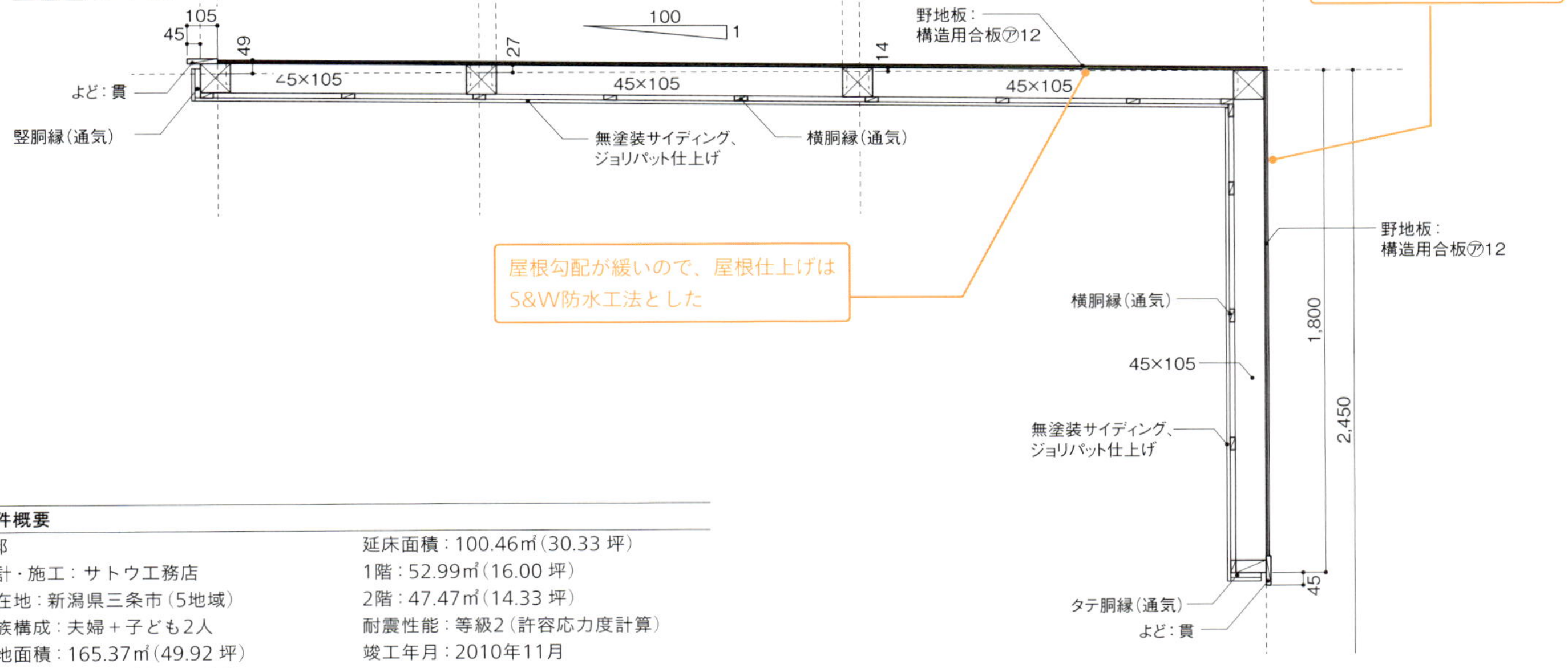

物件概要

N邸	延床面積：100.46㎡(30.33坪)
設計・施工：サトウ工務店	1階：52.99㎡(16.00坪)
所在地：新潟県三条市(5地域)	2階：47.47㎡(14.33坪)
家族構成：夫婦＋子ども2人	耐震性能：等級2(許容応力度計算)
敷地面積：165.37㎡(49.92坪)	竣工年月：2010年11月
建築面積：54.95㎡(16.59坪)	

どこまで庇を薄くつくれるか、チャレンジしてみた例だ。ただ薄いだけではなく、軒裏に羽目板を張っているが、羽目板が蒸れないように板の裏に空気層も設ける必要がある

1㎜厚のステンレス板だけでは波打ってしまう。そこでその裏に24㎜厚のラワンランバーを全面接着して一体フレームとし、その下に羽目板張りの下地兼空気層として12㎜厚の胴縁、12㎜厚のスギ羽目板張りで仕上げている。厚み1＋24＋12＋12＝49㎜の極薄庇が完成した

図4 平面図（S=1:30）

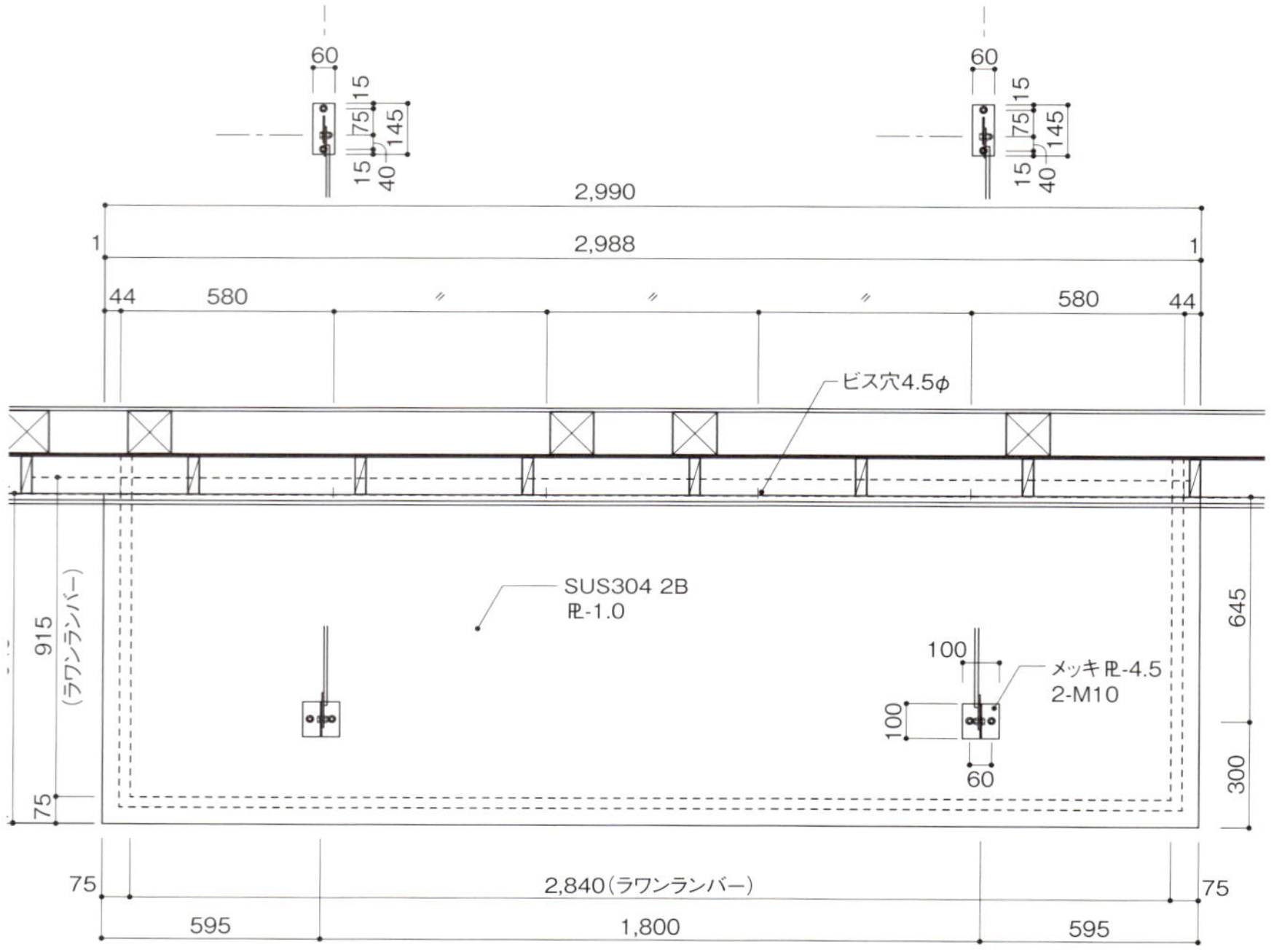

図5 断面図（S=1:30）

庇下の外壁と軒裏は、スギの羽目板で統一

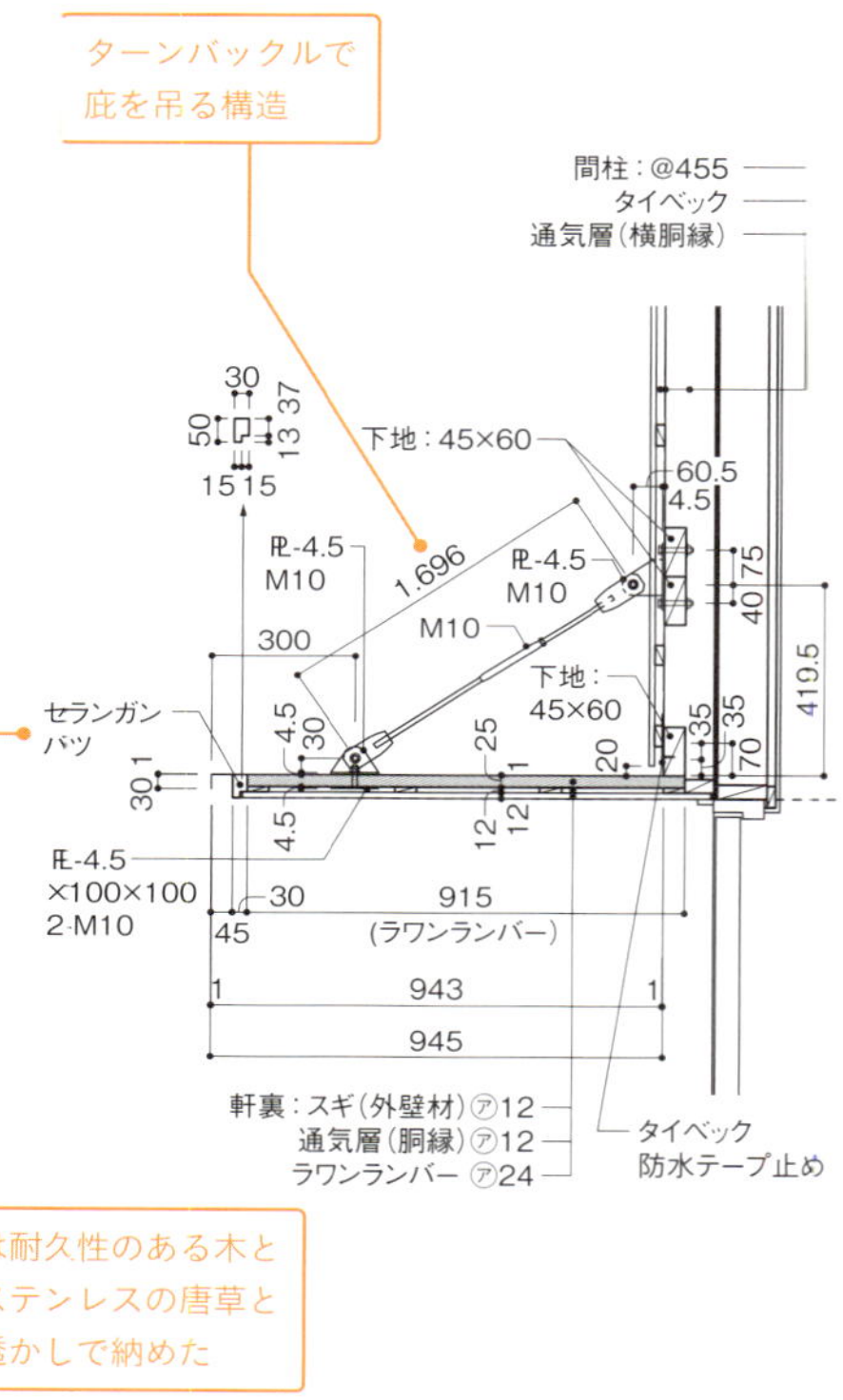

物件概要

T邸
設計・施工：サトウ工務店
所在地：新潟県三条市（5地域）
家族構成：夫婦＋子ども3人
敷地面積：397.49㎡（120.00坪）
建築面積：80.32㎡（24.25坪）
延床面積：148.16㎡（44.73坪）
1階：80.32㎡（24.25坪）
2階：67.84㎡（20.48坪）
耐震性能：等級2（許容応力度計算）
竣工年月：2010年10月

でしまうので、下端に24㎜厚のラワンランバーを心材として接着した。まさにキッチンカウンターのようなつくりである。この下に直に軒天材（スギ羽目板）を張ることもできるが、万が一濡れた時に乾きにくくなる可能性があるので、胴縁で通気層を設けてから軒裏材を施工した。こうして、ステンレス1㎜＋ラワンランバー24㎜＋胴縁12㎜＋スギ板12㎜＝49㎜厚の庇が完成した。軒先はよりシャープに見せるため、ステンレスの鼻先を軒裏より45㎜出し、30㎜折り下げることで水切としている。

木部は軒先から45㎜離すことで、濡れにくく、軒裏に吹き上げた雨で濡れた時も乾きやすくなっている。こちらも築13年経過しているが、いまだ健全な状態を保っている。

5章

階段は構造からデザインする

5-1 階段の強度別5パターン

階段を設計するうえで重要なことは、昇降に耐えられる十分な強度と、安心して昇降できることである。また、あらゆる身長・体重、運動能力、筋力の人が、一般的に2.5〜2.8mを超える高さを上下することを意識し、安全性を確保しながら設計しなければならない。

階段はデザインや部材の組合せによって強度が違ってくる。ここでは強度別に5つのパターンを紹介する。

A：蹴込み板のないオープンタイプ（図1・写真1）

蹴込み板がないため踏み板にやや強度が必要。樹種にもよるが、踏み板は集成材で36㎜程度の厚みが必要となる。親板は踏み板がはみ出さず納まるサイズであれば、十分な強度となる。

B：Aに蹴込み板を付けたタイプ（図2・写真2）

蹴込み板が踏み板にかかる力の一部を受け止めてくれる。どの部材にも無理がかからない安定した形状となる。踏み板はAよりやや薄くできる（30㎜程度）

C：蹴込み板に厚みがあるタイプ（図3・写真3）

蹴込みに踏み板のような厚みがある場合は、踏み板と踏み板が連結することで強度がさらに高くなる。壁面に強固に取り付けることで片持ち形状も可能となる。

D：踏み板を壁面から持ち出したタイプ（図4）

踏み板、壁面での取付けとも非常に負担がかかる。木造では難しく、工夫を施したスチールなら実現可能。

図1 蹴込み板のないオープンタイプ［A］

蹴込み板がないいわゆるスタンダードなストリップ階段 踏板の強度が重要で、樹種や厚みの違いが昇降感に影響する

図2 Aに蹴込み板を付けたタイプ［B］

Aに蹴込み板を付けたタイプ。蹴込み板があることで踏み板のたわみが軽減される。最も安定した階段といえる

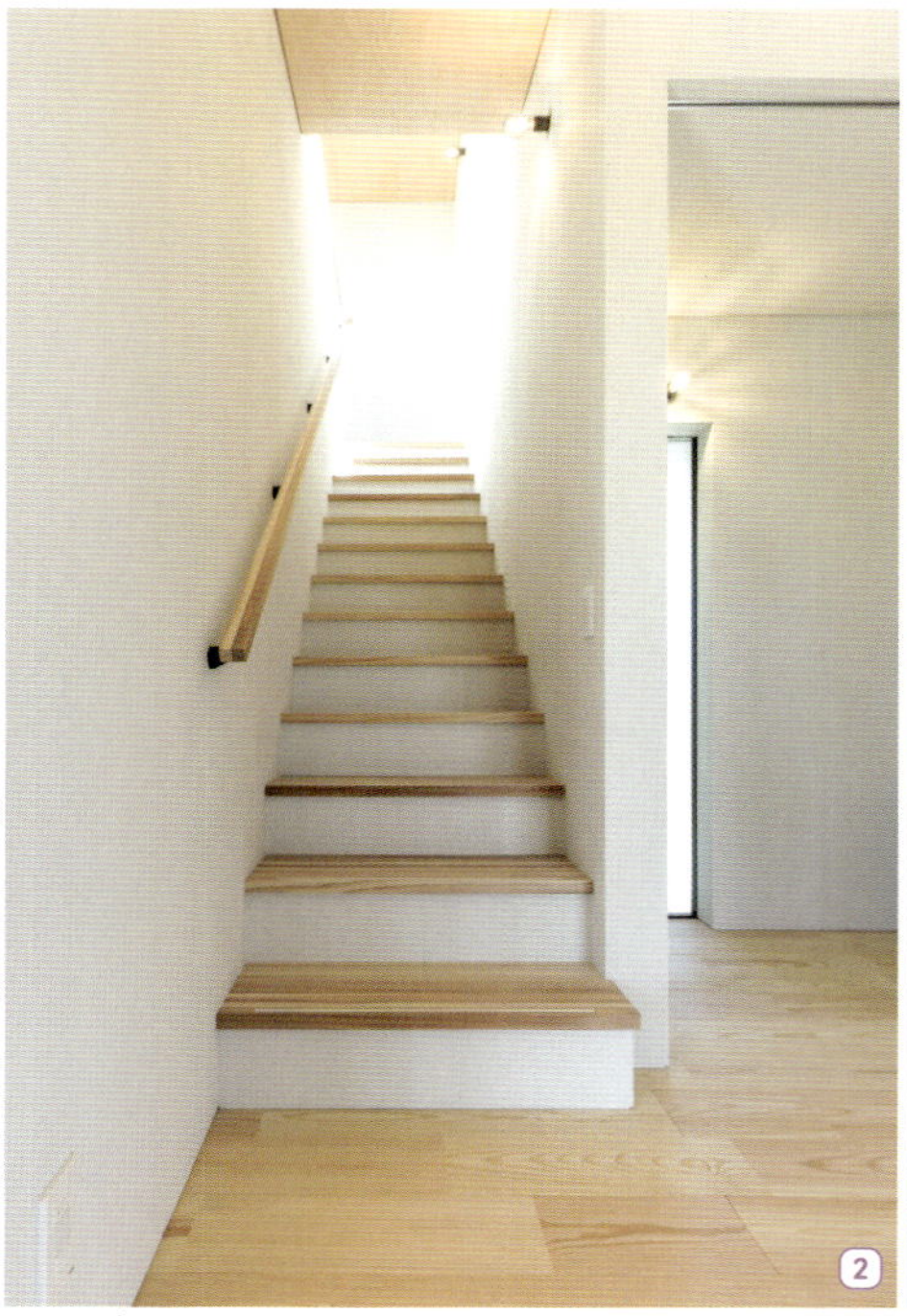

2 Bタイプの事例　見た目からとても安定感があり安全な階段となる

1 Aタイプの階段　フレームを鉄でつくり踏み板のみ木を使っている。強度と軽快さを合わせ持つ

図3 蹴込み板に厚みがあるタイプ［C］

蹴込み板に厚みを持たせ、踏み板と連続させた階段。Bより階段全体の強度が増し壁からの持ち出しも可能となる

図4 踏み板を壁面から持ち出したタイプ［D］

スチールなどを利用すれば、壁から踏み板だけ持ち出すことも可能。しかしながら踏み板のたわみをある程度許容しなければならない

図5 Dの壁面取付け付近のみ蹴込み板を付けたタイプ［E］

Dの壁側一部に蹴込み板を追加したタイプ。踏み板のたわみが軽減され、木でも対応が可能となる

Cタイプの階段をスチールでつくった事例、とても意匠性が高い

E：Dの壁面取付け付近のみ蹴込み板を付けたタイプ（図5・写真4）

Dと比較して各部材への負担は軽減され、木造でも可能となる。AやBが構造的に最も安定する一方で、C、D、Eは構造的にやや不安定になるため、部材や接合方法などの工夫を行う必要がある。

階段の仕様を決めるプロセスとして、まずはこの階段にどんな機能が求められるかが重要となる。もちろん1・2階の移動装置であることは間違えないが、階段は長さも高さもあり、住宅内に設置する構造物としては、相当なボリュームがあるので、設置場所によっては、明かりを遮ったり圧迫感が出たりもする。その場合、軽快感や透過性を持たせる必要がある。

階段はスマートなデザインを心がける

階段は家のなかに露出する最も大きな構造物の1つであり、一番シンプルな直階段でも最低寸法で長さ2・73m、奥行0・91m、高さ2.7mもある。したがって、リビングなど目立つ場所に露出するかたちで設置すると、かなり存在感がでて、インテリアに大きな影響を及ぼす。そう考えると、できるだけスマートで見栄えのよい階段をつくりたい。

強度があり安全であることとスマートで見栄えのよいことを両立するために、構造がそのままデザインとなった階段を設計することにしている。無駄な贅肉はそぎ落とし、必要な骨格と筋肉だけを残し、それをそのままデザインにするイメージだ。

木製でなるべく無理なく無駄のないスマート階段の1つの回答例として、Eタイプがある。木の踏み板は開口3尺内法（約770㎜）。踏み板を跳ね出しにするには、板の厚みにも壁面取付部も強度が足りない。そこで、方杖をつくるような形状の蹴込み板を取り付けることにした。その工夫によって、Cタイプ由来の蹴込み板と踏み板の連結による力の分散、また踏み板の跳ね出し長さが半分になることで、部材の強度は目一杯使いつつも無理のない構造の階段が出来上がった。

Eタイプを木でつくった事例。構造がそのまま意匠となっている

5-2

スマートな木製階段

見栄えのよい階段を木材でつくる

階段を設計するうえで重要なことは、昇降に耐えられる十分な強度と、安心して昇降できる安全性である。また、あらゆる身長・体重、運動能力、筋力の人が、2mを超える高さを上下することを考慮しなければならない。

一方で、階段は家のなかで最も大きなサイズの造作物の1つであり、一番シンプルな直階段でも最低でも、全長は3m以上となり、奥行0・91m、高さ2.7mもある。したがって、リビングなど目立つ場所に露出するかたちで設置すると、かなり存在感がでて、インテリアに大きな影響を及ぼす。そう考えると、できるだけスマートで見栄えのよい階段をつくりたい。

強度があり安全であることとスマートで見栄えのよいことを両立するために、構造がそのままデザインとなった階段を設計することにしている。無駄な贅肉はそぎ落とし、必要な骨格と筋肉だけを残し、それをそのままデザインにするイメージだ。ここから紹介する「木製」の階段は、この考えにもとづいて設計している。

木製の片持ち連続階段

踏み板と蹴込み板のみで構成される、とてもシンプルな階段である。構造的にはものすごく単純で、壁の中から持ち出した蹴込み板でほぼすべての鉛直荷重を支える（写真1～3・図1～3）。

もちろん、人が階段を昇降するとき、鉛直荷重は蹴込み板と接続する踏み板にかかるのだが、実際には大部分の荷重が踏み板の段鼻付近に集中している。つまり、荷重は段鼻、さらにその直下にある蹴込み板が受けることになるのだ。

また、蹴込み板はその形状・配置から大きな成をもつため、鉛直荷重に対して強い特性をもつ。したがって、適切な断面を設計すれば、十分な強度が確保できる。

実例では、蹴込み板に910×197・8×36㎜厚の集成板を利用。片持ちにするために壁の中に壁厚分（105～120㎜）を入れ込み、柱に緊結した。また、昇降中にガタツキやたわみがないように蹴込み板と接続する柱を欠き込み、さらに太めのビスで留めたうえに接続面は接着剤を塗るなど、十分な対策を施した。なお、蹴込みの間隔に合わせて柱を設けるとかなり費用がかさんでしまうので、柱と幅45㎜の間柱を交互に設置することにした。

納まり的には、断面図のように蹴込み板に載る踏み板は蹴込み板に乗せ、下の踏み板は蹴込み板から打ち込まれたビスで保持する。これを段数分連続させる。

ビスは太めのものをできるだけたくさん留めておきたい。ビスによって階段全体が一体化すればするほど、階段へかかる荷重が分散され揺れが吸収される。

とはいえ、太いビスをたくさん使って留めると見た目が気になる。この事例ではビスを打ち込む箇所をスリット状に溝を彫り、その上から棒状の木栓で塞ぐことにした（写真4）。こうすれば溝の内側にたくさんビスを留めて構造を優先させても、意匠的には何ら影響がない。また、木栓部分は階段材には集成材を使っているので、無垢材ほど目立たない。踏み板部分の

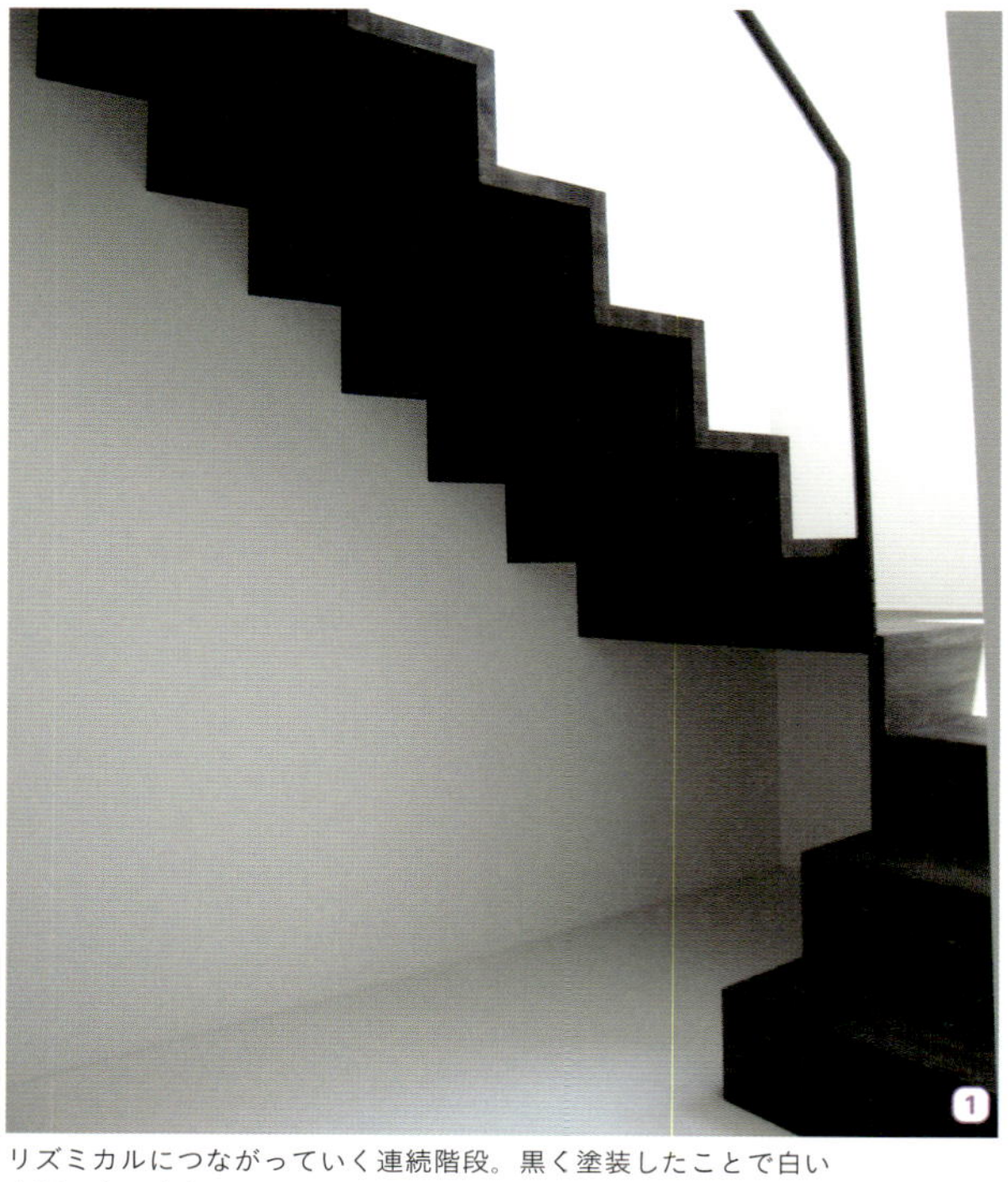

1 リズミカルにつながっていく連続階段。黒く塗装したことで白い空間により映えて見える

2 踏み板と蹴込み板の取付けを強固に行う必要があるが、その取付け跡を残さないことでより意匠性が高まる

段鼻の木栓取付け前の様子。溝の底に蹴込み板まで打ち込んだビスが見えるが、この後棒状の木栓で塞ぐことで、きれいな仕上りとなる

踏み板と蹴込み板が連続している片持ち階段。壁内の柱や間柱に緊結させた蹴込み板に荷重を負担させている

図1 蹴込み板平面図（S=1:12）

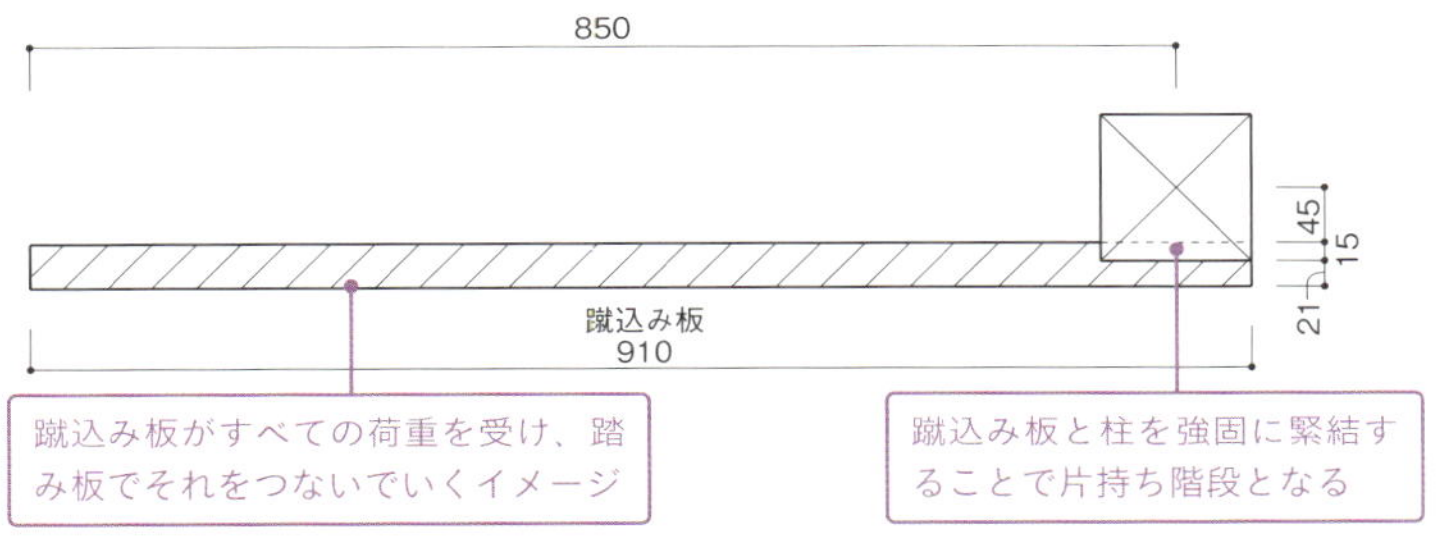

図2 蹴込み板断面図（S=1:12）

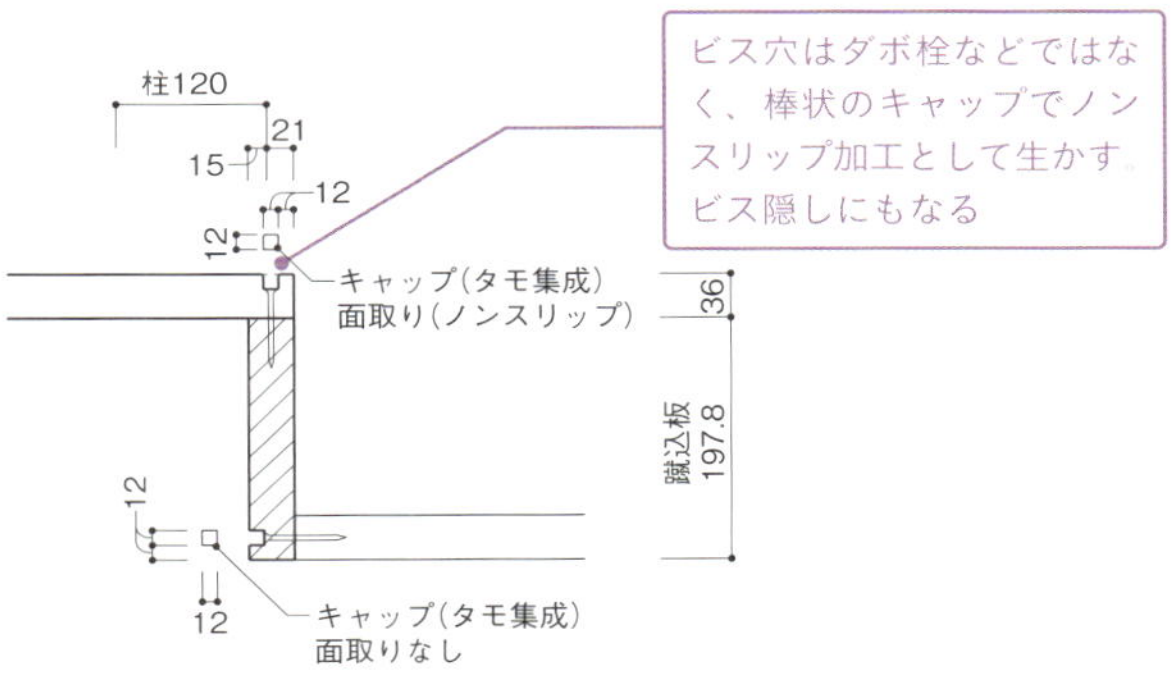

図3 片持ち連続階段断面図（S=1:30）

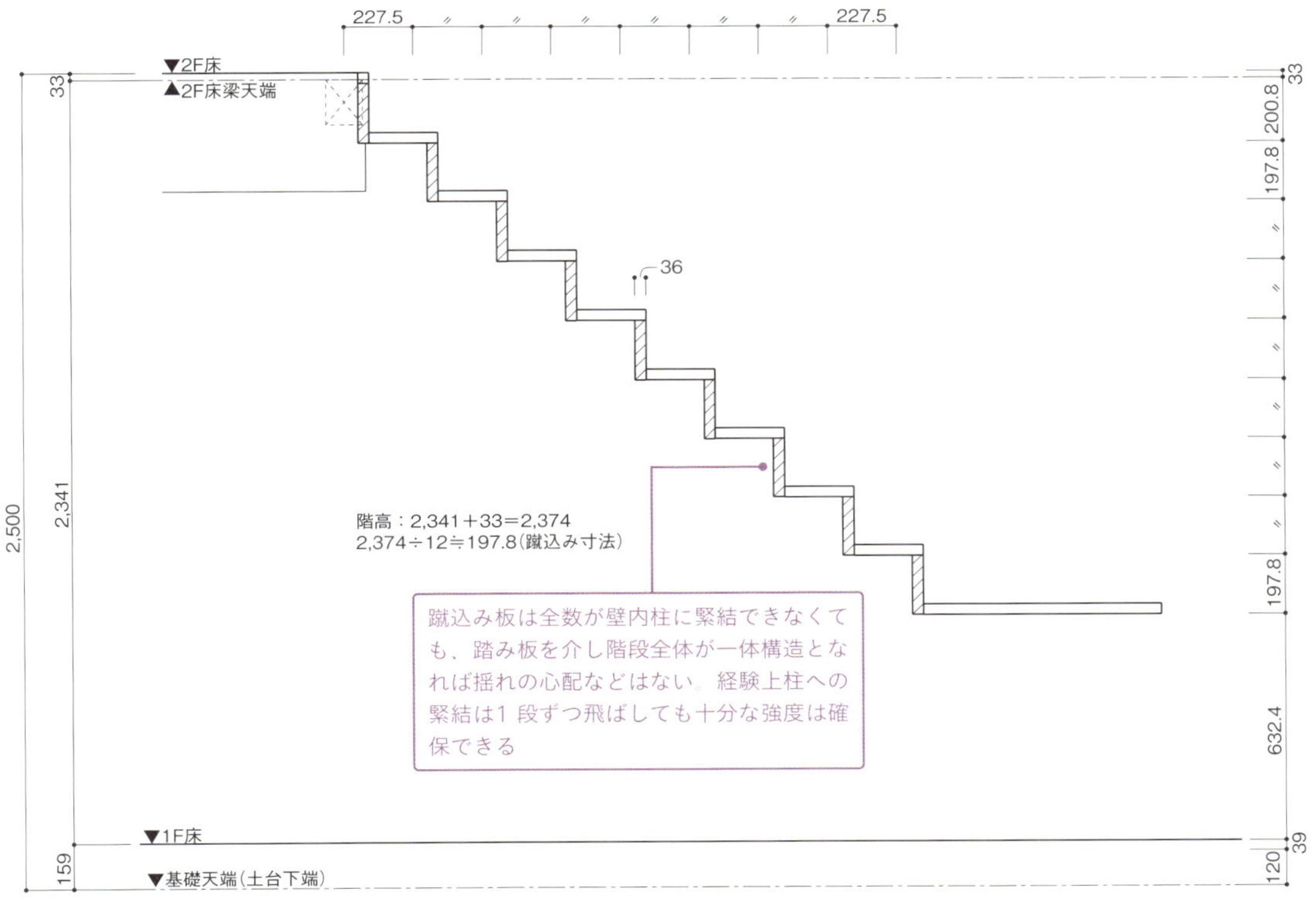

木栓は面取りをしておいたが、こうすることで段鼻のスリップ止めにもなる。

木製のらせん階段

続いては、らせん階段を木製でつくった事例を紹介する。まずは完成写真を見てほしい（写真5・6）。スチール製のらせん階段には及ばないが、ミニマムな造りで、とても意匠性に優れた階段が完成したと自負している。

らせん階段は、蹴込み板は設け

5・6 木製のらせん階段、ありそうでなかったチャレンジ。意匠性が高く、満足のいく仕上りとなった

図4 らせん階段平面・展開図（S=1:50）

設計図書だけでなく、施工時には大工とベニヤなどに原寸図を書きながら、細かい納まりも確認する

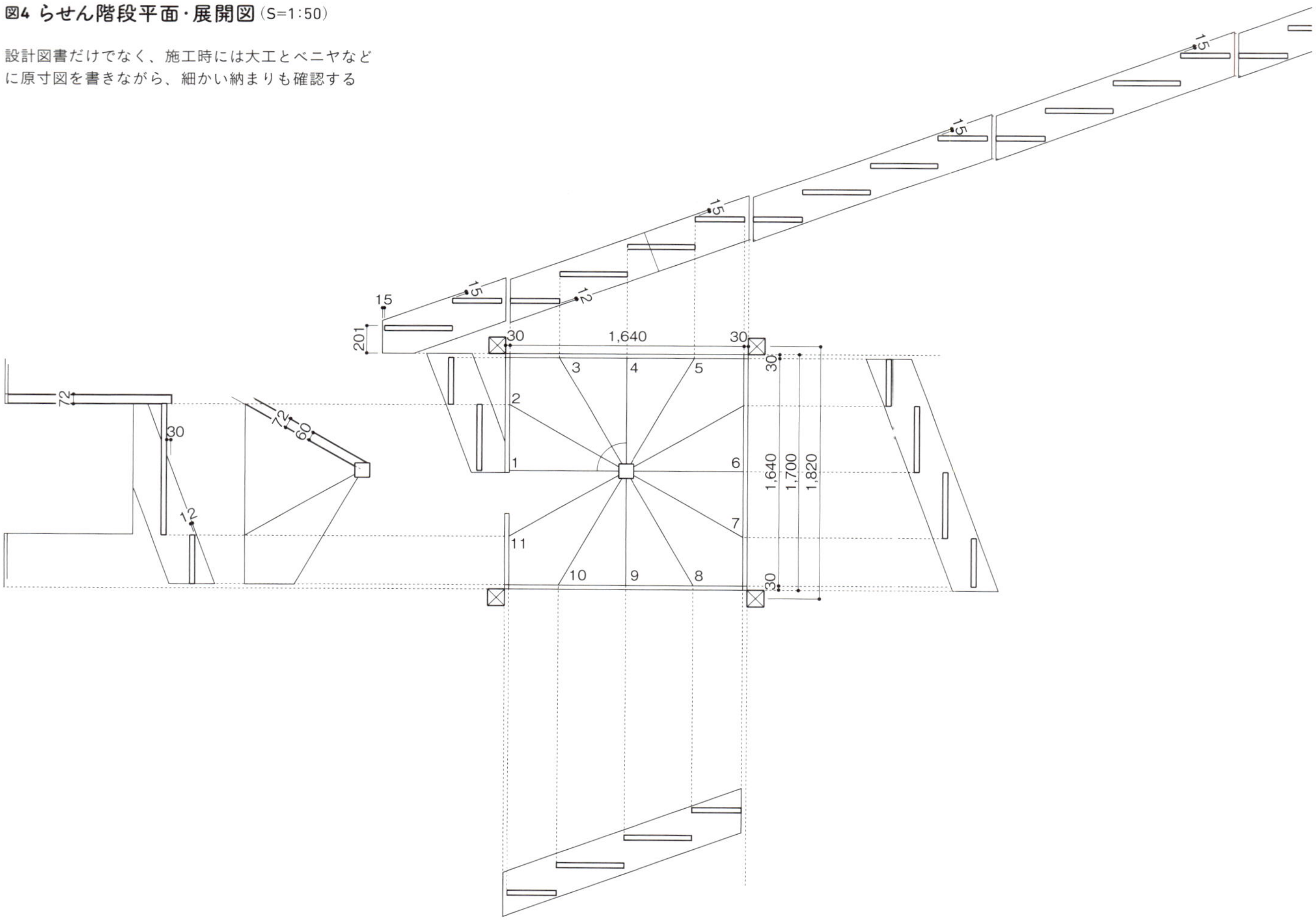

ずに踏み板を側板と中柱で支える構造とした。中柱は105㎜角の新潟産カラマツ集成材を使い、踏み板はスギのパネル材（Jパネル）36㎜厚を、側板は同じ材の30㎜厚を使用。1820㎜四方の外周壁に側板をらせん状に設置し、踏み板の外側はその側板に、内側は中柱に差して固定した。

ここで気を付けるべきは、らせん階段という形状のため、内側の中柱に差し込まれる踏み板の端部がとても細くなる点だ。そのうえ、スギは木材のなかでも柔らかいため、歩行感の悪さや床鳴りにつながったりすることが容易に想像できる。

ここで木材の基本をおさらいしておきたい。木は繊維方向の圧縮には強度はあるが、繊維に直行方向への圧縮には弱く、めり込みが起こる。つまり、中柱に踏み板を差し込んだ部分は、中柱の断面が踏み板表面へめり込むことが予想される。

これを解決するために、細くなった踏み板の先端下端に3.2㎜厚のスチールプレートを添えて、めり込みを防止することにした。プレートの設置箇所は3.2㎜厚分踏み板の底を削り、踏み板底とフラットに納めた。また、プレートは強度があるように見せるために、艶消しの黒色で塗装した（写真7）。

手摺は、木製らせん階段の意匠を邪魔しないように、外周壁（内装用モイス）と近い色合いの、白く塗装した華奢なスチール手摺とした。また、1階の1段目から2階まで1本でつながる手摺にチャ

7 踏み板を下から見る。中柱に差し込まれている部分はとても細く、黒いスチールプレートで補強してめり込みを防いでいる

図5 手摺平面・展開図（S=1:50）

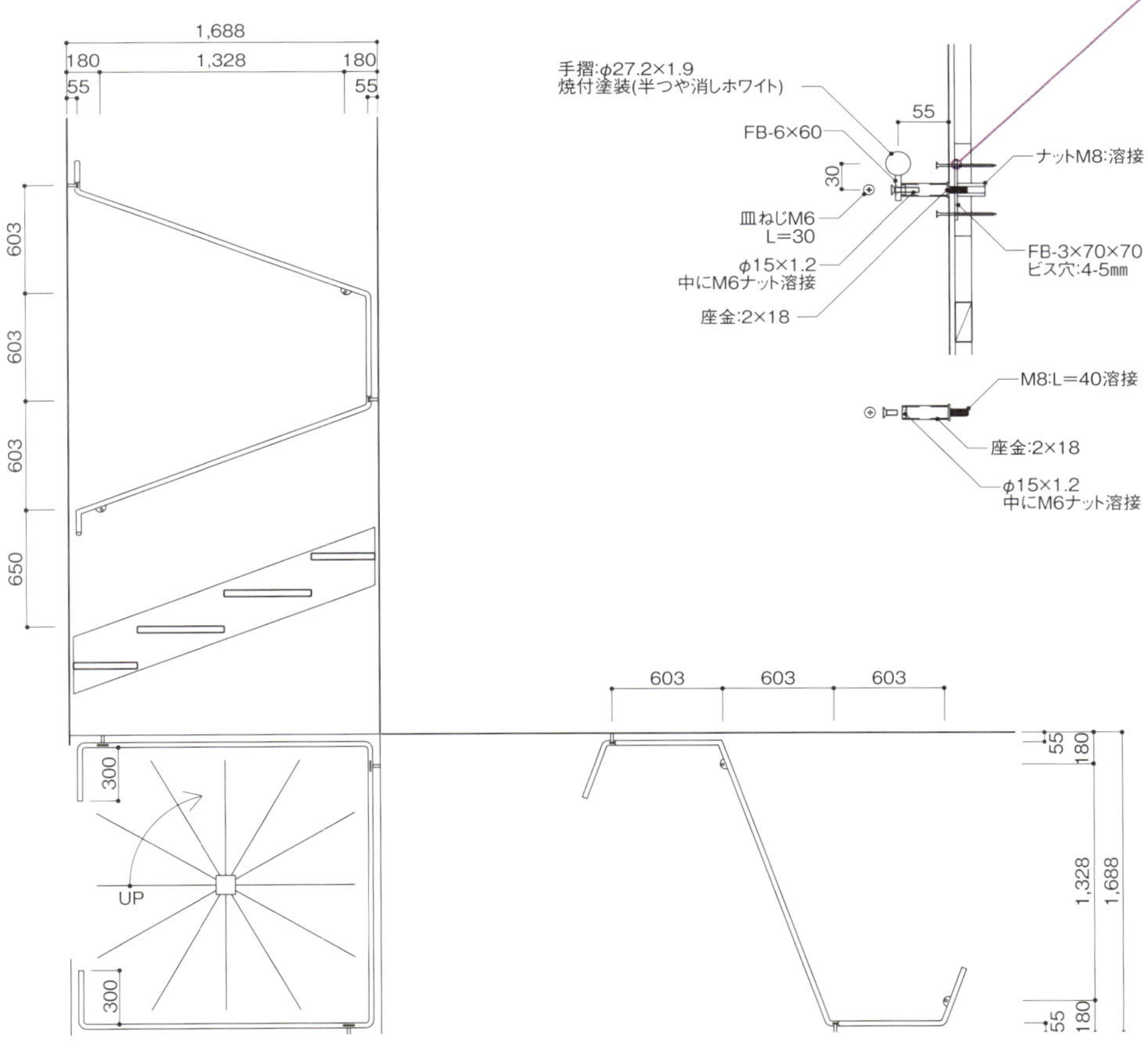

図6 手摺・手摺子詳細図（S=1:10）

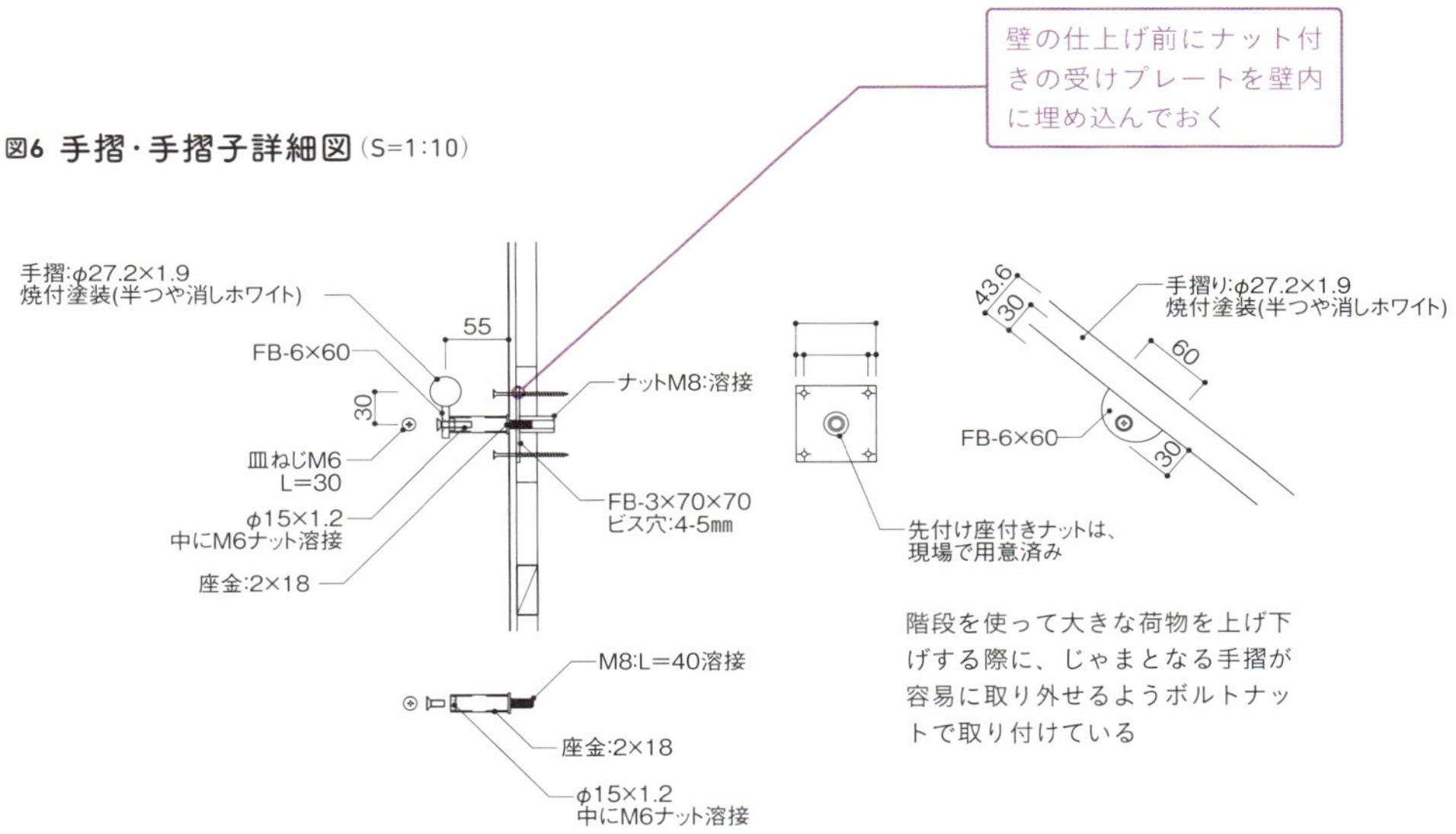

レンジしてみた。

　階段や手摺がらせん状に登る図面は、平面図と展開図でほぼ書き切れる（図4〜6）。とはいえ、今回のようにらせん状で長さもあり複雑な形状の手摺の場合は、工場で製作し納品していざ取り付けようと思った時、現場で上手く納まらないことがある。このような納まり難易度の高い手摺の場合は、工場内で現場の壁位置などを再現し、そこで実際に手摺を取り付けて納まりを確認しておくとよい（写真8・9）。


ありそうでなかった木製らせん階段は、設計・施工の難易度はやや高かったが、とても満足のいく仕上がりとなった（写真10）。

木製の半片持ち連続階段

　階段はできるだけ軽快に見せたい。一方で、階段下のスペースを収納などに有効利用したい。そこで考えたのが、階段の奥行910㎜の奥半分は収納にして、そして手前半分はストリップ階段とした半片持ち連続階段である（写真11・12）。階段をすべて持ち出すデザインと比較すれば、ずいぶんと楽な構造となる。片持ち階段で用いたような構造的な蹴込み板は不要だ。この階段では、壁側と階段奥行の中央付近にささら桁を設け、この2点で踏み板を固定し、踏み板の手前半分が持ち出される（図7〜9）。

　踏み板には36㎜厚の集成材を使っており、400㎜前後の持ち出しはまったく問題ない。後は蹴込み板を入れ、奥半分の階段下に収納をつくる。この場合、踏み板は、なるべく厚みが出ないようにスマートに納めることが、軽快なデザインをつくるコツとなる。

　踏み板にホワイトアッシュを使い、蹴込み板と収納扉を白い素材とした。こうすることで階段の踏み板のみが目立ち、階段全体を軽快に見せる。ちなみに、踏み板を黒く塗装し、蹴込みと収納扉を白く塗装にすると、より踏み板が強調され、階段が宙に浮いているような印象を与えられる。

8 手摺が取り付く壁の原寸を工場内で再現し、3次元にカーブを描く手摺の納まりを確認
9 精度の高い金物がつくれる鉄工所は限られる。当社は長岡市の五十嵐工業と協働
10 木製の半片持ち連続階段を裏から見る。インテリア階段の意匠と収納の機能が両立している

物件概要
A様邸
設計・施工：サトウ工務店
所在地：新潟県三条市（5地域）
家族構成：夫婦＋子ども2人
敷地面積：250.93㎡（75.75坪）
建築面積：87.06㎡（26.28坪）
延床面積：119.24㎡（36.00坪）
1階：85.29㎡（25.75坪）
2階：33.95㎡（10.25坪）
耐震性能：等級3（許容応力度計算）
竣工年月：2013年2月

11 開放的な意匠と収納力を兼ね備えた階段。手前半分は跳ね出しのストリップ階段。奥の半分はすべて収納となっている

12 中2階のベランダへ出入りできる踊り場がある。蹴込みはモイス、収納面材は白いポリ合板、踏み板はホワイトアッシュの無垢材となっている

図8 正面図(S=1:25)

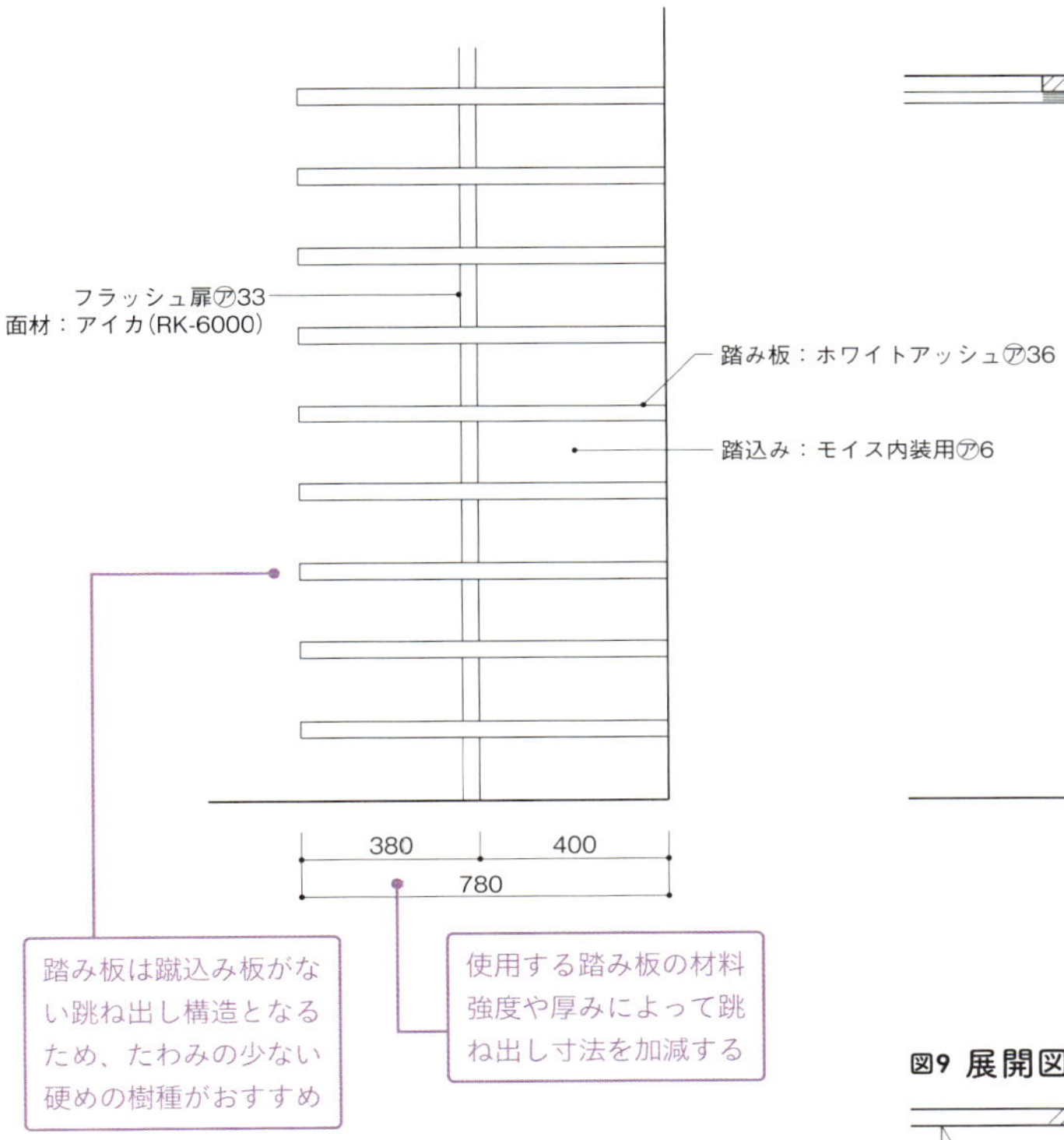

図7 断面図(S=1:25)

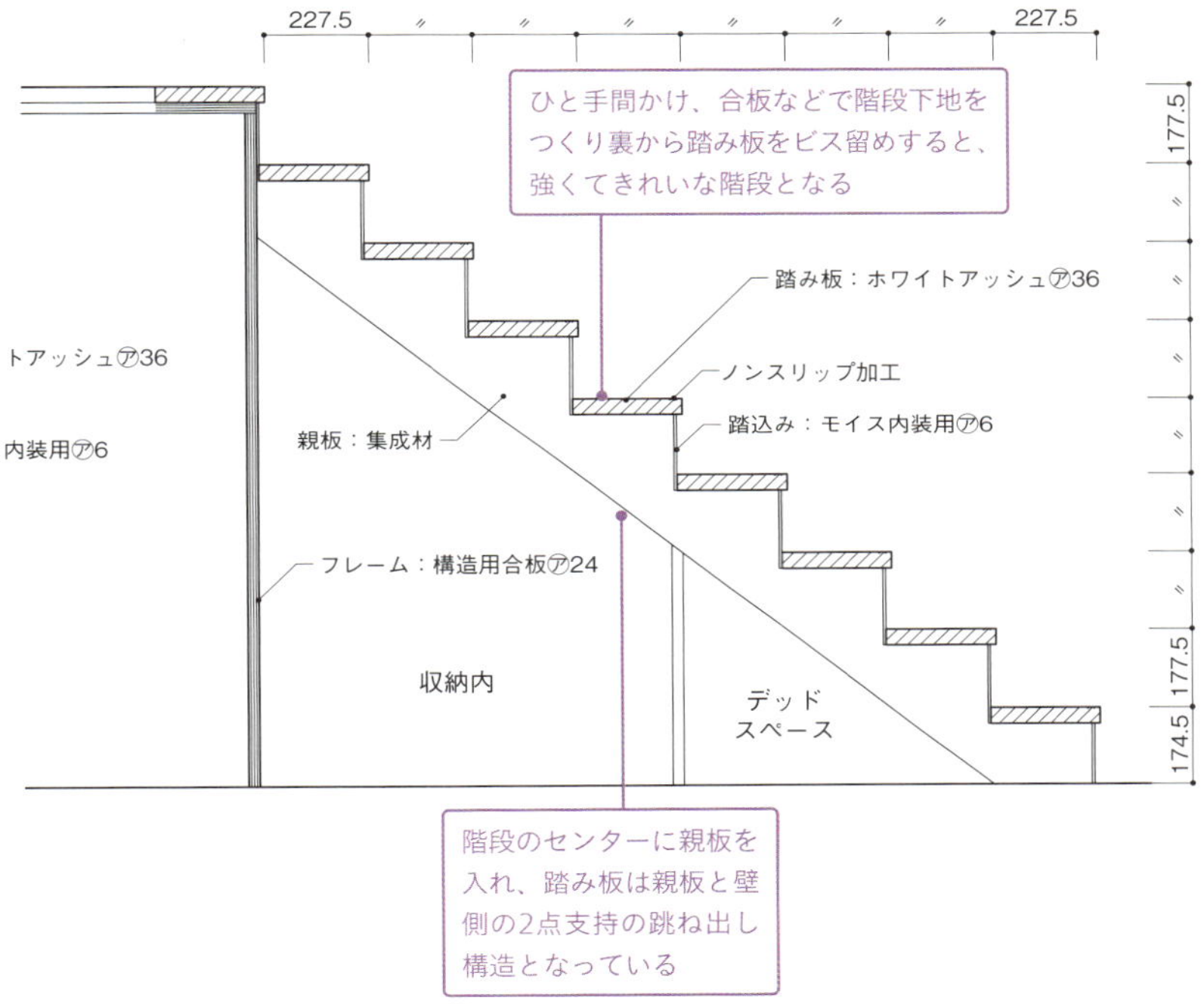

図9 展開図(S=1:25)

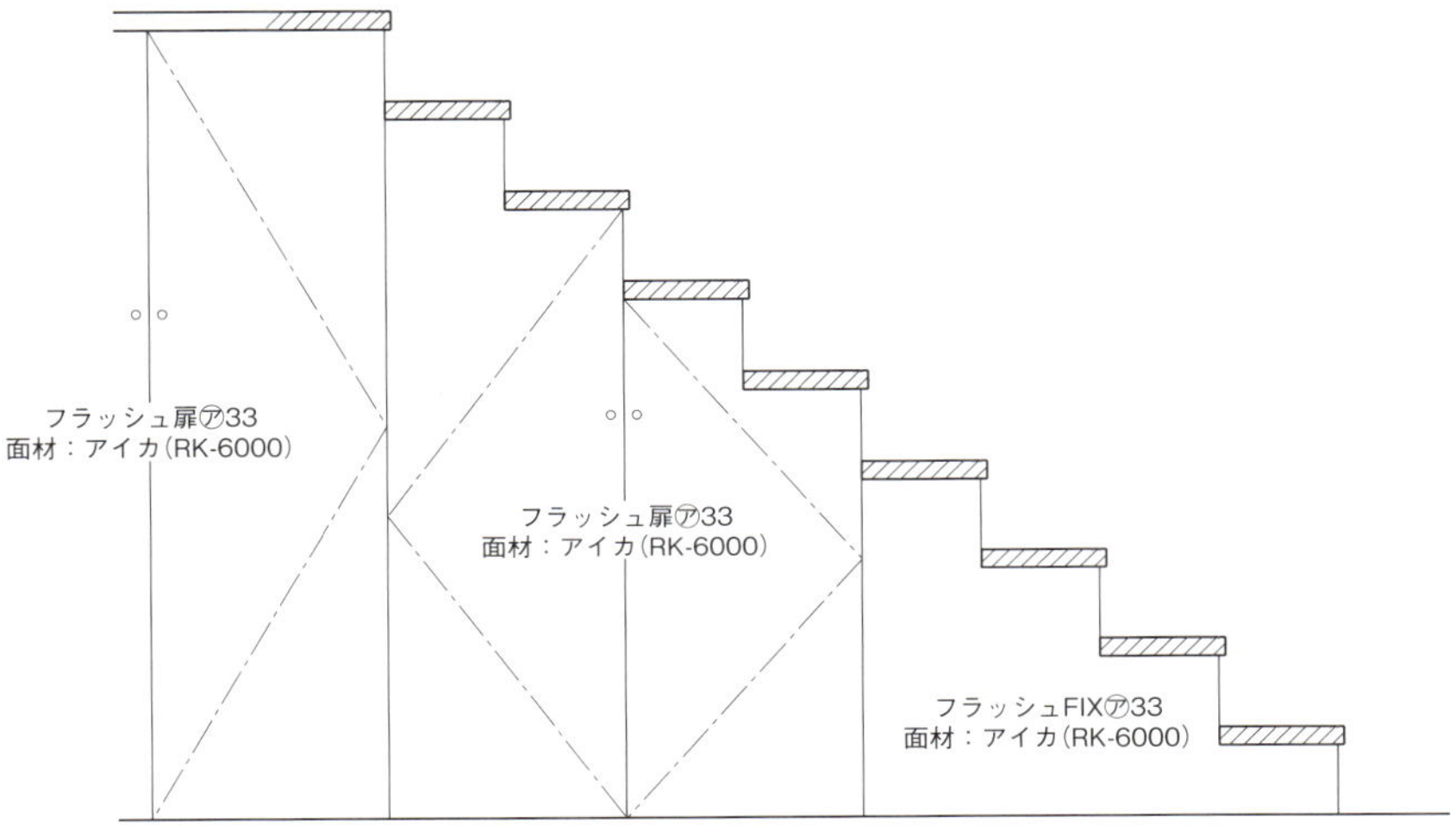

5-3

スマートなスチール階段

直行のスチール最小限階段

スチールを使い、フレームを最小限のサイズで納めた事例である（写真1）。フレーム（親板）には、30×60㎜の角パイプを使った。なぜ30×60㎜なのかというと、30㎜刻みの部材が木造住宅には何かと相性がよいからだ。実際に構造材や下地材の断面には、1寸（30㎜）の倍数がよく使われており、納まり上も大工の作業的にも馴染みやすいのだ。一方で、30×60㎜は、階段のスパンによってはギリギリの耐力だったり、たわみが大きく歩行感が悪くなったりする場合もある。

ここで紹介する9段上がりの階段は、30×60㎜の親板で問題ない強度が確保されている。しかし、12段上がりの物件では、たわみによる歩行感の悪化が懸念されたので、角パイプ内にグラウト（無収縮モルタル）を充塡し、CFT造とすることで、まったくたわみのない歩行感良好な階段となった（図1・写真2）。

また、このグラウト充塡とは違う方法で、30×60㎜のパイプのまま、長いスパンを持たせる方法もある。階段には付き物の手摺だが、これを利用することでも最小限の親板を補強することができるのだ。その方法は93頁の「極細フレーム階段」で解説する。

親板をスチールでつくる際、気を付けなければならないのは、角パイプでなくフラットバーを使う場合だ。階段の構造計算で垂直荷重を検討すれば、フラットバーでも十分だ。しかし、フラットバーは水平荷重に弱く、ほぼ抵抗しない。実際には歩行時の荷重で少なからずとも横揺れも発生してしまう。したがって、親板にフラットバーを使う場合は、親板の各所を壁に固定する、もしくは階段の片側が壁の場合にのみ採用したい。いずれにしても、角パイプなら水平方向にも抵抗できるので、この30㎜×60㎜の角パイプは使い勝手がよく多くの階段で使用している。

下と同じ形状の階段だがこちらはスパンが短い。上の写真はではスパンが短いので、角パイプ30×60×3.2mmの比較的コンパクトなサイズで十分な強度が確保された

親板をスチールで製作した階段。同サイズのコンパクトな角パイプではたわみが大きく出る。そこで角パイプ内にグラウト（無収縮モルタル）を充塡し、強固なCFT造とした。鉄の引張り強さとセメントの圧縮強さが合わさった最強のフレームとなった（納まりは図1参照）

図1 断面図（S=1:20）

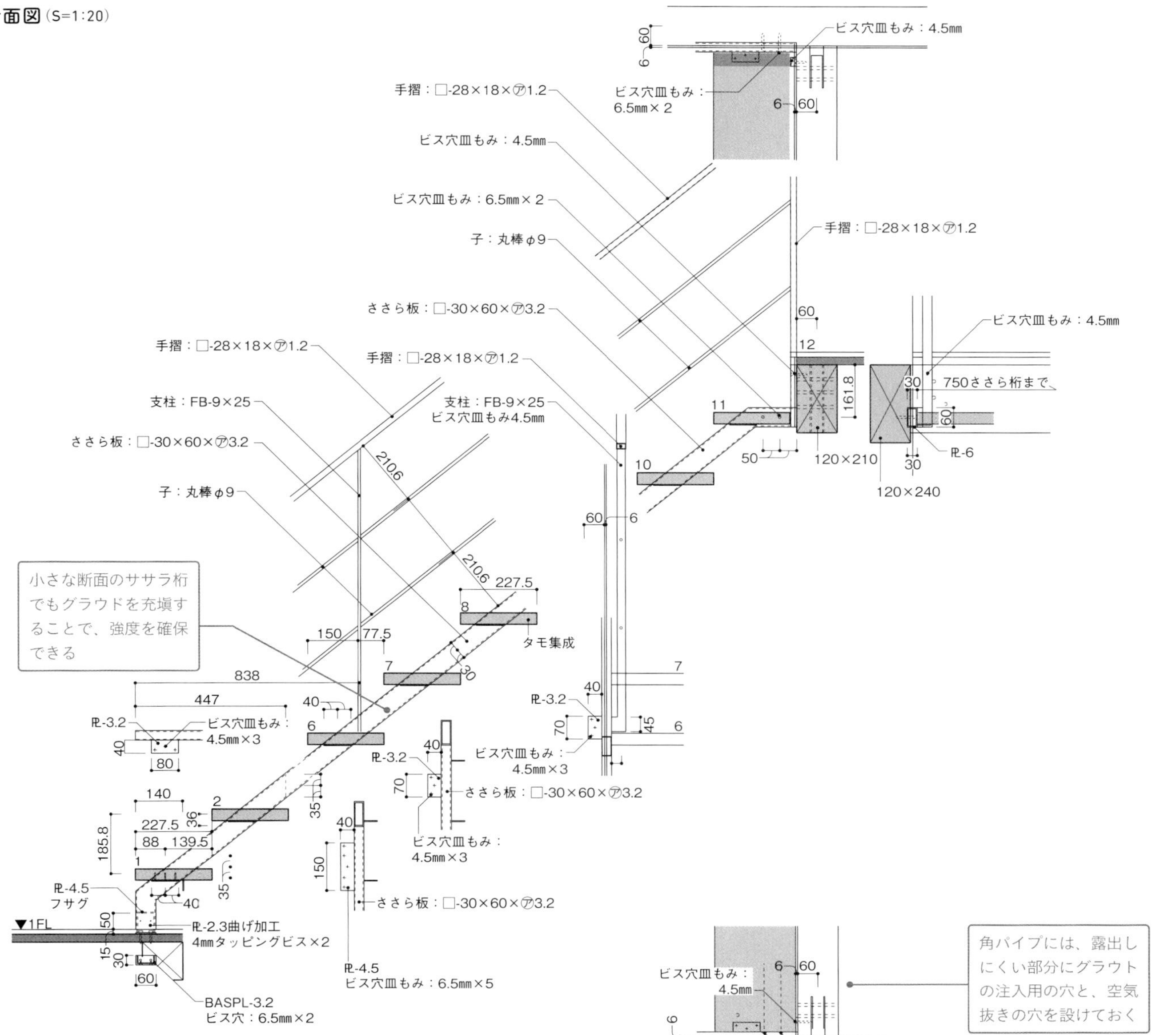

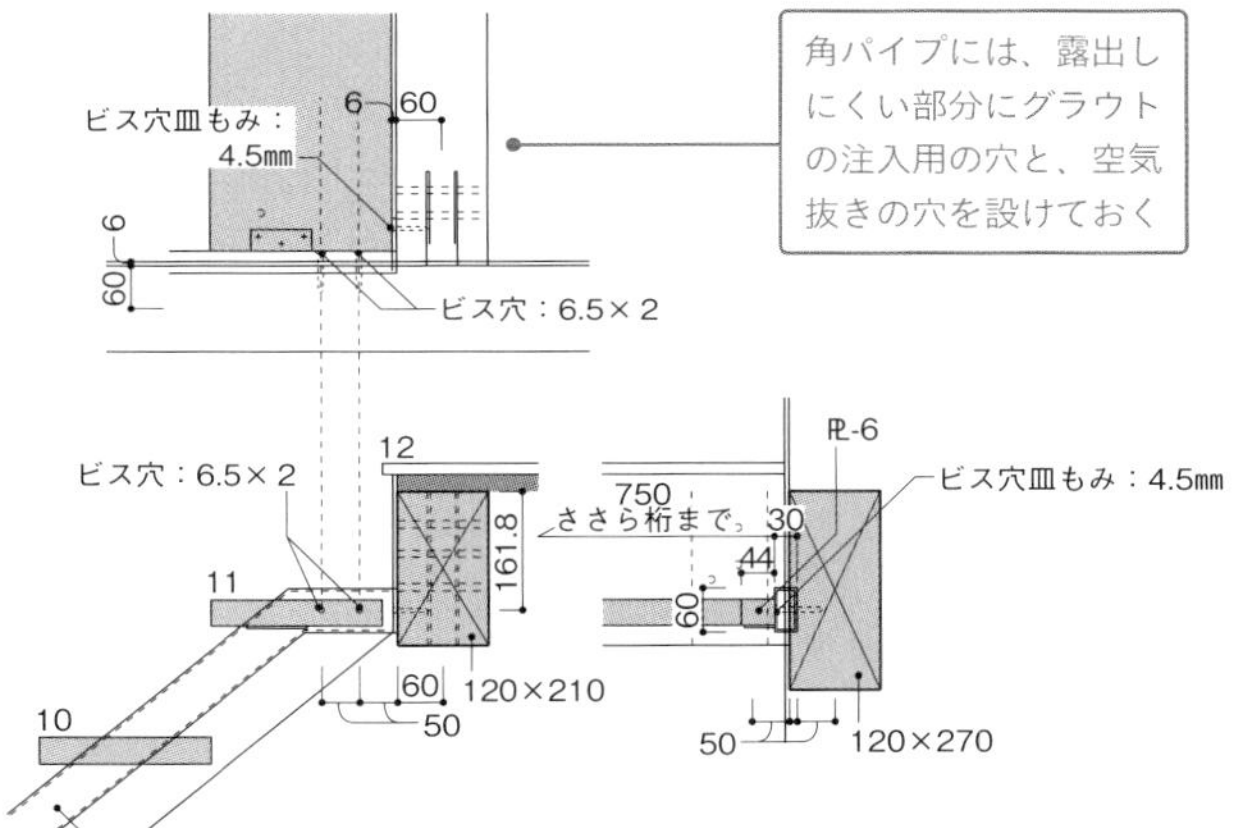

物件概要

西大崎の住宅	延床面積：129.78㎡（39.18坪）
設計・施工：サトウ工務店	1階：73.14㎡（22.08坪）
所在地：新潟県三条市（5地域）	2階：56.64㎡（17.10坪）
家族構成：夫婦＋子ども2人	耐震性能：等級2（許容応力度計算）
敷地面積：247.50㎡（74.72坪）	竣工年月：2011年12月
建築面積：74.80㎡（22.58坪）	

スチール製のらせん階段

続いてインテリアとしても秀逸な意匠をもつスチール製のらせん階段を解説する。この階段のメリットは、見た目の美しさだけでなく、1820㎜×1820㎜のコンパクトな面積で階段が納まる点にある（図2〜4・写真3）。とはいえ、中柱や壁際のサイズ、つくり方によっては、建築基準法で要求される幅75㎝が確保できなくなってしまうので注意が必要だ。

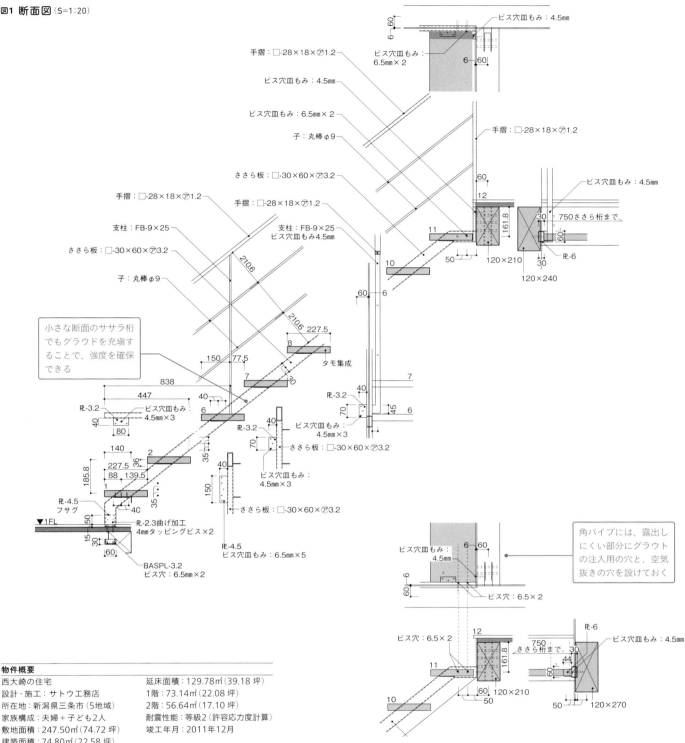

この物件では中柱は114・3㎜径の丸鋼管を使うことにした。丸鋼管としては少し太めのサイズにしている理由は、この中柱に荷重のすべてがかかるのである程度の強度が必要なためだ。そして、強度的には十分でも昇降時に柱が揺れてしまうと階段も揺れてしまい歩行感が悪くなるので、少し余裕のある太さが欲しかった。また、丸柱の側面に踏み板と蹴込み板を溶接するので、太めの柱のほうが接合しやすいという側面もある。

構造的には、まずこの丸鋼管を床下の土間や基礎にしっかりと緊結する。この接合が甘いと、揺れにも影響してくる。そして、立ち上げた丸鋼管は、最上段で2階の梁と緊結する。丸鋼管の上下を固定することで揺れにくい中柱とな

図2 断面図(S=1:30)

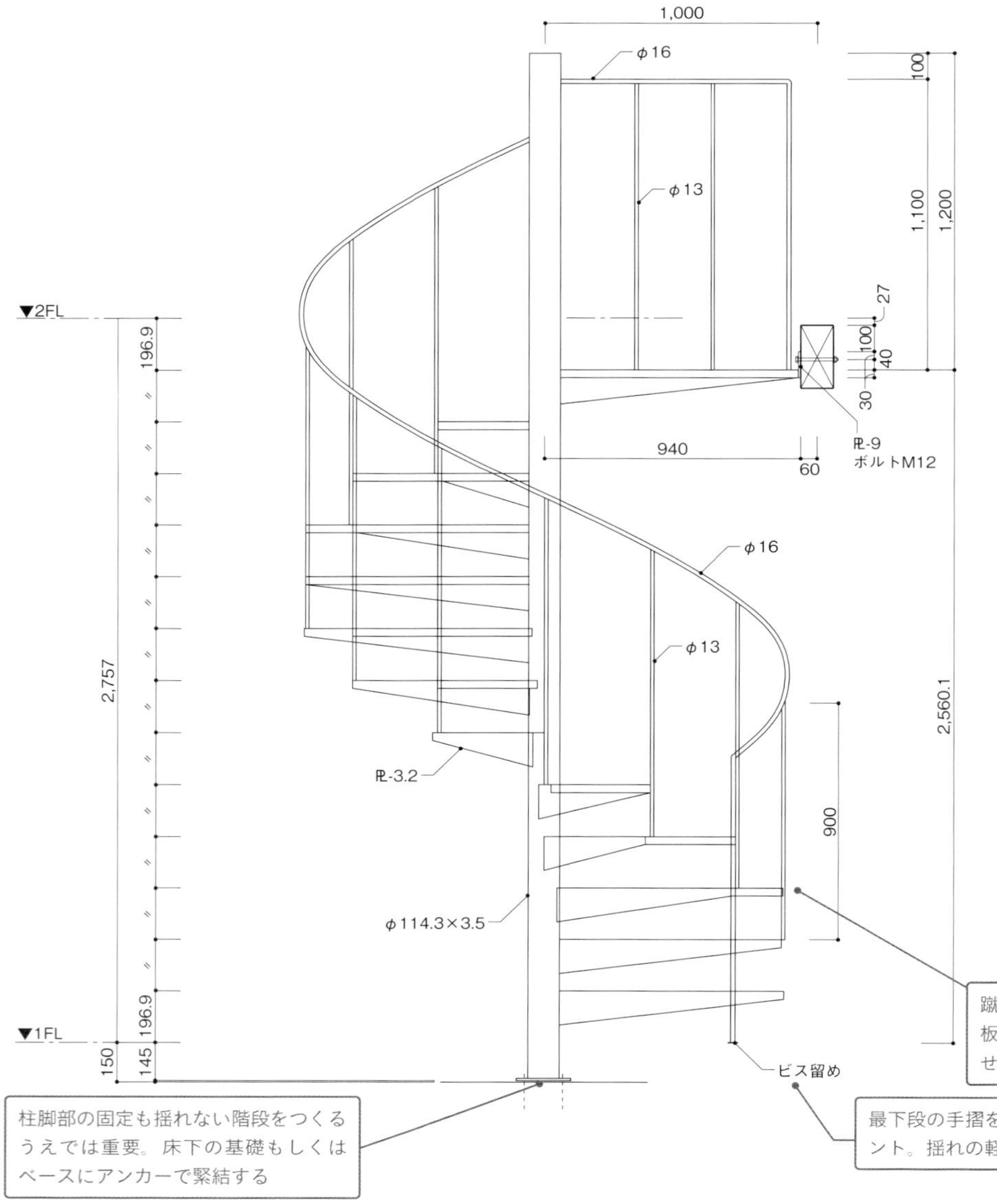
蹴込み板はないが、手摺で上下の踏み板をつなげることで、揺れの少ないらせん階段がつくれる
最下段の手摺を床に止めることがポイント。揺れの軽減に大きく貢献する

図3 踏板詳細図(S=1:30)

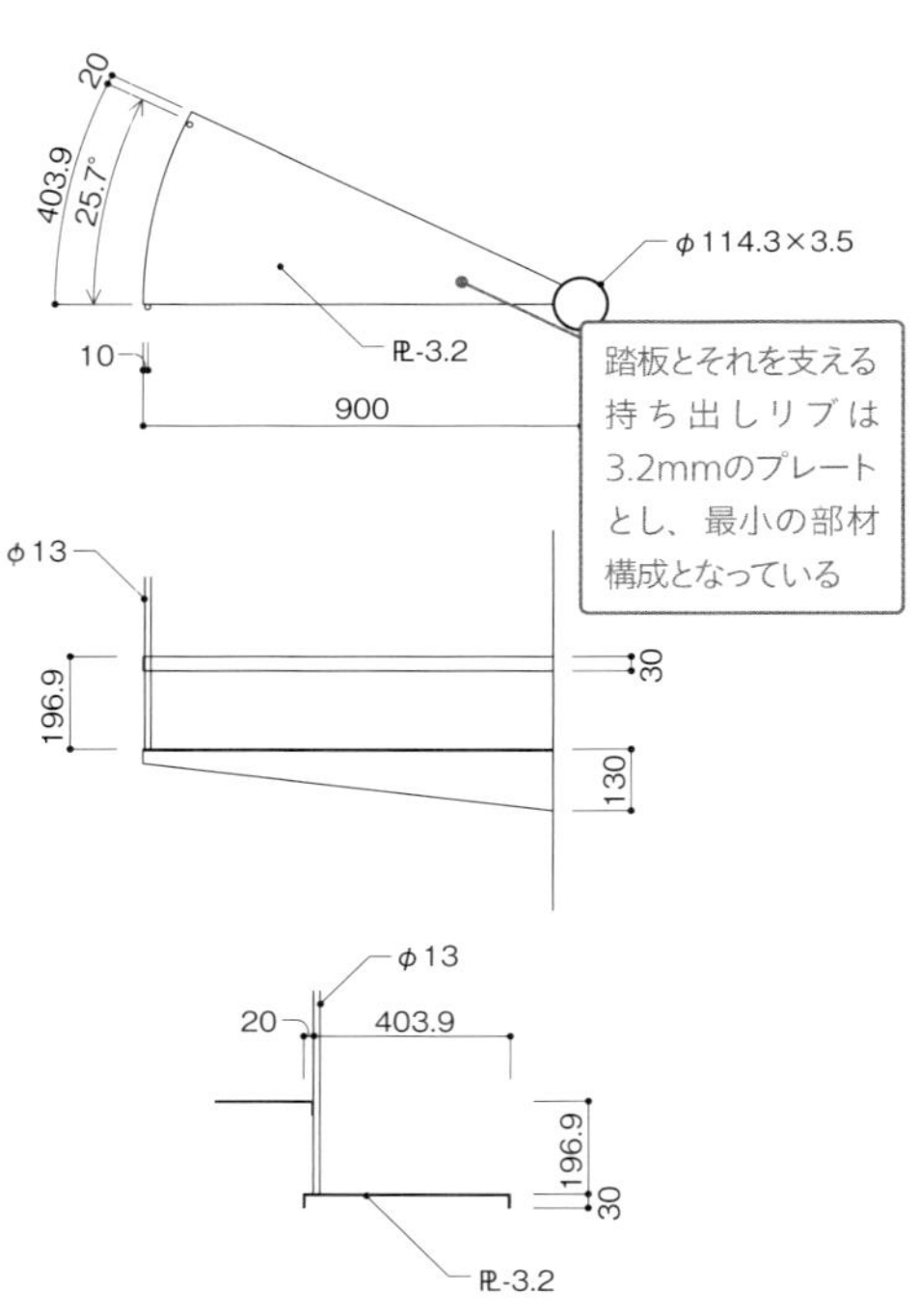

図4 平面図(S=1:30)

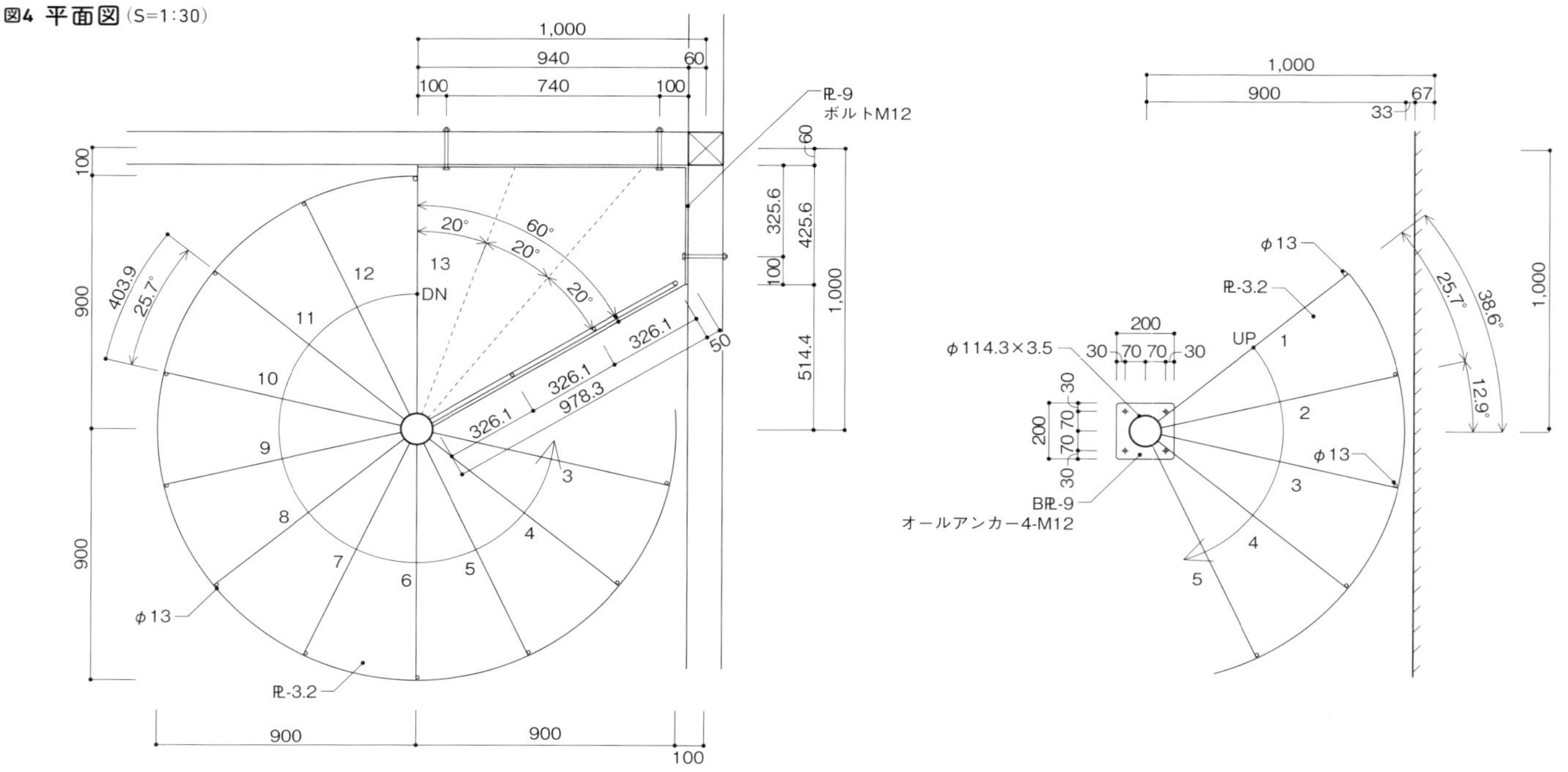

る。

次に踏み板と蹴込み板の取付けだが、今まで解説してきた階段でも多く採用してきたように蹴込み板で踏み板を支える構造とした。これらを接合するのが丸鋼管であるため、横方向の取付け部はわずかしか確保できない（幅が取れない）が、縦方向には十分な溶接距離が確保できる。したがって、蹴込み板の形状は、中柱に取り付く中心部はなるべく高さを設け、溶接できる長さを確保し、跳ね出された外周部に行くほど小さくした。これは、持ち出し先端に集中荷重をかけたときの「曲げモーメント図」をひっくり返した形状そのものである。つまり、必要最小限の蹴込み板となる。後は、蹴込み板の上に踏み板を乗せるだけだ（実際には蹴込み板と踏み板は同一プレートで、段鼻部で折り曲げてつくっている）。

構造的にはこれで成り立つのだが、非常に華奢なこの手のデザイン階段は、ある程度の揺れを許容するケースが多いと思う。ただ私としては歩行感も大切にしたいので、さらに工夫を凝らして揺れを抑えることにした。

階段に必要不可欠な部材として手摺がある。これを利用して踏み板の揺れを抑える。16㎜径の丸鋼管の手摺を13㎜径の丸鋼の柱で支えるのだが、この柱で上下の踏み板をつないでいく方法だ。床から伸びた丸鋼の柱は1段目の踏み板の端に緊結され、2段目以降の踏み板手前（段鼻）は下の段と、踏み板奥は上の段と丸鋼でつながる（写真4）。赤マーカーの様に手摺柱で段板をつなぐことで独立してバラバラに荷重を支えるのではなく、上下の踏み板と繋がり2段または3段が協力して荷重を支えることになる。これにより強度だけでなく揺れも少なく歩行感のよいらせん階段が完成する。

見た目が華奢な階段は、インテリアとしてはとても好まれるが、毎日家族が昇降することを考えると、安全性や歩行感を優先して階段をつくるべきである。

3
らせん階段を最小限の部材でつくった場合には「揺れ」が懸念される。いかに「揺れ」を抑えるかがポイントとなる

4
赤マーカー部を見てほしい。上下の踏み板を連続的につなぐことで、デザイン性だけでなく階段の揺れを抑える効果も期待できる

スチール製の片持ち連続階段

スチールを使って踏み板と蹴込み板を連続させたデザインだ。構造的な考え方は、木製の連続と同様に壁内の柱に緊結した持ち出しの蹴込み板で踏み板にかかる荷重を受けている（図5〜7・写真5〜7）。

しかし、階段はスチール製で蹴込み板と踏み板が溶接してあるので、ビスで緊結していた木製の連続階段より、さらに強固に一体となっている。したがって、蹴込み板をすべて壁内の柱に緊結するのではなく、4段に1カ所、全体で

スチールプレートを段折りした連続階段。構造的には右壁からの片持ちとなっている

段を黒く塗装することで白い空間に軽快な印象を与える。片壁はガラス壁とし、階段の意匠を意図的に見せている

蹴込み4カ所のみを柱に緊結して片持ち構造としている。残りの蹴込みは間柱に留める程度。連続した一体構造となるので、これだけで揺れのない階段が完成する

図5 平面図(S=1:30)

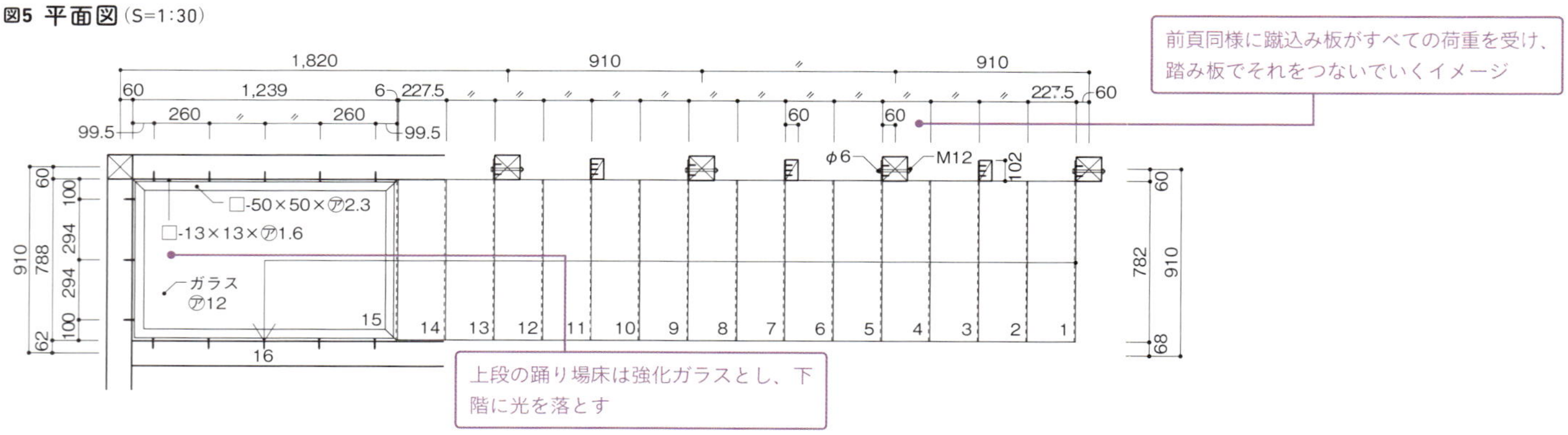

図6 断面図(S=1:30)

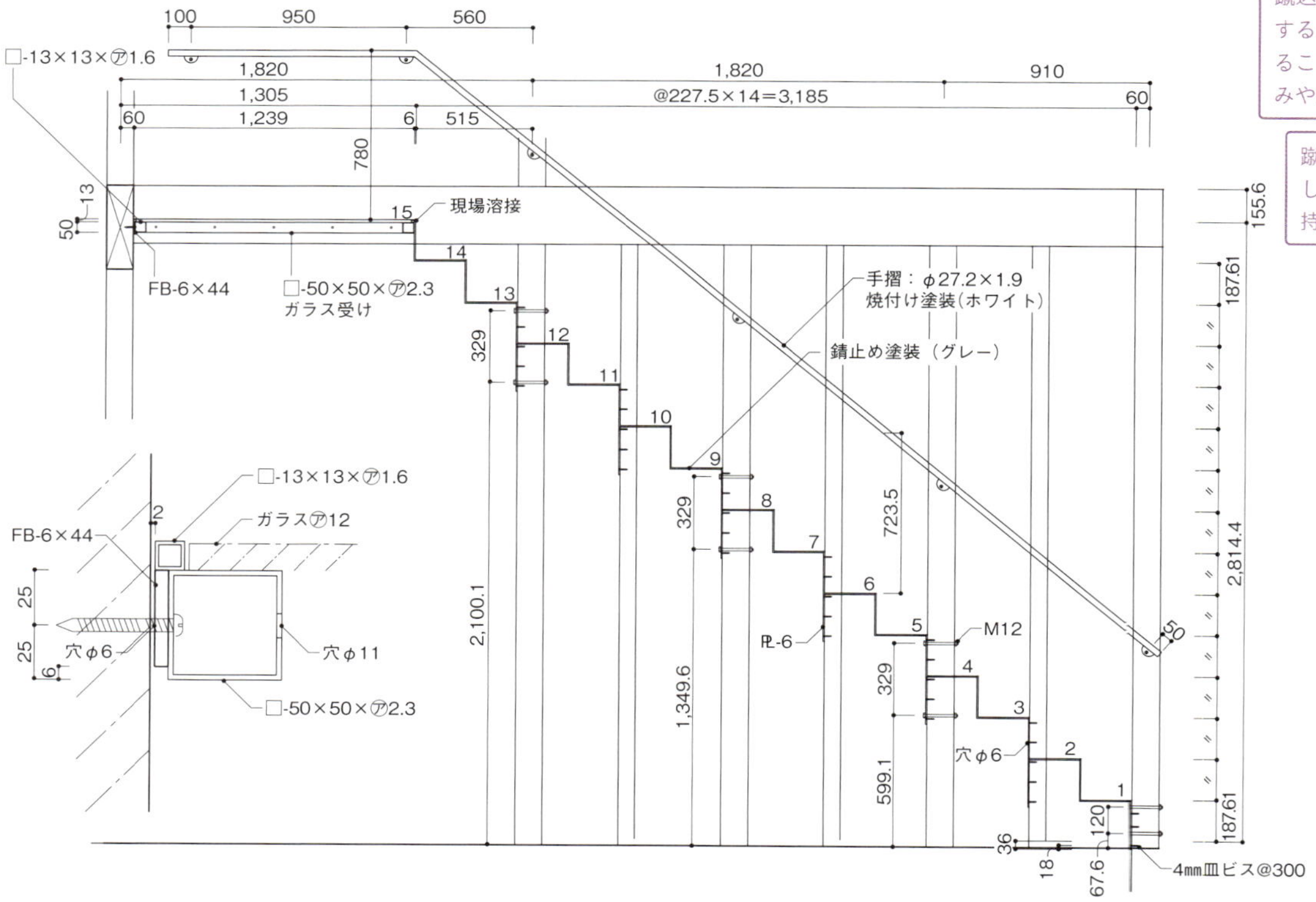

図7 蹴込み板詳細図(S=1:30)

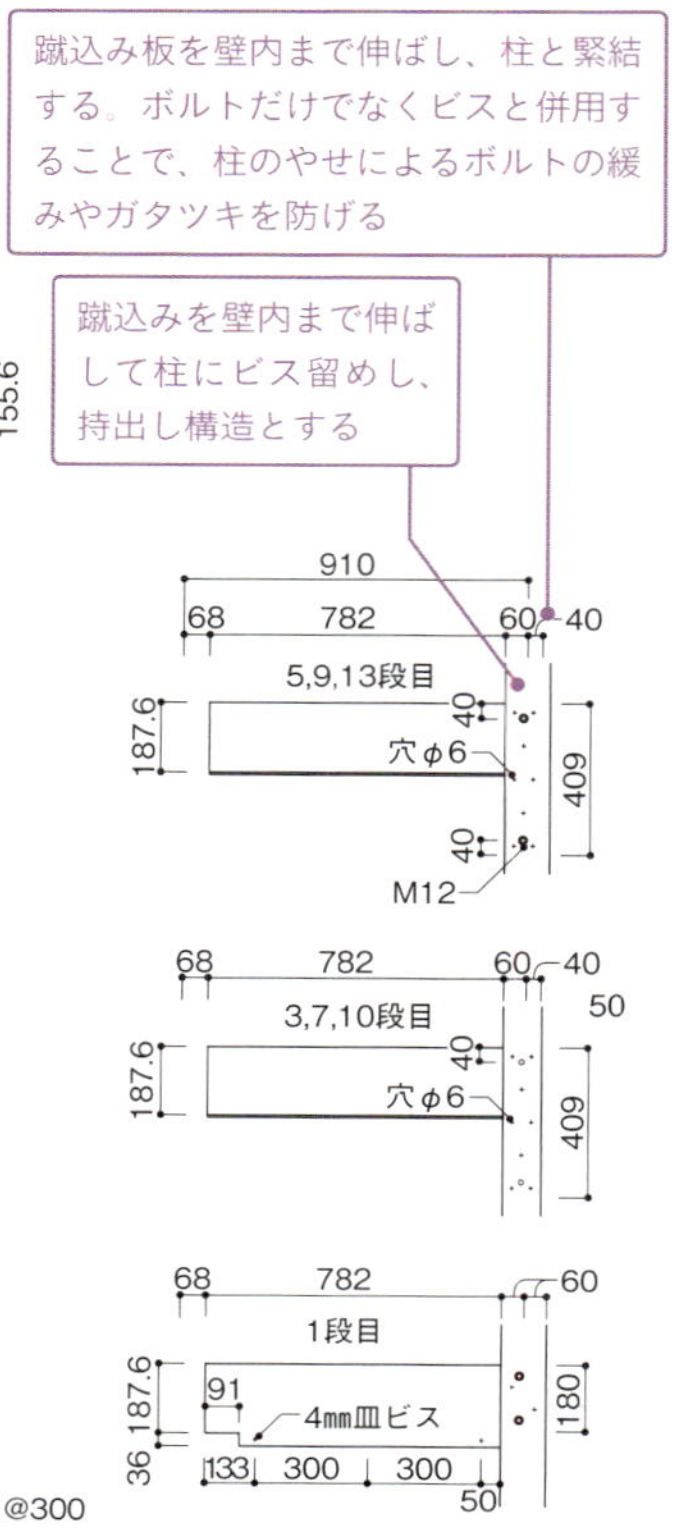

物件概要
S邸
設計・施工:サトウ工務店
所在地:新潟県三条市(5地域)
家族構成:夫婦+子ども3人
敷地面積:138.14㎡(40.70坪)
建築面積:94.02㎡(28.38坪)
延床面積:166.14㎡(50.17坪)
1階:83.34㎡(25.17坪)
2階:74.52㎡(22.50坪)
R階:8.28㎡(2.50坪)
耐震性能:等級3(許容応力度計算)
竣工年月:2014年3月

なお、階段にスチールを使う場合は重量には注意したい。この階段も総重量が300kgにもなるので、建物への負担もかなり大きくなる。構造計算の際はこの荷重も忘れずに加算しておきたい。

最細フレーム階段

スチール階段のフレームには、30×60mmの角パイプを採用している。サイズがコンパクトで意匠性に優れる、1寸(30mm)の倍数サイズが木造建築において使いやすい、フラットバーとは異なり横方向の揺れも抑えるなどがその理由だ。しかし、このサイズでは7~8段くらいの階段から、たわみや揺れの心配が出てくる。88頁では、角パイプ内に無収縮モルタルを充填して強度を高める方法を紹介したが、ここでは別の方法で強度を高めている。

この階段は、階段の1階上り口と、2階下り口にステップが設けてあり、階段自体は10段上がりの高さだ(写真8)。とはいえこの高さの階段では30×60mmの角パイプでは少し強度が足りず、たわみや揺れにつながる。そこで壁側と室内側のフレームをそれぞれ異なる方法を採用した。

階段脇の壁は全面が大開口サッシとなっているが、ちょうど階段の中間辺りに構造柱がある。そこで角パイプの内側にビス頭が入る程度の少し大きい穴をあけ、角パイプを柱へ少し太めのビスで留め付けた。ちょうど踏み板を取り付けるところの穴が見えなくなる位置だ(図8)。柱と固定することで壁側のフレームは比較的簡単に補強ができた。

問題は室内側だ。こちら側には壁はなく吹抜けとなっているため、フレームを固定するものはない。しかし、その吹抜け側には手摺を取り付ける予定となっている。

そこで階段のスチールフレームに手摺を溶接して一体化することで強度を高めることを考えた。階段の親板フレームのちょうど中間辺りに手摺の親柱を計画する。すると、手摺が1階天井の少し上となり2階床の懐部分の壁に手摺の親柱がかかることになる。ここで4カ所のみとした。柱への緊結方法は、脱落防止のボルトナットと緩み防止のビス留めを併用とした。

仕上げは、スチールを黒く塗装し、強化ガラスの間仕切壁越しに見せている。階段の機能と構造をそのまま見せたこの階段は、小手先の装飾デザインとは異なる迫力と説得力が感じられるデザインになった。

8 踏み板を下から見る。中柱に差し込まれている部分はとても細く、黒いスチールプレートで補強してめり込みを防いでいる

図8 壁側展開図(S=1:30)

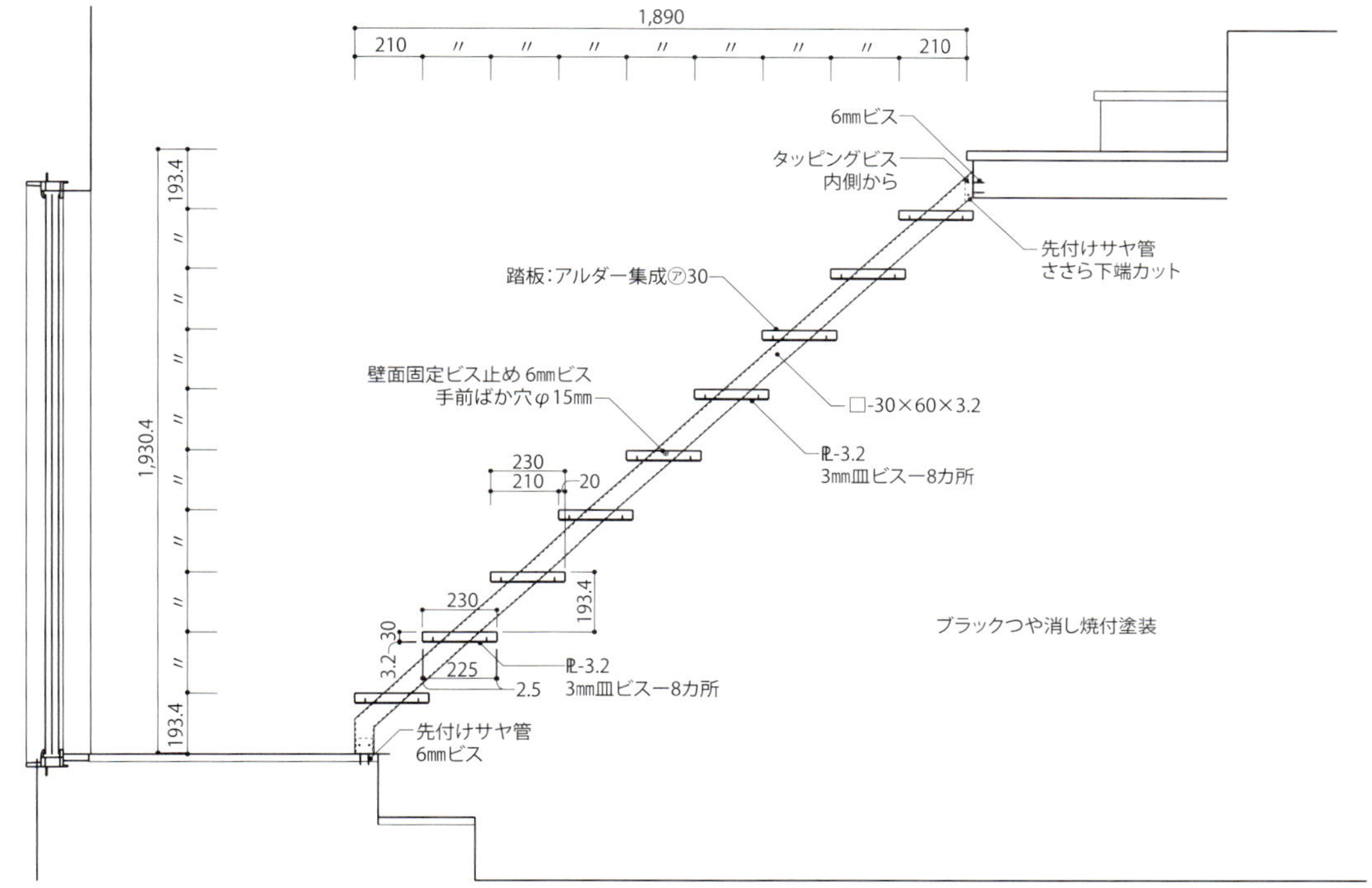

物件概要
O邸
設計:ネイティブディメンションズ一級建築士事務所
施工:サトウ工務店
所在地:新潟県加茂市(5地域)
家族構成:夫婦+子ども2人
敷地面積:196.11㎡(59.20坪)
建築面積:79.50㎡(24.00坪)
延床面積:102.27㎡(30.87坪)
1階:56.31㎡(17.00坪)
2階:45.96㎡(13.87坪)
耐震性能:等級3(許容応力度計算)
断熱性能:等級6(U_A値0.38W/㎡K)
竣工年月:2020年11月

手摺の親柱を壁に太めのビスで緊結するのだ。こうすることで、親板フレームのちょうど中間辺りを上部壁から手摺の親柱で吊り下げるような形になり、室内側の親板フレームが補強される（図9・10）。

この階段もLDKのとても目に付くところに計画されているので、細部の見え方にもこだわる必要がある。特に踏み板の止め金具などが下から見えてしまうため、3Dでパースを書き、その見え方を確認した（写真9・10）。今回は止め金具が目立つので、踏み板下全面を同サイズのプレートで覆う仕様を採用した（写真11・12）。

10

9

9・10 階段の納まりだけでなく、見え方も確認するため3Dソフト（SketchUp）を使いながらデザインを検討した

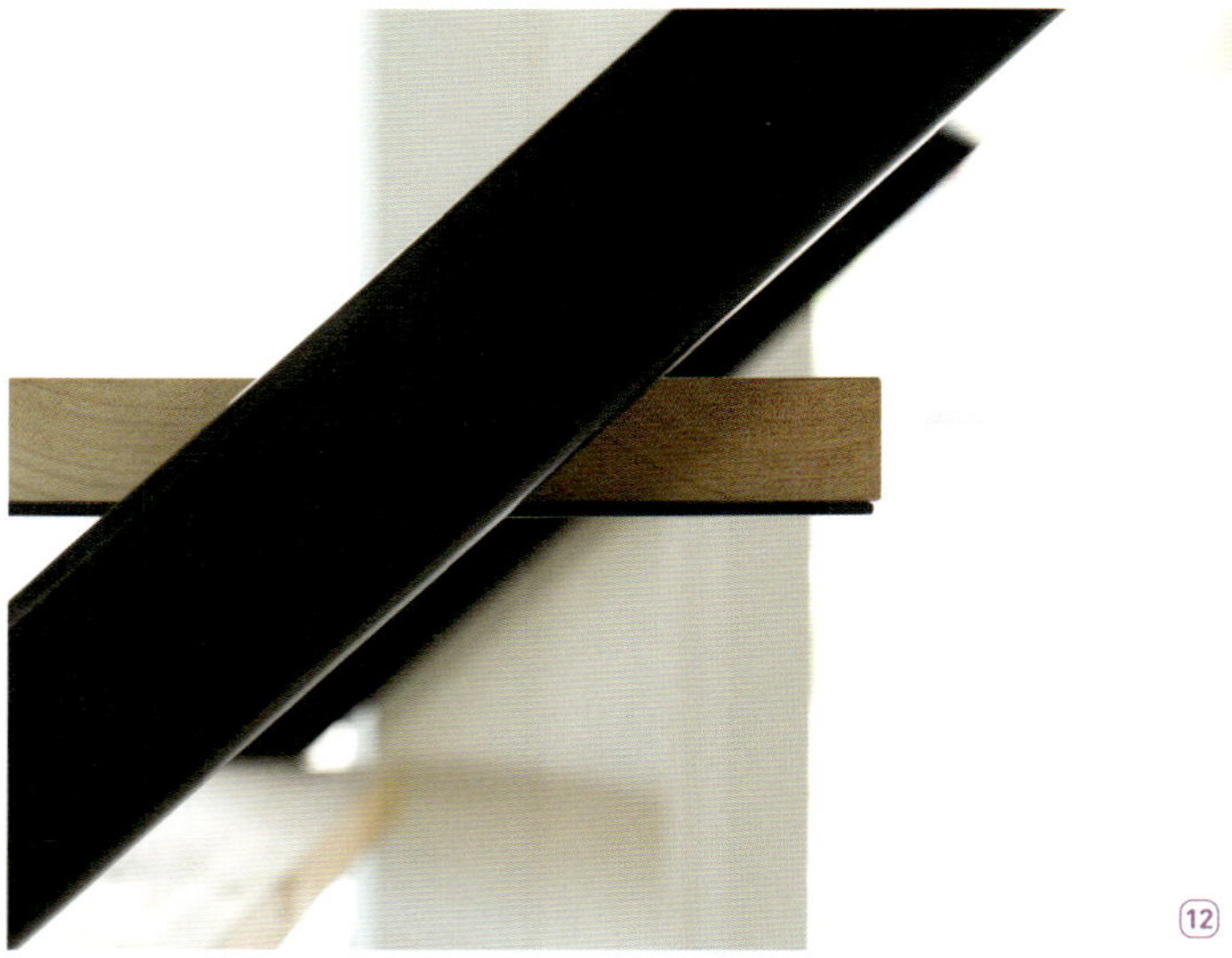
12

30㎜×6㎜のササラ桁。このサイズは見た目がスリムでよく採用する。しかしながら、段数によっては何かしらの補強を施さないと、揺れにより歩行感が悪くなる

11

30㎜×60㎜のササラ桁に3.2㎜厚のプレートを溶接し、アルダー集成材30mm厚を乗せて踏み板とした。非常にスッキリとしたディテールとなった

図10 正面展開図（S=1:30）

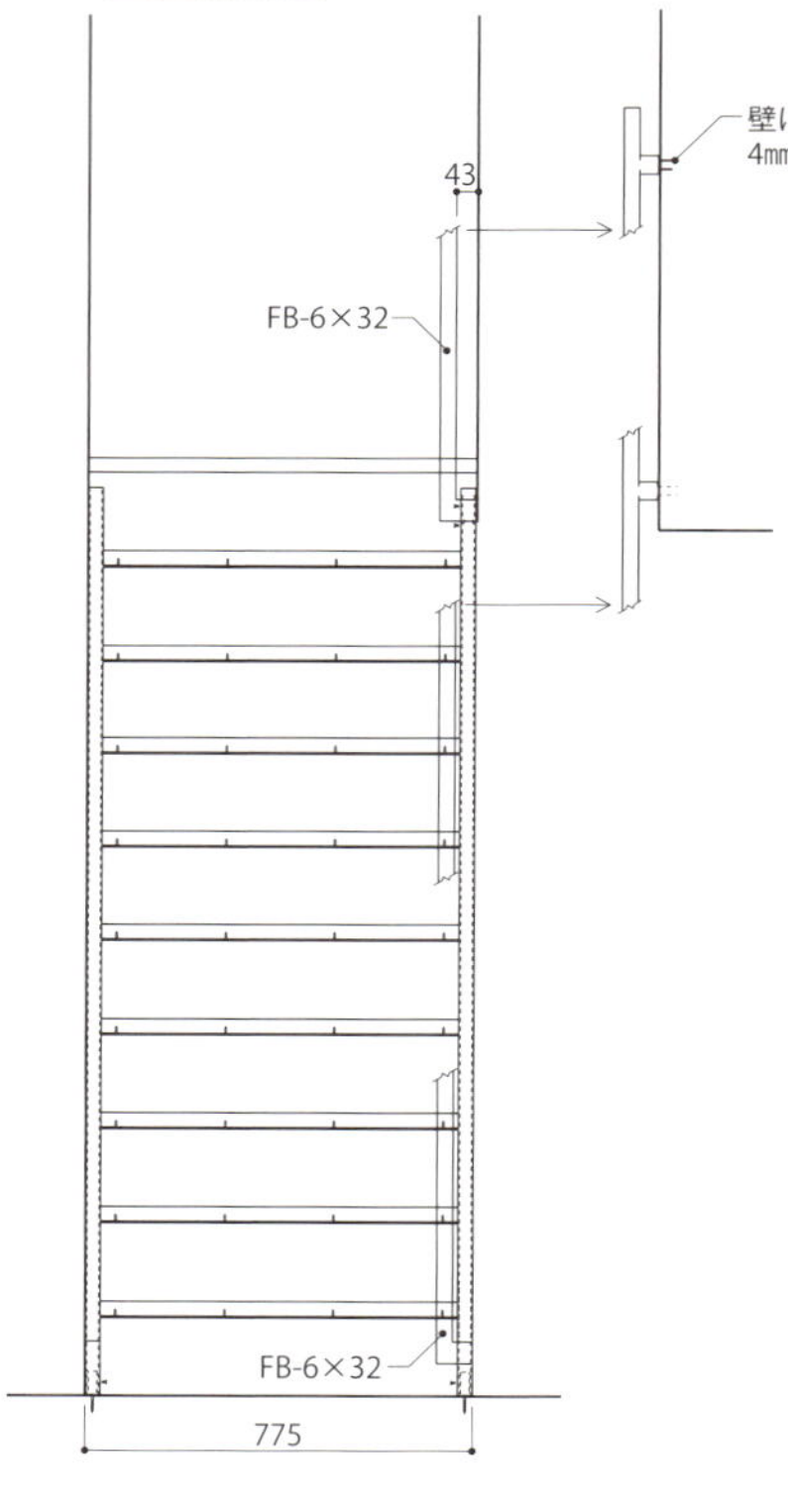

図9 室内側展開図（S=1:30）

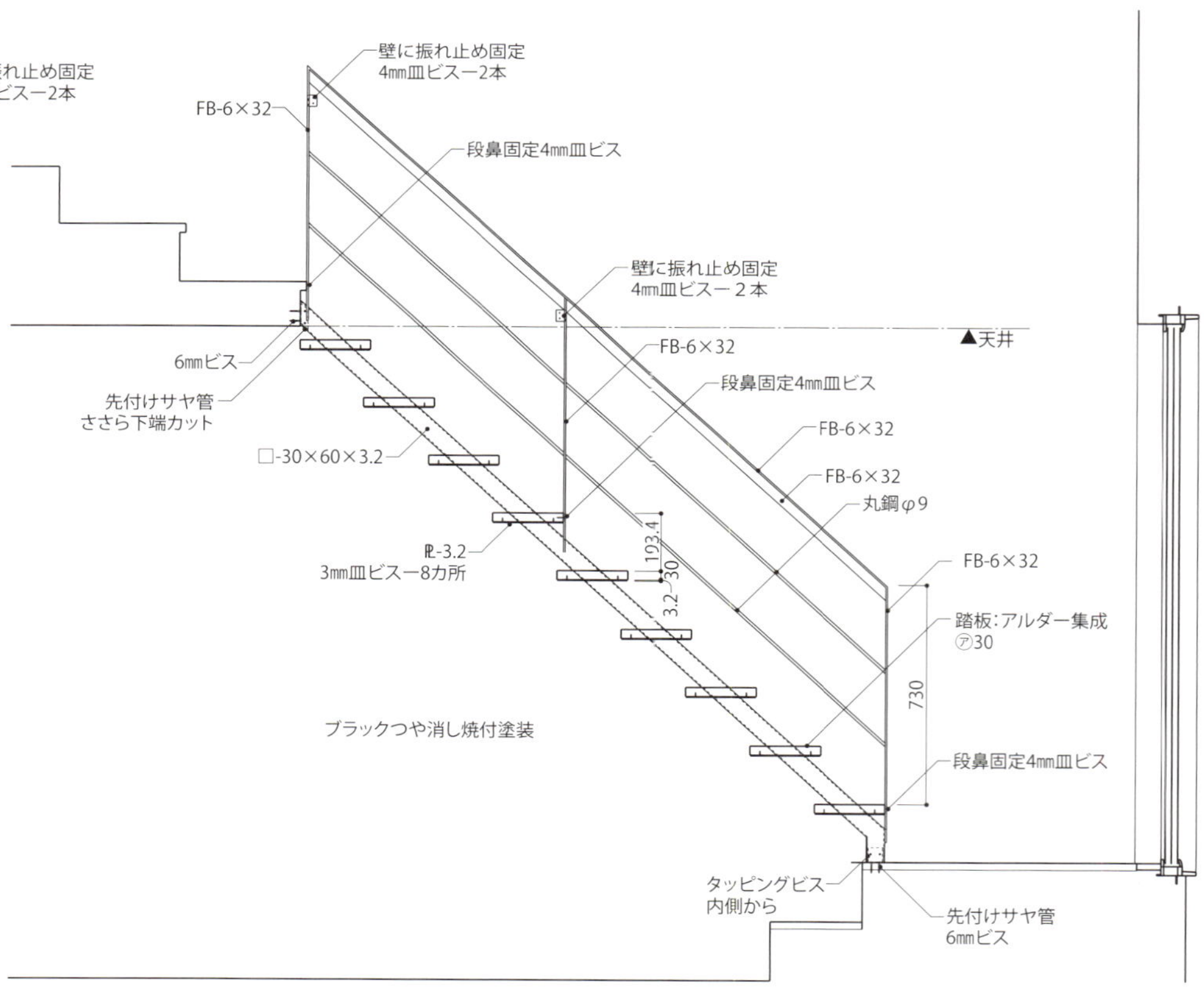

6章 家具の構造的アプローチ

6-1 造作家具と既製家具の違い

ここで紹介する家具は、家具屋さんがつくる家具ではなく、現場で大工工事の延長としてつくる家具、いわゆる「造作家具」である。もちろん、専門の家具工場でつくる高品質の家具はとても美しく機能的なのだが、造作家具は建築と一体で設計することで、室内空間をより美しくし、使い勝手もよいものにすることができる（写真1・2）。

たとえば、『デザイナーズ工務店の木造納まり図鑑』76頁では、造作家具でしかつくれないダイニングテーブル一体のキッチンを紹介したが、これも「造作家具」に分類される（写真3・4、図1〜4）。このキッチンは長さ4000㎜、奥行750㎜、高さ850㎜と巨大なサイズで、人力では運び込みが困難な重量をもつ。フレームにはスチールの角パイプが使われ、そのパイプ内には無収縮モルタルが充填されている。

しかし、ダイニングテーブルは頻繁に移動するものではないし、そもそもキッチンは固定されて動かない。ならば、その不可分の関係にあるダイニングテーブルが固定されていてもおかしくはない。実際にここぞという場所に配置できるのであれば、必要十分な寸法に設計し、ダイニングテーブルを建築と一体に固定してしまう考えもあるのだ。そして、固定される前提であれば、デザインの自由度も高くなる。この事例のようにやや不安定な形状でも、現場製作であれば、素材や施工方法など設計者の知恵と工夫により、できることが一気に増える。これは造作家具の醍醐味ともいえるのではないだろうか。

造作家具と既製家具の使い分け

造作家具の設計で重要なことは、基本に「既製品にはないから造作する」という考え方だ。何でもかんでも造作してしまうと、コストがかかってしまう。そのコストは施主が負担することになるのだから、まずは既製品でよいものがあれば、それを選択したい。

ただし、サイズや形状、テイスト、使い勝手などの点で、ピッタリくる既製品がない場合も多い。そういった場合はやはり造作家具を提案することになる。造作家具のメリットの一つでもあるが、素材をその建築に使われているもの（たとえば、床材やカウンター材）で家具をつくることができる。既製品で建築と同じ素材が使われている家具を見付けることは難しい。例え同じ樹種の木が使われていたとしても、柾目なのか木目なのか、どういった塗装仕上げなのか、面の取り方は？など、おそらく一致したものを見つけ出すことは困難だ。よって、ここぞという家具はオリジナルの造作家具としたい。また更に造作家具のメリットとして、建築と一体に作れるといった点だ。前述のキッチンとダイニングテーブルを一体にしたり、テレビ台を壁面に取付け床から浮かせてみたり、既製品には出来ないことが造作ではつくれる。設計の自由度が上がり、機能も高めることができる。

1
造作キッチンの一例。『デザイナーズ工務店の木造納まり図鑑』76頁に詳細が掲載してあるが、スチールと合板でつくったシャビーなキッチン

2
造作洗面化粧台の一例。ボウル、カウンター、水栓、ミラーと自由な素材で、ぴったりサイズのオリジナル洗面をつくることができる

長さ2,400㎜のキッチンと長さ1,600㎜のダイニングテーブルを一体化し、さらにテーブルをキャンチレバー(片持ち)にした例。このキャンチレバーを可能にしているのは、高強度なCFT構造(鉄鋼管にコンクリートを充填したもの)の下地である。テーブルに脚がないとコーナー部まで使え着座定員が増え、掃除もずいぶん楽になる

角パイプにグラウト(無収縮モルタル)を充填した超高強度なCFT構造フレームを採用。なお、テーブル側の荷重でキッチン側が持ち上がらないようにしっかりと床に固定する必要がある

図2 フレーム姿図

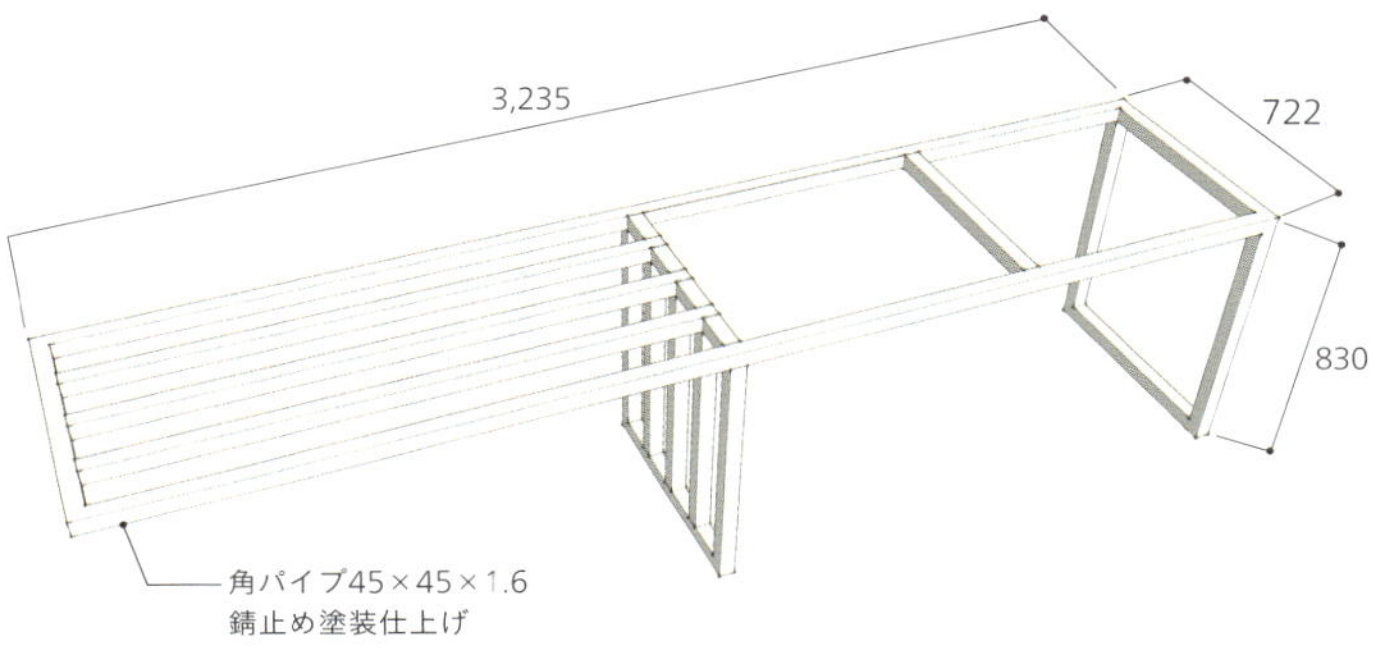

図1 天板姿図

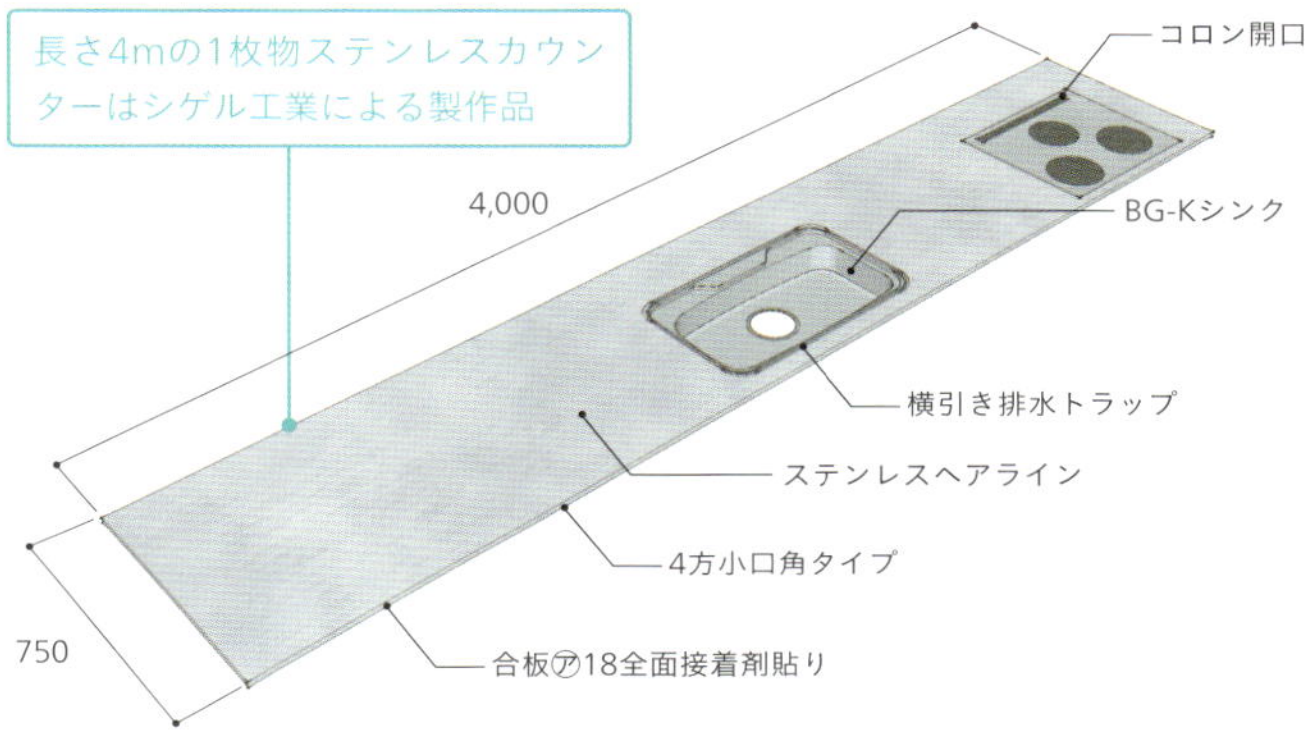

図3 フレーム断面図(S=1:30)

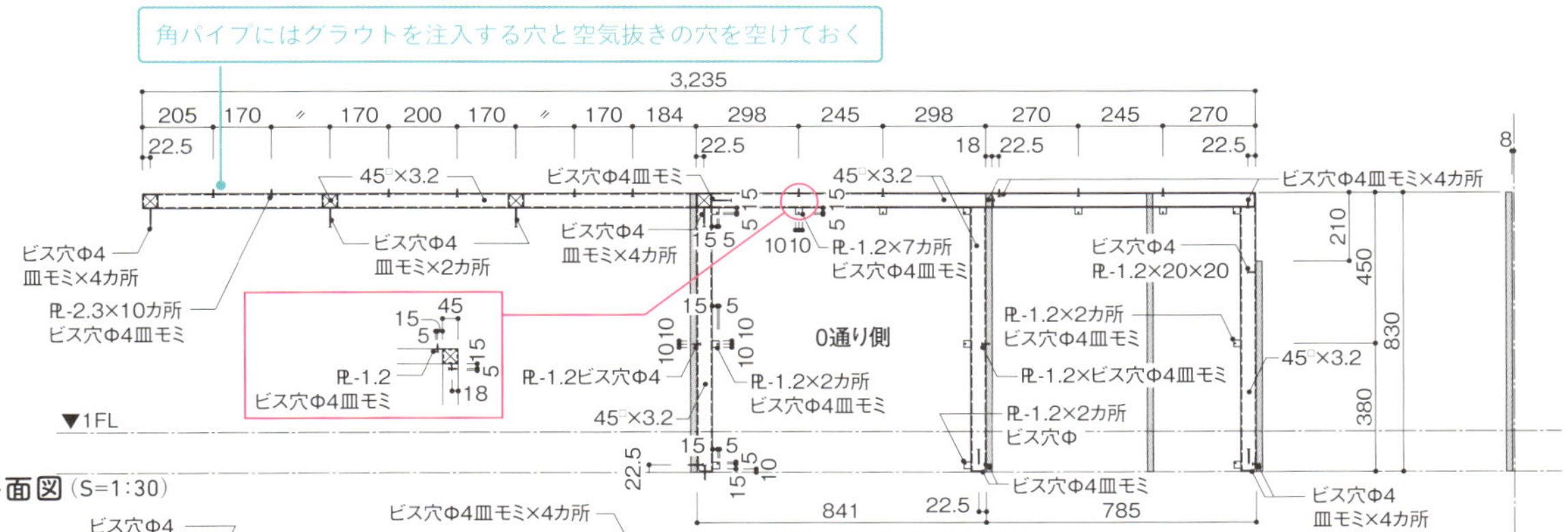

図4 フレーム平面図(S=1:30)

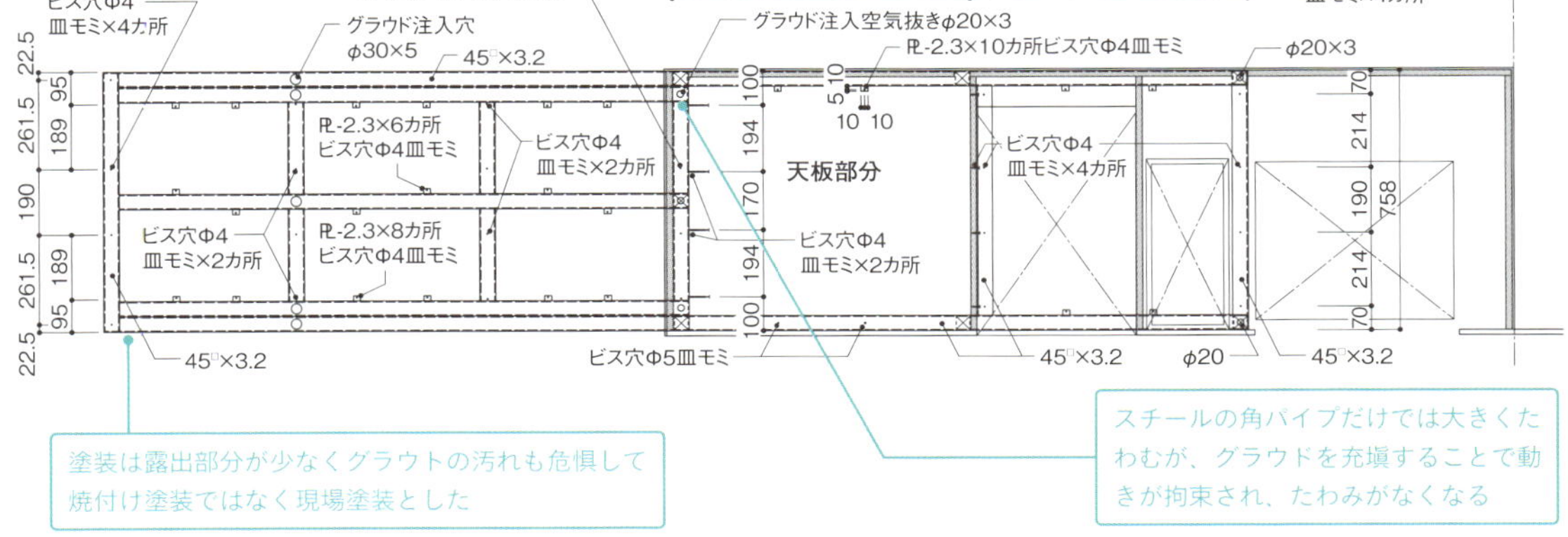

塗装は露出部分が少なくグラウトの汚れも危惧して焼付け塗装ではなく現場塗装とした

スチールの角パイプだけでは大きくたわむが、グラウトを充填することで動きが拘束され、たわみがなくなる

6-2 脚のない跳ね出しの造作家具

ここで紹介する家具は、家具屋がつくる家具ではなく、現場で大工工事の延長としてつくる家具、いわゆる「造作家具」である。もちろん、専門の家具工場でつくる高品質の家具はとても美しく機能的なのだが、造作家具は建築と一体で設計することで、室内空間をより美しくし、使い勝手もよいものにすることができる。ここでは建物と一体となった造作家具のつくり方を、特に構造的にどのように解決したのかを解説したい。

脚のないカウンター

ネイティブディメンションズ一級建築士事務所の鈴木淳さんとのコラボ物件である。基本設計を鈴木さんが行い、ディテールは私が考え、施工へつなげる。そんな役割分担で取り組んだ。

お客からは、場所は取らないようにちょっとした書き物や作業台となるカウンターが欲しいと要望があった。そして、鈴木さんから上がってきた平面図には、キッチンカウンターがそのまま伸びて、カウンターとなっている。確かにこれだと、キッチン、食器棚、作業台と全体が一体となりコンパクトに納まる。ミニマムな造作家具で必要な機能は十分に満たしている（図1）。

しかし、展開図を見てみたら、そのカウンターは天板のみで脚も下台もない（図2）。普通なら「これどうやってつくるの？」って設計者に詰め寄るところだが、私には鈴木さんが「サトウならこのくらい簡単につくれるでしょ？」と言っているようにも感じ、期待に応えるべく意匠を尊重したフレーム詳細図面を書いてみた（図3）。

フレームには、スチールの角パイプを使い、食器棚側から跳ね出す構造とし、天板は厚合板を張りモールテックスで仕上げる。跳ね出し長さは約1200㎜ある。そこに荷重（人の体重程度）をかけた時に食器棚側が持ち上がらないよう、それより少し長めで造作する時に納まりのよい約1700㎜分を食器棚側に飲み込ませた。

フレームの角パイプは、天板下に露出するため、なるべく小径の角パイプ（40×40×3.2㎜）を使い、ブラックの焼付塗装とした。しかし、小径スチールの角パイプだけでは、人の体重など荷重がかかったときに当然たわみが出る。場合によっては、天板合板の継ぎ目で仕上げのモールテックスにクラックが入ることも危惧される。何より、たわみにより使用感が悪くなることは避けたい。

そこで、この角パイプの中に無収縮モルタル（グラウト材）を充填し、スチール角パイプのたわみを抑えることにした。モルタルは圧縮にとても強い。それを引張りに強いスチールで拘束するのだから、このフレームがとんでもなく強い構造になるのは想像に難くない。角パイプの上端にはグラウト注入用の穴と空気抜きの穴を適宜設け、フレームを食器棚側キャビネットに固定。たわみがないようフレームを水平に保ったままグラウトを注入し、硬化後に天板の合板を張ってモールテックスで仕上げた。

こうして完成したカウンターは、脚がないのにカウンター先端に体重をかけてもビクともしない。十分に作業台の機能を果たしつつ、見た目もスッキリとし空間の広がりを阻害しないミニマムなものと

図1 キッチン廻り平面図（S=1:50）

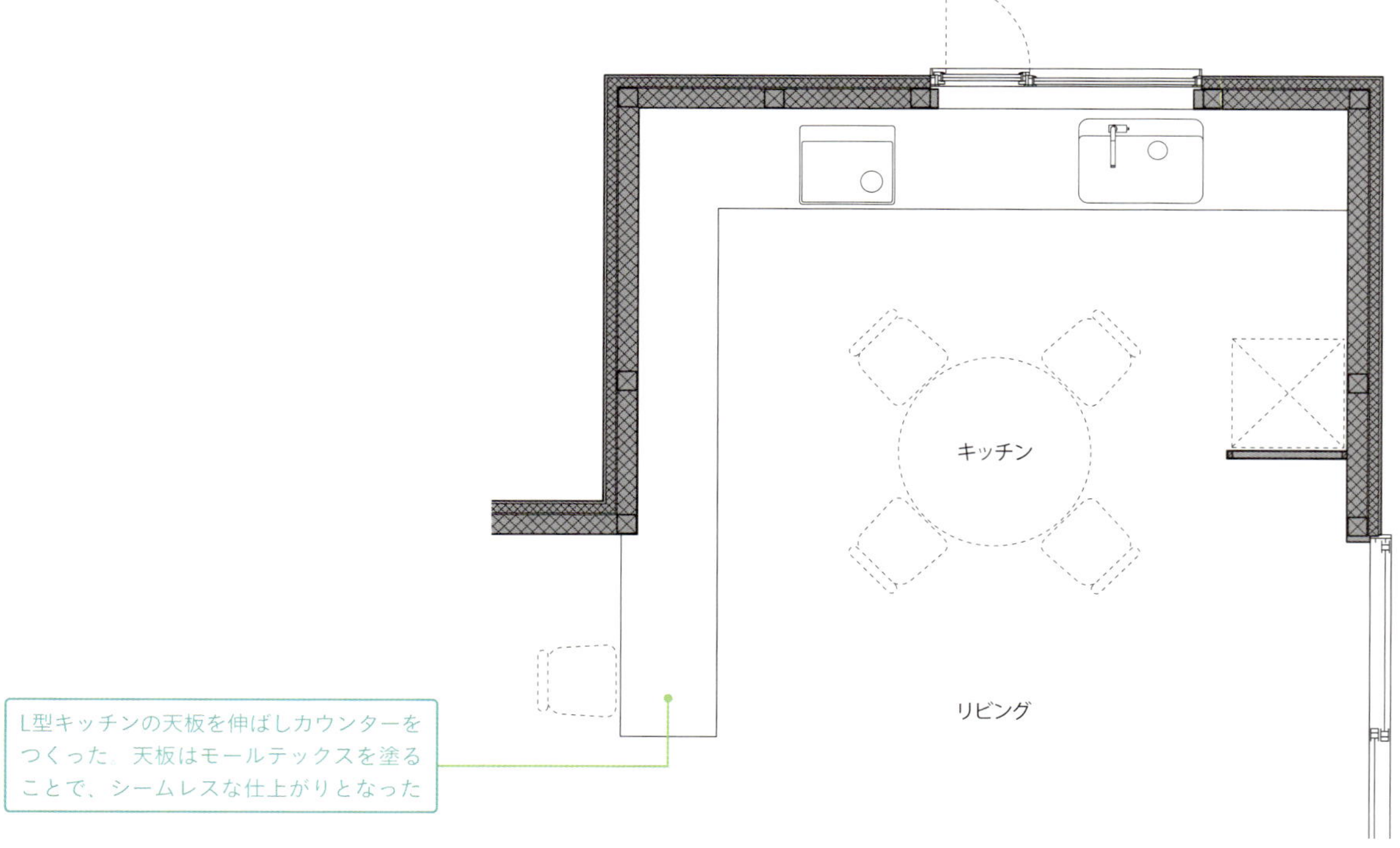
キッチン
リビング
L型キッチンの天板を伸ばしカウンターをつくった。天板はモールテックスを塗ることで、シームレスな仕上がりとなった

図2 キッチン展開図（S=1:50）

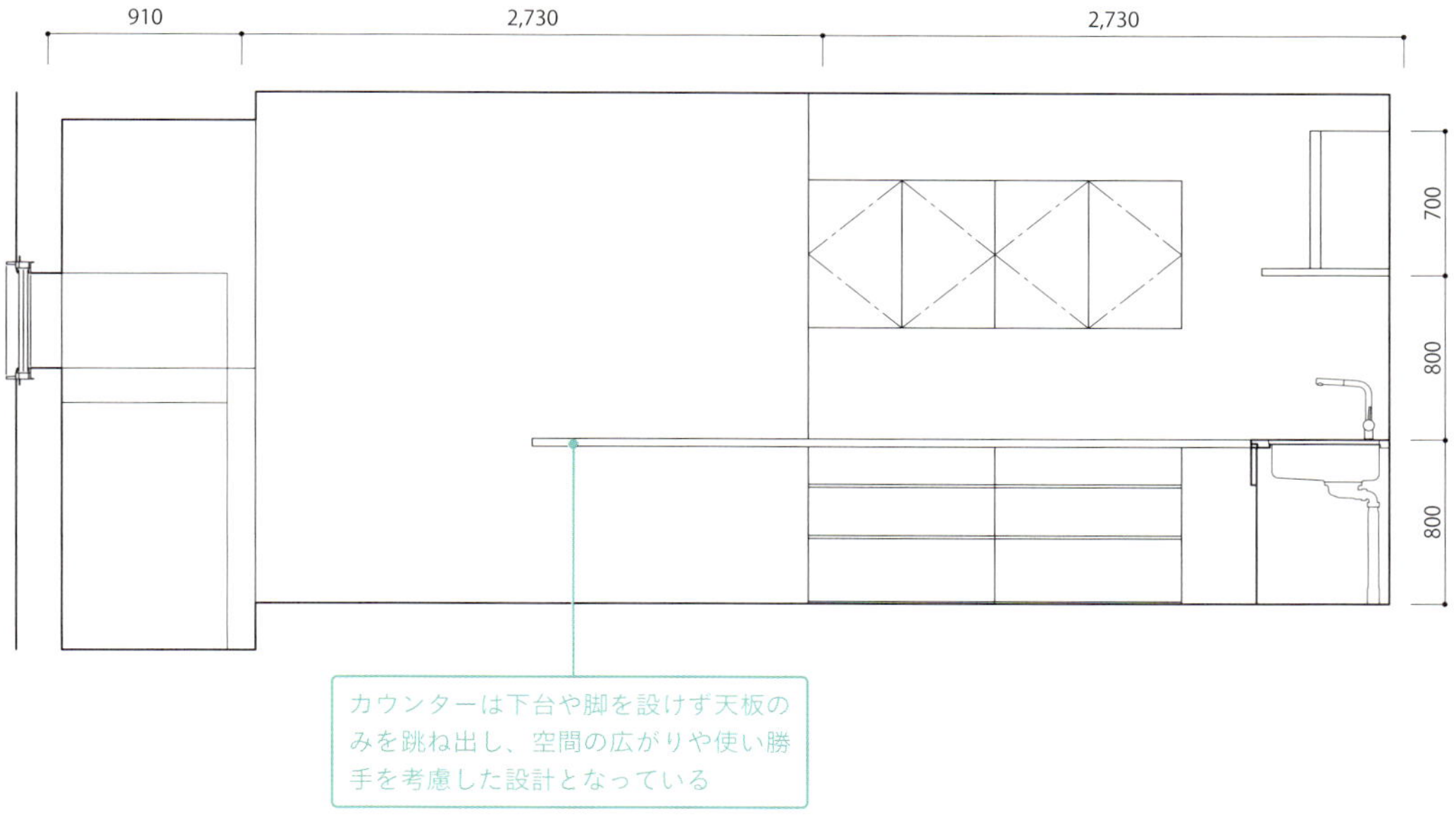

図3 スチールフレーム詳細図（S=1:30）

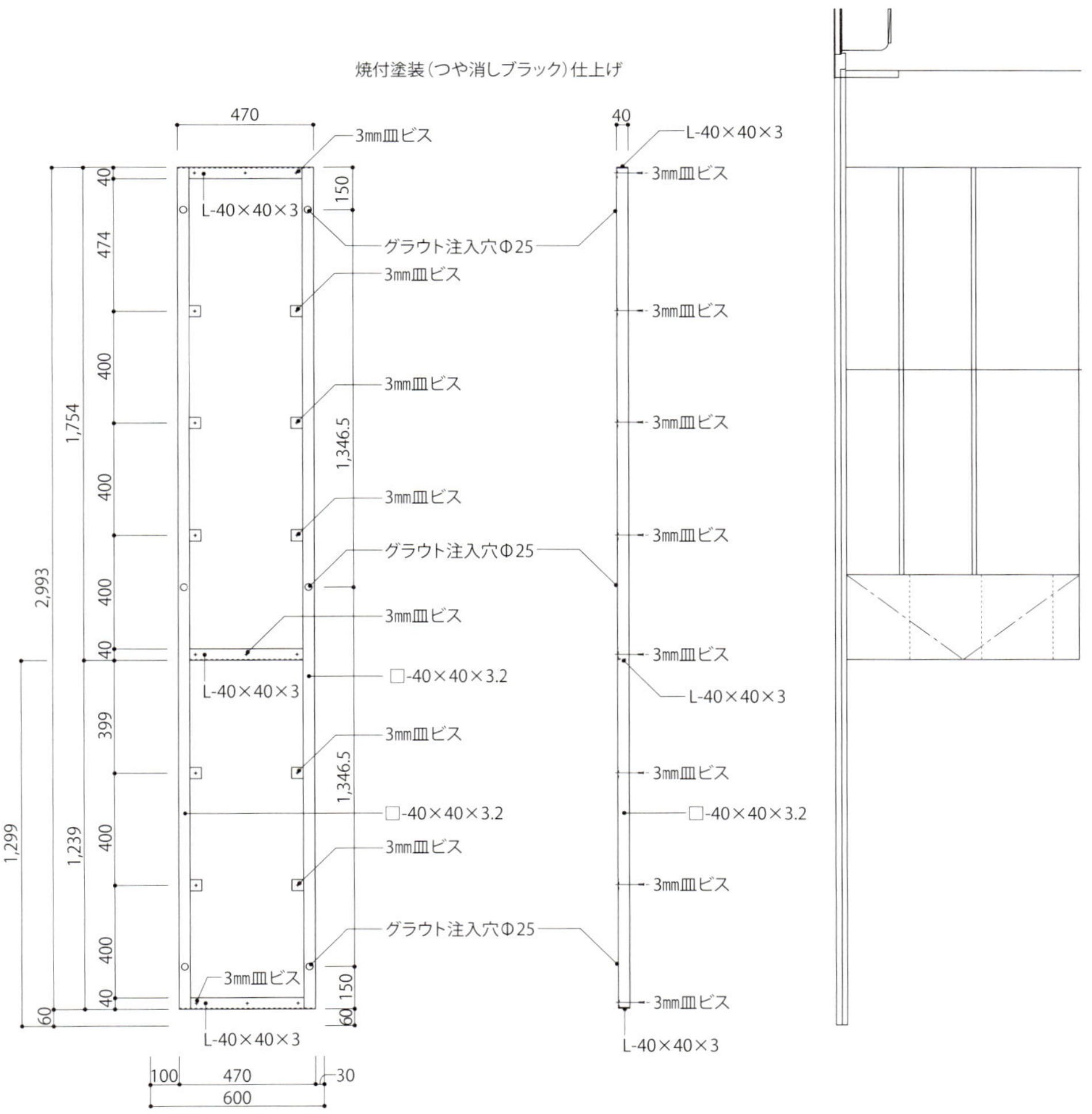

1.3mの跳ね出しに荷重をかけたとき、反対側が跳ね上がらないよう長いスチールフレームをつくり、食器棚のキャビネットに固定。さらにスチールフレームのたわみを抑えるためにフレーム（角パイプ）内にグラウトを注入した

なった（写真1～3）。

脚のないダイニングテーブル

間取りによっては「ダイニングテーブルはこの位置しか考えられない」そんなケースは多くある。

その場合は、キッチン同様にダイニングテーブルも固定した造付け家具として計画することもある。キッチンとダイニングテーブルは切っても切れない関係であるので、この2つを一つながりにドッキングしてしまうといった考えもごく自然だ。

ここで紹介する物件では、キッチンと横並びにダイニングテーブルが配置され、この2つの天板は連続した一体のものとする計画とした。さらに、ダイニングテーブルの天板はキッチンから跳ね出すことで、脚をなくすことにチャレンジしてみた（図4）。

天板は全長で3m、キッチン側が1.6mでダイニングテーブル側が1.4m、つまりこの1.4mを跳ね出しにして脚をなくす方法を考えてみた。

まず、バランスとして1.6：1.4であれば、いくら天板を強固につくっても、1.4側のダイニングテーブルの天板に荷重をかけるとキッチン全体が持ち上がる可能性もある。したがって、天板だけでなくキッチン本体、そしてキッチンと床の取付けまで強固に固定する必要がある。そこで、キッチン本体のフレームも含めスチールでつくることにした。

キッチン本体のフレームには、コストをなるべくかけないように汎用サイズの角パイプとLアングルを使い、木地や天板の取付しやすさを考慮し、ビス止め用取付けピースを適宜溶接することにした。

合板にステンレス板を接着したシンク一体のキッチンカウンターを採用。製作は、当社で標準にしている造作キッチンをお願いしているシゲル工業で製作することにした。

天板を支えるフレームは強固でなくてはならない。使用感も考慮すると、わずかなたわみや揺れも許容できない。したがって、キッチン本体から45×45×3.2㎜の角パイプを延長し、さらにその内側や中央にも角パイプを補強、合計5本の角パイプをダイニングテーブル側に跳ね出した。

それでもスチールである限り、わずかながらでもたわみは出てしまうので、角パイプの中に無収縮モルタル（グラウト材）を充填した。角パイプの上面に注入用と空気抜きのための穴をあけ、そこから緩く流動性のあるモルタルを隙間なく流し込む。

この時に角パイプの先端を固定してキチンと水平状態を保ったままモルタルを注入しないと、たわんだまま固定してしまうことになるので注意が必要だ。モルタルが硬化したら、ステンレスのシンクカウンターを乗せて固定する。

スチールフレーム、木下地、表面化粧材、カウンターとの取り合いは、やや複雑な納まりとなる。整合性を確認しつつ施工者へ分かりやすく伝えるべく、図面は2Dではなく3Dで書いている（図5）。

まるで脚があるかのような強度でダイニングテーブルが、キッチンからピンと跳ね出している。脚がないことで、座った時の足の当たりやイスとの干渉、清掃時のわずらわしさなど、ストレスがなく使い勝手のよいダイニングテーブルが出来上がった（写真4～6）。

1

キッチン、食器棚、作業台と全長で8m近くにもなるカウンター。搬入は不可能なサイズであるため、現場造作前提の設計となる

2

3

1 4.4×4.0mの長いL型キッチン。天板をシームレスに仕上げるために現場で施工するモールテックスを採用した

2 跳ね出しカウンターをスリムに見せるため、ブラックの小径角パイプに厚さ24㎜合板を乗せている

3 カウンター下を覗くと、ブラックの角パイプが食器棚キャビネットから伸びているのが分かる。天板の合板を止めるため取付けビスが適宜溶接されている

4 グレーの錆止めが塗られたスチールフレーム。跳ね出し部に荷重をかけたときに、反対側が持ち上がらないように、床への固定も強固にする必要がある
5 リビングからダイニングキッチンを見る。長さ3mのカウンターだが、ダイニングテーブルの脚がないことでスッキリと開放的に見える
6 キッチン天板の高さ（85㎝）とダイニング天板の高さ（73㎝）をフラットに納めるため、床に12㎝の段差を設けている。段差での踏み外しを予防するために、床を視認性の高い素材や色に変えている

図4 キッチン廻り平面図（S=1:50）

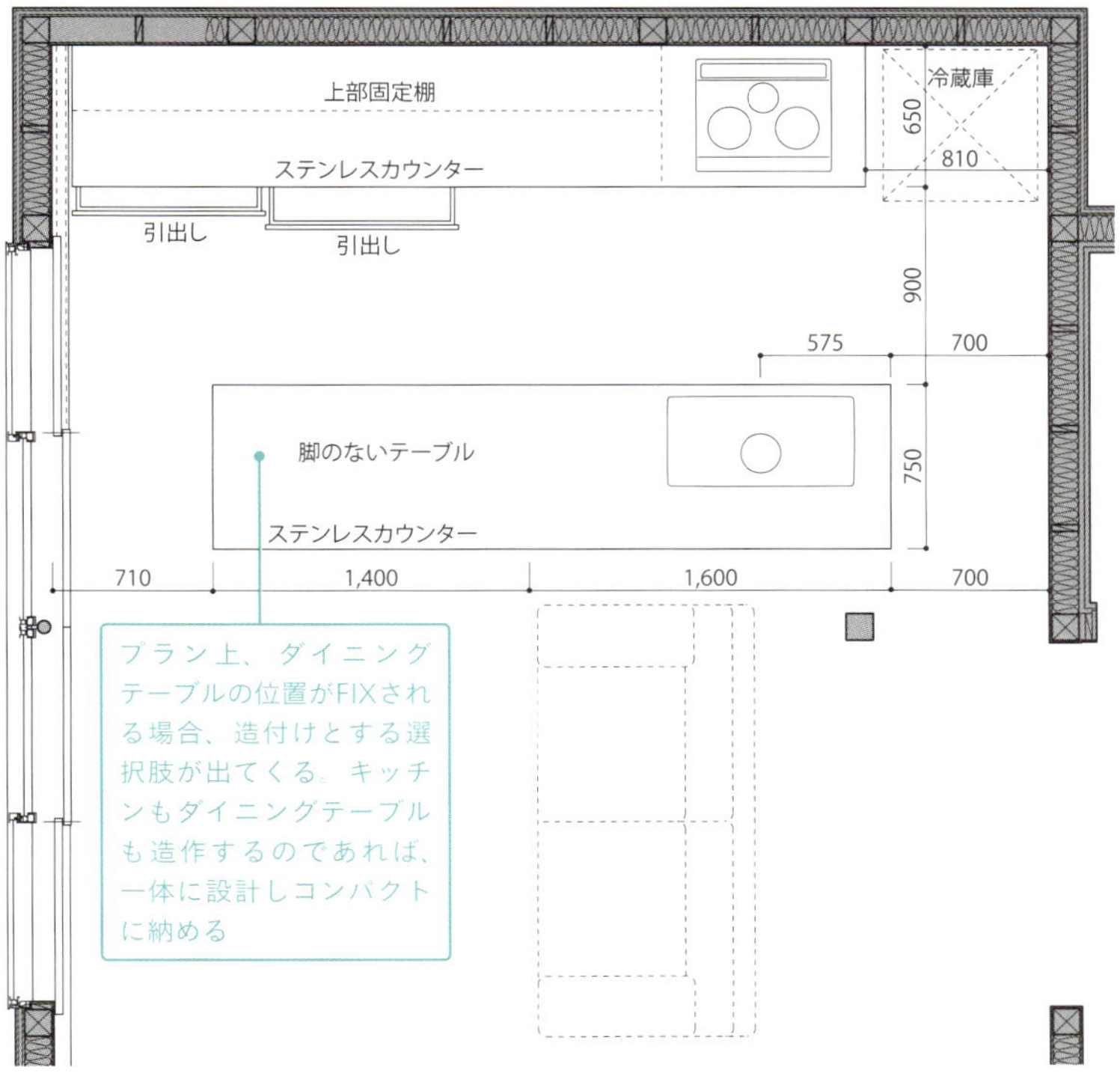

図5 スチールフレーム詳細図

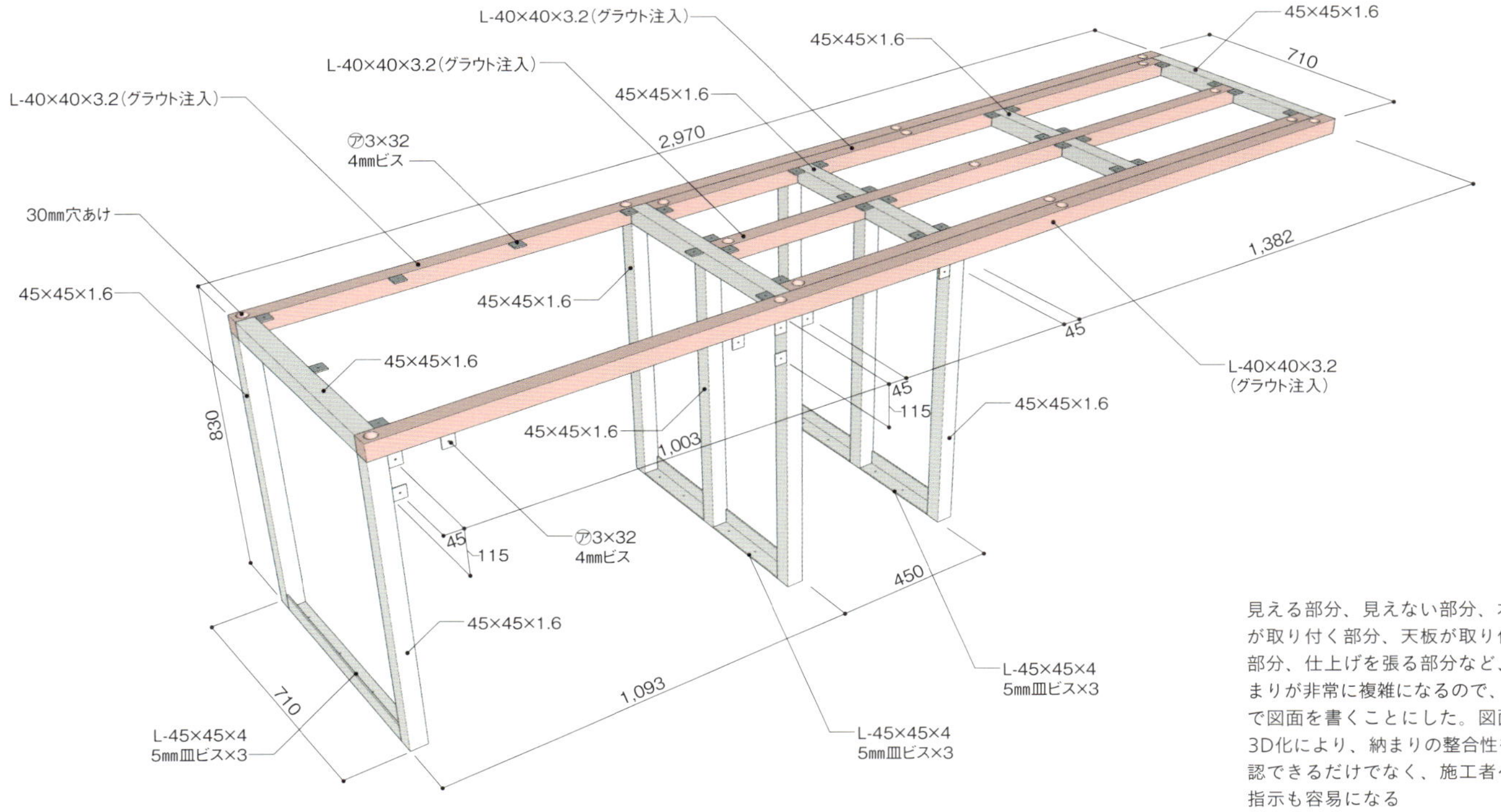

見える部分、見えない部分、木地が取り付く部分、天板が取り付く部分、仕上げを張る部分など、納まりが非常に複雑になるので、3Dで図面を書くことにした。図面の3D化により、納まりの整合性を確認できるだけでなく、施工者への指示も容易になる

6-3 1本脚のダイニングテーブル

ダイニングテーブルを設計しようとするときに、いつも脚の形状に悩む。一般的には天板の４隅に脚を設けることになるのだろうが、この物件のようにベンチ型のイスを計画した場合、テーブルの横から足を滑り込ませるようにして腰掛けることになるのだが、そのときにテーブルの脚がとても邪魔になる。したがって、本物件では1本脚のダイニングテーブルとすることにした。

ただし、ダイニングテーブルは長さ２０００㎜、奥行８００㎜とやや大きい。したがって、荷重をかけても揺れたりしないように、テーブルの1辺をキッチン背面にしっかりと固定することとした（写真1・図1）。

大きなテーブルの天板は、ゆがまないように十分な強度が求められる。今までの経験からメルクシパインの集成材なら比較的変形が少ない素直な材料なので、それを特注サイズでオーダーした。

キッチン背面に取り付ける脚とダイニングテーブルの中央付近に取り付ける1本脚、この2つをスチールで製作することにした（図2・3）。今回もコストを鑑み、なるべく既製サイズの角パイプ、丸パイプ、フラットバーなどを組み合せて設計した。

キッチン背面に取り付ける脚はさほど邪魔ではないので、普通に2本脚とし、天板受けとキッチンへの固定を同時にできる形状とした。そして1本脚は、少しでも揺れないように広めの天端受けと柱脚ベースプレートとした。

脚の仕上げは焼付け塗装とした。大き目な金物や現場加工が必要なときは、現場塗装とするしかないが、このくらいのサイズであれば、予め焼付塗装して現場に納品してもらったほうがきれいに仕上がる（写真2）。

見た目もスッキリとして、何より足元に邪魔なものがない1本脚のダイニングテーブルが完成した。

ダイニングテーブルがキッチンと直行し、T字型に取り付く普通の４脚テーブルでは、ベンチ側に座るとき脚がとても邪魔になる

奥は2本脚とキッチンへの取付けでしっかりと安定させる。手前は太めの1本脚で支える。四角いテーブルは4本脚が理想だが、3本脚でも1辺が固定されていれば問題なく安定する

物件概要
I邸
設計・施工：サトウ工務店
所在地：新潟県三条市（5地域）
家族構成：夫婦＋子ども3人
敷地面積：110.24㎡（33.28 坪）
建築面積：51.54㎡（15.56 坪）
延床面積：92.94㎡（28.06 坪）
1階：48.23㎡（14.56 坪）
2階：44.71㎡（13.50 坪）
耐震性能：等級3（許容応力度計算）
断熱性能：等級6（U_A 値0.29 W ／㎡ K）
竣工年月：2020年8月

図1 **ダイニングテーブル断面図**（S=1:30）

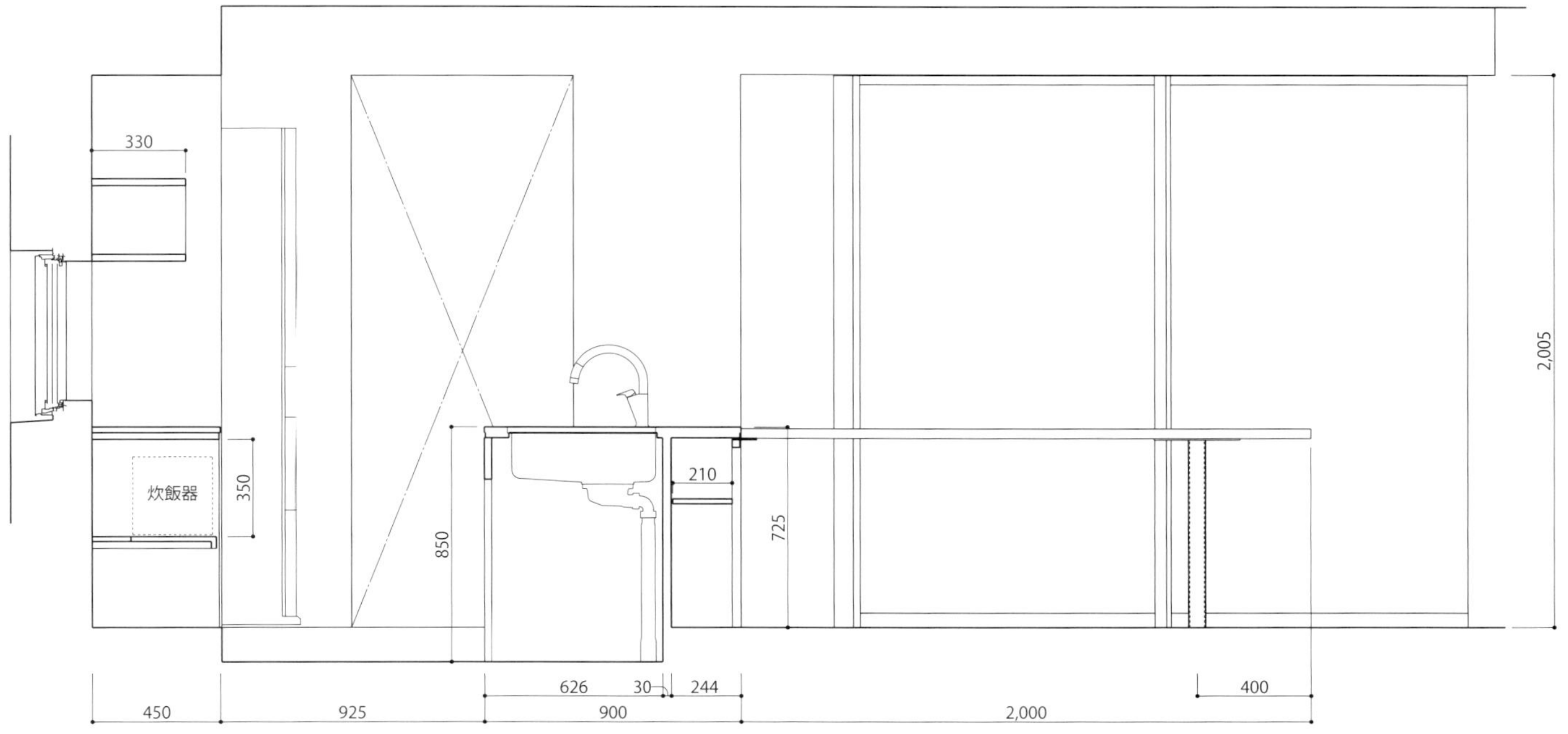

図3 **1本脚製作図**

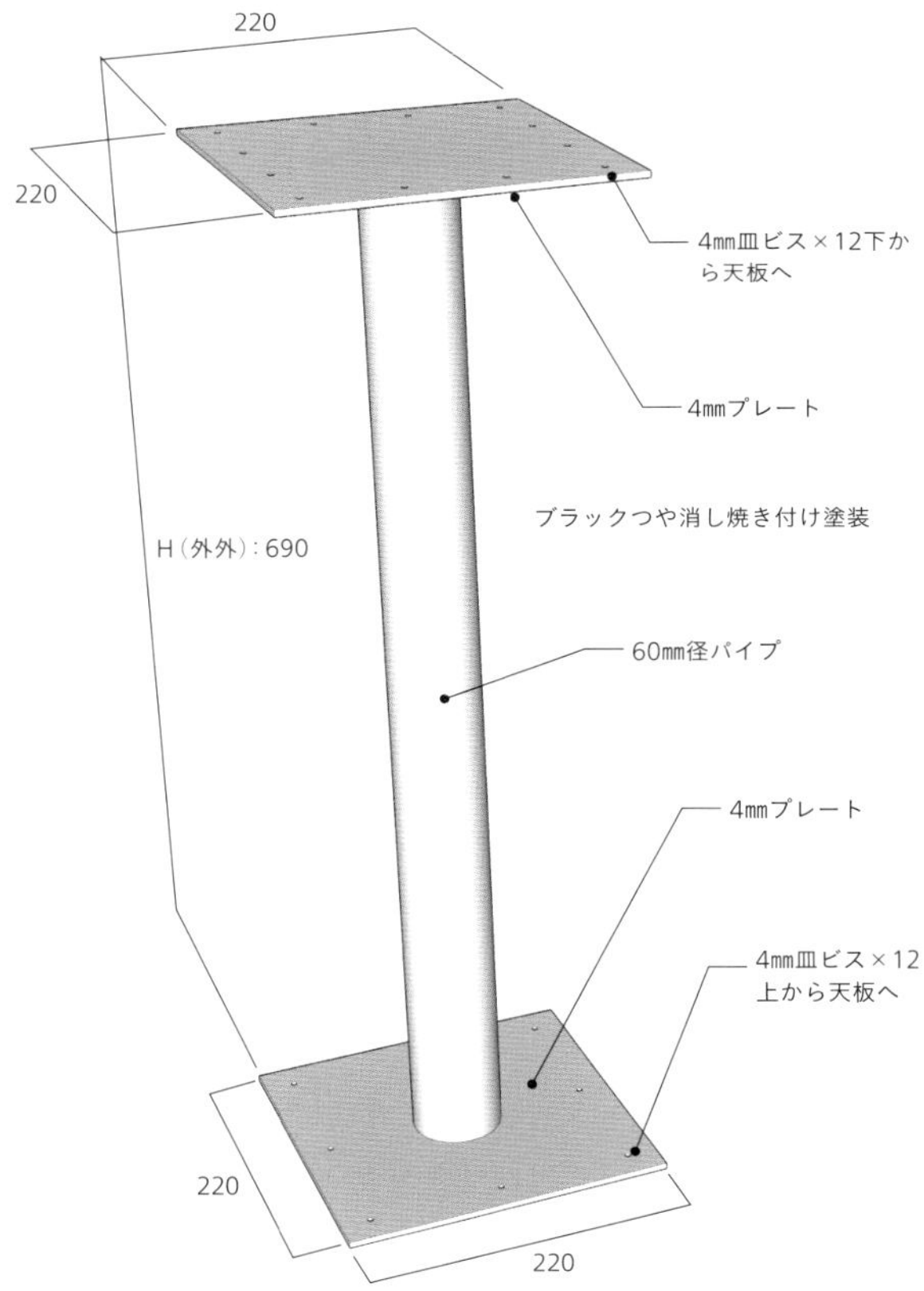

図2 **キッチン背面に取り付ける脚製作図**

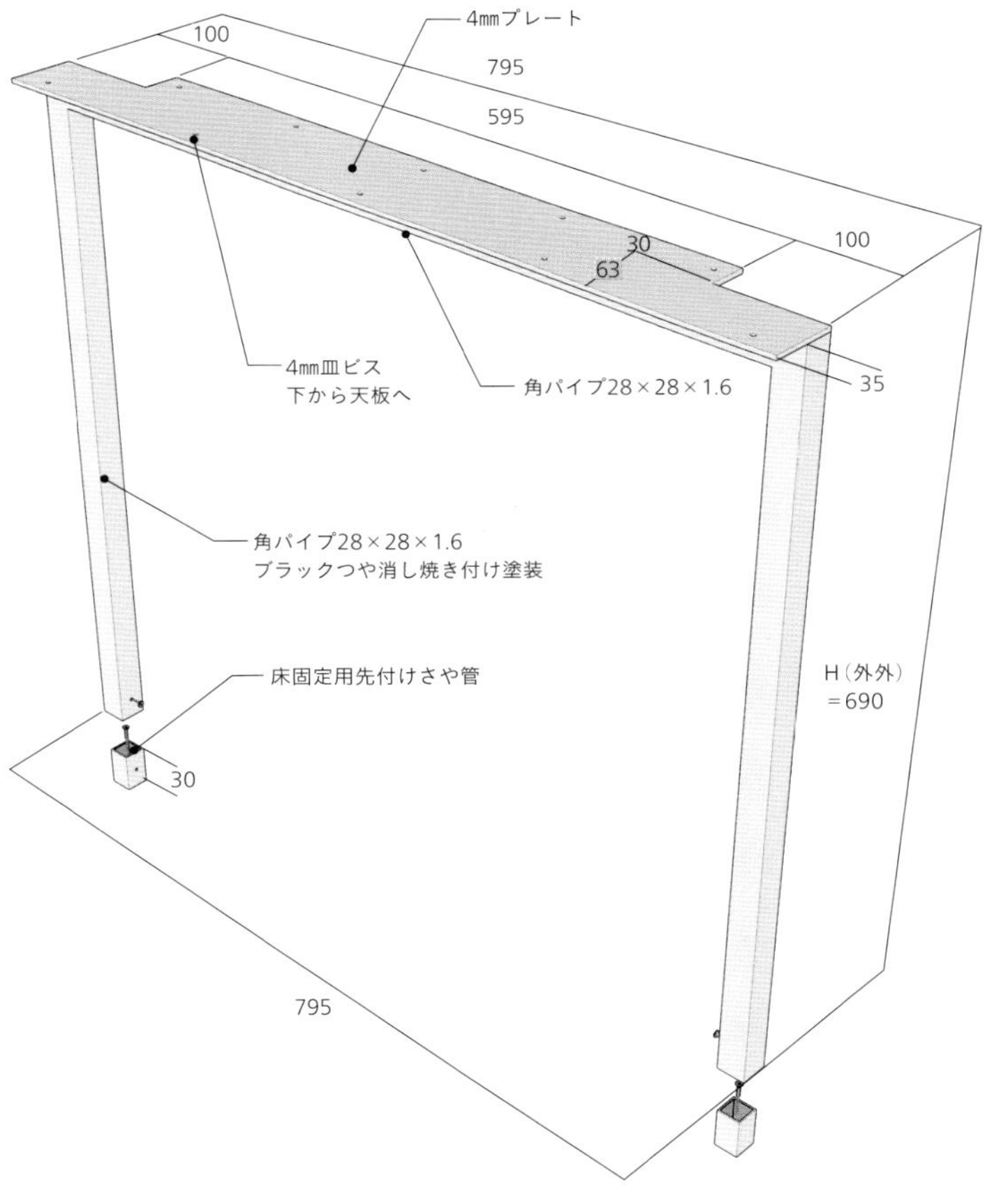

COLUMN

木と比べて格段に高い鉄の強度

造作家具の材料には木材が使われることが多いと思うが、取付け部分や一部パーツ、強度が必要な箇所には「鉄」もよく使われる。

鉄の強度がとても高いことは、建築を知らない人でも理解していると思う。実際に木と比べると硬さは比較にならないぐらい硬い。

硬さを表す指標の1つである「ヤング係数」で木と鉄を比べてみると、木（スギ）7,000N／㎟に対し、鉄は205,000N／㎟とはるかに硬い。しかしながら、この数値だけではリアリティがないので、ひとつ例をつくってイメージできるようにしてみたい。

図1のような片持ち梁の先端に人が乗った場合を想定し計算してみた。梁の長さは1m、人の体重は60kgである。

①木（スギ）の垂木の一般的サイズの45×60㎜。この時の梁のたわみ量（図2）は約35㎜

②鉄（角パイプ）30×60㎜。この時の梁のたわみ量は約4㎜

つまり、ほぼ同じサイズでも、木は大きく変形し、耐力的にも機能的にもNGとなるが、鉄（しかも中身が空洞な角パイプ）は十分に許容範囲となる。この違いは、先ほどのヤング係数、材質の差によるものが大きい。

実はもう1つ、断面形状の違いも、たわみ量に影響してくる。いわゆる「断面2次モーメント」だ（図3）。今回の梁には断面の中心より上部分に引張り、下部分に圧縮の力が働いている。中心からの距離が遠いほど、耐える力が強くなるので、梁成が大きいほど、また材が密に詰まっているほど有利になる。②の角パイプは中身が空洞なのにとても強い結果になっているが、厚い鉄を使った空洞が小さいパイプだったり、中身にモルタルが詰めていたりした場合、更に強力なものになるのは、想像できるのではないだろうか。

このように鉄は小さいサイズであってもとても強度があるので、造作家具のみならず建築物自体の接合部金物やフレームとして利用されている（写真1・2）。木造といえどもこの鉄を使いこなすことが、設計をさらに自由に、建物をさらに安全にしていくのだ。

図2 たわみ量（片持ち梁）

$$\delta = (P \times L^3) / (3 \times E \times I)$$

δ：たわみ量
P：荷重
L：梁長
E：ヤング係数
I：断面2次モーメント（bh^3／12）

図3 断面2次モーメント

$$I = bh^3 / 12$$

b：部材幅　h：部材高

図1 木と鉄パイプのたわみ量の比較

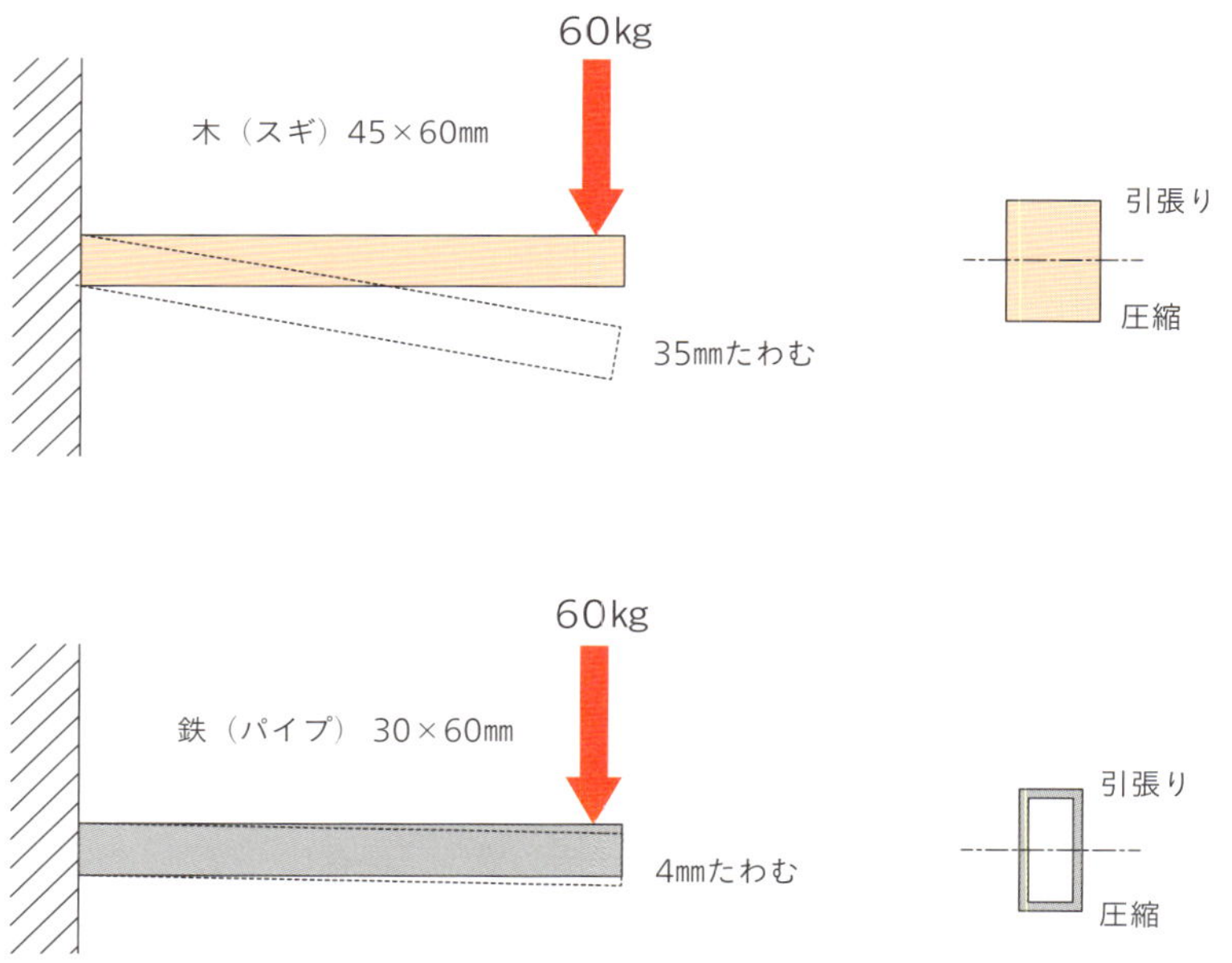

角パイプを溶接してロの字の金物を製作。壁への取付けと棚板（テレビ台）の取付けのため、適宜ビス穴や取付けピースを設けている。仕上げは焼付け塗装

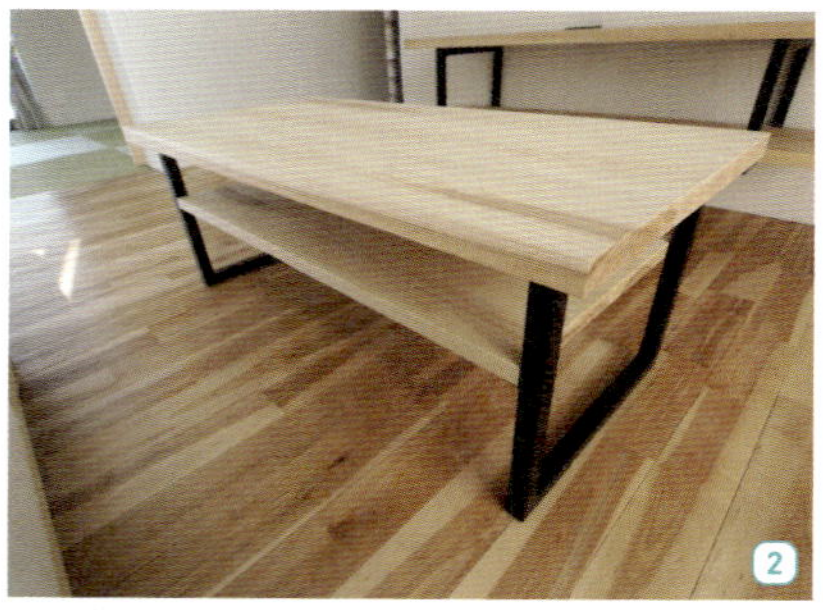

上写真と同様のつくりで、角パイプを溶接してロの字の金物を製作、天板や中間板の取付けのため、適宜ビス穴や取付けピースを設けている

7章
間取りで構造が決まる

7-1 構造をイメージしてプランニングする

木造の基本は直下率の高い構造

間取りをどう設計すれば、構造上素直で無駄なく耐震性の高い構造となるのか。そのためには、「シンプルで無理や無駄のないプラン」とすべきである。

木造軸組工法は、主に柱と梁といった縦材と横材の軸の組み合わせで構成されている。また、木材の特徴として、繊維方向には強いが、繊維と直交する方向には弱い。実際の構造材では、柱は繊維方向に力が働くので変形しにくいが、梁は繊維と直交方向に力が加わるので変形しやすいといえる。つまり、小屋束→2階柱→1階柱と縦部材の位置が揃い、梁に負担をかけない構造（直下率の高い構造）なら、建物は安定していて変形しにくいといってよい。鉛直荷重（積載荷重や自重など）に対してはこれが基本であり、プラン段階で鉛直荷重を丁寧に基礎まで流す軸組を検討する必要がある。

理想的な柱の配置をある程度自由に配置して設計したのが、図1である。図2はそこから3本の柱を910㎜ずつ動かしてみた例であるが、一気に真っ赤な部分が増えているのが分かる。このように梁に過剰な負担がかると、将来、床に不陸が起こったり、建具の開閉に不具合が出てしまったりする可能性が高くなる。つまり、間取りを優先にし過ぎて直下率を悪くしてしまうと、構造的に安定しないばかりか、コストが増加し、将来の不具合も起こしてしまうのだ。

四角い箱を積み上げるように間取りを考える

柱梁の軸組のかけ方と同じくらいとても大切なことがもう1つある。水平荷重（地震力や風力）に対して必要な耐力壁（鉛直構面）や床（水平構面）を確保することだ。この検討は前述の柱梁の掛け方（架構）と同時に行うことを推奨する。軸組を考え、そこに面を与える。この順番でもよいのだが、より無理や無駄のないシンプルな構造とするには、柱梁と耐力壁、床面の配置を同時進行で検討すべきだ。それが構造区画や構造ブロックといった考え方である。

四角い箱を積み上げるように間取りを考える（図3）。なるべく安定するように箱を並べ、この時に2階の箱の角下には、1階の箱の面もしくは柱を設けるようにする（図4）。もちろん、この箱の壁や床に穴（窓や吹抜けなど）を空けることもできるが、大きな穴を空ける場合は、大きく切り取られた床を、柱だけでなく耐力壁で支えるイメージが必要となる。

大前提として構造計算ソフトに入力する前に、ある程度NGが出ない計画としておく必要がある。そのためには、プラン段階で安全な間取りを考え、その次に構造計

1階と2階の開口部がピタリ一致して直下率100%の物件、外周は最小限の梁サイズとなり、構造がとても安定していることがよく分かる

1階と2階の窓位置はズレているが、柱の直下率は100%で耐力壁両端の直下に柱があるので、これもとても安定した構造といえる

平屋の場合、構造の難易度が一気に緩くなる。とはいえ、バランスのよい耐力壁と強い水平（屋根）構面は必須となる

図1 理想的な柱の配置をある程度自由に配置した例

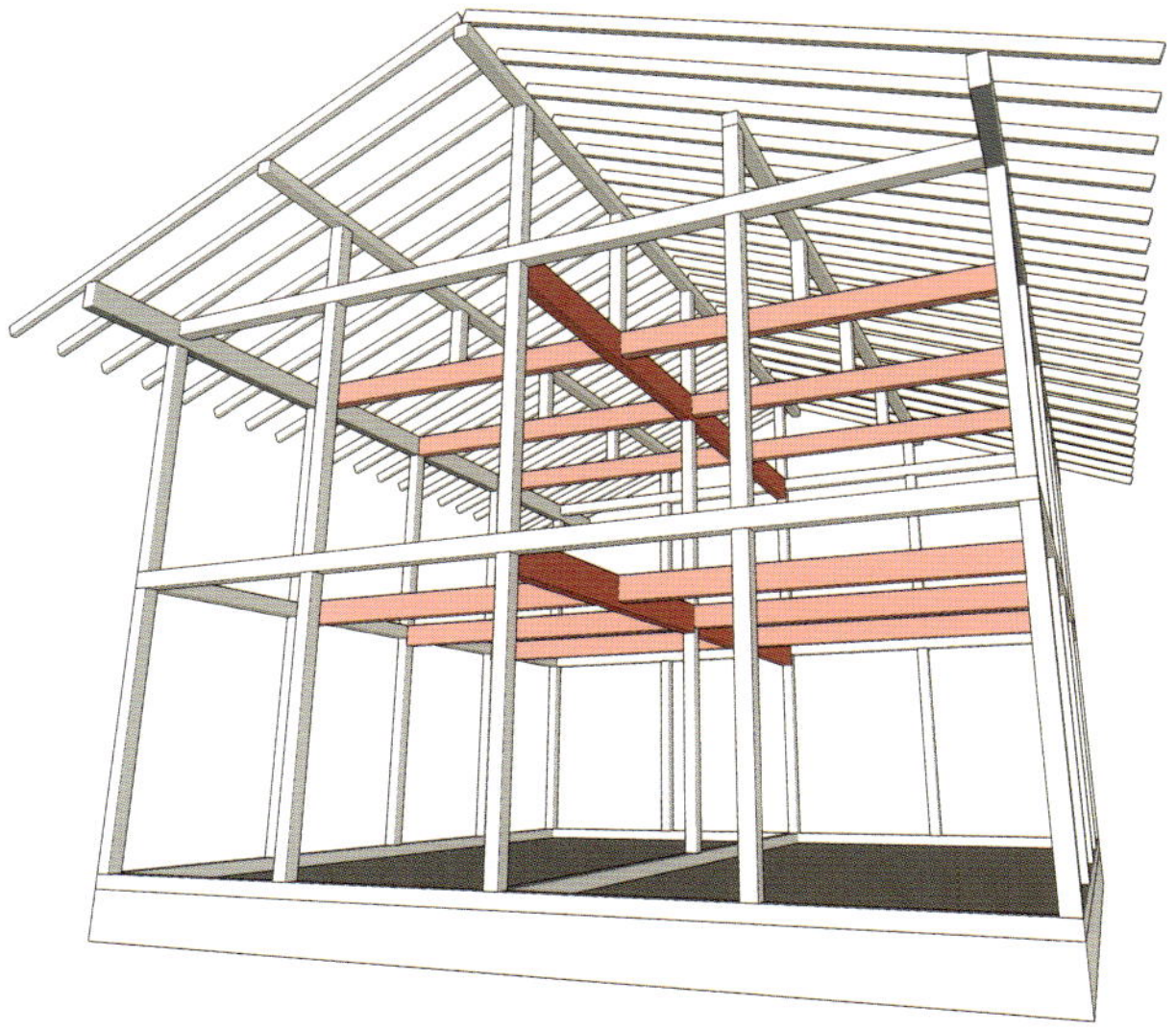

図2 図1から3本の柱を910㎜ずつ動かしてみた例

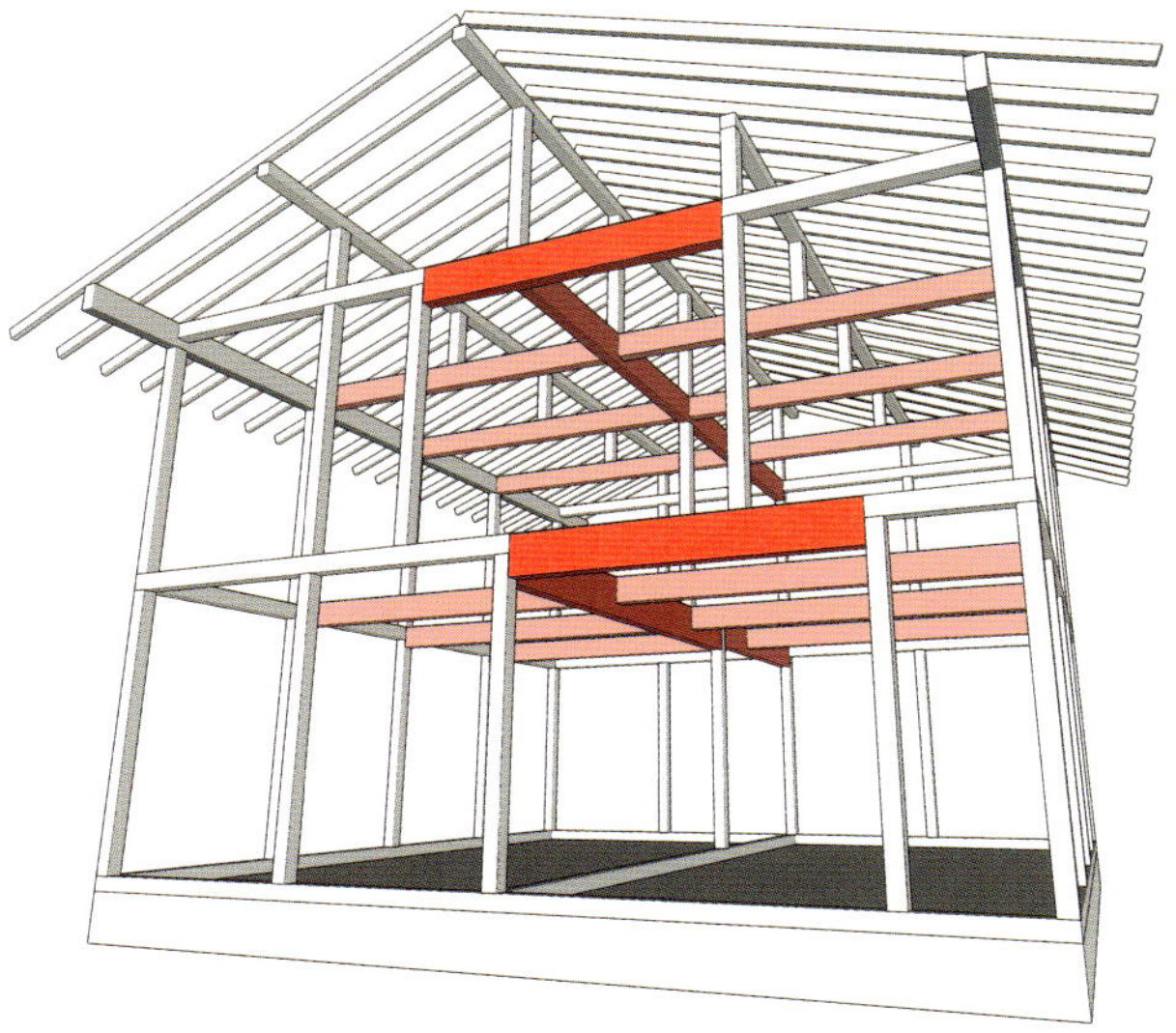

図3 四角い箱を積み上げるよう配置した例

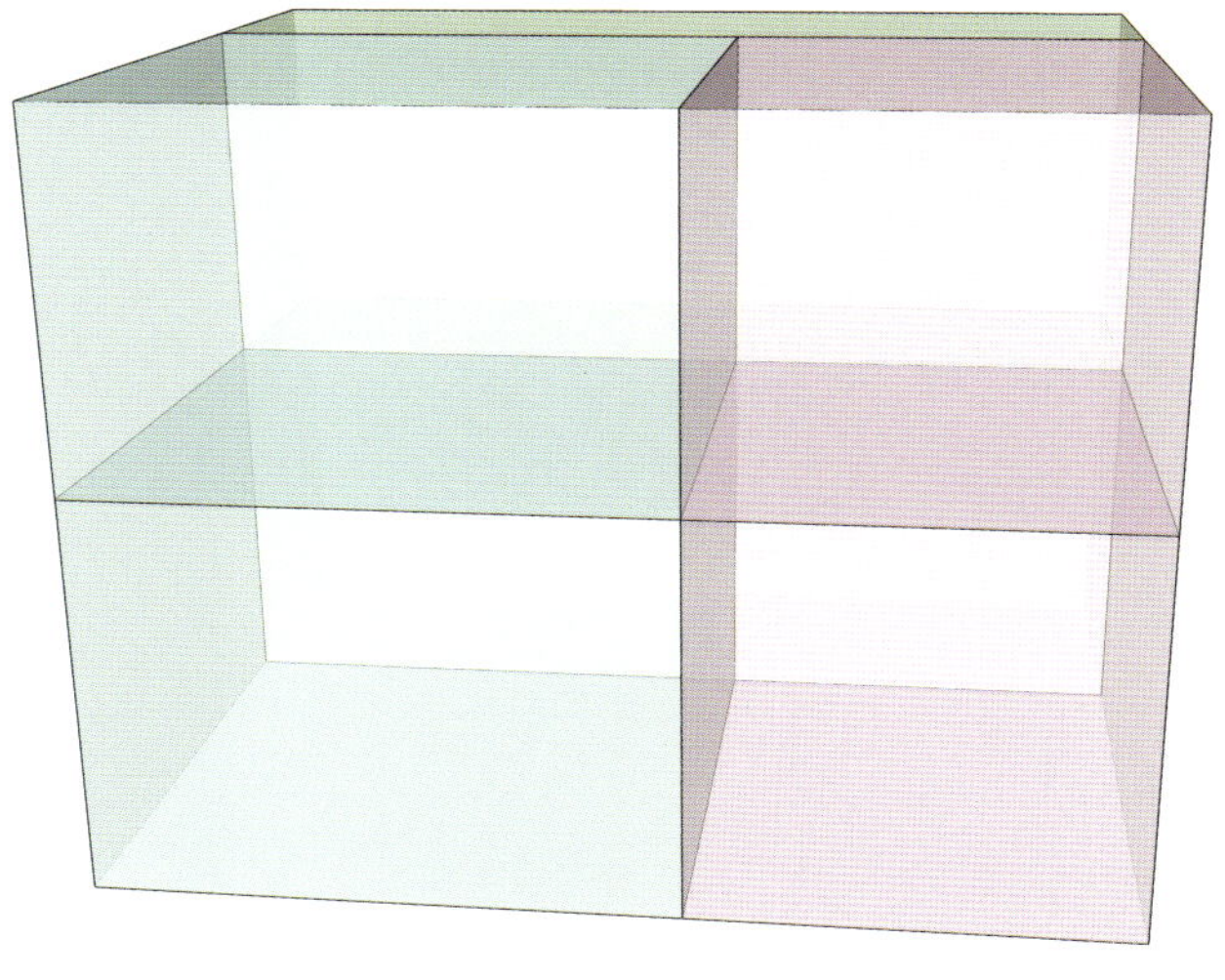

図4 2階の箱の角下に1階の箱の面・柱を設けた例

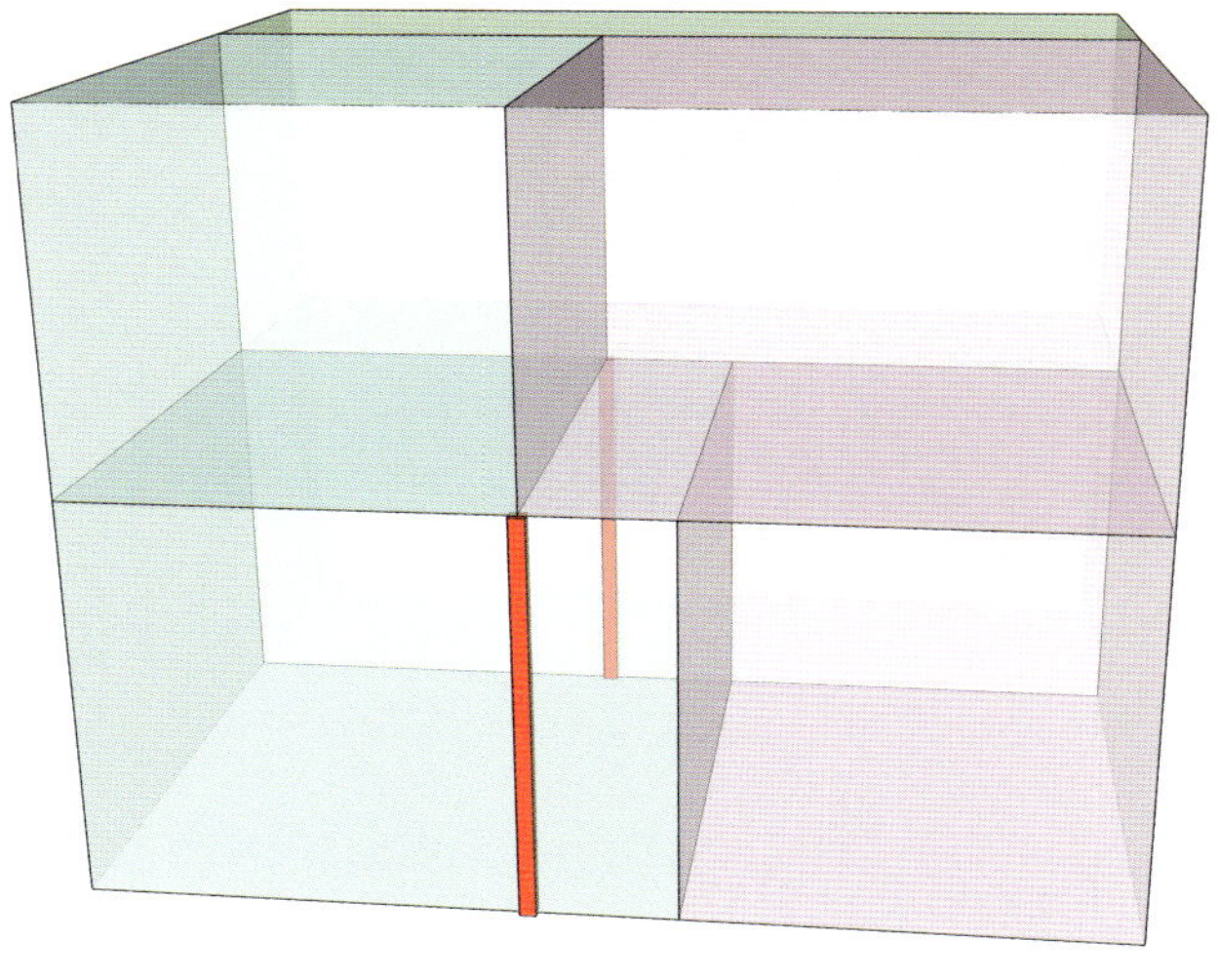

算ソフトで確認し、不具合を修正するという手順で設計を行いたい。そして最初のプランは構造区画や構造ブロックといった考え方を反映している必要がある。

「水平構面（床や屋根）を鉛直構面（壁）で支える」これが基本だ。大きな空間の床や屋根を支える壁が外周部にしかない場合を想像して「外周部だけじゃなく床の中間辺りにも壁があったほうが建物は変形しにくいな」「床が固くないと全体が安定しないな」と考えながら設計することが大切なのだ。また床に穴が空いていた場合には、「穴の切り欠き部分に壁があったほうが安定しそう」などとイメージをしながらプランを検討してほしい。

地震が来たときに床や屋根を壁がしっかりと支える。そのためにどこが弱点なのか。計算する前にぜひ想像してみてほしい。

7-2 シンプルな架構とは何か

構造設計ではよく「シンプルな架構にすべき」といわれるが、そもそも「シンプルな架構」とはどういうものなのだろうか。

木造軸組工法は、主に柱と梁といった縦材と横材の組合せで構成されている。また、木材の特徴として、繊維方向には強いが、繊維と直行する方向には弱い。これを軸組で考えると、柱は繊維方向に力が働くので変形しにくく、梁は繊維と直行方向に力が加わるので変形しやすい。したがって、小屋束→2階柱→1階柱と縦部材の位置が揃い、梁に負担をかけない（直下率の高い）見た目にもシンプルな架構であれば、鉛直荷重に対して建物はとても安定しているといえる。

大空間は2階につくり、1階の柱は極力減らす

シンプルな架構とするにはいくつかのポイントがあるが、一番簡単で分かりやすいのは2階をリビングにすることである。2階に大きな空間があることで、2階の内側の柱の数を少なくすることができる。そして小屋梁のスパンを大きくとり、屋根の荷重は外周部をメインに一部を数少ない内部柱に落とすようになる。もちろん、少ないとはいえ、2間（3640㎜）グリッド以内に柱があるのが理想だ。このように2階（最上階）に大空間を持ってくると、架構がスッキリとシンプルに整う（図1）。

1階については2階柱の直下に1階柱を配置することになる。2階の柱が少ないので、2階の構造を支える1階の柱の数は少なく済み、その分自由に柱を配置できる。なお、2階に大空間をつくったため、1階は個室や水廻りなどが設ける必要があり、間仕切壁が増えた分柱の数は多くなる（図1）。

ここで注意してほしいポイントがある。1階に柱を立てることができる場所はたくさんあるのだが、一般的に柱を立てる部屋の角や建具の脇などに何も考えずに柱を立ててはならない。柱を立てるとその分だけ土台や基礎の立上りが必要になってくるため、材料や施工手間などコストアップとなるデメリットがある。せっかく2階にシンプルな架構が実現できたのだから、1階もそれに倣ってシンプルにいきたい（写真1）。

したがって、2階柱の直下と耐力壁に必要な柱以外はできるだけ柱を立てないように心がけたい。施工上必要な部屋の角や建具の脇の柱は間柱でつくるか、梁がたわんだ時に柱がつかないようにホゾを遊ばせたい。つまり、上部の荷重を受けない柱としたいのだ（写真2・3）。これにより、1、2階とも構造がシンプルで無駄なコストがかからず安定した架構が実現する。

この考えを理解するには、鉄骨造やRC造をイメージしてもらうとよい。鉄骨造やRC造の工場や倉庫、商業ビルは、同じ間隔で規則正しく柱が立っている。そして、室内を仕切る壁は構造とは関係なく、造作でつくられている。RC造のマンションも各住戸の外周にしか柱と壁が存在せず、住戸内の間仕切はすべて造作だ。つま

図1 柱を減らすメリット

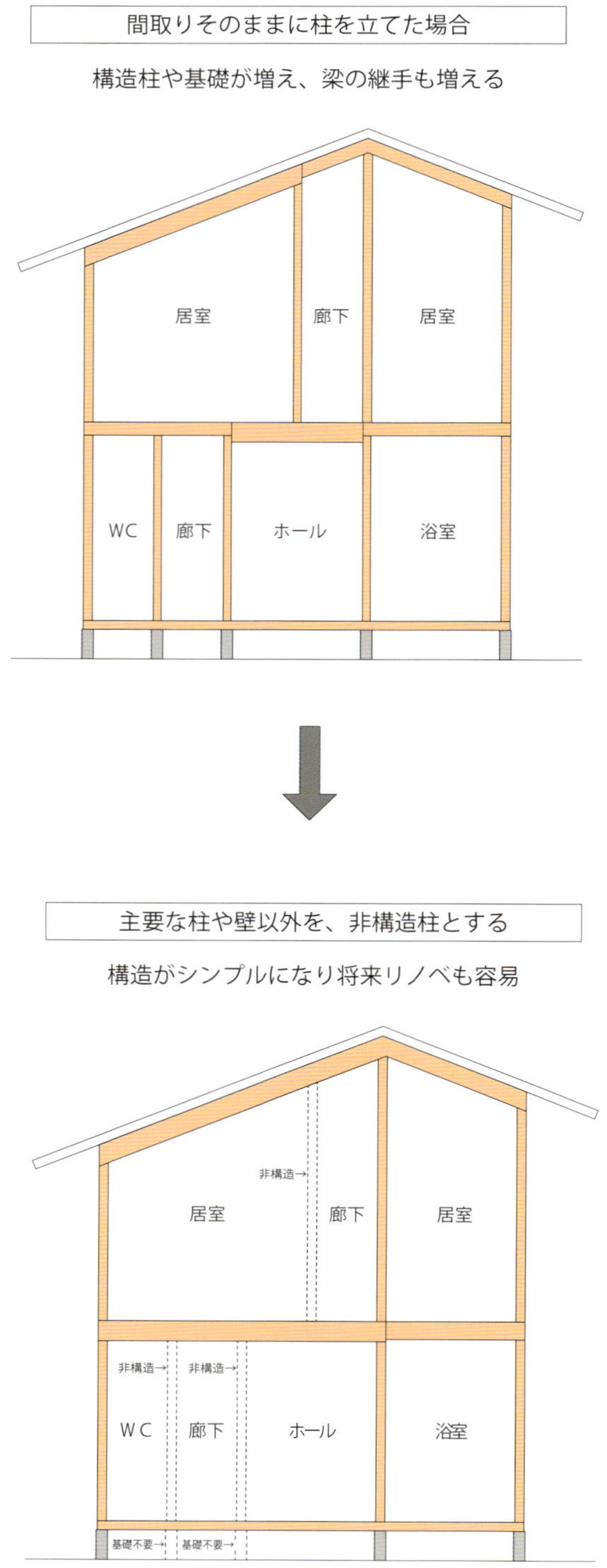

1 1階の構造柱が少ない例。写真の中には個室、浴室、脱衣室、廊下、階段、LDKなど細々と部屋が配置されるのだが、構造柱は最小限しか立っていない
2 間仕切壁や建具枠となる部分は、構造柱ではなく間柱で造作している。写真では多くの壁や柱があるように見えるが、構造で必要な柱は2本しか立っていない
3 柱の上部と屋根梁に隙間を空け、ほぞを遊ばせている例。屋根荷重を2階床梁に落とさないように、屋根梁が積雪などでたわんでも柱に荷重がかからないようにしている

り構造自体はすごくシンプルにつくられていて、細かな間仕切はすべて非構造となっている（写真4）。

しかしながら、木造住宅となると、なぜか間仕切壁も含めすべてを構造にしてしまう。これでは無駄なコストがかかるだけでなく、構造も安定せず、リノベーションもしにくい。鉄骨造やRC造のように、シンプルで安定した構造があれば、耐震性だけでなく建築物としての耐用性も高くなり、より寿命も延ばすことができる。

柱、壁ラインを通す

平面上、柱と壁のラインを通すことも重要だ。シンプルな架構にしても、柱の立つ位置や壁の位置が真っ直ぐに通らずクランク上になると、基礎の立上りもクランク形状になり、基礎の鉄筋や型枠の量や施工手間も増え、場合によっては改良杭の本数も増える。柱と壁のラインを通すことで、少し極端な例だが、このくらいシンプルな基礎にできる（写真5）。

もちろん、建て主の要望でどうしても間崩れが避けられないケースもあるとは思うが、耐震性能への影響や大幅なコスト増の可能性もあるので、安易な間崩れはその必要性をよくよく検討したい。建築物はあくまでも構造物である。構造安定性があってこそ建築物と呼べる。構造を犠牲にする考えがあってはならないのだ。

2階リビングの場合

冒頭で紹介した2階リビングのプランである（図2）。この場合は2階が大空間となり柱が少なくなるため、個室が多くなる1階には自由な位置に柱を設けやすい。図2からも分かるように、2階柱を示す青丸の直下に1階柱を示す赤丸を設けやすい構造となる。実際に2階の青丸の場所の直下すべてに1階の赤丸が入っている。つまり、柱の直下率が100％であるといえる。このように2階リビングは鉛直荷重に対して安定した構造としやすい（写真6）。

4 中古の鉄骨倉庫を住宅へリノベした例。構造がシンプルで柱や壁耐震要素が外周部にしかないため、内部は自由にプランが可能
5 立上りが少ない基礎の例。一般的には浴室、廊下、トイレ、個室などの間仕切に合わせて立上りがある基礎が多いのではないだろうか

図2 I様邸平面図（S=1:200）

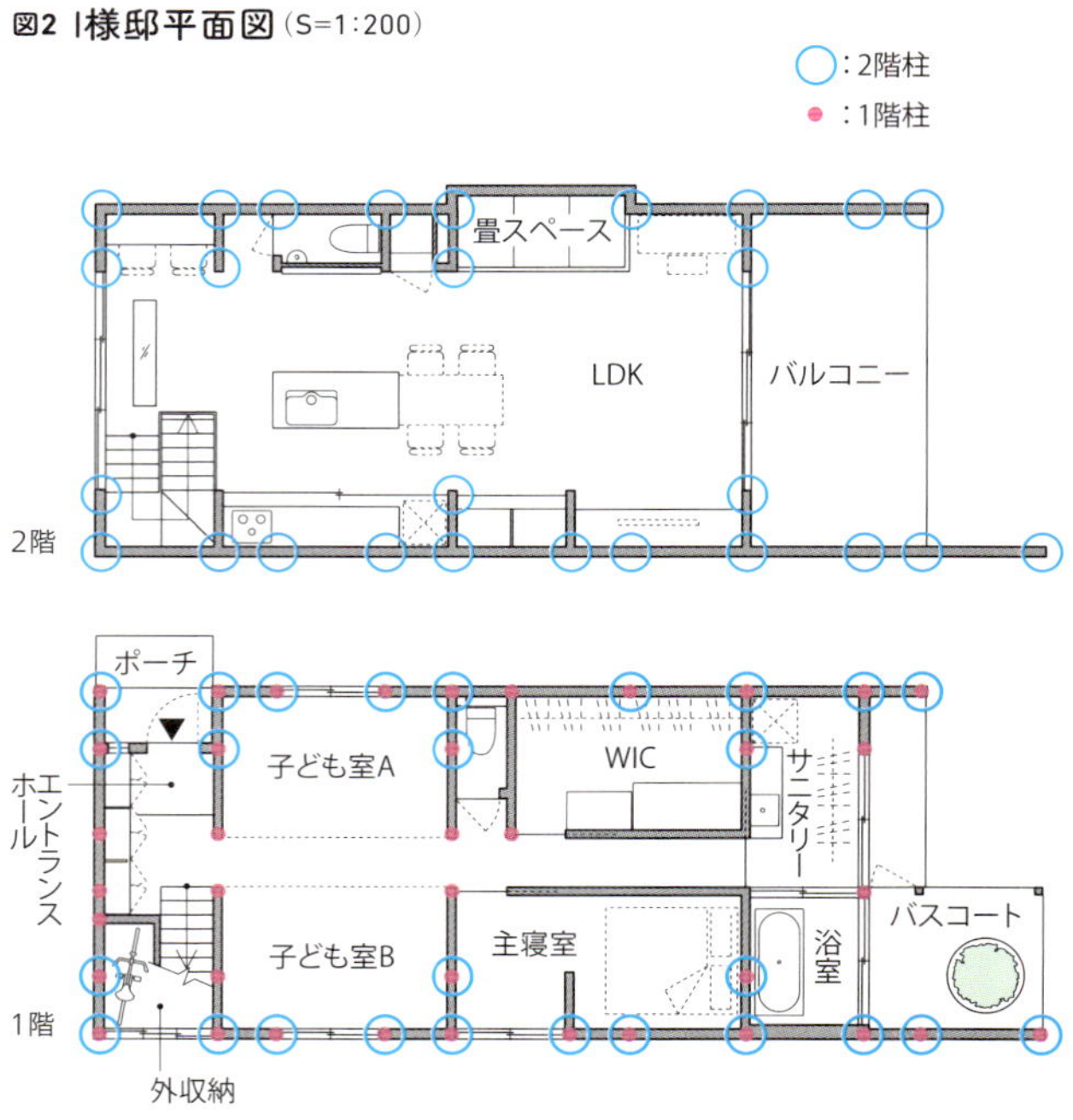

2階がシンプルな2部屋の間取りに対して、1階は水廻りを並べるなど間仕切が多い。2階柱（青丸）の直下すべてに、1階柱（赤丸）がもれなく置かれているのが分かる

I様邸の2階LDK。間口4.55mに対し両脇に0.91mの奥行で収納やトイレを設け、その間仕切に最小限の柱と耐力壁を設けている

図3 T様邸平面図（S=1:200）

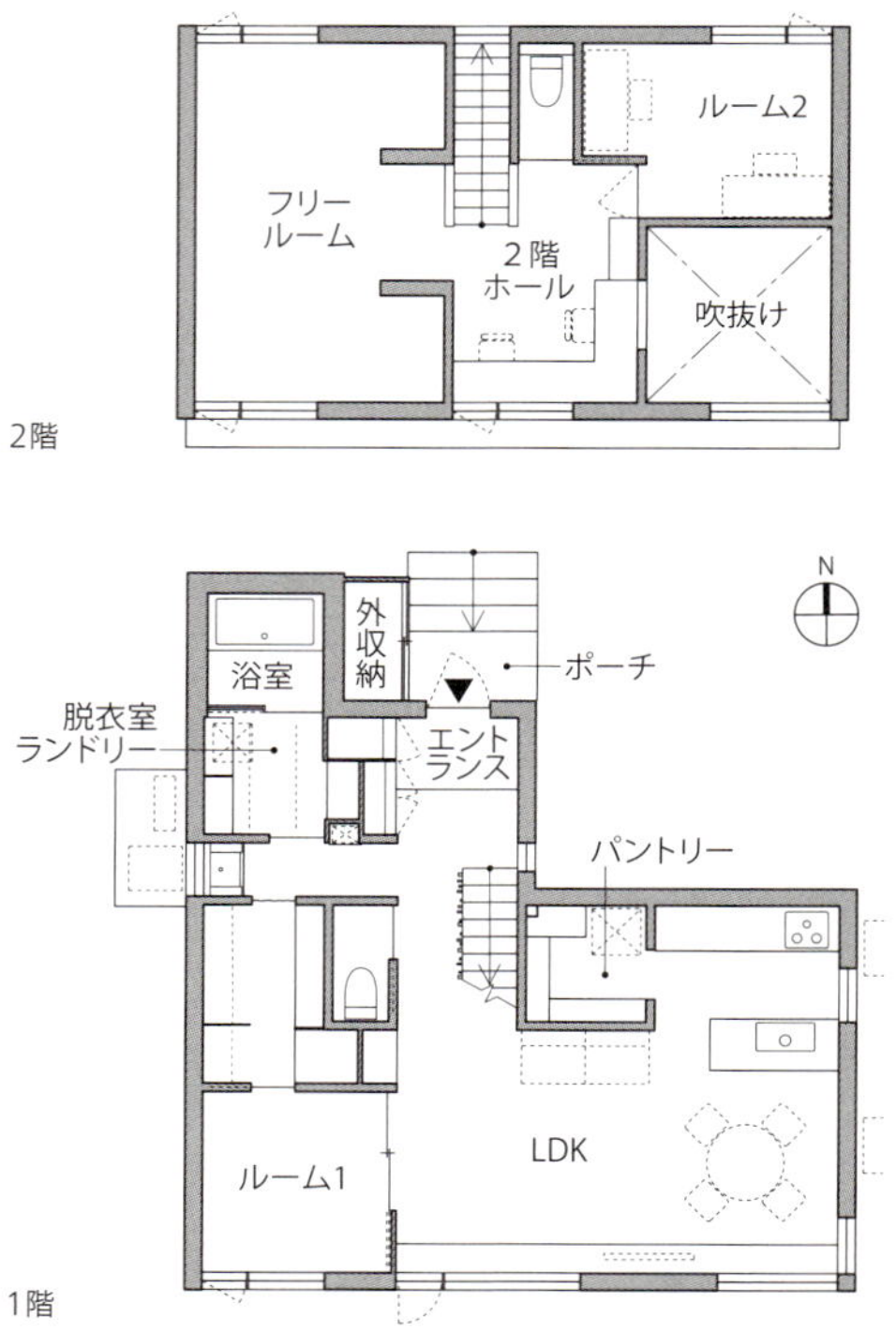

2階の内部にはなるべく構造柱を設けない。必要な場合は、同時に基礎の立上りが必要なことを念頭に入れながら直下に1階柱を設けたい

下屋付き2階建ての場合

下屋付き2階建てで、1階リビングに吹抜けのあるポピュラーな間取りである。平面図（図3）で見る限り、1階はやや間仕切が細かい。しかしながら、基礎伏図（図4）を見て頂けると、とてもシンプルなのがお分かりいただけるのではないだろうか。

小屋梁を2間スパン以内にシンプルにかけ、2階内部の柱・耐力壁の数は最小限とし、これらの通りを整えてラインを通す。間仕切は間柱や非構造柱とする（図5）。1階柱は2階柱の直下に立てるものが大半を占めるので、柱は2階同様規則正しく並び、耐力壁とともにラインが通る。1階も2階同様に間仕切は間柱や非構造柱とする。基礎立上りは柱と耐力壁のライン上につくられるので、基礎形状もシンプルになる。

間取りを検討しながらこの順番で構造を整えれば、無駄や無理なく耐震性能を高められ、構造安定性の高い建築物が実現できる。プランニングは部屋を並べるだけの作業ではなく、同時に頭の中で柱・梁・耐力壁・基礎といった構造耐力上主要な部分を合理的の組み立てる作業でもあるのだ（写真7・8）。

図5 T様邸構造図

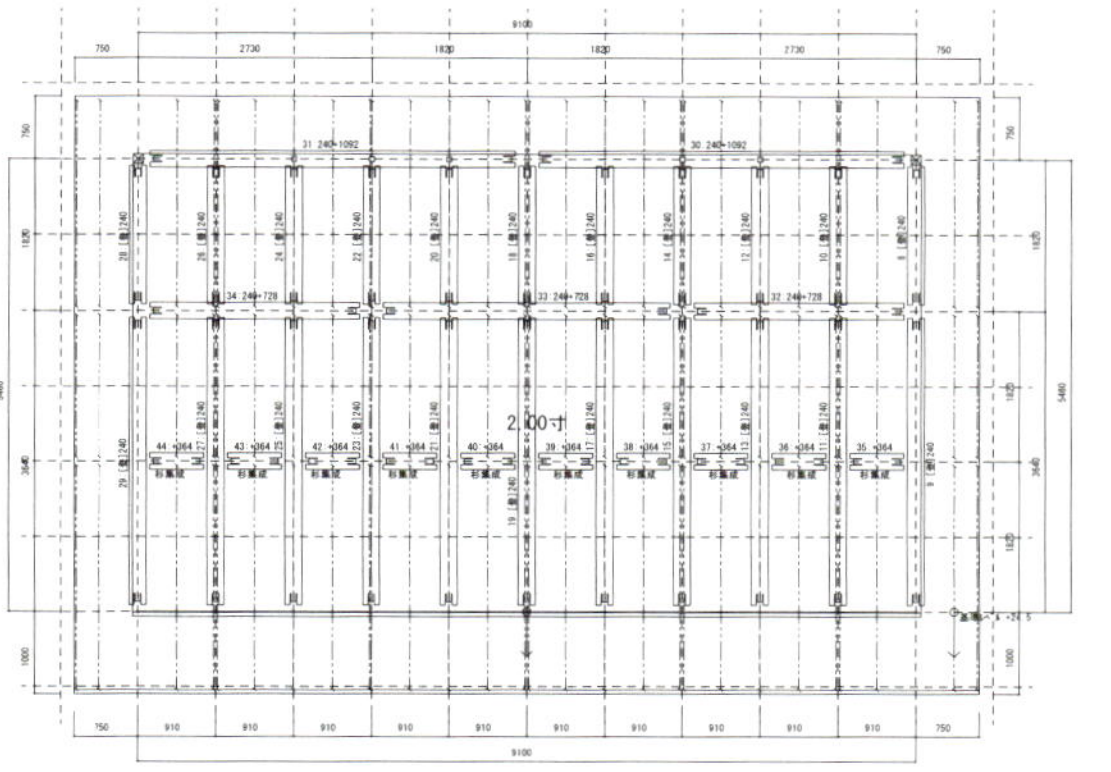

2階小屋　小屋梁を2間スパン以内にシンプルに掛けている。小屋梁の梁成は積雪1mで240㎜以内となった

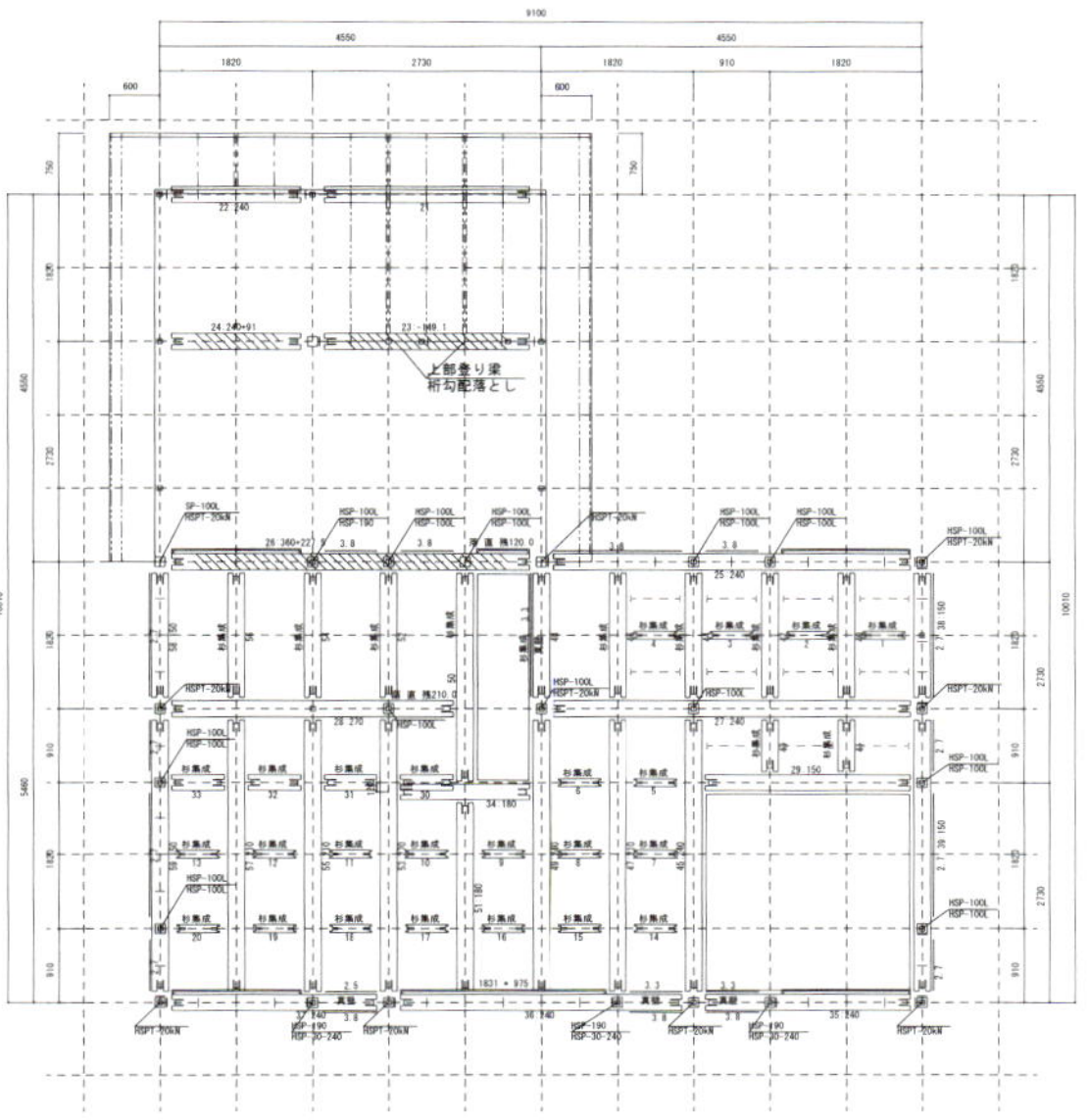

2階床　2階内部の柱を最小限とし、その直下に1階柱を設けると、2階床梁も小さく済み階高も抑えられる

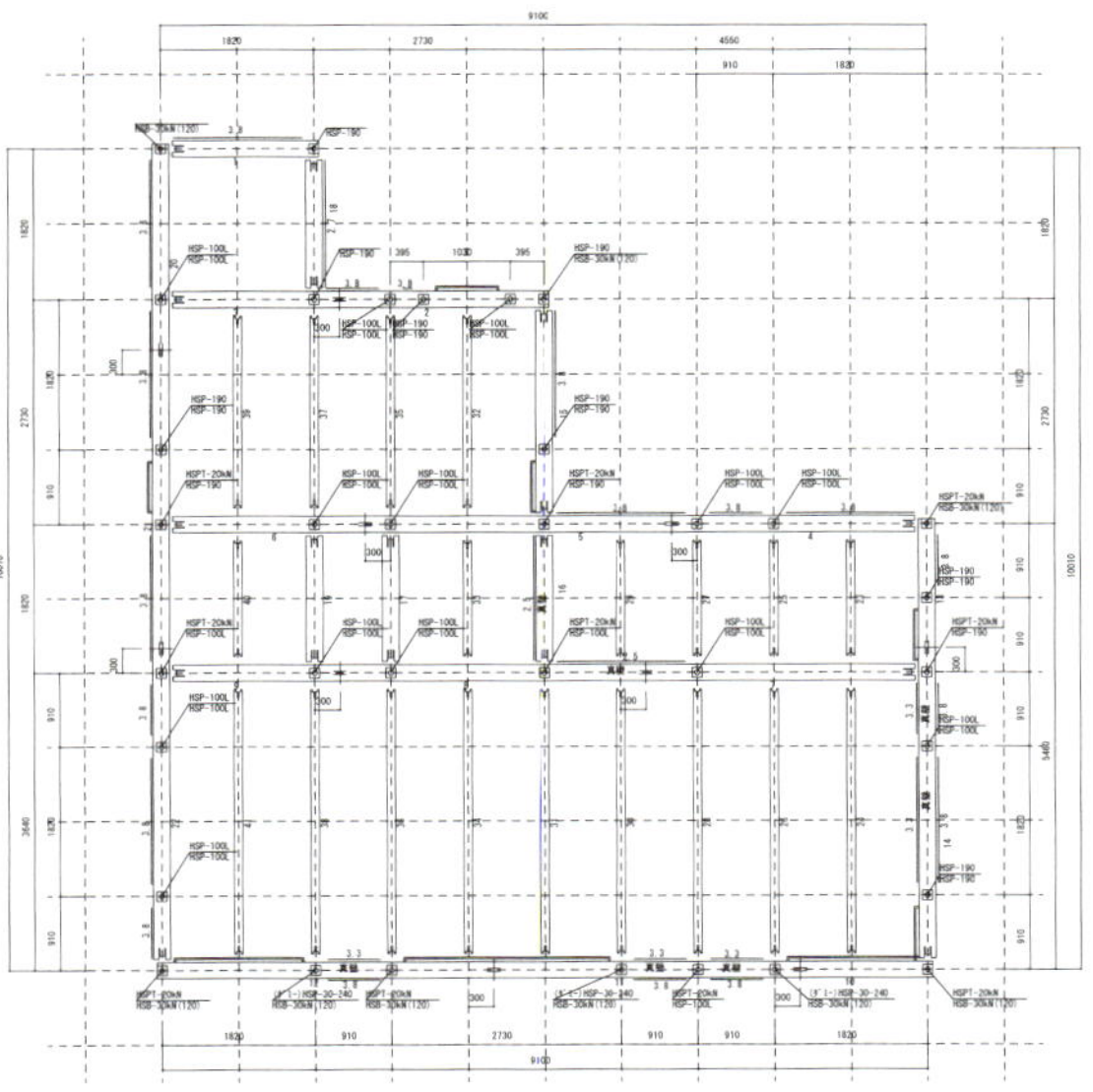

1階床　1階柱は2階柱の直下に立てるものが大半を占めるので、柱は規則正しく並んでいる。柱・壁ラインを通すと土台も通り、基礎形状もシンプルになる

物件概要

T様邸
設計・施工：サトウ工務店
所在地：新潟県三条市
家族構成：夫婦＋子ども2人
敷地面積：152.99（46.36坪）
建築面積：73.69㎡（22.25坪）
延床面積：97.71㎡（29.5坪）
1階：52.17㎡（15.75坪）
2階：45.54㎡（13.75坪）
耐震性能：等級3（許容応力度計算）
断熱性能：等級7（U_A値0.17W/㎡K）
竣工年月：2024年12月

7 非常にシンプルな基礎（柱状改良＋布基礎）。立上りが少なく、通りもきれいに通っている
8 大型パネル工法を活用した建方。外皮の柱、間柱、耐力面材、付加断熱、透湿防水紙、胴縁、サッシまでを工場でパネル化し、現場ではクレーンで組み立てる。写真から内部の柱が少ないことがよく分かる

図4 T様邸基礎伏図

柱・壁ラインを通すと基礎がとてもシンプルな形状になる

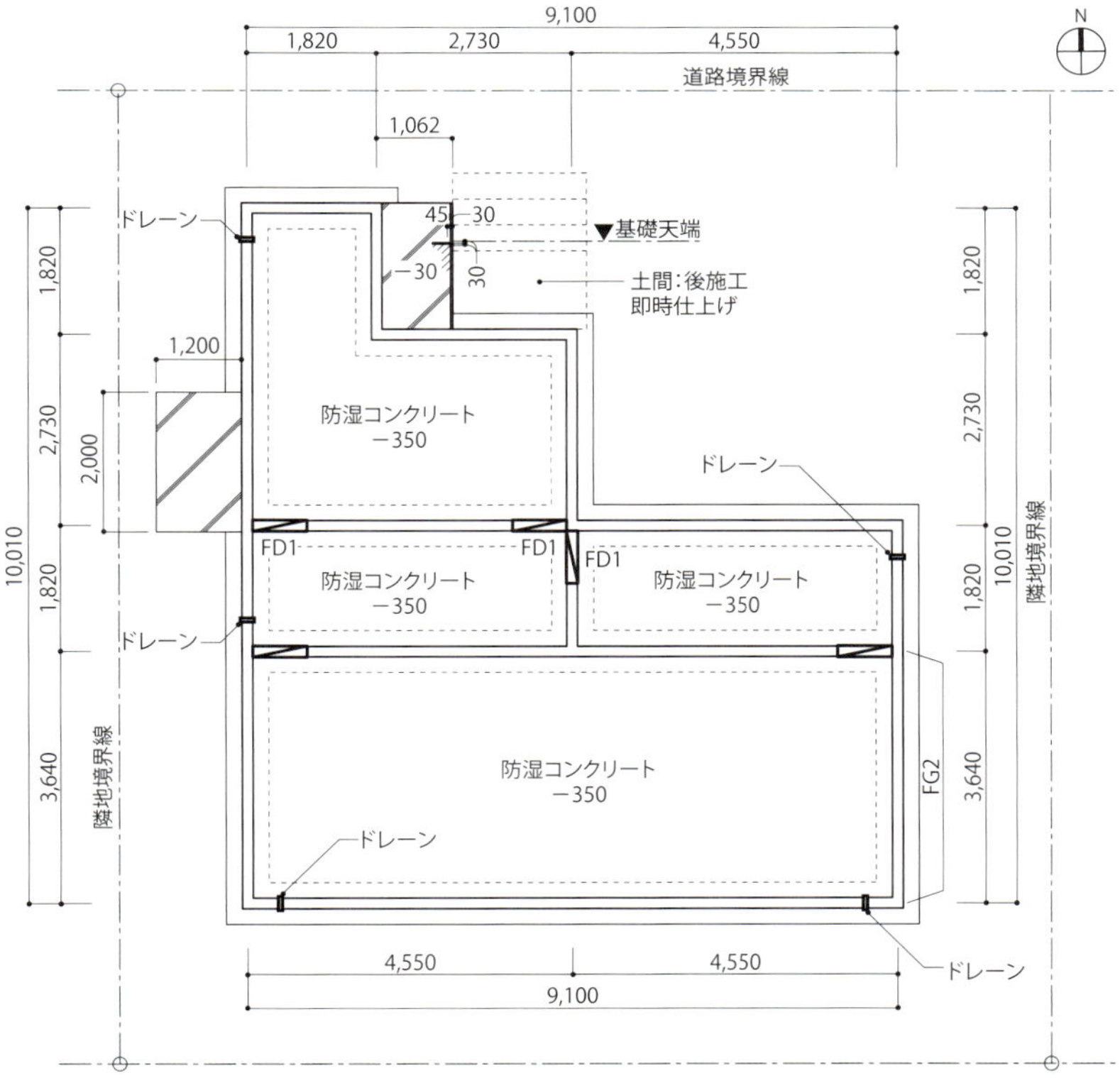

COLUMN

構造に素直に設計すれば美しい外観になる

「外観デザインのコツを教えて欲しい」とご相談頂くことがある。しかしながら、デザインの良し悪しについては、人によって受ける印象は異なるし、私自身デザインセンスはないほうだと思うので、こうすればよいというメソッド的なものを持っているわけではない。したがって、いつも質問者の望む回答ができずに恐縮しているのだ。

とはいえ、実際にはいくつかの要素を頼りにしつつ、外観をつくり上げている(**写真1～4**)。私の中で一番大切にしている要素は「構造に素直な外観」である。骨格や筋肉がそのまま外観になり、同時に内観もデザインされるのが理想だ。

たとえば、柱の直下率100%を目指せば、窓位置が整列し、2階の構造が1階に安定感よく載る。おそらく、こうなれば誰が見ても、安定感があり素直で違和感のない外観となるはずだ。また時には、敷地など特異な諸条件をクリアするために工夫された構造は、特異な外観をつくる。これはこれでとても重要な理由があるデザインとして、後世に残る。

やってはいけないのが、流行だからとか、何となくとか、その時だけ、ある個人のためだけにデザインすることだ。おそらく、そのデザインは寿命も短く、人に共感されることも少ないはず。誰もがカッコいい、センスがいいと思えるデザインをつくることは難しいが、構造的に安定させるため、地域環境に配慮するため、景観を取り入れるため、日照条件を考慮したため、など誰もが納得できる理由があるデザインなら、少なくとも人に嫌悪感を抱かれたりはしないし、陳腐化もしない。

おそらく本当に優れた外観デザインというのは、表面的な装飾などではなく、安心安全な構造、周りや環境に配慮などの設計の中身が表出したものなのだろう。この章で解説したような構造の基本、まずそこにこだわってプランニングする。そして、その結果として、優れた外観が実現できる。そう信じている。

1

東西に伸びやかな外観。一部2階が乗っているが、柱の直下率は100%、ビルトインガレージの開口が建物の伸びやかさを強調している。外壁は新潟県産スギよろい張り

2

南に大きな下屋をつくり太陽光パネルを搭載。北側は2階建てだが、北側隣地へ影が落ちにくいように屋根勾配は北下がりに配慮。外壁は新潟県産スギ縦張り押縁押さえ

3

正面外壁の向こうに中庭があるコートハウス。実際の開口部(窓)とは別にファサード外壁の開口部で、日射や景観、外観デザインをコントロールしている

4

1階と2階がずれているような外観。1階は敷地に倣い台形に、2階は素直に長方形に、そのずれがデザインの特徴となっている。これでも柱の直下率は90%近い

8章 木造の跳ね出し構造

8-1 木造の跳ね出し構造の考え方

跳ね出し構造とは柱や基礎で支えることなく、床や屋根が建物から持ち出されているものである。一般的な構造物は、地面から基礎、柱、床と、積み上げるように構成され、床や屋根の荷重は、真っ直ぐ下方へ流れる。しかしながら、跳ね出し構造とした場合、下方に支えるものがないため、その取付け部から梁などを持ち出し、床や屋根などの重さを浮かせた状態で安定させることになる。

想像してみてほしい。人が両腕で水の入ったバケツを持つ時、普通なら肩から真下に腕を下げて持つ。これが一番楽な持ち方になる。しかしながら、両腕を前に突き出すような姿勢でバケツを持った場合、とてもきつくなることは想像できると思う。特に腕や肩にはプルプル震えるくらい大きな負担がかかる。この姿勢を安定して保つには、鍛えられた強い身体が必要となる。建築でも同様に、跳ね出し構造では、通常よりも大きな梁や強い接合部、場合によっては強い足腰に当たる下部構造も必要となるのだ。

跳ね出しバルコニーの構造的な特徴

木造の跳ね出し構造のなかで、一般的に多く採用されているのが、2階南面に設けられるバルコニーではないだろうか（写真1〜9）。建物内部から成の大きな梁を壁の外に跳ね出してバルコニー床の荷重を受ける仕組みとなっている。出幅は3〜4尺（約0.9〜1.2m）程度が多く、洗濯物干しに利用したり、室内の床と段差や素材、または壁の色などを揃えたりすることで、2階室内を少し広く見せる効果が期待できる。また、跳ね出しのバルコニーは1階の庇代わりとなり、夏の高度の高い日射を遮ることもできる。もちろん、柱で支えるバルコニーの場合は地面に柱のための基礎をつくる必要があり、地盤の条件によっては基礎下に地盤改良まで行う可能性があるが、跳ね出しのバルコニーではそれがいらなくなる（図1・2）。

ただし、跳ね出しのバルコニーの床梁は、この荷重を受けるために、梁は跳ね出した寸法の2倍程度は建物内部に飲み込ませる必要があり、梁も大きな成のものでなくてはならない。成が大きい梁は、コストもかかるうえに伸縮や変形も大きくなるため、その梁上の壁や床の不具合につながりやすい。また、梁の成が大きい分、天井懐が大きくなり階高も高くなる。したがって、バルコニーを大きく跳

2階バルコニー（間口6.37m奥行3.64m）を木造で持ち出した事例（116頁で解説）。幅狭耐力壁、片持ち階段など構造的にさまざまな工夫を施した物件

2階バルコニーを跳ね出した事例。床荷重を持ち出し梁で支えているのだが、写真左側では直下の柱壁で荷重を受け、右側では袖壁により床を吊ることでより安全性をみている

直下に浄化槽があるため2階床を大きく持ち出した事例。大きな持ち出し梁と方杖のある斜め壁で2階を支えている

4・5 東西2面に持ち出されたバルコニー。それぞれに必要な機能がありサイズや構造が工夫されている

図1 跳ね出しのバルコニー

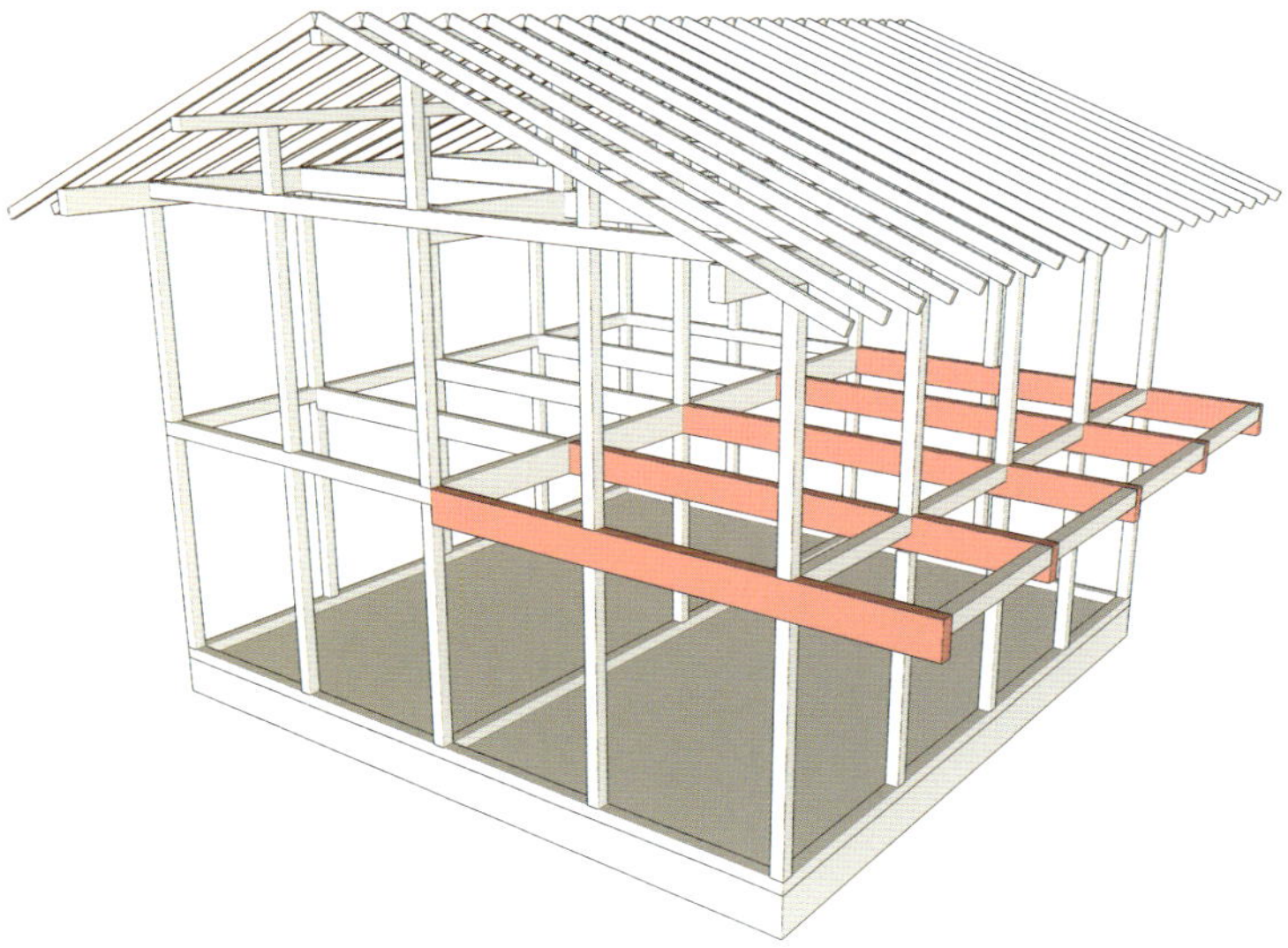

2階床梁を持ち出してバルコニーをつくる場合。大きな梁が必要となるが、直下の柱や基礎が不要となるため、大きなバルコニーでなければコストが抑えられる

図2 柱で支えるバルコニー

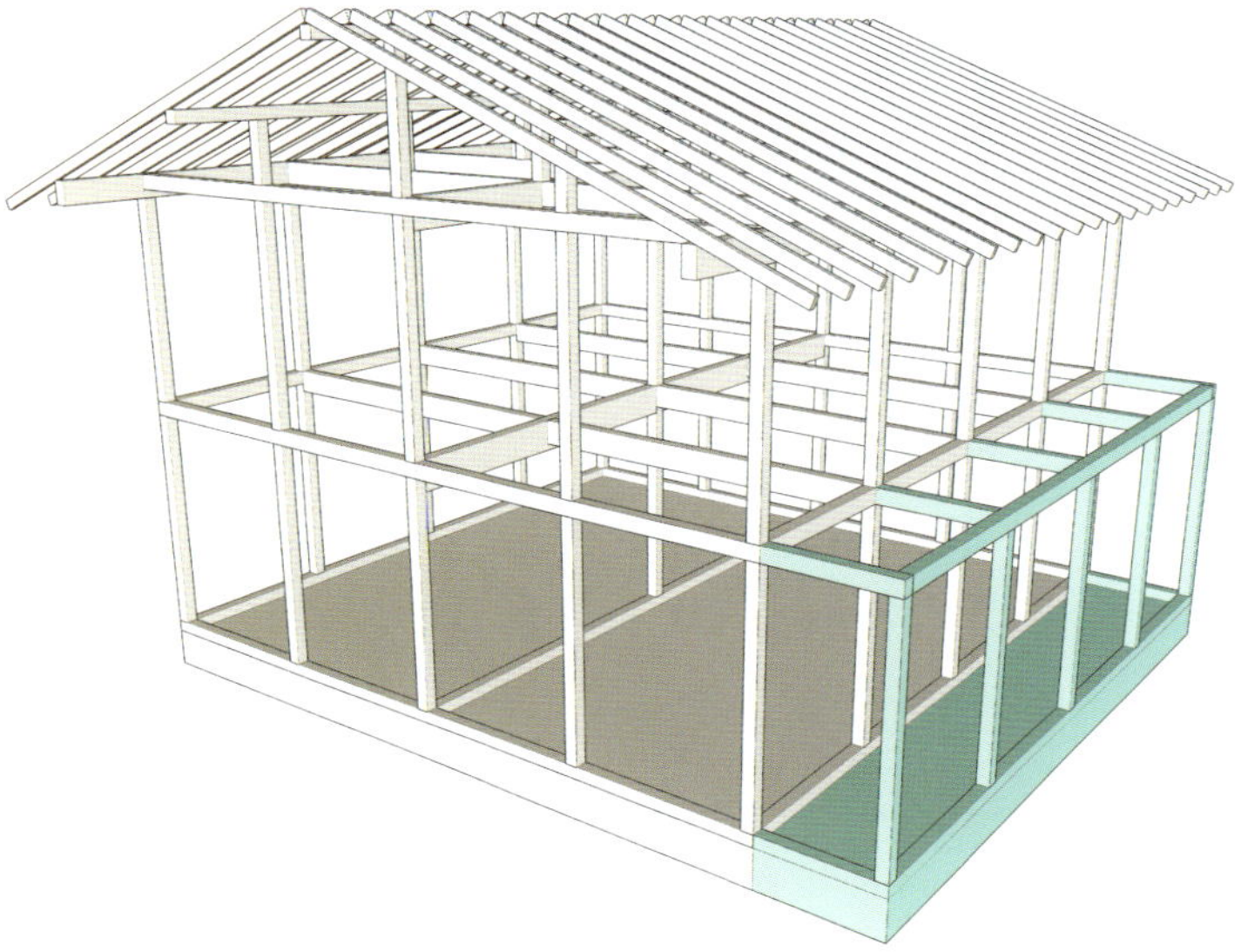

バルコニーを柱で支える場合、独立柱だけで支える方法と上図のように基礎もつくり下屋を部屋とする場合がある。コストや機能で使い分けたい

ね出す場合は、床梁にだけ頼るのではなく、ほかの補強方法と合わせて検討したい。

2階床を三角形に持ち出した事例。敷地に合わせた変形(台形)の1階に、整形(長方形)の2階が乗っている。そのずれ部が持ち出しとなっている

2階の持ち出しが玄関ポーチの屋根となっている。間取りがそのまま外観のデザインとなり、同時に必要な機能を持たせている

2階リビング南側が3尺持ち出されている。外壁の切替えにより、1階に2階が載っている印象をデザインしている

屋根は木梁で持ち出し、2階バルコニーはスチールブラケットで持ち出されている。機能やデザインにより構造が工夫されている

8-2

木造の跳出しバルコニーI

うなぎの寝床、高低差など多くの条件

2013年春、当社の所在地である新潟県三条市内の建て主から「新築の相談がしたい」と連絡をいただいた。同じ市内とはいえ、当時の当社は知名度がまったくなく、「新築　三条　住まい」で検索しても数ページはスクロールしないと発見できない、集客間口の狭い会社であった。そんな状況だったので、その電話に速攻で反応し、大喜びでヒアリングへ伺った。立地条件や建て主の要望は次のとおりである。

・東道路で間口7.5m、奥行き18mと間口が狭く奥行きが長い（いわゆるうなぎの寝床）
・敷地の前（東）、奥（西）で1mほどの高低差がある
・東側前面道路の先に広く田園風景が広がり、その先には粟ケ岳（※）が美しく見えるため、その景観を活かしたい。
・南側の少し離れた場所で打ち上がる花火が見えるようにしたい
・車2台+αの余裕のあるガレージと、屋根付き2台の駐車スペース
・広いバルコニーがほしい
・ラグジュアリーな空間とした

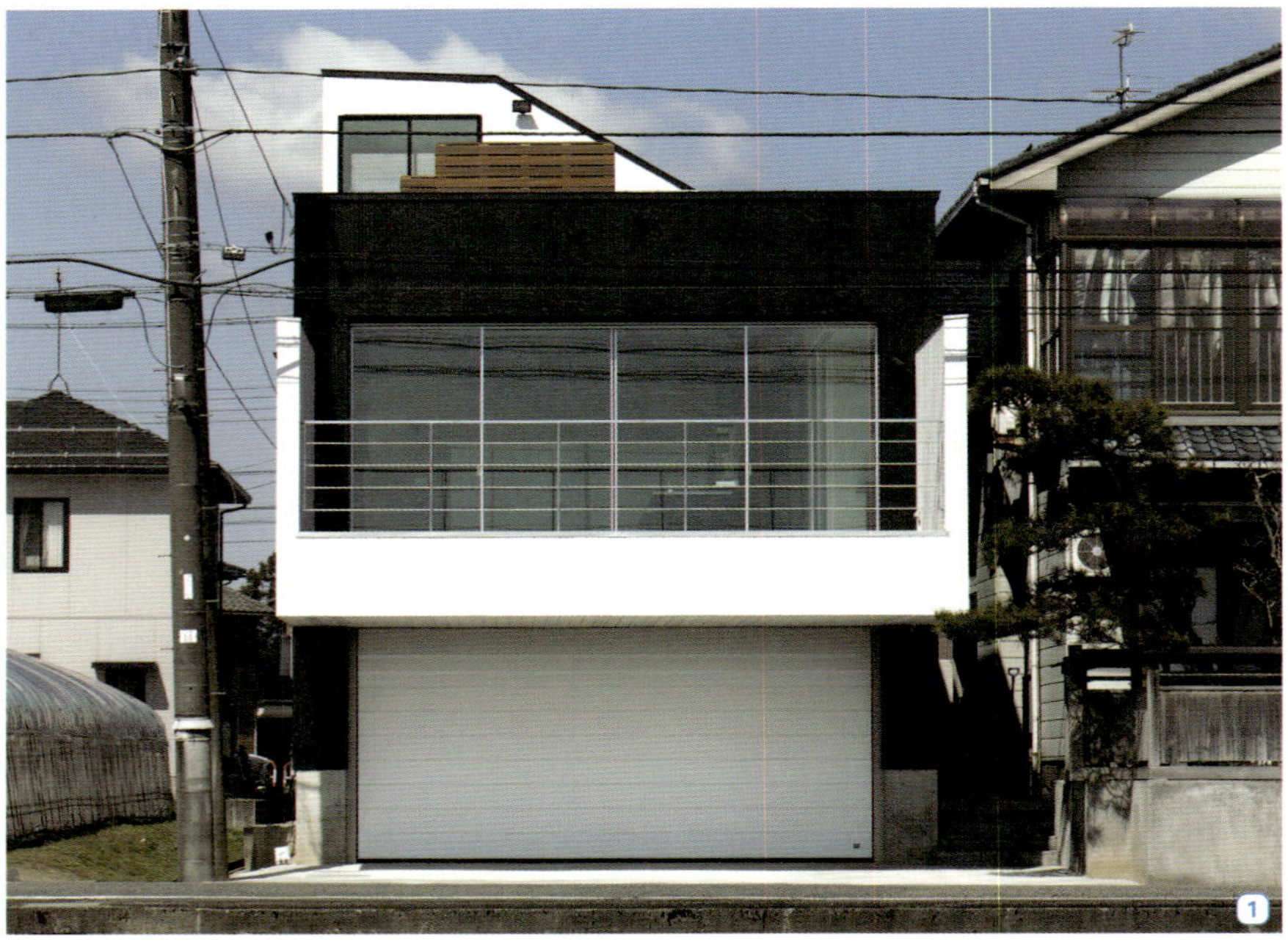

南面ファサード。間口一杯の幅のガレージシャッターと2階の大開口サッシを見る限り、とても木造とは思えない佇まいとなっている

図1 平面図(S=1:200)

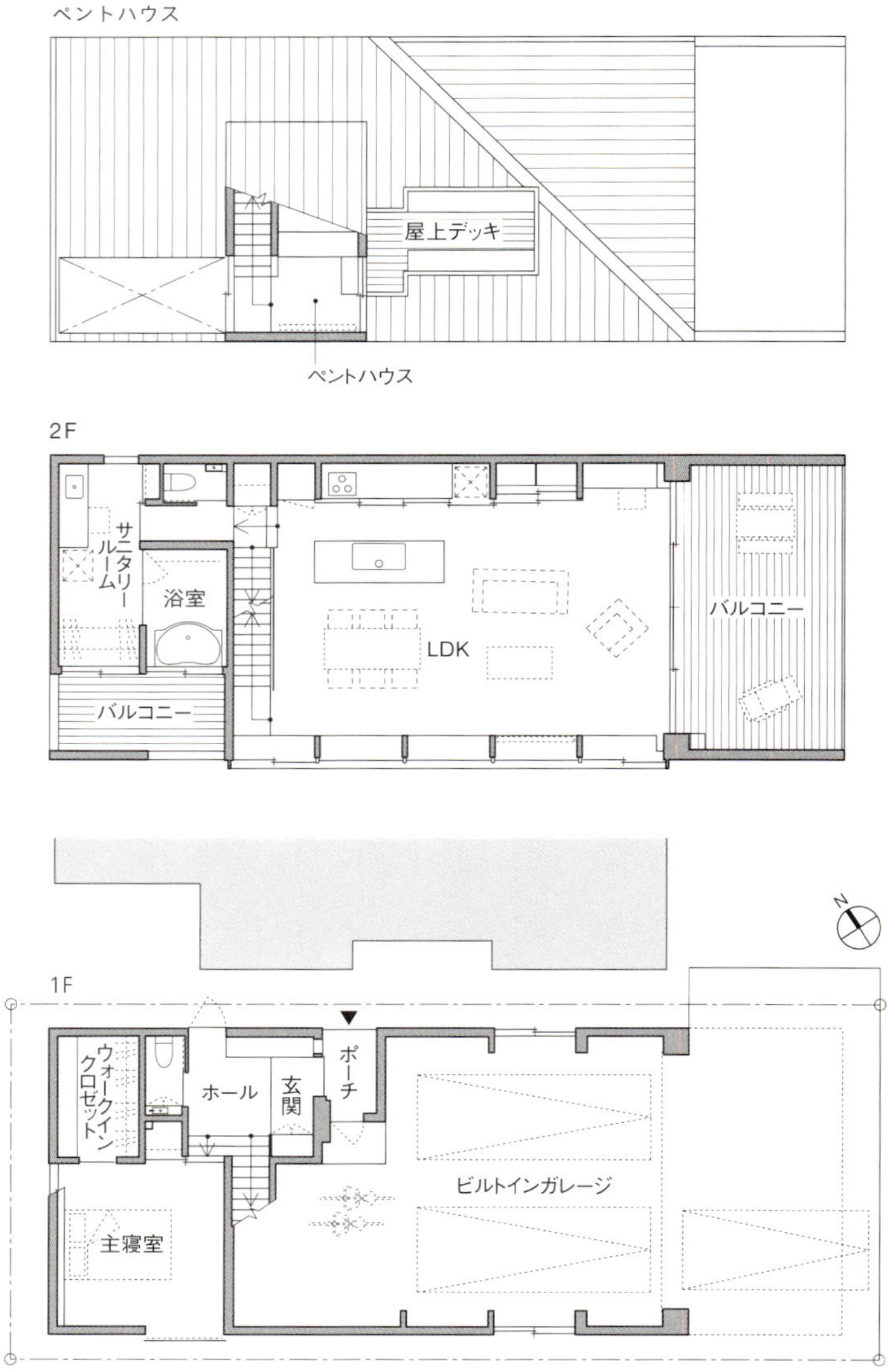

物件概要

所在地：新潟県三条市
家族構成：夫婦+子ども3人
構造：：木造2階建て
敷地面積：138.14㎡
延床面積：：166.14㎡(50.15坪)
1階床面積：83.34㎡(25.16坪)
2階床面積：74.52㎡(22.49坪)
ペントハウス床面積：3.28㎡(2.50坪)
竣工年月：2014年3月
設計・施工：サトウ工務店
断熱性能：等級4
耐震性能：等級2（積雪1m）
認定など：長期優良住宅認定
総工費：約4,000万円

※：粟ケ岳：標高1,293mで、日本三百名山の一つ。四季折々美しい表情が見える

い
・費用は4千万円以内

当社に連絡が来たときには、すでに大手ハウスメーカーと、建て主の知り合いである設計事務所の2社でそれぞれ打合せが進んでおり、当社は最後に参加するかたちとなった。つまり、3社の設計案を見比べたうえで最終的に契約しようということである。

現在、当社ではこのようなコンペ形式の依頼は受け付けていないが、当時の私にとっては自分を奮い立たせる願ってもない機会。二つ返事で受けることにした。ちなみに、大手ハウスメーカーは木質ラーメン構法の案、設計事務所は鉄骨造の提案が出されていた。

立地条件や要望として出された、うなぎの寝床、高低差、余裕のあるガレージ、広いバルコニー、ラグジュアリーな空間。これらをすべてクリアするのは、プランニングはもちろんコスト的にもハードルが高い。

当社のような小さな会社が、コンペに勝つには他社とは違う独自の提案しかない。そう考え、当時まだ一般的には普及していなかったが、当社では標準としていた長期優良住宅の認定取得を前提とし、耐震性、省エネ性、劣化対策などで住宅の基本性能を高いレベルでクリアしつつ、やや思い切ったプランを提案することとした。

検討の結果、建て主の要望をほぼ完璧にクリアしつつも、重力に逆らうように宙に浮いた大きなバルコニー、無柱の大空間LDK、強化ガラス越しに見える鉄骨階段、ペントハウスと屋上デッキなど、耐震性、省エネ性、劣化対策を担保したまま木造建築らしからぬ提案で、当社が見事に受注することとなった（図1・2、写真1〜5）。

2 跳ね出した白い部分がバルコニー。両袖壁が目隠しであると同時にバルコニー床を吊り下げる構造になっている
3 2階LDKからバルコニー越しに粟ケ岳を見る
4 キッチン越しにペントハウスへの片持ちスチール階段が見える。強化ガラスで仕切り、インテリア性をもたせた
5 ペントハウスと屋上ウッドデッキ。花火などを楽しむ物見台

図2 断面図（S=1:100）

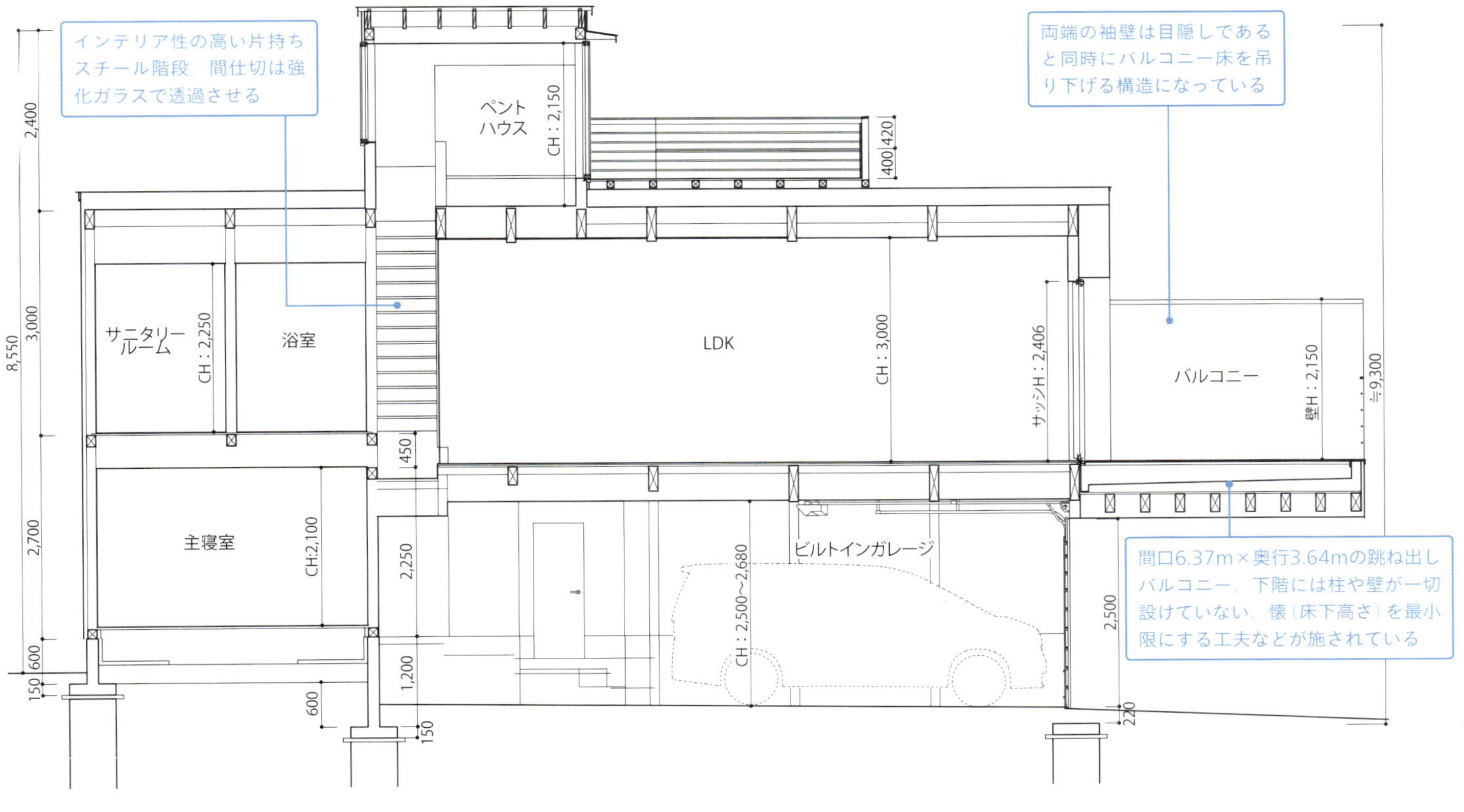

木造の跳出しバルコニーの工夫

木造では構造的に困難に思えるそのプランもさまざまな工夫により、実現可能となった。まずは、幅狭耐力壁を多用し、耐震性を確保したまま間口方向に大きく開口部を設けた。幅狭耐力壁とは、その名の通り小さい幅の耐力壁のことで、壁幅を抑えながら大開口、大空間を実現できる。この建物では、ポラテックの「パルテノン」を採用した。

芯～芯350㎜の幅狭耐力壁を東面の間口の開口の左右の両袖に数体配置することで、1階は2台分の幅のガレージ開口を、2階はバルコニーそしてその先の粟ケ岳の景色を取り込むためのサッシ開口を、間口6・37mに対し幅5・67mもの大きさで確保できた。また間口の開口だけでなく、内部にも幅狭耐力壁を利用することで、1階ガレージや2階LDKに無柱の大空間を実現することが可能となった。また、この幅狭耐力壁をベニヤで覆い、黒く塗装することで、内装のアクセントにもなった。

この物件の最大の特徴は2階から大きく跳ね出したバルコニーである。広さは間口6・37m×奥行3・64mである。通常なら直下に柱や壁を設けることになるのだが、その直下を屋根付き駐車スペースにしたかったので、それらが駐車や出庫時の邪魔になる。また、基礎のコストを省きかったこともあり、キャンチレバーによる跳出しバルコニーとすることにした（図3）。

ただし、積雪1mで耐震等級2はクリアしなければならない。重量物が建物の2階先端に重くぶら下がる構造になるので、1階部分の取付け部辺りには太い柱はもちろん強い耐力壁が必要となる。これについては、幅狭耐力壁を2重に配置したり、細かいピッチで数多く入れたりして、許容応力度計算にて耐力壁の量とバランスなどをクリアすることができた。

とはいえ、木造で3・64mも跳ね出すバルコニーである。しかも積雪は1m。相当大きな梁を持ち出さなければならないのは想像に難くない。実際に計算してみると、両袖に跳ね出す梁はアカマツ集成材120×600㎜が必要となる。この2本の梁でこの広いバルコニーの荷重のすべてを受け持つことになる。

構造計算でクリアしたとはいえ、もう少し余裕や安心感がほしい。そこでせい600㎜梁の直上にバルコニーの袖壁をつくることにした。壁梁いわゆる合成梁である。梁、柱、間柱を面材で固め大きな梁とすることで600㎜梁をさらに強固にし、長期荷重によるたわみ（クリープ）の対策とした。

さらにこの壁内にスチールプレートを添わせて梁の先端を吊り上げる工夫も施している。一見少々アクロバティックで危うい構造に見えるバルコニーであるが、念には念を入れた石橋を叩くような保険がかけられているのだ。数年おきに大雪も経験しているが、現在もたわみ寸法ゼロを維持している。

もう一点、このバルコニーにはある工夫がある。両袖2本のせい600㎜梁をつなぐ小梁である。小梁とはいえスパン6・37mとなるのだから、そこそこのサイズとなる。バルコニーの床は、水勾配を設けたPRE防水を施し、その上にウッドデッキを組み上げる。ウッドデッキは2階リビング床レベルのサッシからフラットで納めたい。小梁のサイズが大きいと600㎜の梁せいの内側でこの床組が納まらなくなる。そこでこの小梁ピッチを910㎜から455㎜へ詰め、さらにこの上に24㎜厚の構造用合板を全面接着し、ビス留めとした。こうやって梁の断面性能を上げることで、スパン6・37mの小梁は120×270㎜となり、無事にLDKとバルコニー床がフラットに納めることができた。

6 幅狭耐力壁パルテノンの建方時、両サイドにリズミカルに配置される
7 幅狭耐力壁と大梁を黒く塗って、軀体の力強さを演出する空間のアクセントにもなった
8 ペントハウスへ上がる階段。スチールで壁からの片持ち構造となっている。
9 上棟直後の軸組。2階大空間LDKから120×600㎜の大梁が手前に跳ね出されているなお、梁せいを検討する際に忘れてならないのは、仕口や間柱欠きによる梁の断面欠損である。特に跳出しバルコニーや大スパンの梁は、断面欠損によっては半分以上も性能が低下することもあり、注意が必要だ。断面欠損が大きくなる仕口は金物工法を流用したり、梁の間柱欠きを避けたりするなど、プレカット図のチェックの際は十分な検討を行いたい。

この建物では、無柱の大空間、跳ね出しバルコニーのほかにも、ペントハウスへ上るスチール製の片持ち連続階段、それをインテリアのように見せるガラスの間仕切壁、3階レベルに設けられたペントハウス、そしてそこに隣接させた屋上ウッドデッキなど、木造らしからぬ思い切った提案を行っている（写真6〜9）。

この建物を設計した経験は、木造とはいえ、構造を一つひとつ丁寧に安全・安心を心がけながら設計すれば、自由でユニークなプランが可能となることを改めて確認できる、よい機会になった。また、当社として今後の宣伝に活用できる代表的な住まいとなった。もちろん建て主にも大絶賛頂き、現在まで快適にお過ごしいただいている。

図3 床伏図（S=1:120）

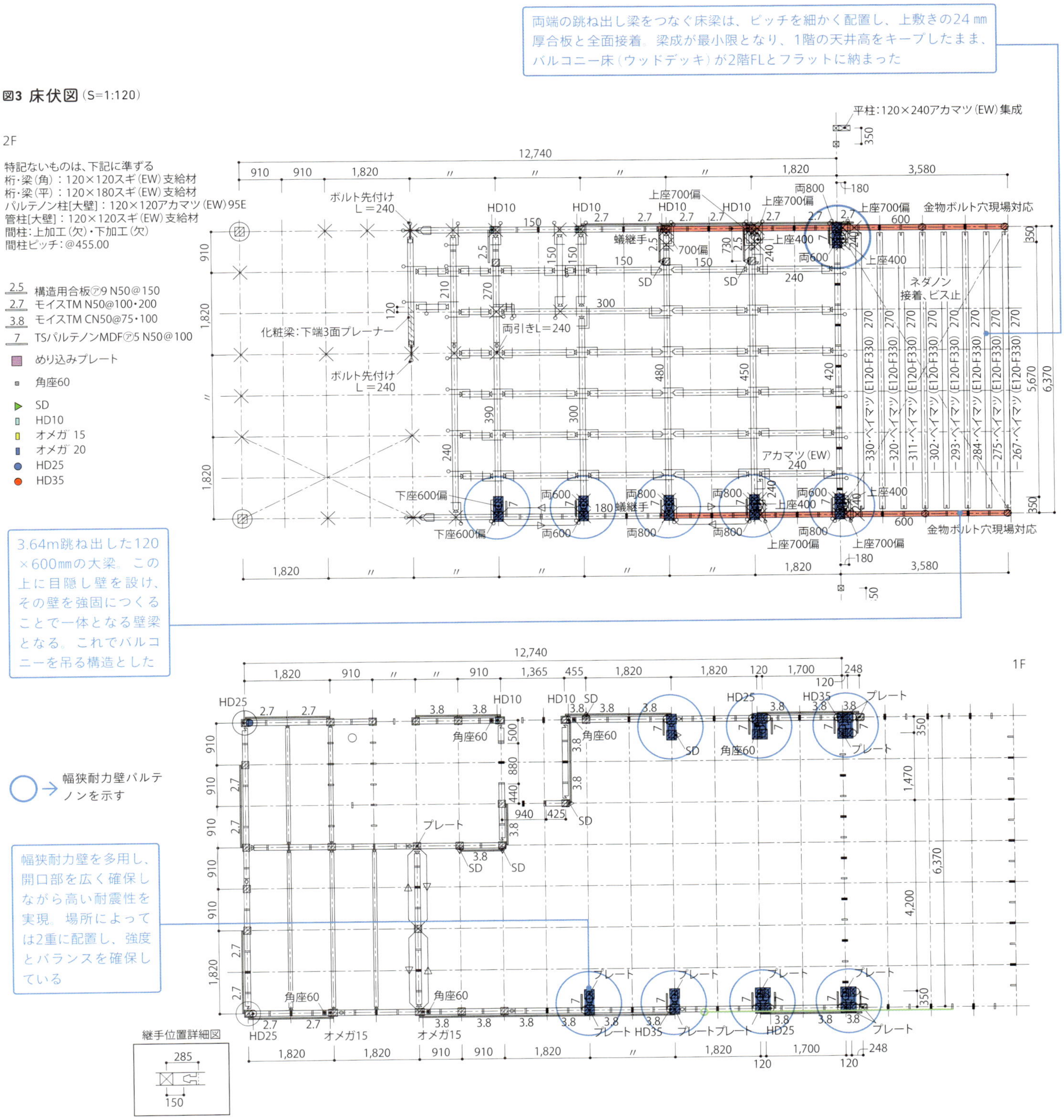

8-3 木造の跳ね出しバルコニーⅡ

うなぎの寝床、高低差と多くの要望

建て主に声をかけていただいてから竣工まで3年と、やや時間のかかった物件ではあるが、建て主は当初から当社一択（写真1）。その理由が「サトウ工務店なら、この特殊な立地条件にピタリと合う設計をしてくれると思った」から。そんな気持ちで依頼されたら気合の入らない建築士などいないだろう。建て主が必ず満足する住まいを提供したい。そんな強い想いでプランニングの検討を始めた。

建築地は新潟県長岡市寺泊。海岸よりひとつ山側に入った小路に面する東側道路の敷地。この並びの住宅はもれなく、間口が狭く奥行き長い、前に紹介した物件と同様、「うなぎの寝床」となる。しかも奥（西側・海側）に向かって約4mも敷地レベルが低くなっている。

近隣の住宅は、玄関（東側・山側）から入り、奥へ行くほど地盤が低くなるので、奥の部屋は半地下づくりとなっている。計画地では、以前あった建物が取り壊され基礎だけが残っていた（写真2）。

また、高低差解消のため年季の入ったコンクリートブロック造で土留め処理されており、以前の建物は土留めされた崖ギリギリの場所に建っていた。一方でこの並びの住宅の敷地は西側への視界が開けており、日本海へ沈む夕日が美しく見える。したがって、どの住宅もその景色を楽しむために西に大きな窓を設けている。別の視点から言えば、夏の午後に強烈な日射が窓から差し込むわけなのだが。

実際に現地調査に訪れてみると、確かにこの立地条件は特殊だった。しかもデメリットとなる条件がとても多い。細かな点は除いたとしても、①古いコンクリートブロック造による地盤の不安定さ、②高低差処理のためのコスト増、③狭い間口による耐力壁量の不足、④海側に窓を設けると強烈な西日を受ける、などの多くのデメリットがあり、これらを解消することが設計上求められた。

4つのデメリットを1つひとつ解決する

やや絶望感に襲われながらも、ていねいに1つひとつ諸問題をクリアしていくことにした。

まず、①と②については、前面道路から敷地奥行き15m以内で建物を計画し、古くて頼りない土留めにはできるだけ土圧をかけないよう計画することとした。一部深基礎とはなったが、土留めの改修や、地下室などのコストがかかる工事からは免れることができた（図1）。

③については、間口方向に耐力壁を設けると室内空間が断絶され、特にLDKは窮屈になってしまう。そこでLDKは耐力壁が少なく済む2階に設け、耐力壁の幅も面材とすることで600mm幅にとどめた（筋かいは900mm幅以上必要）。両壁にリブ状に設けた耐力壁は、食器棚やテレビ台などの家具の奥行きと合わせることで、不自然なく広い空間を確保することができた（図1）。

そして、④の西側の景観確保と西日の遮蔽という矛盾の解決に関しては、ない知恵を絞りさまざまな手法を考えた。たとえば、外付けブラインドやすだれの取り付け。しかしながら、海からの強烈

物件概要
所在地：新潟県長岡市
家族構成：夫婦＋子ども2人
構造：木造2階建て
敷地面積：212.98㎡
延床面積：99.38㎡（30.00坪）
1階床面積：49.69㎡（15.00坪）
2階床面積：49.69㎡（15.00坪）
バルコニー床面積：10.92㎡（3.3坪）
耐震性能：耐震等級3（積雪1m）
断熱性能：U_A値0.46／C値0.20
竣工年月：2019年年9月
総工費：約2,900万円

1 LDKからバルコニー越しに夕日を楽しめる。3mある深い庇により、夏の暑い西日の影響は最小限となる

図1　平面図(S=1:150)

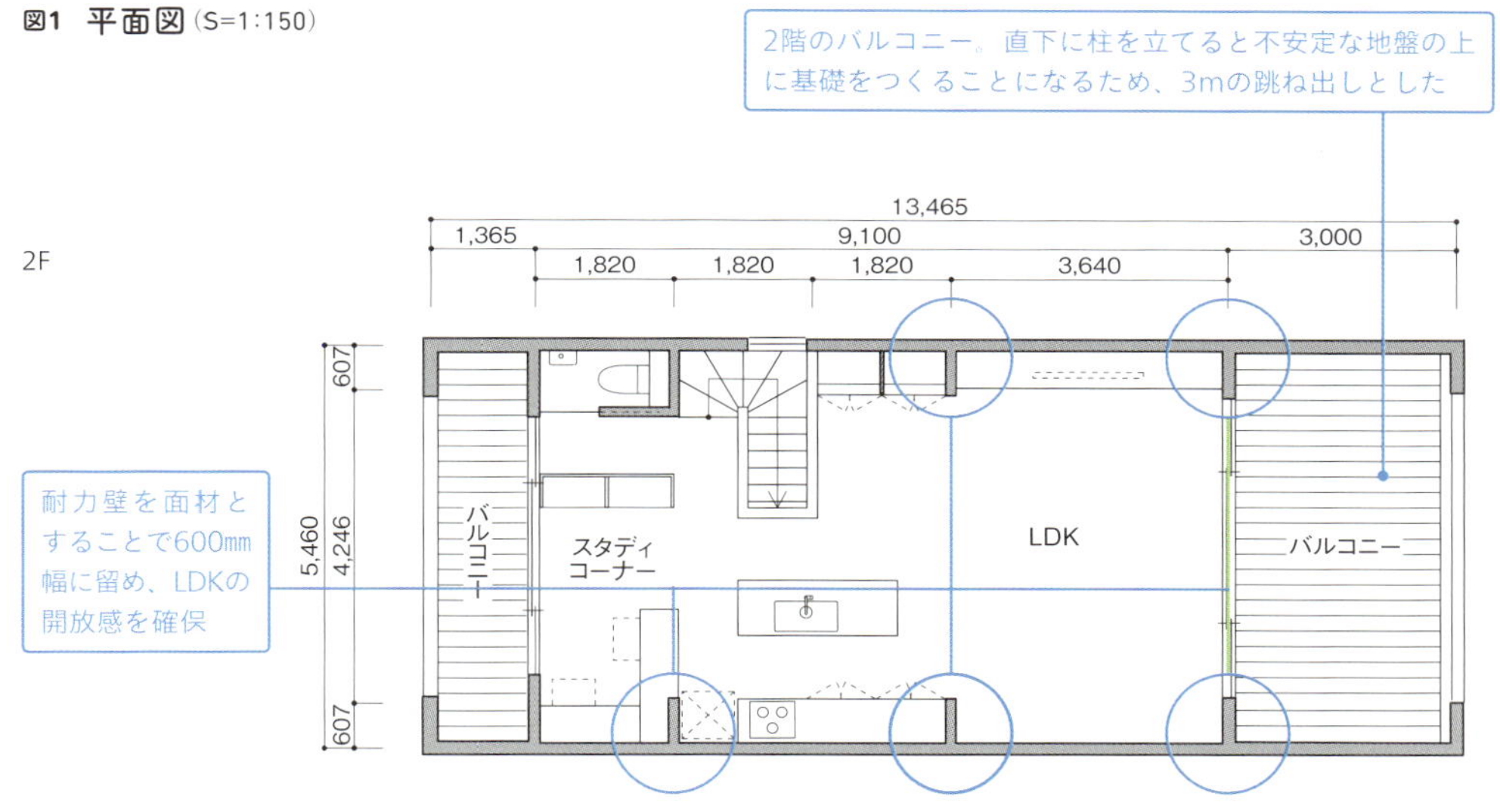

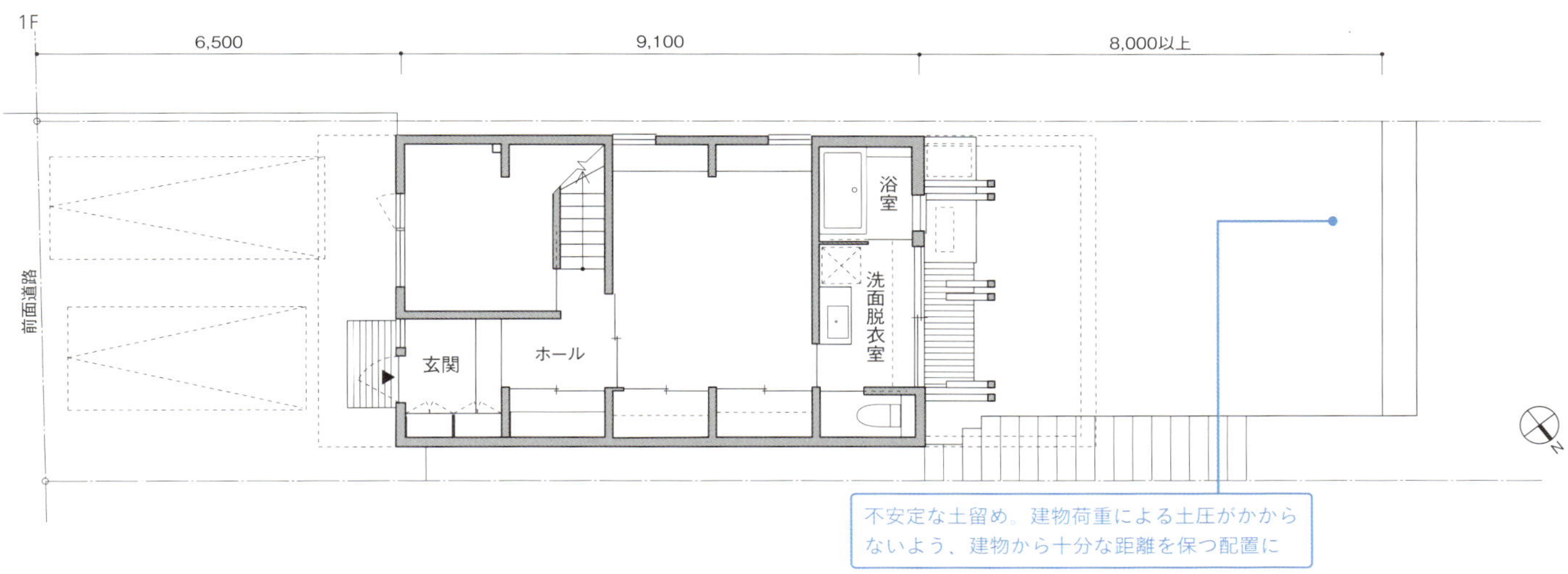

西側・海側から着工前の敷地を見る。間口が狭く細長い敷地で、4mの高低差を不安定な土留めで処理している

な風や塩害の影響などの懸念もある。少し無理なのかもしれない。そう思ったとき、「そうか、少しの妥協でいける」自分のなかで問題が解決された。

私が出した答えはこうである。西側の景観とはいえ、眺めたいのは水平線や太陽が海に沈む直前の夕日である。西側の庇や袖壁をうんと長く出すことで、高度の高い日差しはカットし、太陽が海に近づく時間、わずかな時間だけ日射を許容する。こうすることで問題は解決するのではないか。すぐに3Dデザインソフト（SketchUp）でシミュレーションし、真夏の窓からの日射は2時間以内と確認できたため、無事に④の問題もクリアすることができた（写真3）。

積雪荷重の屋根をもつ3mの片持ちバルコニー

④の解決のため、屋根と袖壁を設けると同時にウッドデッキのバルコニーも設けることとした（写真4・5）。バルコニーはリビングとつながっており、気軽に美しい自然を感じられる。また屋根と壁で囲われたウッドデッキなら傷みにくく長もちする。これは、ぜひとも建て主に提案したい。私はワクワクが止まらなかった。

だが問題が1つあった。①と②の問題を解決するため、敷地奥行15m内で建物を納めることにしたのだが、この奥行き3mのウッドデッキはその奥行き15mを超える位置に設置しなくてはならないのだ。これをクリアするには、片持ちのバルコニーとするしかない。先ほどのプランは何としても提案したい。あとは構造をどうクリアするかだ。

間口5.46m×奥行き3mのバルコニー。これだけでもかなりの荷重となるのだが、住宅の建つ場所は積雪地域なので、積雪1mの屋根を架けなければならず、さらに荷重がかかってしまう。そこで、重い屋根とバルコニー床を別々に支える構造を検討するこ

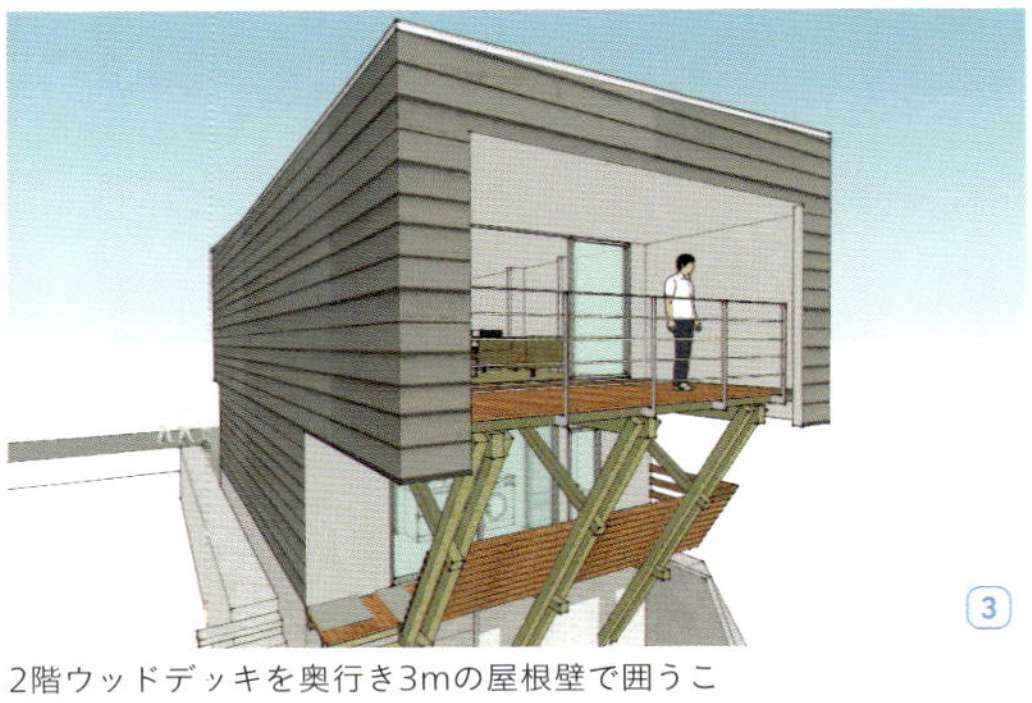

2階ウッドデッキを奥行き3mの屋根壁で囲うことで夏の西日を遮ることが可能となった。ウッドデッキの耐久性も格段に上がる

4・5 2階バルコニーから西側海を見る。3mほどの深い庇により、真夏の暑い日差しをカットするとともに、海に沈む夕日の景観を望むことができる。西日も庇と壁に遮られほぼ屋内に入らない

とした。

まず、屋根の荷重は跳ね出し梁で解決することとした。幸い両袖壁があるので、梁成が大きくなっても十分に納まる。小屋と2階床の両袖壁上下の梁120×390㎜を3m跳ね出し、屋根荷重を負担させた（図2）。

次にバルコニーの床である。これは京都・東山にある青龍殿の大舞台からヒントをもらった。佐藤実さんの構造塾の会員であった私は、青龍殿が建立してまもない7年ほど前に大舞台の構造を見学させていただいたことがある。大舞台は1000㎡超のウッドデッキで、12mも持ち出されていたのだが、そこでは方杖が使われていたのである。もちろん規模はまったく異なるが、考え方は応用できると思い、ウッドデッキの荷重のほとんどを方杖で受けることとした。

建物本体に働く地震力を低減するため、ウッドデッキの揺れが住宅本体に悪影響を与えないため、将来の取替えが容易になるため、ウッドデッキと住宅の緊結は最小限とし、ほぼ縁を切った構造とした。そしてウッドデッキの荷重は2本×3組の方杖を介しコンクリート基礎へダイレクトに伝達するよう計画。さらに方杖の座屈を防ぐため、方杖長さの中ほどに束が挟み込まれている（写真6・7）。

屋根と壁で囲われたウッドデッキのバルコニーではあるが、耐久性を高めるべく、樹種はヒノキとし、水切れに配慮した取合いを心がけた。また、メンテナンスしやすいように、バルコニーは各部位の取り替えが容易な納まりとしている（写真8）。

東側バルコニーはプライバシー確保がキモ

2階のLDKは耐力壁のリブ状配置により、東側にも大きな開

図2　西側面のパース

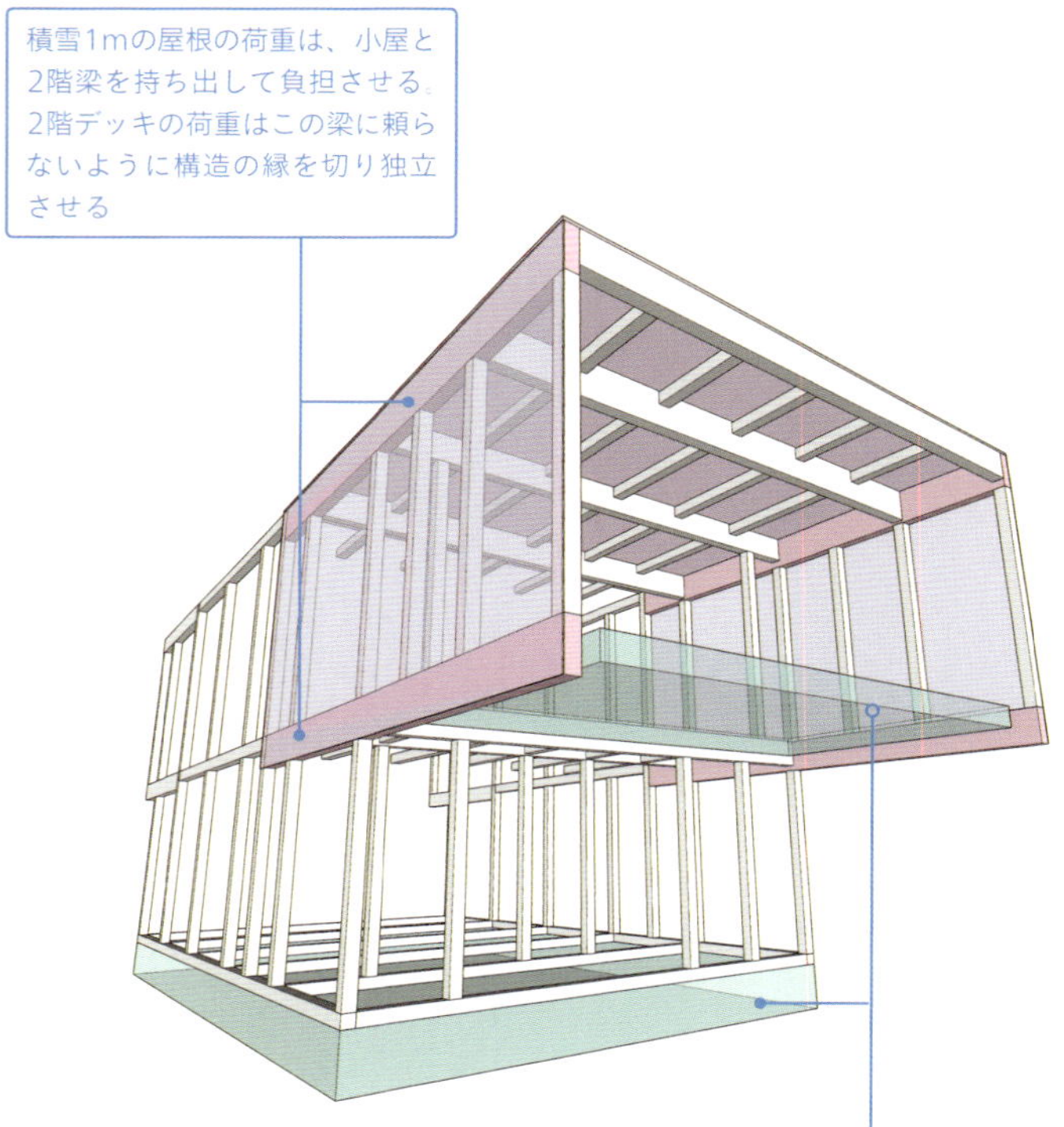
積雪1mの屋根の荷重は、小屋と2階梁を持ち出して負担させる。2階デッキの荷重はこの梁に頼らないように構造の縁を切り独立させる
2階ウッドデッキの荷重は2階の持ち出し梁に負担させず、方杖を介し基礎コンクリートに伝達する

不安定な地盤に基礎をつくることを避けるため、間口:5.46×奥行き:3mの屋根とウッドデッキを跳ね出しに。積雪1mの屋根とウッドデッキすべての荷重を2階以上に負担させると、梁が大きくなるだけでなく、1階に働く地震力が大きくなりすぎる。そこでウッドデッキは独立させ、基礎まで荷重を落とすことにした

6・7 ウッドデッキの荷重は方杖から基礎に落とす。方杖の納まりは水の切れを意識し、耐久性向上と構造安定性を同時に達成
8 一見不安定な土留めの上に建つように見えるが、土留めからは十分な距離をとり、土圧はかけていない

口部を設けることが可能になった。敷地東側に広がる瓦屋根の古い家並みや山の斜面を覆う緑。せっかくならこれらも楽しみたい。

しかし、ここにも1つ問題があった。東側を開放するのはよいが、前面には道路があり、通行する人や車、来客などの視線が気になる。

そこで、奥行きは0・91mと少ないが、西側同様にウッドデッキのバルコニーを設けることとした。この0・91mの跳ね出しで、道路から2階LDKへの視線をカットする計画だ。西側同様にこちらも屋根と袖壁で、景観のフレームを絞るとともに、雨風を除けることでウッドデッキの耐久性も担保した。外観上もファサードのアクセントとなった（写真9・10）。

このようなプロセスを経て完成した住宅だが、建て主の要望どおり「この特殊な立地条件にピタリと合う設計」ができた、と自負している。立地条件、コスト、構造、住環境、耐久性、デザインなど多くの条件を同時に解決することができたこの物件は、自分の大きな自信につながり、この後も特殊な立地条件の話があるたびに、心の中で「ヨシ、またやってやるぞ！」と気合が入るようになった。

0.91mのバルコニーで、道路からの支線をカット

東側・山手方向の景観も取り入れ、東西に抜ける筒状プランとなった

COLUMN

跳ね出し構造で注意すべき接地圧の問題

跳ね出し構造や一部の階数が異なる下屋付きの建物など重量のバランスが悪い建物では、特に注意したいポイントがあるので、ここで解説したい。

平面的にも立面的にもバランスのよい建物は、基礎全体に均等に重量がかかる。しかしながら、上部構造のバランスが悪い建物は、基礎の場所によっては長期接地圧が大きく異なる場合がある。

建築基準法では、地耐力が20kN／㎡以上あればべた基礎でよいことになっている（30kN／㎡以上あれば布基礎も選択できる・図1）。とはいえ、これを守っているだけでは、必ずしも安全とは限らない。

たとえば、図2のように極端な跳ね出しによって一部に大きな荷重がかかる場合や、異なる階数が混在することで荷重にバラツキがある場合、基礎底盤の場所により接地圧が大きく異なってくる。接地圧が20kN／以下で収まっていたとしても、ひとつの建物の端と端で接地圧に大きな差があると、不同沈下が起こる可能性がある。いや、荷重が大きく偏った建物の場合、もしかしたら接地圧が20kN／㎡を超えている部分があるかもしれない。

反対に、建物のバランスがよく接地圧が均等な建物だったとしても、地盤の地耐力にバラツキがある場合には、同様に不同沈下の可能性が出てくる。

こういった地盤の耐力にバラツキがある場合は、地耐力が20ないし30kN／㎡以上あったとしても、地盤改良を施すことで建物直下の地盤の耐力（地盤の長期許容応力度）を均等にすべきである。

以上のことから分かるように、建物のどこにどれくらいの荷重がかかり、各部の接地圧がどのくらいになるのかを確認する必要がある。これは詳細な構造計算を行わなければ確認できない。つまり、安全な建物を設計するためには、簡易計算の仕様規定ではなく、許容応力度計算を行うことが必須となってくる。

建物は荷重も考慮しバランスよく設計する。地盤の地耐力やバラツキを確認し、問題があれば地盤改良を施す。そして、許容応力度計算を行い、安全を確認する。

プランによっては、建物の重量バランスがうまく取れない場合もあるだろう。その場合は、地盤改良を行うべきだろう。そして、何度もいうが、許容応力度計算も欠かせない。

図1 地耐力と基礎形状

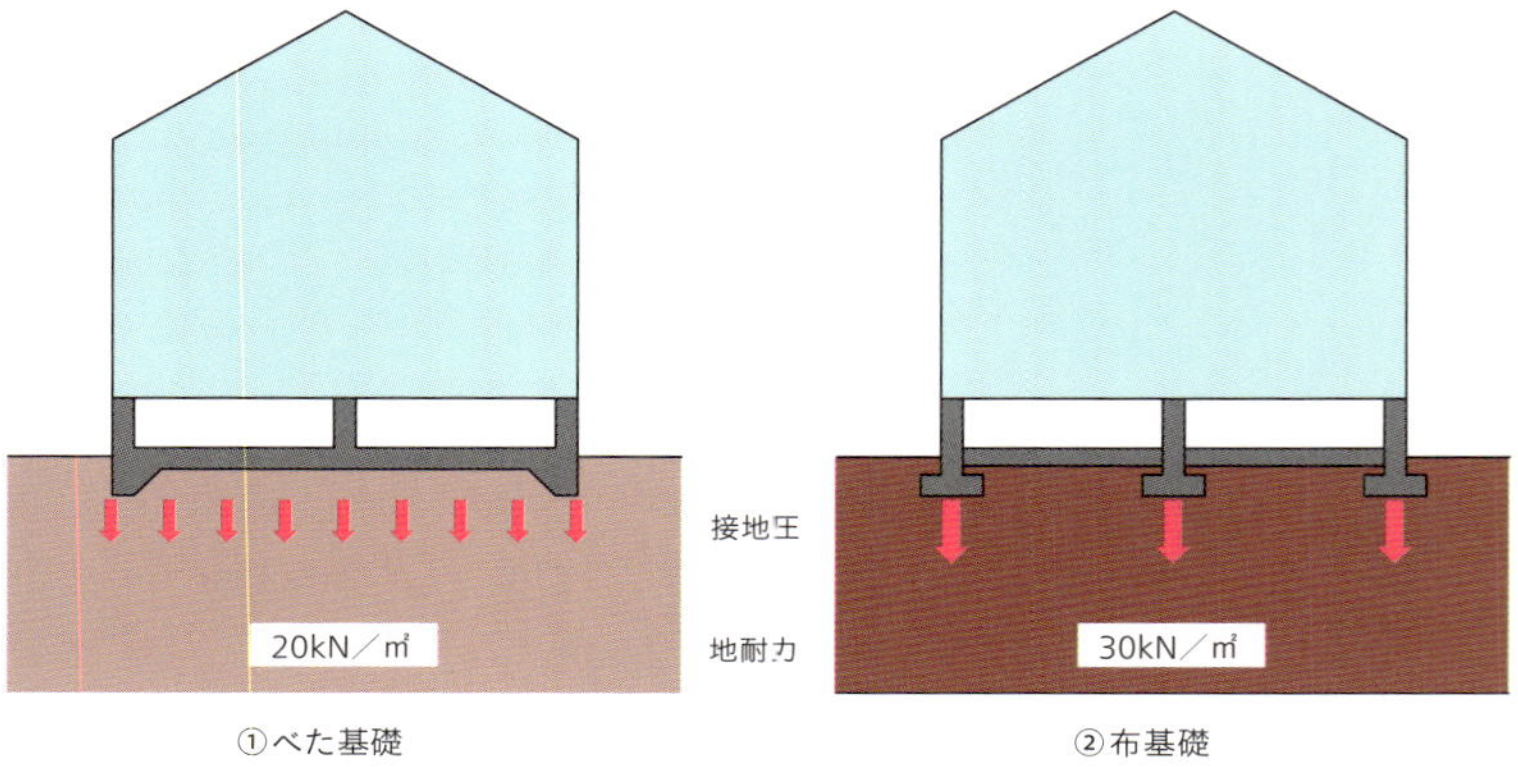

建築基準法により、地耐力に応じて採用できる基礎種が定められている。しかし、それを守っただけで安全とは限らない

図2 建物形状と接地圧

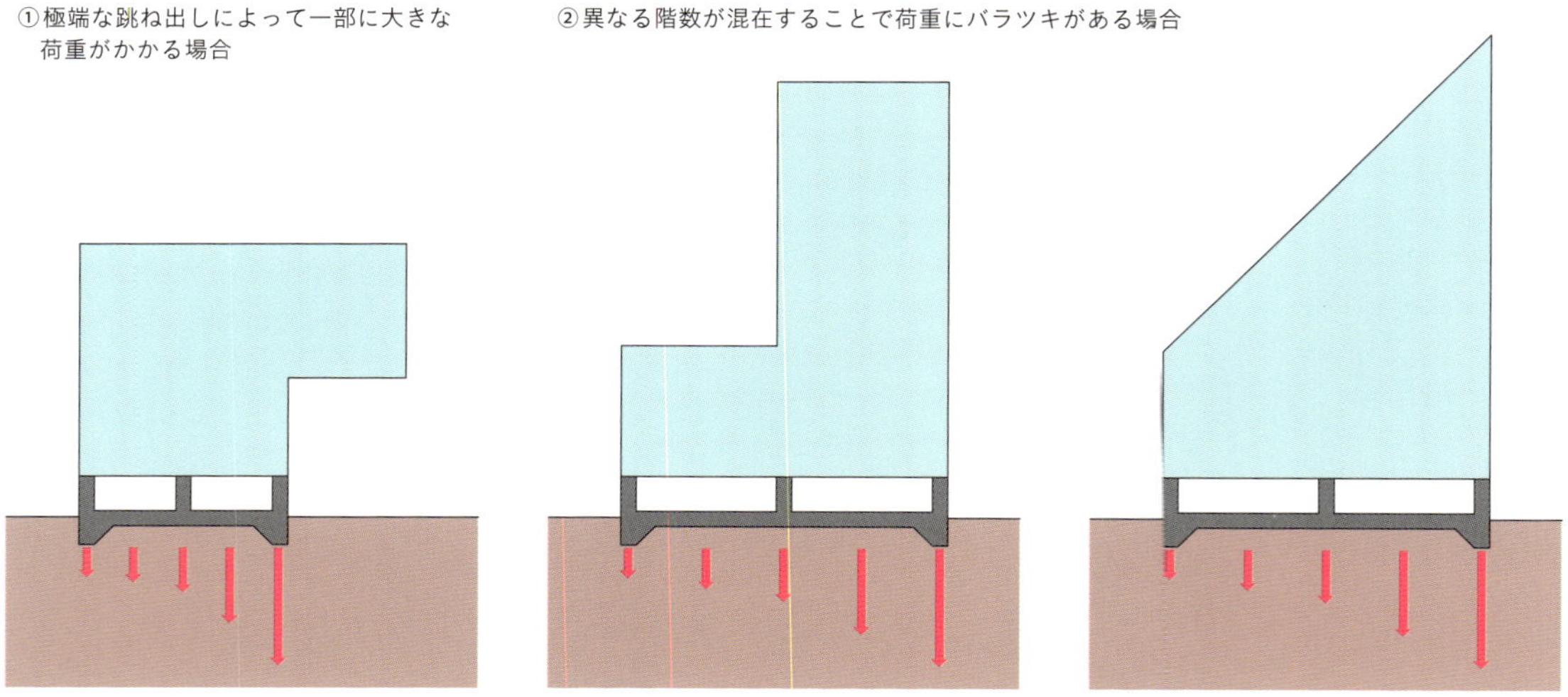

9章 大型パネルが木造を変える

9-1 大型パネルで効率的に木造住宅をつくる

従来のパネル工法との違い

　一般的に木造のパネル工法というと、軸組（柱～柱）間に間柱、耐力面材、断熱材を一体にパネル化したものをはめ込む、いわゆる「羽柄パネル」を指す（表）。この工法では、まずは従来通りクレーンなどを使って木造軸組を組み立て（いわゆる建て方）、その後羽柄パネルを軸組間にはめ込む。従来の耐力面材、間柱、断熱材などを1枚1枚取り付ける方法に比べ、それらの部材が一体化（パネル化）されているので、はめ込む手間はかかるが、現場での採寸、カット、留め付けなどが不要になり、工期短縮と一定の品質が確保できる。しかしながら、この羽柄パネルは、パネルメーカーが納まりや建材の種類を固定しているケースが大半で、仕様の自由度が低い。工務店ごと、建て主ごとの自由な仕様選択はできずに、メーカーの仕様に合わせなくてはならない。

　一方で、「大型パネル」という工法もある（表）。これは羽柄パネルと違い、間柱、耐力面材、断

表 羽柄パネルと大型パネルの建方の違い

大型パネル	羽柄パネル
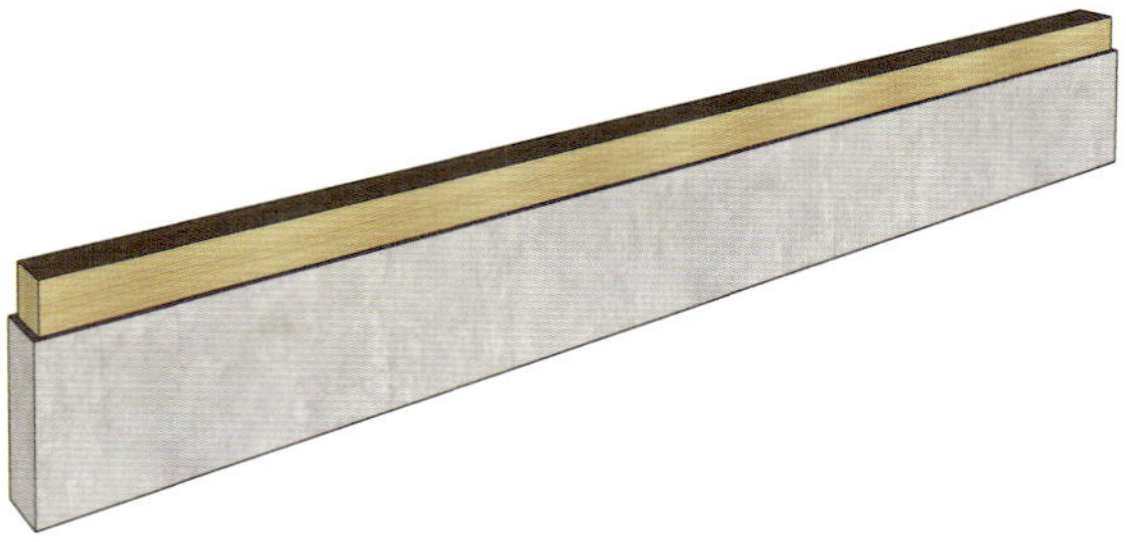 大型パネルの場合、土台敷きまでは通常の軸組工法と何ら変わりはない。1階床組みも先行して作る場合も多い	 一般的な羽柄パネルは、通常の軸組工法と同様に、事前に土台を敷いて、クレーンで軸組を組み立てる。いわゆる上棟までの工程は今までと同様だ
 建方時には、柱、梁、間柱、断熱材充填および付加断熱材、サッシ、透湿防水シート、外壁下地胴縁が一体となった大型パネルをクレーンで建て込む	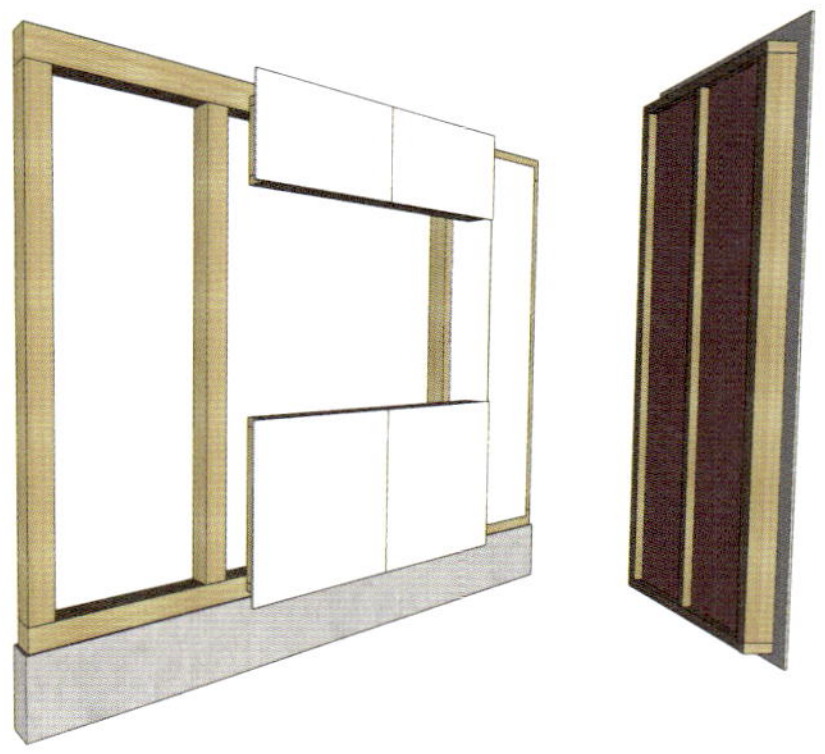 上棟後、軸組間に間柱、耐力面材、断熱材が一体となった羽柄パネルをはめ込む
 30坪程度の建物なら、建方1日で外皮の防水まで完了し、玄関ドアを取付ければ、戸締りまでも可能となる	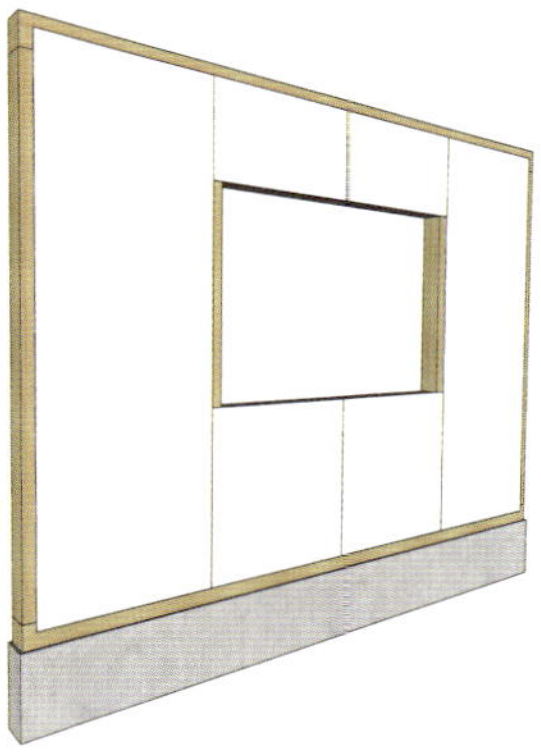 この後、サッシや透湿防水シートは現場で取り付けることになる

熱材だけでなく、柱梁などの構造材や透湿防水シート、外壁下地胴縁、サッシまでが一体のパネルとなっている。このパネルはクレーンによって吊り上げ組み立てられるため、構造材から建物外皮までほとんどの部材がわずかな人員で短時間に施工できる。私が使用しているウッドステーションの「木造大型パネル」は、このタイプの工法に該当する。

　ちなみに同様の工法は、海外では一般的だ。海外の木造は日本の軸組工法とは異なり、ツーバイフォー工法が多くを占める。ツーバイフォー工法は、床も壁も屋根も、2インチ×4インチなどの木材で枠をつくり、そこに構造用合板を打ち付けている。したがって、これらを地組みしたうえで組み立てること、さらには工場でパネル化することが当たり前のように進化している。

　一方、日本の軸組工法は、梁柱などを先行して組み立てて屋根を掛け、雨が当たらなくなったところで、外周部をふさいでいく。雨の多い日本風土に適している工法といえる。また、間取り的も続きの2間、縁側や庭園とのつながりなど建具の開閉や取り外しにより、フレキシブルに各部屋の機能を可変する住まいが多い点も軸組が合っている。しかしながら、度重なる地震被害により耐震性、さらには耐力壁の重要性が増し、日本の軸組工法は耐力面材で軸組を固める工法へと進化し、結果ツーバイフォー工法の考え方に近づいている。したがって、軸組と耐力面材をパネル化する大型パネルが誕生したのは、自然な進化といえるだろう。

大型パネルのメリット

　近年はより高い断熱性能や省エネ性を求められるようになり、その耐力面材の外側にも断熱材が張られ、サッシも重量化した（写真1〜7）。また、これらによって耐力面材の細かい釘を打ち、複雑で手間のかかるサッシ廻りの防水処理、付加断熱など施工や納まりが複雑化し、タイトなスペースしかない仮設足場で作業するのはかなりの手間がかかりかつ超重労働となる。大型パネルによってこれらを工場で完結できるメリットは大きい。

　実際に大型パネルを採用してから、当社の仕様は一気に高性能化することになった。現場では施工が難しいとされた100㎜もの分厚いボード系付加断熱の採用、複雑な防水処理が必要なサッシのインセット納まり、1棟600m長にもなる軸組と面材の間に張る制震テープなど、現場への負担や品質保持の点で採用を躊躇していた仕様を採用できるようになっている。

　労働環境改善につながる点としては、現場の温熱環境の改善がある。大型パネルの現場では上棟後にすぐに外皮がふさがり断熱材で覆われる。したがって、当社では、上棟数2〜3日後には現場内にエアコンを設置、以降の建物内ではエアコンを稼働した状態で職人が作業を行えるようにしている（写真8〜10）。

　また、エアコンは床下の防湿コンクリートや躯体の乾燥を促してくれる。冬場などで床下の防湿コンクリートが乾き切らないまま1階の床合板を張ってしまいカビが生えてしまう事象をよく聞くが、現場内でエアコンを稼働していれば早々に乾燥が進むため、カビな

1 建方当日は、大型パネルが4tロングのトラックで搬入される。運搬できるパネルの最大幅は4.55mとなる

2 大型パネルはクレーンにより吊り上げられ、所定の位置に設置される。接合部の緊結は、市販の接合金物なのでドリフトピンを打つだけで完了する

3 工場生産のメリットを活かし、厚い付加断熱や制震テープなど、現場施工に手間がかかる仕様も、難なく採用できる

4 30坪程度の建物なら、建方1日で外皮がふさがり、屋根のルーフィングまで完了する。玄関ドアを取り付ければ戸締りまでして帰ることができる

工場内ではまず水平状態で、柱、梁、間柱、断熱材充填および付加断熱材までパネル化する。邪魔な足場もなく、天候も関係ない、整った環境で施工できる

垂直に起こされたパネルに、サッシを取り付ける。サッシ廻りの複雑な防水処理もマニュアル通りに施工してもらえる

使用するプレカット（金物工法）、耐力面材や断熱材、そしてサッシ、すべてにおいて、メーカーや商品の縛りがない、納ミりさえも設計者が決めることになる

パネルは専用ラックに納められ出荷を待つ。運搬時にサッシなどパネルが破損しないように、また建方時に荷吊りしやすいように工夫された専用ラックである

上棟が終わると同時に外部付加断熱が完了。エアコンを設置することで、快適な労働環境下で造作を行うことができる

現場エアコンのおかげで、速やかに床下コンクリートを乾かすことができ、床下の湿気やカビを防止できる

どのトラブルを未然に防いでくれる。

大型パネルは、納まりや使う建材などは完全に自由で、すべてが発注する工務店や設計者に委ねられている。メーカーによる縛りがなく、今までその工務店が現場でつくってきた建物と同じつくりのものが再現できる。当社も2018年から全棟に大型パネルを採用しているが、大型パネル化するにあたっての不便さなどは皆無で、むしろ、大型パネルにすることで、設計の可能性が大いに広がった。

施工品質が構造性能を担保

大型パネルの構造的な優位点は、何といっても正確な施工ができるところだろう。正確に施工するのは当たり前と思うかもしれないが、実はそうではない。

たとえば、耐震の要である耐力面材は、垂直に建つ柱に押し付けながら釘で留めていくことになるが、耐力が高く重い面材は1枚30kgを超える重さになるため、これを持ち上げ、運び込み、足場の中に入れ、2階または屋根の妻面まで持ち上げ、柱に押し付け、そして釘を打つ。釘を打つピッチは75㎜～150㎜とても細かく、縁端距離やコーナー部の釘打ち方法は特に注意が必要であるし、釘頭のめり込み寸法は常に1㎜未満を守るうえに面材の裏側にある木材の釘のめり込み具合などを気にする必要があるなど、とてもシビアな作業だ。また、足場が干渉する部分は足場を脱着しながら施工するなど、作業環境も都度工夫が求められる。

施工方法は、面材の向こうにある木材は、樹種によりまたは目や節により、釘の入り込みが異なる。それを調整しながら、または機械に頼らず手打ちで施工しなければならない。もちろん、あらゆる天候や気温で行わなければならない。したがって、このような条件で行われている現状では、すべての耐力面材が正しく施工されていると思わないほうがよい。しかも、耐力面材の検査も全数行われるのは、非常に稀だ。

大型パネルであれば、天候や障害物に影響のない屋内で、水平に寝かせた状態で固定された面材を一定の姿勢で釘を打つことができるため、作業が極めて容易になる。したがって、施工ミスがかなり少なくなるうえに、施工後には工場内でパネル生産の各工程ごとに検査が行われ、写真付きで提出されるため、品質も確保される（図1）。つまり、耐力面材が期待通りの耐力を発揮することができるのだ。

なお、構造設計については、通常の在来工法とまったく違いはない。最初は大型パネルの製造担当者との綿密な確認が必要だが、慣れてくればよりスムーズな設計が行えるし、担当者とのやり取りの中でプレカット図のチェックにもなる（図2）。そして何よりパネルの特性を生かすことで、今まで以上に合理的な設計提案ができるようになるだろう（写真11・12）。

図1 検査チェックシート

生産工場
志田材木店

お客様名　　　様　　　製品写真　No.8

写真 20			
撮影部位	1F-5外壁パーツ（壁倍率3.8用：を通り 5～6）	検査内容	検査方法
撮影状態	面材の釘打ちピッチ	釘ピッチ	計測による確認
■判定基準■	CN50釘を梁・柱・間柱へ外周部@65mm±10mm・中通部@140mm±10mm		

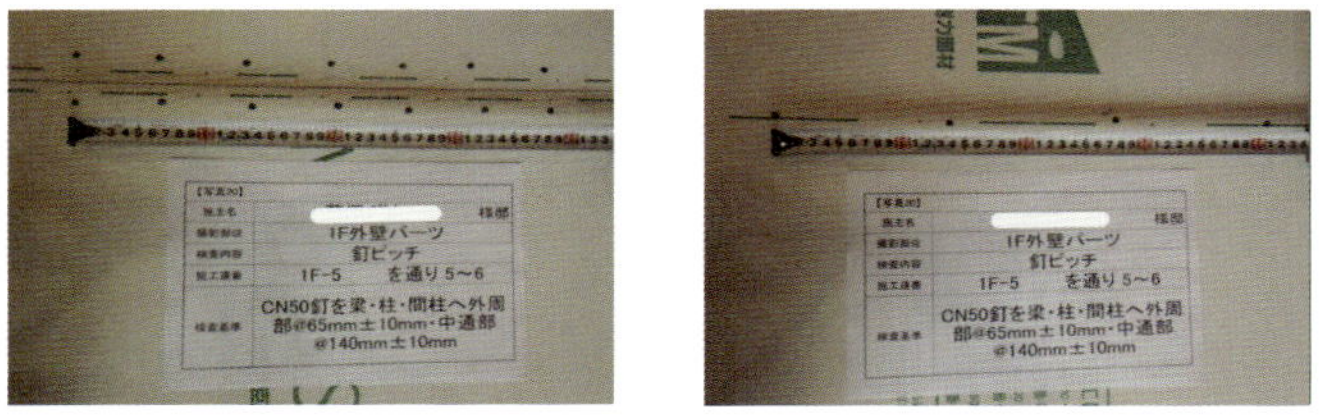

写真 21			
撮影部位	1F-6外壁パーツ（壁倍率3.8用：1通り り～る）	検査内容	検査方法
撮影状態	面材の釘打ちピッチ	釘ピッチ	計測による確認
■判定基準■	CN50釘を梁・柱・間柱へ外周部@65mm±10mm・中通部@140mm±10mm		

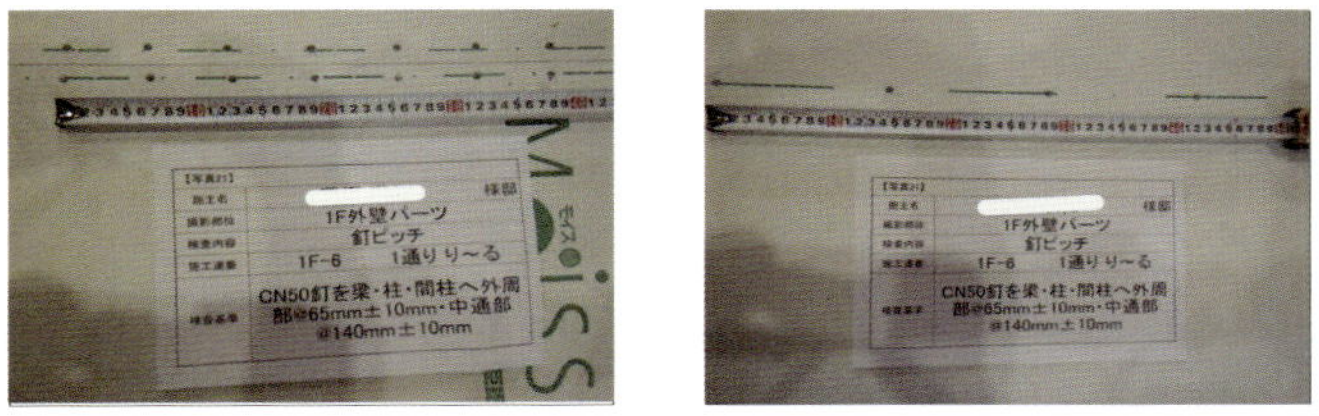

写真 22			
撮影部位	1F-6外壁パーツ（壁倍率3.8用：1通り る～を）	検査内容	検査方法
撮影状態	面材の釘打ちピッチ	釘ピッチ	計測による確認
■判定基準■	CN50釘を梁・柱・間柱へ外周部@65mm±10mm・中通部@140mm±10mm		

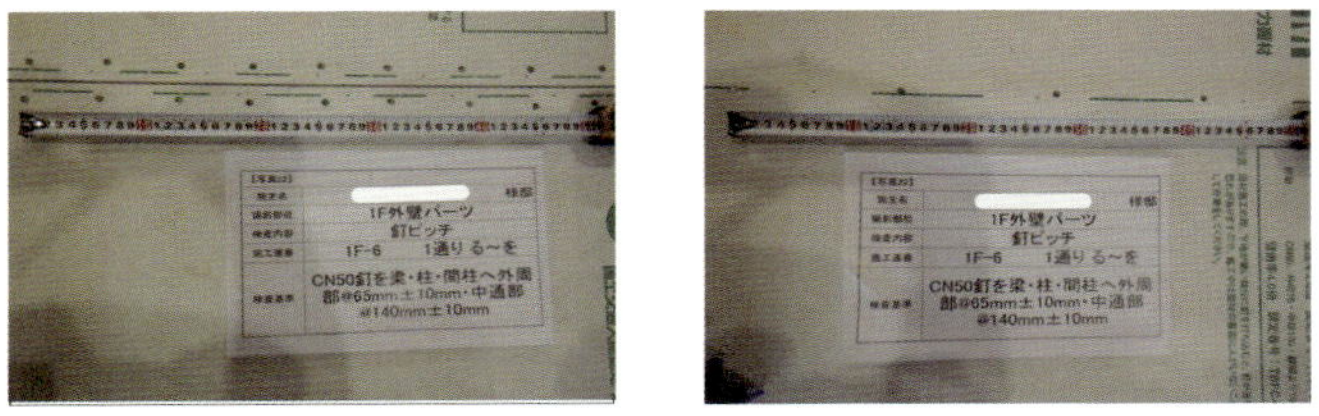

図2 パネル図

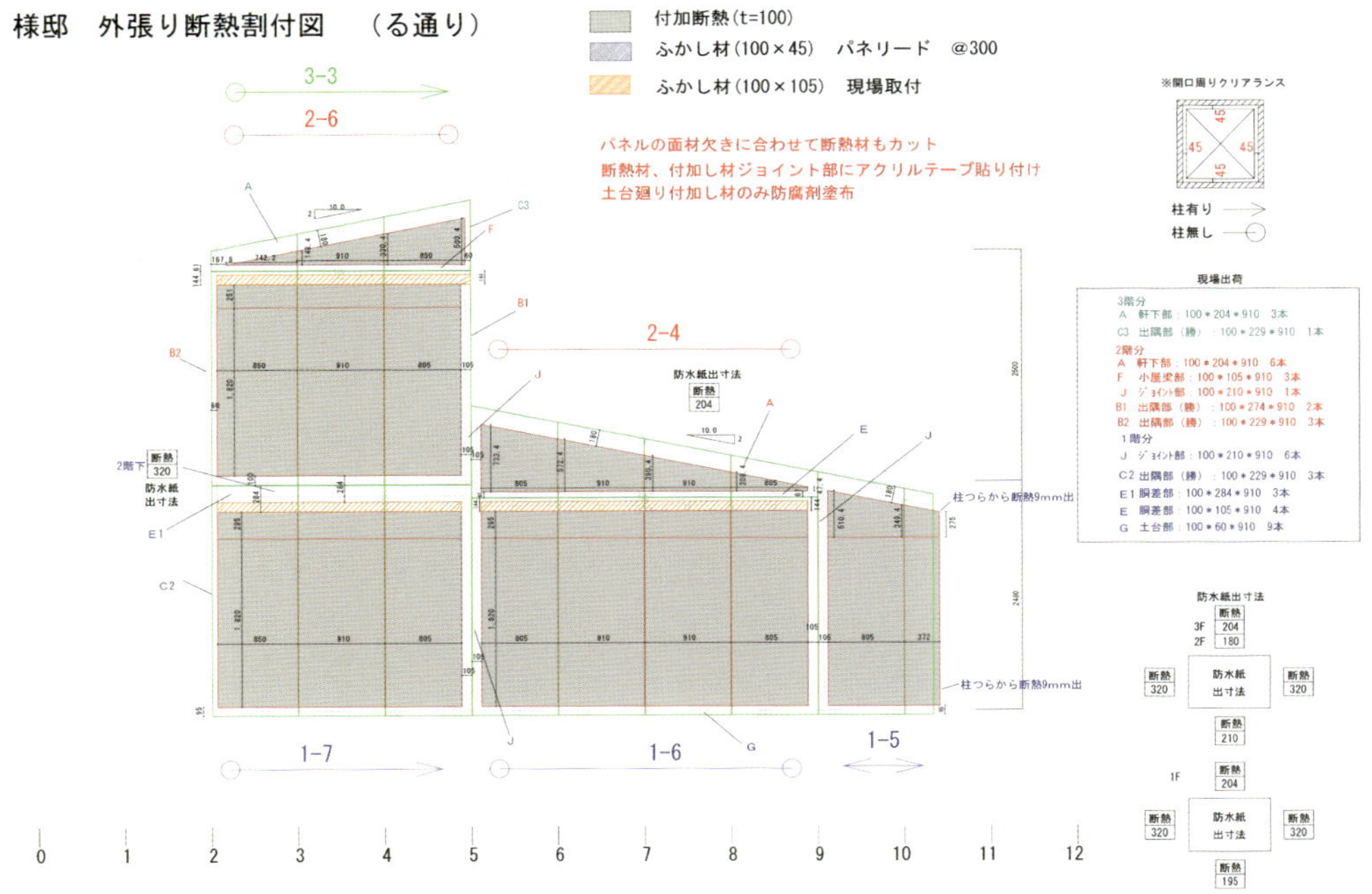

11・12 工場で外皮を生産するので、現場では手間がかかり品質確保も難しかった仕様を容易に取り入れることができる。当社では100㎜のネオマフォームを使った付加断熱や制震テープ等も標準に採用することが可能となった

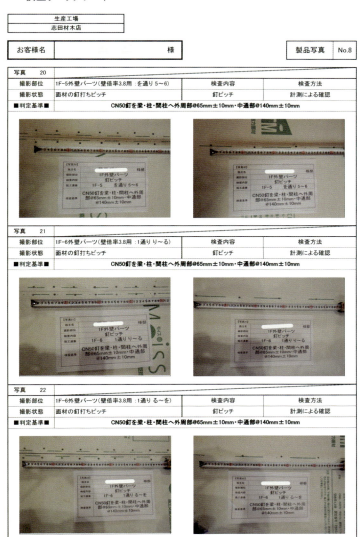

9-2 大型パネルのコスト削減術

大型パネルの導入により当社の住まいは大きく進化したが、工事金額も大きく跳ね上がることとなった。これは大型パネルが高いという意味ではなく、大型パネル導入に伴って可能になった超高断熱化や造作工事の増加による。もちろん、近年の資材高騰の影響も大きい。

しかし、建築費の高騰により、注文住宅が手の届かないものになってきているのも事実である。そこで、この物件では超高性能をキープしながら、工事金額をどこまで落とせるかチャレンジしてみた。性能を落としてコストを削ることは、快適性だけでなく一生払い続ける光熱費として逆に建て主に負担をかけてしまうので、そこは何が何でも削れない。

まずはコンパクトで無駄のないプランの検討だ。この物件では、3×3間の総2階、当初からこのボリューム内でプランすると決めていた（図1・写真1〜3）。9坪×2階＝延床面積18坪、昭和を代表する建築家、増沢洵の自邸である「最小限住居」と同じボリュームとなる。また、3×3間のプランにすることで、構造材などほとんどの資材の長さが3m以内に納められるので、材料の無駄がなく施工性もよい。

プラン自体はさほど難しくはなかった。近年は全般的にコンパクトな住まいが増えていることもあり、リビングとダイニングの併用、脱衣室とクロゼットの併用、オープンな収納などによって必要最小限の要素が18坪に納まった。建て主への説明も問題なし。

プランと同時に考えていたコストダウンの方法は、大型パネルのメリットを最大限に生かすことだ。大型パネルなら、工場の作業台の上で軸組や間柱を組み、続けて耐力面材、断熱材、防水シート、胴縁が取り付けられる。壁・屋根に付随する多くの工程が工場のラインで組み立てられるので、とても合理的だ。このメリットを最大限に活かすには、壁と屋根を構成する部材を可能な限り工場で組み立てて、現場での作業を極力減らすべきである。

外壁には耐力面材の上に100㎜厚のネオマフォームの付加断熱を取り付けた（図2）。充填断熱や内装仕上げを省き簡素化したたかったが、普段の当社の仕様より外皮性能が劣ってしまうため、そこは現場の造作を削らずに性能を優先させた。屋根に関しては、室内側からの断熱材の充填や天井仕上げを省き、屋根上の断熱材を2重に施工することで、性能を落とさずに内部からの造作を削ることができた。

そのほか、建具数を最小限としたほか、1階天井は2階床構造をそのまま露出するなど、細かな工夫により全体のコストをグッと絞ることに成功した。こうして、性能は落とさずに価格を抑えた住まいが完成した。

1 3間×3間の総2階、階高も低めに抑え屋根はスタンダードな切妻屋根とした。雪国の暮らしを考慮し、玄関には深い庇を設けた。外壁は新潟県産スギ（無塗装）

2 内装は当社標準の内装用モイス、1階天井は2階床水平構面の構造用合板が露しとなってい

物件概要

18坪の小さな住まい
設計・施工：サトウ工務店
所在地：新潟県三条市（5地域）
家族構成：2人
敷地面積：139.19㎡（42.02坪）
建築面積：31.46㎡（9.50坪）
延床面積：59.62㎡（18.00坪）
1階：29.81㎡（9.00坪）
2階：29.81㎡（9.00坪）
耐震性能：等級3（許容応力度計算）
断熱性能：等級7（U_A値0.20W／㎡K）
竣工年月：2023年8月

図1 平面図（S=1:150）

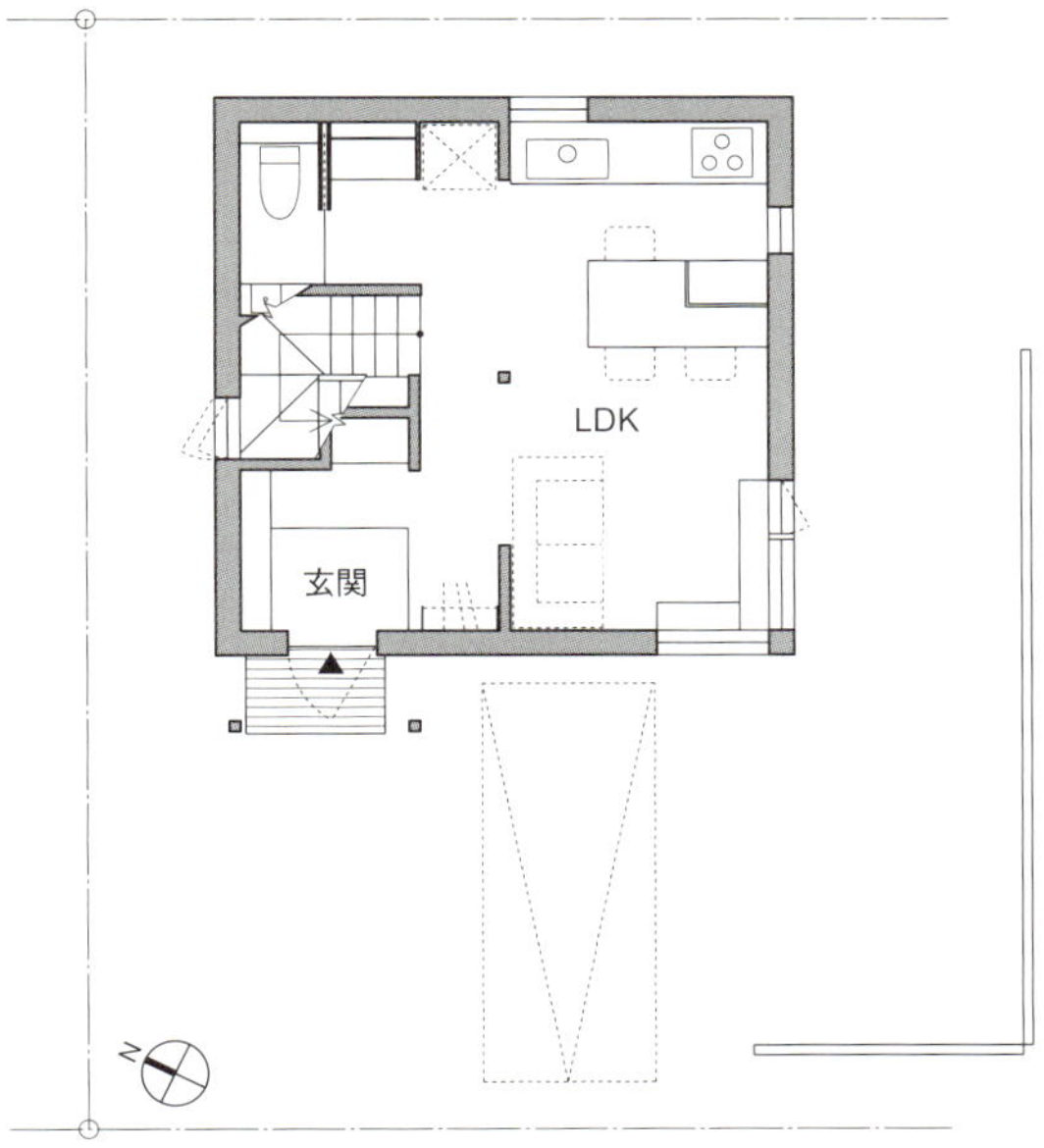

2階天井は屋根構面の構造用合板が現しとなっている。その上に合計180㎜のネオマフォームにより断熱されている

図2 矩計図（S=1:50）

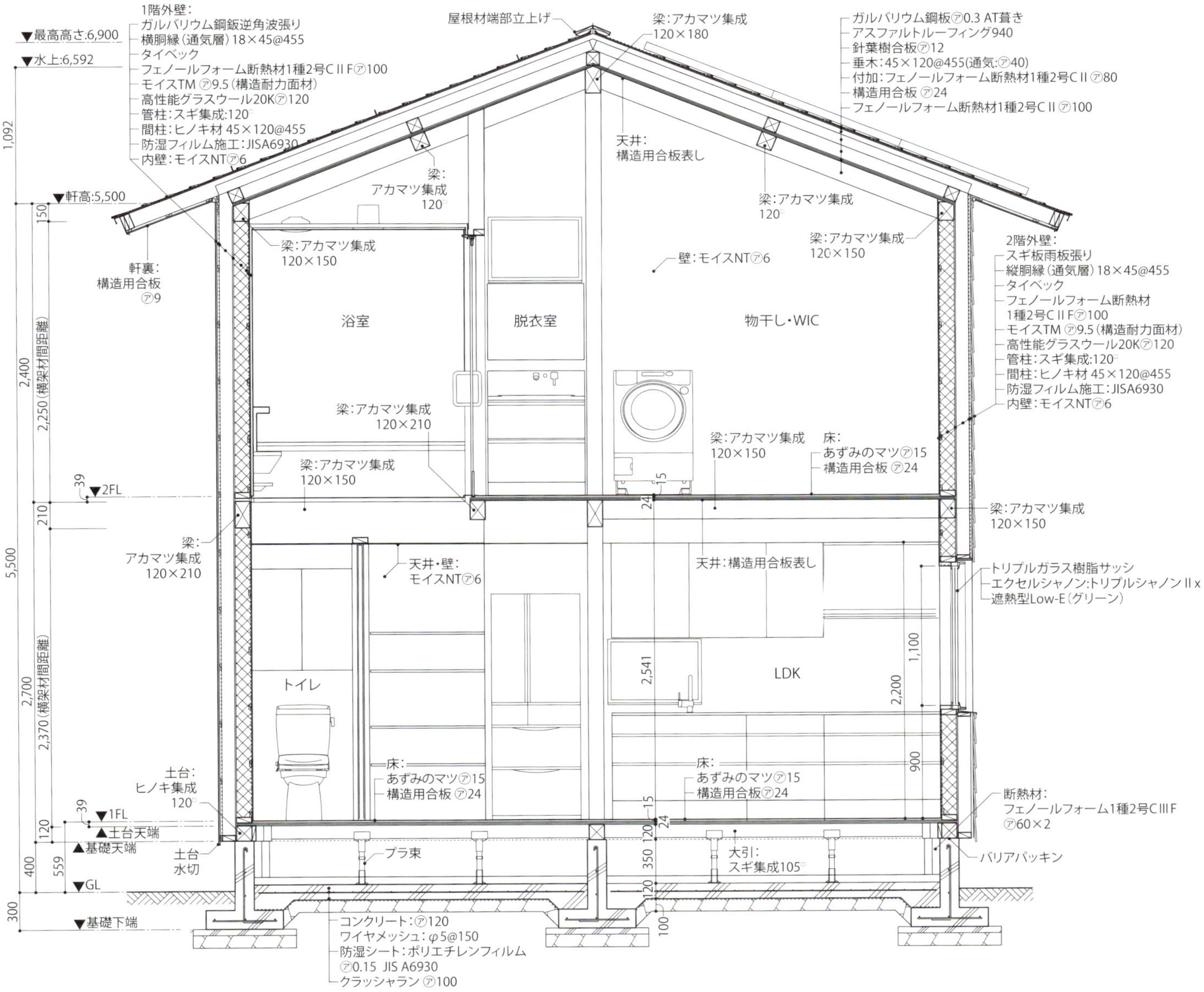

9-3 高性能で高品質なハーフ住宅

近年の物価上昇により住宅価格は驚くほど高騰してしまった。どうしたら平均的な所得の人が健康で安全で快適で維持費がそれほどかからない住宅を手にすることができるのだろうか。

まずは、コンパクトに設計することだ。ただ小さく窮屈な住まいになるという意味ではなく、建物としてのボリュームは小さくても、広く開放的で機能的な暮らしができるプランを設計できればよい。

もう1つは、施工を合理化する方法だ。断熱材・耐力壁の施工、防水工事、内外装の仕上げなど手間のかかる工事を合理化できれば、良質な住まいを安価に提供できる。

私を含め4名の建築家で、前章で解説した大型パネルをさらに進化させ、外皮施工の合理化を一層進める目的で「ハーフ住宅」というコンセプトハウスを開発し、設計者それぞれでいくつかのプランを設計してみた（写真1）。

シンプルな架構を設計する

まずは、コンパクトでフレキシブルな間取りで将来の暮らしの変化に対応するため、間仕切壁の移動が可能なシンプルな構造のプランを各自が検討。基本的には耐力壁の大部分を外周部で確保し、内部の柱や耐力壁は極力少なく、1・2階の柱や壁の直下率を100％近くまで高める。これにより間仕切壁がフレキシブルに配置できるだけでなく、無駄な構造コストが省ける。

直下率がよい建物は、2階床梁に負担がかからないので、比較的小さな梁成となる。梁成が小さくなることで、2階床の懐空間に余裕ができ階高も低くなるので、階段の段数が減り、建物全体のボリュームも小さくなる。また、1階の内部柱と耐力壁の通りを揃えて最小限とすることで、基礎梁や地盤改良杭の本数まで削減することができる。

このようなシンプルな架構を実現するためのコツを、私が設計したハーフ住宅のプランで少し解説してみる（図1）。まずは、梁のスパンが2間（3・64m）以上飛ばないようにプランを考えることだ。グリッドを意識して整った位置に柱と耐力壁を設置する。間仕切壁のためだけに必要な柱や壁は構造とせずに造作でつくる。詳細は図1を例に解説する。

①外周の柱・耐力壁（ピンク線）は基本1・2階を揃える

②1・2階の同じ位置に内部柱（赤丸）を建てる。屋根形状を考慮しながら小屋梁と2階床梁はスパンが2間（3・64m）以内となるように配置

③耐力壁線間距離（同一方向耐力壁の隣までの距離）が離れている場合は、その間に柱（青丸）と耐力壁（青線）を設ける（積雪荷重がある場合や耐震性を高めたい場合は、耐力壁線間距離はなるべく短くなるようにする）

④これ以外の柱や壁は構造からは切り離し、鉛直荷重がかからない造作でつくる

このようにプランと構造をほぼ同時進行で検討すれば、小屋と2階床梁には余計な荷重はかからず、無駄なコストが抑えられたシンプルな構造になる。この架構は、基礎や地盤改良杭まで影響する。

私が設計したハーフ住宅の構造設計の考え方を解説したが、このような考え方はどのような建物で

4名の建築家で高性能と低価格を両立する目的で開発したハーフ住宅。サトウ工務店モデルは26.25坪の総2階。家族4人まで許容できる

図1 平面図（S=1:150）

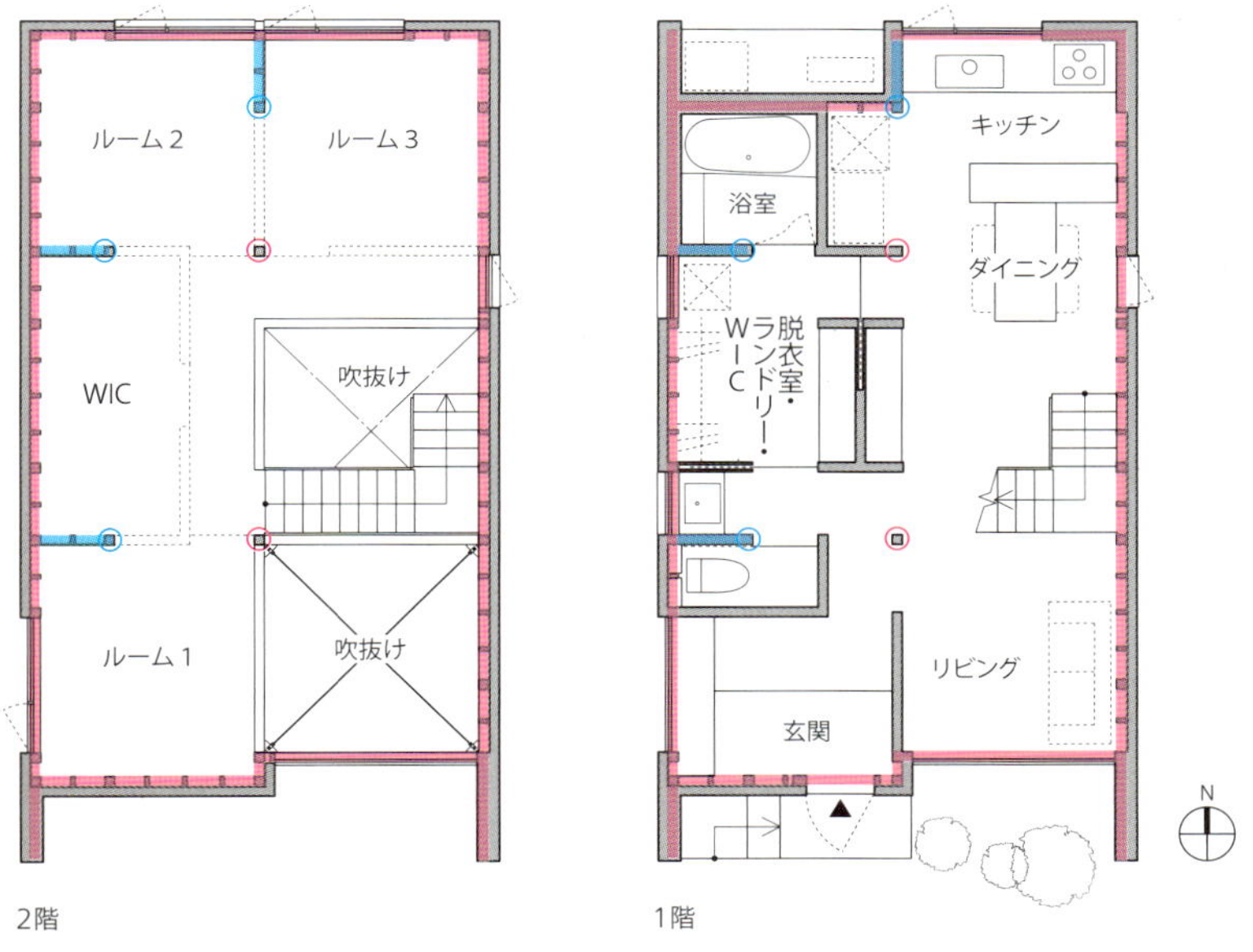

物件概要
ハーフ住宅／サトウ工務店モデル
設計：サトウ工務店
想定人数：2〜4人
建築面積：56.30㎡（17.00 坪）
延床面積：86.95㎡（26.25 坪）
1階：48.03㎡（14.50 坪）
2階：38.92㎡（11.75 坪）
耐震性能：等級3（許容応力度計算）

図2 矩計図（S=1:80）

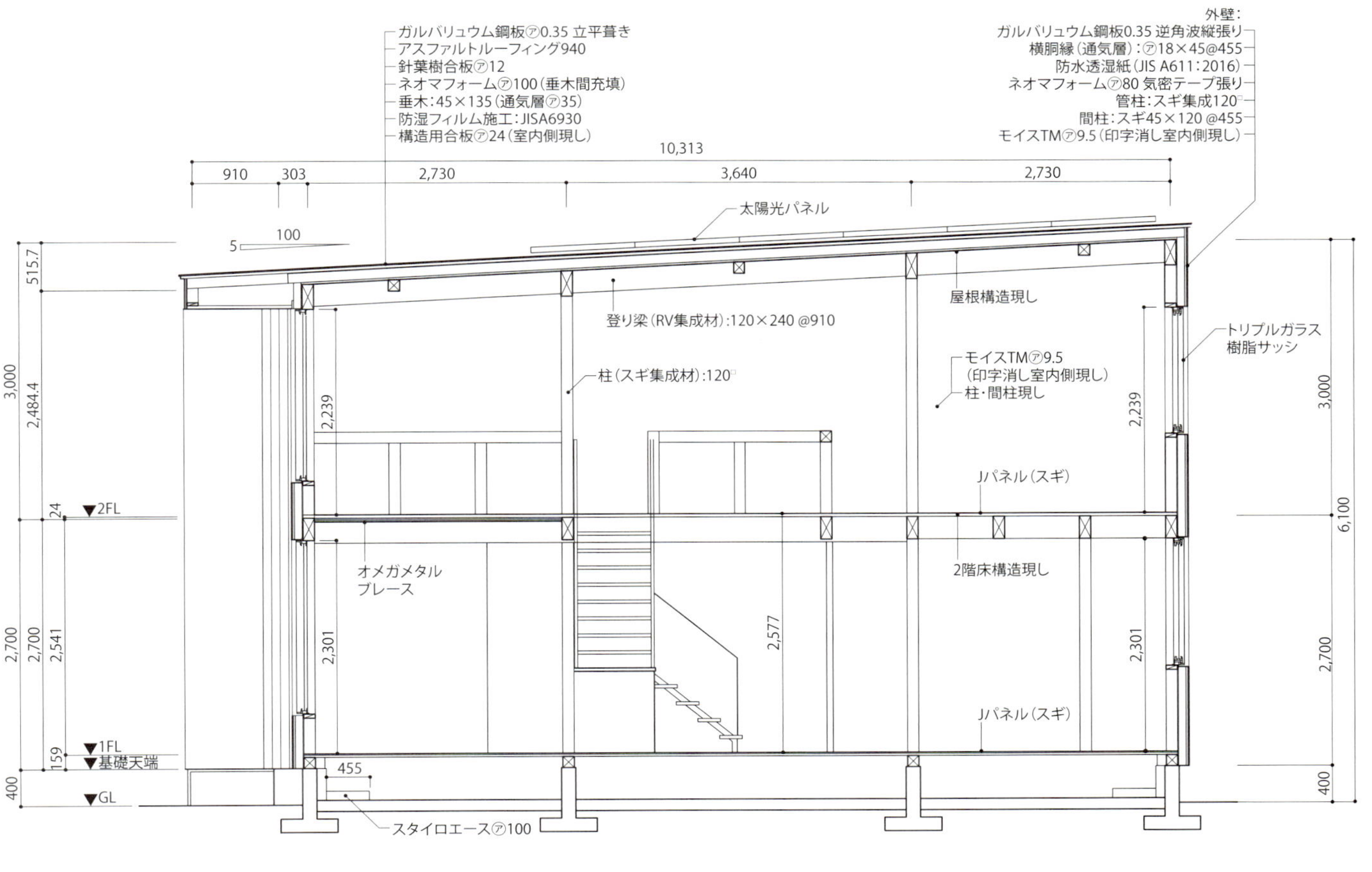

1階水廻りなど必要最小限の間仕切は最初から造作されるが、2階居室などは施主自身がDIYでつくったり、その状態のまま家具で軽く仕切ったりして使う前提となっている

柱梁だけでなく、外壁の耐力面材、屋根や床の水平構面がそのまま内部に露しとなっている。地震後や経年による構造の変化を容易に確認できる

も検討すべき内容である。

工場で内装まで完結する

次はいよいよ大型パネルのメリットをより生かし、価格を抑えつつ高性能な建物をつくる工夫を解説したい。ここで改めて大型パネルのメリットは、オフサイト建築つまり建物の一部を工場生産している点にある。工場でつくる部分は、屋根と外周壁といった外皮となる。手間のかかる外皮を工場でつくることで、高品質で高性能で省施工な建築が可能となる。

今までの大型パネルでは、オフサイト（工場）で生産されるこの外皮は、付加断熱、防水紙、外下地、サッシが一体となっており、その後オンサイト（現場）で、外壁材、充填断熱、内壁などの造作が行われる。このオンサイトでの造作工事の一部をさらにオフサイトで行うことで、より一歩進んだ省施工が可能となる（図2）。

具体的には、壁は充填断熱を省きその分厚みのある外張り断熱とする。また内壁も省き、耐力面材であるモイストTMをそのまま室内に露出する（写真2・3）。モイストTMには調湿や消臭効果も期待できる。つまり、大型パネルでつくる壁パネルに、外皮に必要な機能をすべて（外壁材以外）盛り込んだのだ。

屋根も同様の考えで、屋根梁上の水平構面の厚合板をそのまま天井の仕上げとし、工場でつくってくる屋根パネルには断熱材と通気層、そして野地板まで取り付ける。こうすることで天井工事も不要となる（写真3）。

これらのパネルでつくられるハーフ住宅は、柱や梁といった構造がむき出しとなり、耐力面材や水平の厚合板といった水平構面までも室内側にそのまま見えてしまうが、逆にいえば、大きな地震の後や経年による構造の変化がすぐに確認できるわけで、安全・安心な住宅ともいえる。

こうして、高性能で高品質、将来の間仕切壁の可変性もある、一般的な高性能住宅と比べても比較的安価なハーフ住宅が出来上がった。大型パネルの特性を上手に生かすことで、家づくりの可能性はまだまだ広がりそうだ。

10章

ワンランク上の基礎構造

10-1 無駄のない基礎をつくる

2020年ころから建築資材全般の価格が一気に高騰している。基礎に使用する資材価格も同様に大きく上昇し、2024年の段階で生コンは25%、鉄筋は20%も高くなっている。もちろん、それぞれの資材の輸送費も上昇している。

住宅のなかでも基礎は建物全体の構造安定性を担保するとても重要な部位である。資材価格が高くなったからといって、簡単に削ることはできない。とはいえ、設計の工夫により無駄を省き、コストを抑えるといった手法はまだやり残されている。

また、鉄筋コンクリート造の基礎は、耐久性があるため寿命が長く、簡単には更新すべきものではない。製造時も解体時もCO_2を大量に排出する物であるから、無駄な基礎はつくってはならないのだ。安全性を高めながらも、無駄のない基礎を設計する。この章では事例を交えながら、その手法をいくつか解説してみたい。

基礎は上部構造から設計する

まずは、当社の基礎の写真を見ていただきたい(写真1〜4)。立ち上がりが少なく、とても簡素に見えるのではないだろうか。自分でいうのもはばかれるが、とても合理的で無駄のない基礎となっている。ちなみにwebで「基礎」で画像検索してみてほしい。迷路のようにたくさんの立ち上がりがある基礎の画像だらけではないだろうか。まるで間取りがそのまま転写されたような基礎である。これは構造計画がきちんとされていない証拠といってもよい。どこに鉛直荷重をかけて、どこに鉛直構面を設けるか、どのように構造を区画するのかすべてが後付けになっているのだ。

では、分かりやすい例として図1の平屋で解説してみる。設計の手順としては、最初に屋根の形を決める。そして重力に従い最上部の屋根から順番に力の流れを考える。実際には屋根(野地)→屋根垂木→小屋梁→柱→土台・基礎→地盤と力は流れる。

したがって、まずは屋根の形を決めて荷重の落ちる場所(柱位置)を考える。この物件ではY5通りを棟とし、そこに登り梁を掛けたシ

1 この章で解説している平屋住宅の基礎、積雪を考慮した耐震等級3だが、驚くほどシンプルな基礎となっている

2 一部2階建ての基礎、よくある基礎とは異なり間取りが想像できない。つまり将来の間取り変更が容易となる証拠だ

3 当社では布基礎とするケースが多い。地盤のよくない地域であることから、地盤改良＋布基礎でコストを抑えている

4 中通りの立ち上がりを外周部と切り離すことで、基礎断熱の熱橋を防げる。当然、構造計算により安全性を確保したうえで行う

西側正面ファサード。スタンダードな切妻屋根デザインで、周辺環境によく馴染んでいる

深い軒の出は夏の日射遮蔽、大きな開口部は冬の日射取得、屋根上には太陽光発電と教科書通りの省エネ住宅となっている

図1 事例の平面プラン（S=1:150）

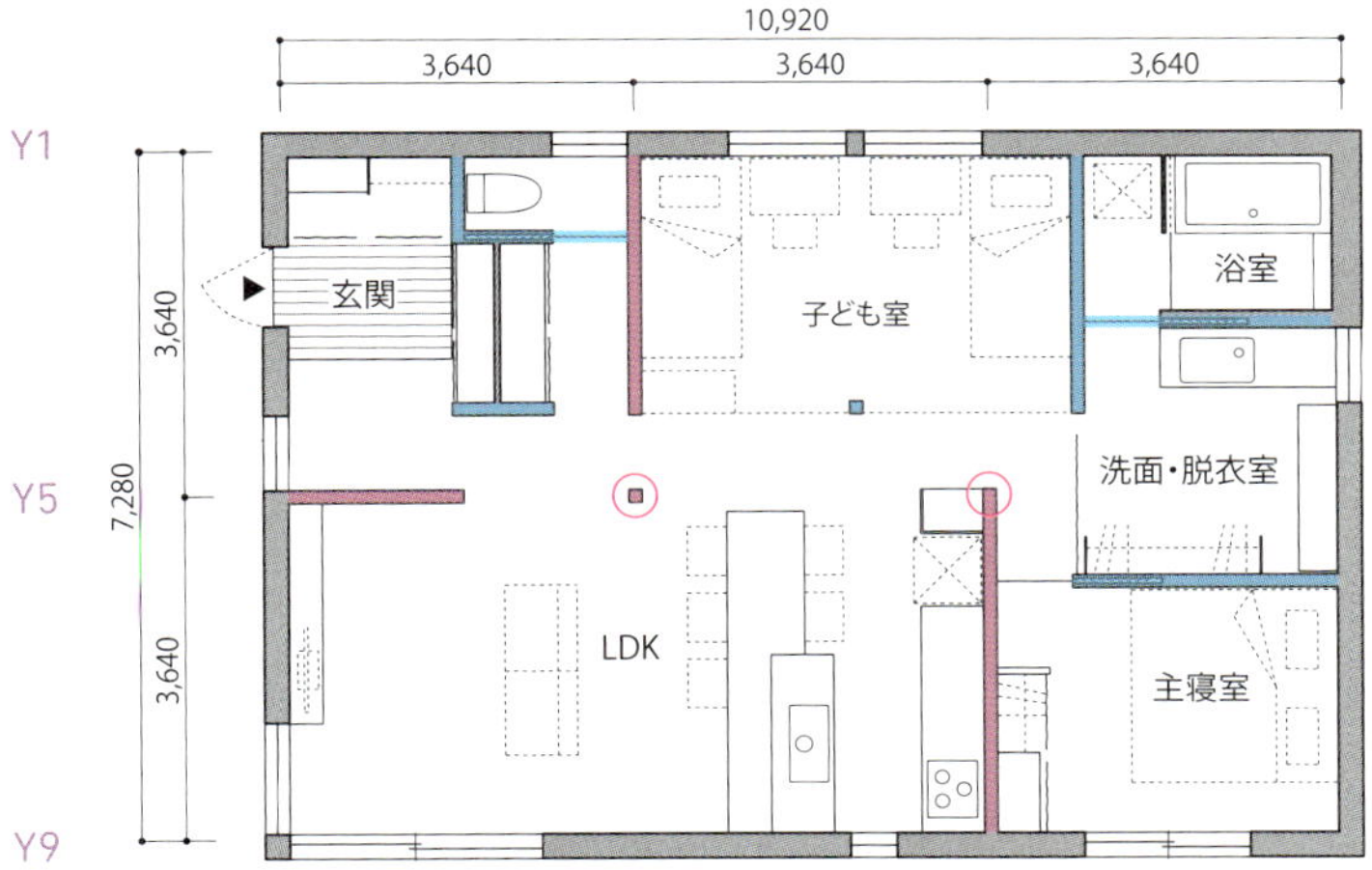

赤丸：棟木を支える構造柱　赤ライン：耐力壁（構造柱も含む）　青ライン：非構造壁
なるべく柱と耐力壁の通りを揃えて、それ以外の柱壁は非構造とする

ンプルな切妻屋根である（写真5・6）。この場合、素直に考えると棟木のY5通りと両桁のY1とY9通りに屋根荷重を落としたい。両桁には外周壁があるので、鉛直荷重を受ける柱は問題なく設けることができる。よってY5通りの棟木を支える内部柱の位置がポイントとなる。

この内部柱や内部耐力壁の位置には基礎の立ち上がりが必要となる。したがって、この段階で構造を整理整頓していないと、基礎立ち上がりが長くなり、曲がりや交差が増え、鉄筋量、コンクリート量、そして施工手間も増え、基礎にかかるコストが一気に高くなる。つまり、内部柱と内部耐力壁の位置や量を最小限にそしてシンプルにまとめることが、基礎の経済設計するうえでの肝となる。

まずは、いままで述べたことを考えながらY5通りの棟木を受ける柱位置を決めてみる（図1）。全長6間の長さの棟木を2間ずつの長さとなる位置に柱（図の赤丸の部分）を立ててみる。一次梁（スパン途中に他の梁がかかっていない梁）は2間（3.64m）スパンで考えると、1次梁（ここでは登り梁となる）の成は210～240㎜、梁長さは4m材が使えるので、運搬や加工や組立てのしやすさ、そしてコストなどトータルで考えると、ちょうどよいサイズ感となる。この1次梁を受ける2次梁（ここでいう棟木）は2間スパンで計算すると360㎜で納まっている（この家で一番大きな梁がこの棟木となる）このように2間グリッドに梁伏せを計画すると、とてもコスパがよくなるのだ。そして、この棟木を受ける柱の直下には基礎立ち上がりが必要となる。

次に、柱同様に基礎立ち上がりが必要になる耐力壁を、できるだけこの柱に絡むように設けたい。直接取り付かなくても、耐力壁のある通り（耐力壁線）にこの柱があるように配置したい。そうすれば、基礎の立ち上がりには曲がりや交差が少なくシンプルなものに

物件概要
梨畑に建つU_A値0.17の小さな平屋
設計・施工：サトウ工務店
所在地：新潟県加茂市（5地域）
家族構成：夫婦＋子ども2人
敷地面積：300.02㎡（90.63坪）
建築面積：86.16㎡（26.00坪）
延床面積：79.49㎡（24.00坪）
耐震性能：等級3（許容応力度計算）
竣工年月：2023年7月

なる。

また、耐力壁の位置を検討する際、必要壁量も重要だが、「耐力壁線間距離」を考慮したい。耐力壁線間とは、平行に配置される耐力壁と耐力壁の隣り合う距離をいう。この距離が離れるにつれ、直上の床や屋根の水平構面の固さが要求される。地震や風力など水平力に対し、各耐力壁がバラバラに耐えるのではなく、建物全体が一体となって耐えられるように、水平構面を固くする必要があるのだ。品確法ではこの耐力壁間距離≦8mとなっているが、耐震等級3や積雪などを考慮すると、なるべく短い距離としたい。この物件では、長手方向10・92mの間に2カ所、短手方向7・284mの間に1カ所に耐力壁（図1の赤い壁）を入れることにした。プランにより必要となった壁のうち、バランスのよい場所の壁を耐力壁としたのだ。

こうすることで、壁はあるが耐力壁や柱のない壁（図1の青い壁）をつくることにもなる。多くの間仕切壁を非構造壁や非構造柱にすること。ここがシンプルでコストを抑えた構造をつくるためにとても重要なポイントとなる。間仕切壁を非構造壁や非構造柱とすることで、その直下に基礎立ち上がりが不要となる。このように架構を検討して頂ければ、最初に見てもらった写真のようにシンプルな基礎とすることができる（図2）。

また、前述のような考えでつくられた構造ならば、将来のリフォームもとても容易になる。鉄骨造やRC造の耐用年数が木造に比べて長いのは、材料自体の特性の違いもあるが、構造計画がとてもシンプルで、構造柱や耐力壁がほぼ内部には存在せずに、外周部で構造が完結しているのもことも大きい。この構造によって将来の間取り変更や修繕が容易になり、構造を壊さずにさまざまな用途に変更も可能で長期間利用できる。

一方、現存する木造住宅のほとんどは、内部壁のすべてに構造柱が立っているため、安易に間仕切壁の変更がしにくく、生活スタイルが変更するたびに使いにくくなる。これからつくる木造住宅の設計では、鉄骨造、RC造のように合理的でシンプルな架構を目指したいものだ（写真7）。

ベタ基礎はスラブ配筋を減らす工夫を

先に紹介した事例は布基礎であるが、べた基礎の場合も基本的な考え方は同じでよい。ただし、べた基礎の場合はスラブ（耐圧盤）の配筋が過剰にならないよう、できるだけシングル配筋で済むように、スラブ区画を一定のサイズに留めておくことをおすすめする。

施工面やコスト面を考えると、スラブ区画の短辺の長さは2間（3・64m）、長辺の長さは3間（5・46m）以内を目安にしたい（図3）。

ここでひとつ間違えのないよう確認していただきたいのだが、スラブ区画の4隅には必ず柱が必要となる、ということだ。柱が支点となって初めてスラブ区画が成立する。

たとえば、今回の事例のプランをべた基礎とした場合、2間（3・64m）×3間（5・46m）以内のスラブ区画をつくりたい（図4）。ちなみに区画はもっと大きくできるが、スラブがダブル配筋となったり、基礎梁が大きくなったりするため、この区画でスラブ割りしてみた。結果、図4のように紫の立ち上がり分が増え、布基礎よりはコストがかかることになる。つまり、立ち上がりを減らしスラブ面積を大きくし過ぎると（3・64m×5・64m以上）、スラブ配筋が密になりコストアップとなる。

一方、立ち上がりを増やしスラブを細かく分割すると、スラブ配筋はシンプルになるが、立ち上がり長さが増えた分コストアップになる。べた基礎の場合は、なるべくスラブは3・64m×5・64m以内の範囲で大きくすることが、コストダウンにつながるのだ。

べた基礎・布基礎は設計前に決めてはいけない

べた基礎のメリットは、地盤に対する接地面積が大きいため、面積辺りの接地圧が小さくなり、布基礎に要求される地盤の許容応力度30kN／㎡以上と比べ、20kN／㎡以上と小さくても採用できる点だ。つまり、軟弱地盤であっても、条件によっては、べた基礎を採用することで、地盤改良が必要なくなることもある。とはいえ、軟弱地盤を地盤改良して30kN／㎡以上の地盤をつくれば、布基礎も選択できるわけで、ここは地盤の許容応力度と地盤改良、基礎のコストとの兼ね合いになる。

したがって、布基礎、べた基礎のどちらを選択するかは、物件ごとの地盤状況、コスト、施工性などトータルで検討し設計者が決めるべきことで、「べた基礎が強いから」とか「べた基礎が標準だから」という理由で選ぶべきではない。物件ごとの諸条件やそれぞれの基礎のメリット・デメリットを理解したうえで選択してほしい。

築35年鉄骨倉庫を住宅へ改装する。構造がシンプルなので、プランニングにほぼ制約がない

図2 事例の布基礎の基礎伏図（S=1:150）

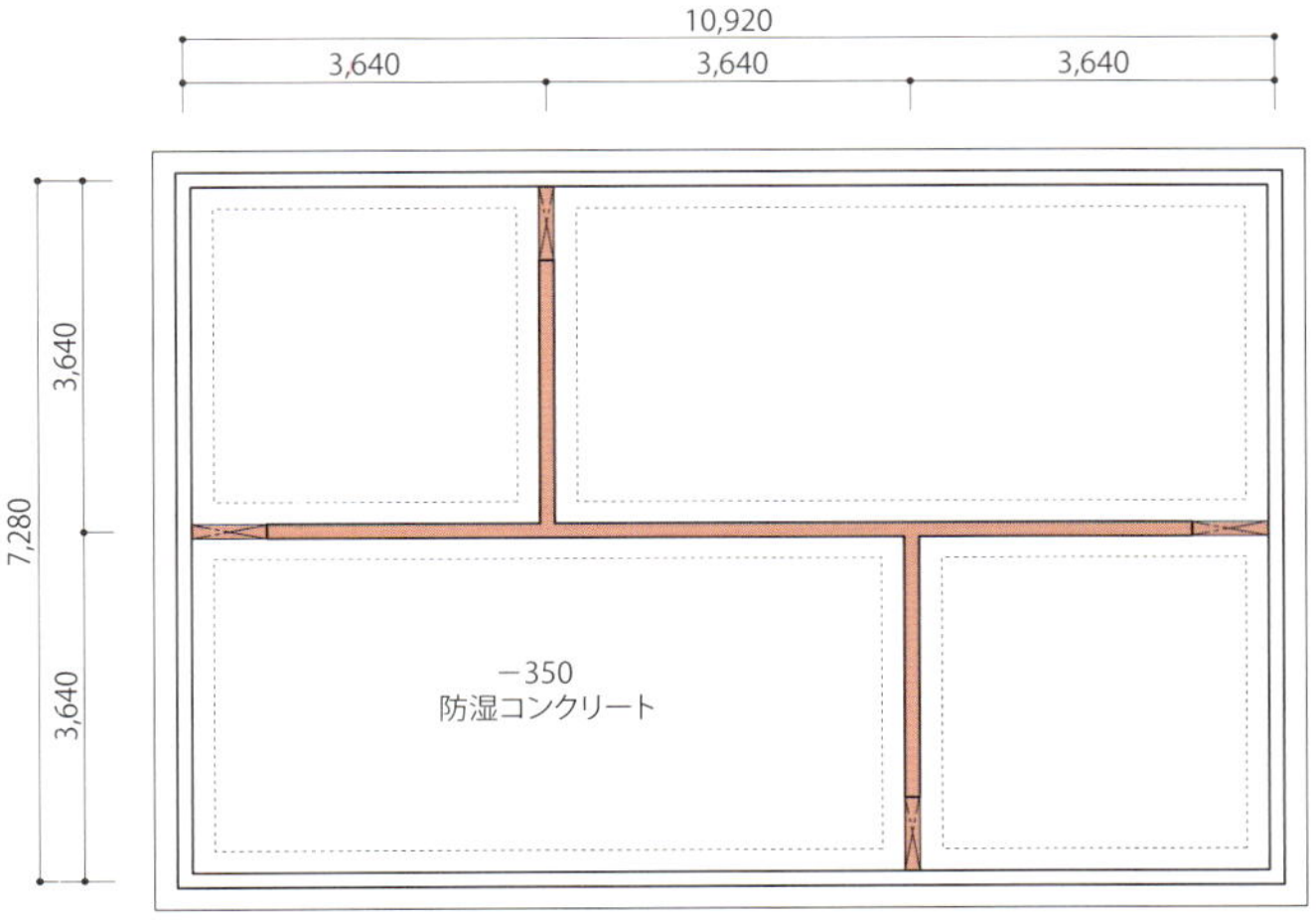

基礎はとても高価だ。新築時だけでなく改築時にも費用がかさむ。シンプルな構造ならば、将来の間取り変更も安全性を確保したまま容易に可能となる

図4 事例のべた基礎の伏図（S=1:150）

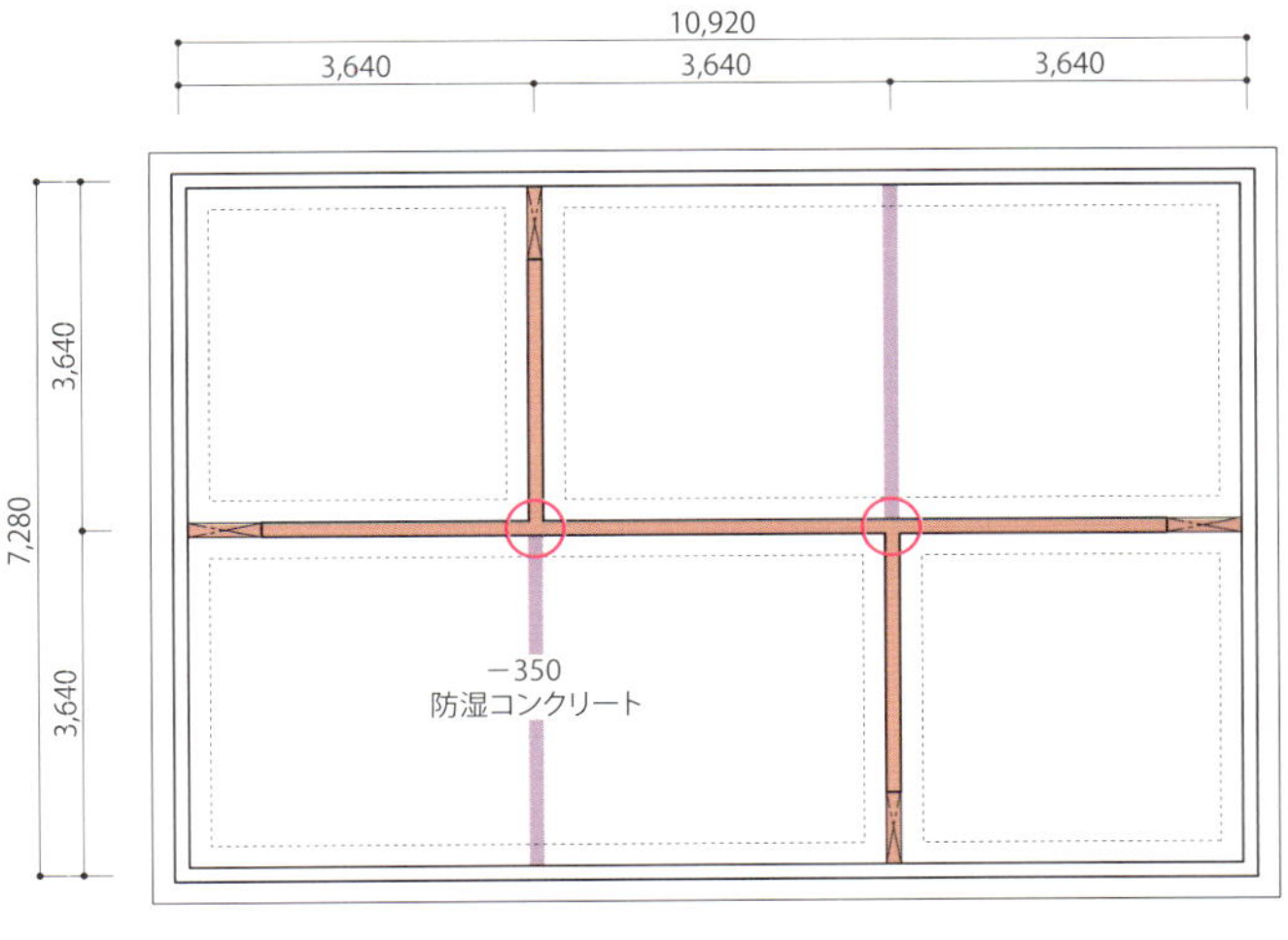

前頁の事例を布基礎からべた基礎に変えてみた。紫ラインの立ち上がりが増え、もちろん内部土間（スラブ）にも適正な配筋が必要になる。とはいえ、コストだけではなく、地盤や他の条件も考慮しながら基礎形状は検討すべきだ

図3 べた基礎の理想的な区画サイズ（S=1:150）

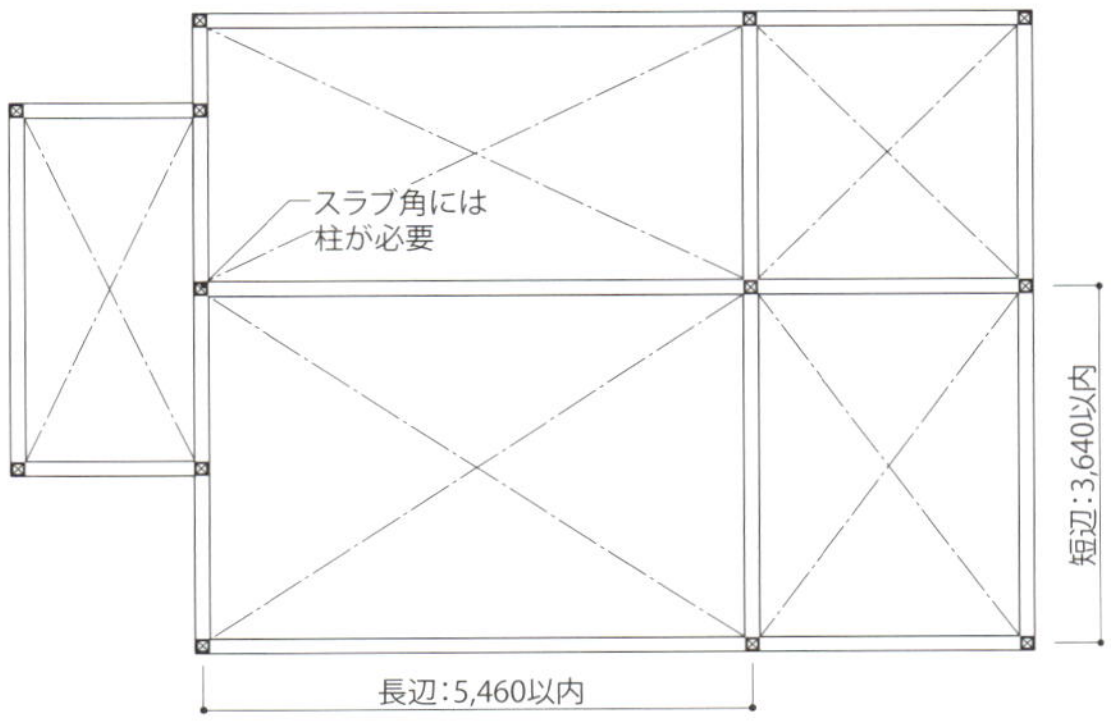

べた基礎の場合、区画割りが重要だ。スラブの4隅には支点となる柱がなければならない、そして1区画のサイズが大きすぎればスラブ配筋に費用がかかり、小さすぎれば立ち上がりが増え、これもコストアップとなる

10-2 熱橋のない基礎をつくる

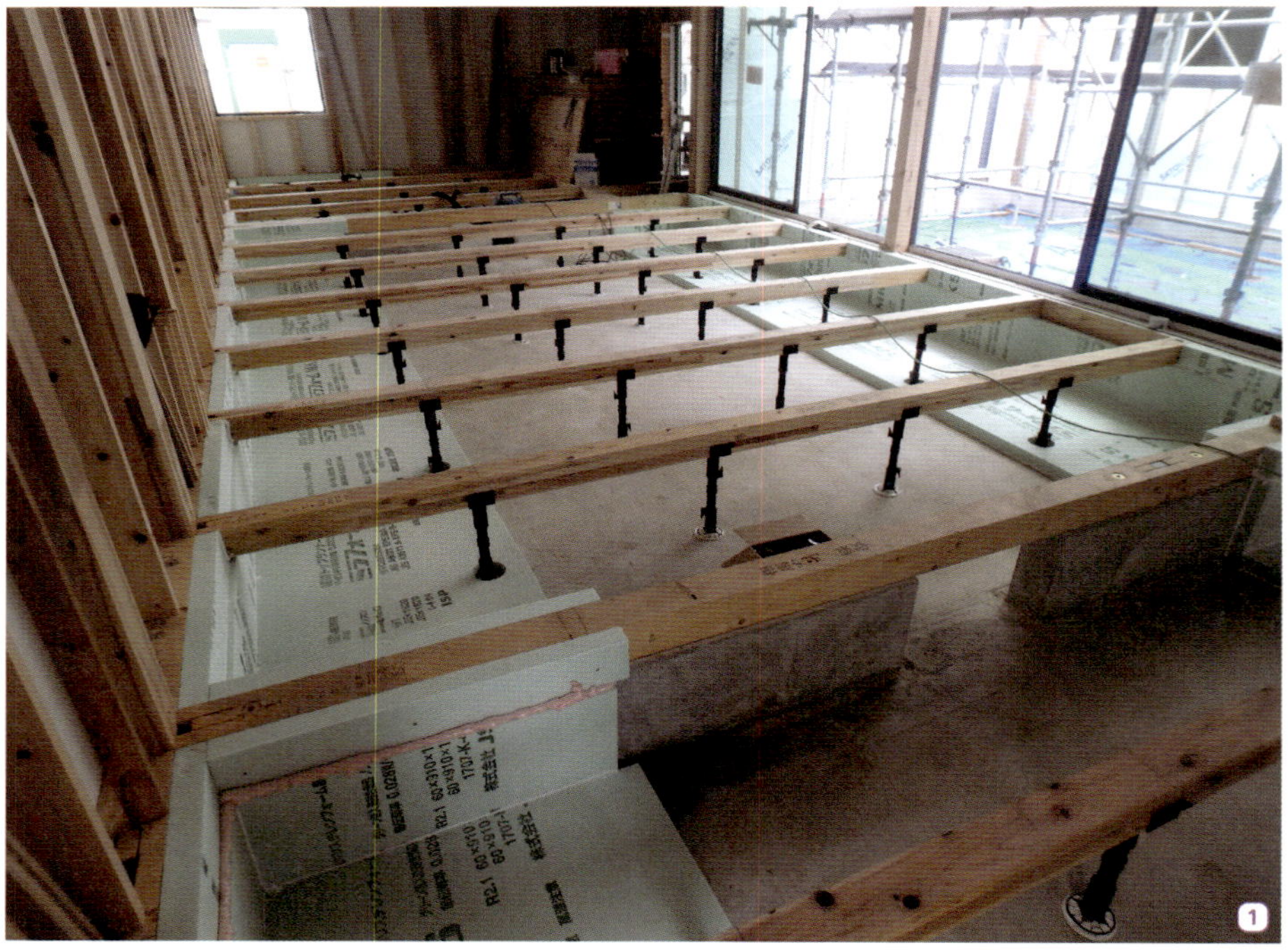

基礎内断熱の施工例。このように外周内側にスカート断熱するケースが多いが、鉄筋コンクリートはとても熱伝導率が高いため、断熱されていない土間や立ち上がり部分から一定の熱が逃げている

基本は基礎を断熱材で包む

基礎はコンクリートと鉄（鉄筋）でできている。ゆえにとても強い構造体がつくれるのだが、デメリットはコンクリートや鉄はとても熱を伝えやすいという点だ。木（スギ）の熱伝導率を1とすると、鉄筋コンクリートはその12倍以上にもなる。さらにボード系の高性能断熱材と比較すると70倍以上も熱を伝えやすいのだ。

ここで、基礎断熱か、床断熱かを比較するつもりはない。前述の布基礎か、べた基礎かと同様に機能性、施工性、費用、などを比較して設計者が選択すればよい。ただし、ここでは基礎の熱橋について解説したいので、基礎断熱を前提に話をすすめる（写真1）。

温熱的な評価であれば、基礎の外断熱がよい。基礎の外周部やスラブの下をボード系断熱材でスッポリ覆い、基礎を外気や地盤に触れさせないやり方だ。しかし、シロアリの被害や地下水位の影響、断熱材で覆うと基礎表面が点検できない、スラブ下の断熱材が建物の全重量を支えることになる。などの構造的な違和感などのデメリットがあり、採用を躊躇する設計者も多いように思う。

したがって、こういったデメリットを避けながら断熱性能を確保するとなると基礎内側全面断熱となる。外周部立ち上がり内側とスラブ上面すべてに断熱材を敷き詰める方法である。これなら、外気や地盤とはコンクリート基礎が接しているものの、室内側の連続した断熱材で外からの熱を遮ることができる。

T字箇所の熱橋を防ぐ

しかし、これだけでは十分ではない。外周部の基礎立ち上がりと

図1 T字に交わる箇所に発生する熱橋

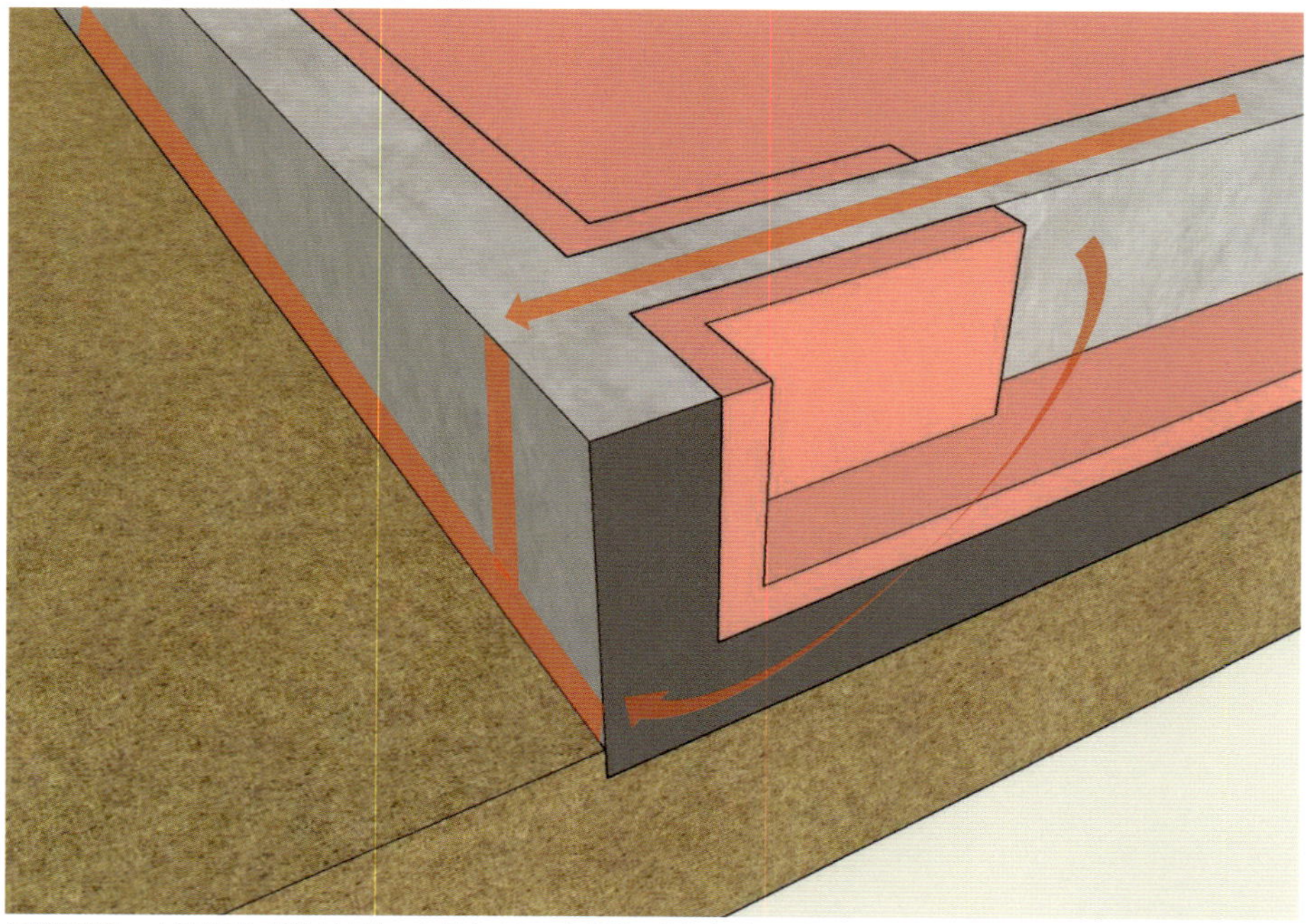

基礎内断熱、土間全面に断熱材を敷いた場合でも、内部側の立ち上がりが露出していれば、そこから外周部へ直下の土間へ熱が逃げる。外から基礎をサーモカメラで見ると逆T字型に赤くなる（写真3）

内部立上りが外周と交わる部分に人通口を設ける。許容応力度計算により必要耐力以上の地中梁をつくる

基礎内断熱、土間は全面に断熱材が敷いてある

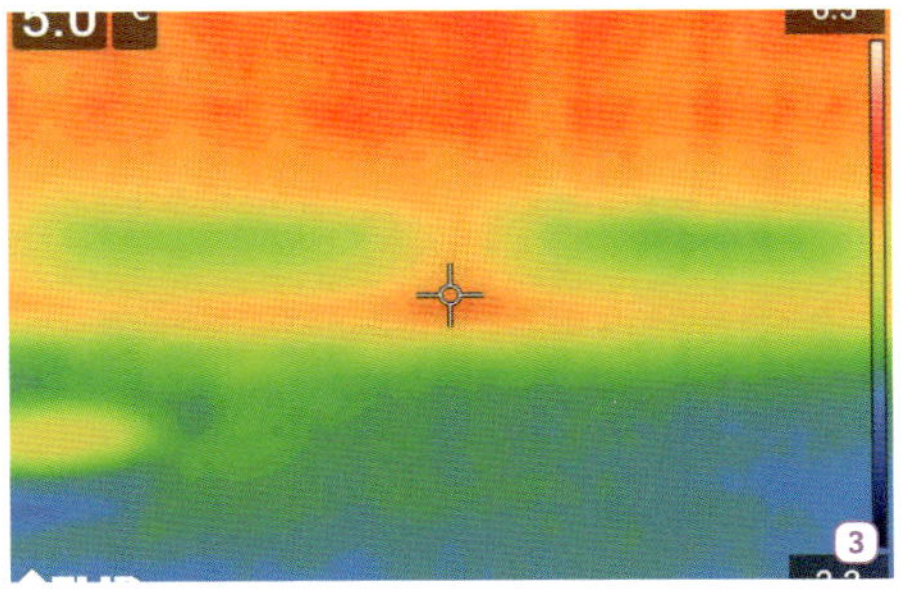

内部基礎立ち上がりがT字に交わるの交点と、土間部分が赤くなって室内の熱が逃げている（外壁が赤いのは日射の影響によるもの）

内部立ち上がりのT字に交わる箇所が熱橋になるからだ。内部の立ち上がりは、外周から900㎜程度は断熱材が折り返されているだろうが、それより室内側は基礎が露出している（図1）。ここから室内の熱は基礎を伝わり外まで逃げる。建物全体からしたらわずかではあるし、外皮平均熱貫流率の計算でも考慮されない部分だが、鉄筋コンクリートは断熱材の70倍以上も熱を伝えるため、現実的には熱損失している。

実際に当社で同様な断熱施工をした現場をサーモカメラ見てみたら、明らかに熱が逃げていた。床下に温風を送り込み床や家全体を暖める床下暖房をしていない当社の現場でも熱が逃げているのが確認できたのだから、床下暖房を採用している建物では、もっとたくさんの熱が逃げていることだろう（写真2・3）。

そこで当社では、外周部と内側の立ち上がりのT字の交点をなくすことを実践している。とはいえ、立ち上がりを適当に切ってしまっては、構造上の問題が発生する。したがって、構造計算により、立ち上がりを切断したい部分が耐力上支障がないかチェックが必要だ。いわゆるこの人通口などは、残された下部のわずかな立上りとベースの厚みの合計が基礎梁のせいとなり、この時の許容耐力を確認する。また、この直上に耐力壁などがあり、配筋が過剰になるような場合は、熱橋をなくすため無理して立ち上がりをカットするのでなく、まずは構造を優先に考えるべきである（写真4）。

なお、写真3からも気付くと思うが、スラブ面からも熱は逃げている。スラブ全面に断熱を敷いても、立ち上がり→スラブ→外周と熱が伝わり基礎底盤部が赤くなっているのだ。これについても前述で解説した通り外周立ち上がりとT字に交差する部分をカットすることで、スラブへの熱損失の多くを防ぐことが可能となる。

玄関廻りの熱橋を防ぐ

そして、さらにもう1カ所基礎の熱橋対策を検討したい部分がある。玄関廻りだ。通常は玄関ポーチ床と玄関内部床は、土間コンクリートで連続している。熱橋をなくすように、玄関内部の土間下や立ち上がりに断熱を打ち込んで縁を切ってみても、床の仕上げがモルタルやタイルの場合は、その厚さ分の30～40㎜程度は熱橋となってしまい、条件によってはここに結露が発生することもある。

この場合の対策方法として実践しているのが、玄関内の床レベルを基礎天端よりいくぶん高く設定し、木下地で床をつくる方法だ。つまり、一般部と同様に床下空間を設け、基礎の内側を断熱材で連続させ、玄関ドアは土台上もしくは土台をわずかに欠いて取り付けるのだ（図2）。これで基礎からの熱橋は断つことができる。この場合、玄関土間と玄関ホールの床の段差は0～60㎜程度となるが、バリアフリーの観点で考えれば転倒の危険も少なく、安全な仕様ともいえる（写真5）。

また、この場合、玄関ポーチはコンクリートでつくってもよいが、基礎立ち上がりポーチの床が高くなるため、シロアリ被害や雨水の浸入を警戒するのであれば、玄関ポーチと土間の間に溝を設けて縁を切ったり、ポーチの床をウッドデッキとしたりするなどの工夫も考えたい（写真6）。

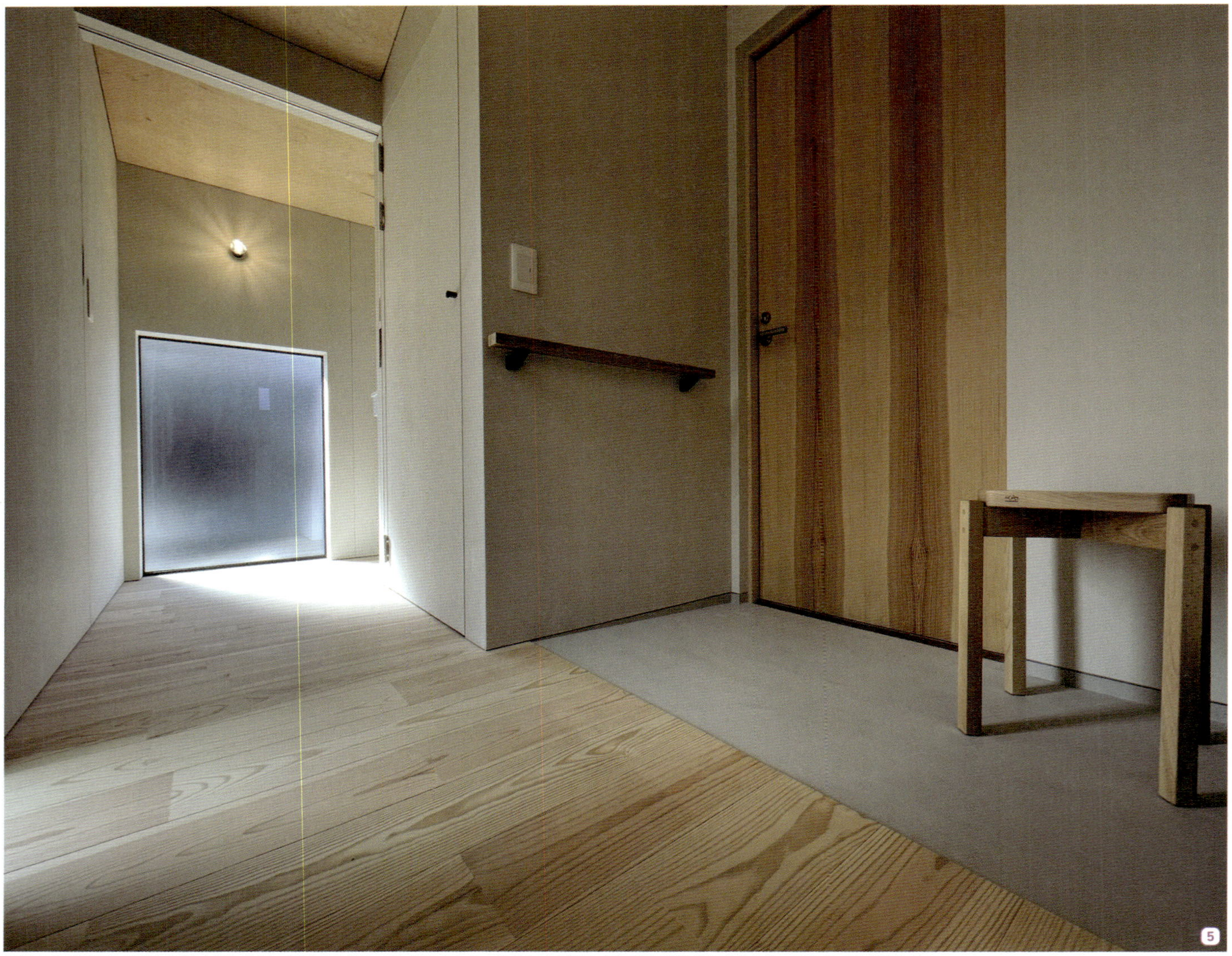

5

玄関の熱橋対策を考慮した納まりにより、玄関内の床レベルが高くなる。そのおかげで上がり框の段差が小さくなり、安全面でも推奨したい

6

玄関の熱橋対策を考慮した納まりの場合、ポーチ床レベルが基礎より高くなる。シロアリや防水対策として、ポーチ床は建物と縁を切った納まりとなる

図2 熱橋対策を施した玄関の断面図（S=1:20）

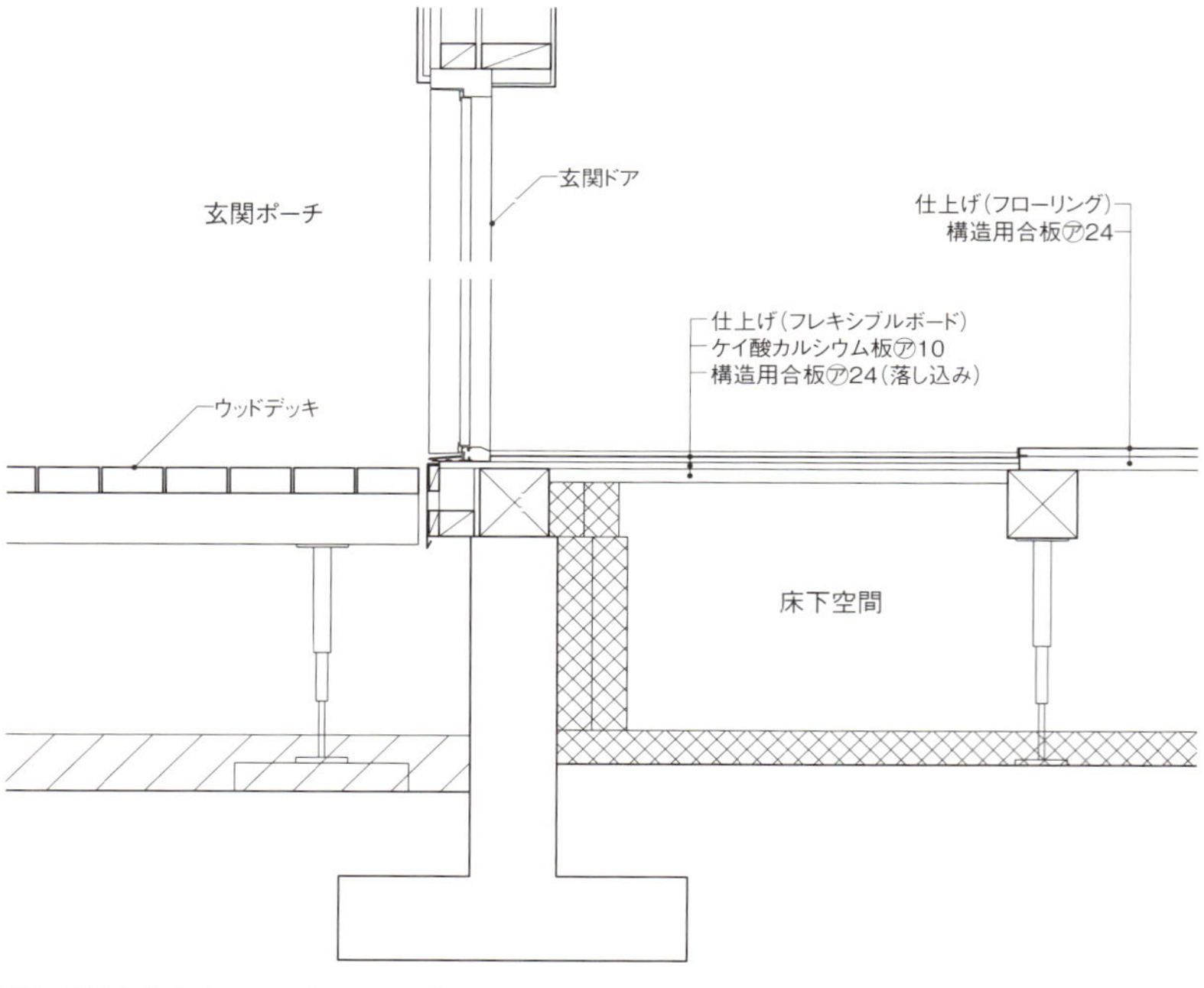

玄関の熱橋をなくすため、床レベルを高めに設定し木地で床組をつくる。基礎内断熱が途切れなく施工できることで、一般部と同等の温熱環境が実現する

あとがき

本書は2019年に発刊した「デザイナーズ工務店の木造住宅納まり図鑑」（エクスナレッジ刊）の続編である。私は日常的にプランと意匠、構造などの性能、納まりを同時に考えながら設計を行っているが、書籍化に当たって「建築知識ビルダーズ」編集部から「構造の難解な話は需要がない」という提案から、構造の解説は省き、意匠と納まりを中心に解説することにした。結果、予想以上の販売部数を達成することができた。購入いただいた皆さまに心より感謝申し上げたい。

販売部数が満足のいくものであった一方、書籍には収録できなかったが、構造的な工夫がなされた事例がまだまだたくさんあった。そこで2021年から「建築知識ビルダーズ」で「木造住宅の構造デザイン解決術」という連載をスタートすることになった。マニアックな連載ということもあり、少々不安な点もあったが、スタートしてすぐに「面白い」「毎号楽しみにしている」などの声をいただけた。

改めて考えてみると「構造の話に需要がない」のではなく、難解な計算式や専門的な言葉の羅列に苦手な人が多いだけで、建築士であれば構造自体に興味がないわけではない（逆に「建築士が構造に興味がない」などあってはならない）。連載が高評価を頂いたことで、書籍化を目指すことになった。

本書は、構造単体の解説というよりは、意匠、プラン、構造以外の性能などと組み合わせながら構造を解説している。それは設計（デザイン）と構造は一体であり、同時に考えなければ、安全で快適で質の高い建物はつくれないからだ。さらにいうなら、その構造の隙間や内外に断熱や気密を連続させなければならないし、施工への配慮も必要となってくる。ここで「断熱気密」や「施工」の話まで持ち込むと、「構造デザイン」というテーマからぶれてしまうので、本書ではそこまで深くは踏み込んでいない。とはいえ、いつかそんな欲張りな設計の話を解説できる日が来ることを期待している。

最後に、私に構造の楽しさを教えていただいた「構造塾」に、そして、いつも無償で資料を提供してくださる塾長の佐藤実先生に、この場を借りて、改めて感謝申し上げたい。

サトウ工務店　佐藤高志

佐藤高志（さとう たかし）

株式会社サトウ工務店代表取締役。一級建築士。新潟建築コミュニティ「住学（すがく）」発起人。大型パネルユーザー会「みんなの会」会長。著書に「デザイナーズ工務店の木造住宅納まり図面」（エクスナレッジ刊）など。耐震等級3、断熱等級7、大型パネルを標準とし、住まいの高性能化、高品質化、生産性向上に取り組む。また、工務店業のかたわら他工務店、設計事務所への構造計算、技術サポート、コンサル、気密測定などBtoB事業も行っている。

木造住宅の
構造デザイン入門

2025年4月1日　初版第1刷発行

発行者　三輪浩之
発行所　株式会社エクスナレッジ
〒106-0032 東京都港区六本木7-2-26
https://www.xknowledge.co.jp/

問合せ先
編集　Tel 03-3403-1381　Fax 03-3403-1345
info@xknowledge.co.jp
販売　Tel 03-3403-1321　Fax 03-3403-1829